Studienbücher zur Linguistik

Herausgegeben von Peter Schlobinski

Band 6

Vandenhoeck & Ruprecht

Christina Gansel / Frank Jürgens

Textlinguistik
und Textgrammatik

Eine Einführung

2., überarbeitete und ergänzte Auflage 2007

Mit zahlreichen Abbildungen
und Tabellen

Vandenhoeck & Ruprecht

Bibliografische Information der Deutschen Nationalbibliothek

Die Deutsche Nationalbibliothek verzeichnet diese Publikation in der
Deutschen Nationalbibliografie; detaillierte bibliografische Daten sind
im Internet über <http://dnb.d-nb.de> abrufbar.

ISBN: 978-3-525-26544-4

Inhalt

Vorwort zur ersten Auflage

Mit der »Textlinguistik und Textgrammatik« soll Studierenden ein Arbeitsbuch in die Hand gegeben werden, das sie mit verschiedenen Textbeschreibungsmodellen vertraut macht und in die Lage versetzt, diese an unterschiedlichen analogen und digitalen Textsorten anzuwenden.

Von herkömmlichen textlinguistischen Modellen ausgehend (Kapitel 1-3; Gansel/Jürgens) wird ein integrativer kognitiv-kommunikativer Textbegriff entwickelt, der die Bausteine eines Textes aus Prinzipien der Kognition und der Kommunikation herleitet. Ein besonderes Anliegen besteht in einer klaren Terminologie für den Bereich der Textklassifikation (3.2; Gansel).

Kapitel 4 (4.1; Gansel) beschreibt den Text als Organisationsform komplexen Wissens und führt in kognitive Operationen und Prozeduren ein, die zu sprachlichen Realisationen im Text führen können. Gleichfalls werden damit kognitive Grundlagen für Kapitel 5 (Gansel) gelegt, das sich mit Textproduktion und Textverstehen beschäftigt. Erkenntnisse der Sprachpsychologie verdeutlichen, dass textgrammatische Strukturen, wie sie in Kapitel 6 beschrieben werden, durchaus über psychische Realität verfügen.

Der im Studienbuch vertretene Ansatz verfolgt das Ziel, sprachliche Strukturen in Texten auf neue Weise zu betrachten. Gemeint ist eine pragmatische Ausrichtung der vorzulegenden Textgrammatik (4.2; Jürgens). Die in Texten und Diskursen regelhaft verwendeten sprachlichen Strukturen werden mit Blick auf die kommunikativen Gegebenheiten der Äußerung analysiert (Kapitel 6; Jürgens). Darin unterscheidet sich die textgrammatische Beschreibung von verschiedenen bisherigen Ansätzen: Texte werden nicht als isolierte, statische Objekte behandelt, sondern als kommunikativ-kognitive Entitäten gefasst. Die grammatischen Strukturen im Text sollen vor dem Hintergrund funktionaler und situativer Faktoren beschrieben werden.

Das Studienbuch enthält zum Abschluss Wiederholungsfragen zu den einzelnen Kapiteln. Auf Lösungsvorschläge wurde verzichtet. Es finden sich jedoch bei jeder Aufgabe Querverweise zu den entsprechenden anderen Kapiteln des Studienbuches, um eine vernetzte Lektüre anzuregen.

Themen aus Vorlesungen und Seminaren zur Textlinguistik und Kommunikationswissenschaft und daraus resultierende Anregungen aus Diskussionen mit Studierenden an der Universität Greifswald sind in die Darstellung eingeflossen.

Wir danken an dieser Stelle Katja Furthmann für die Redaktion des Manuskripts und die Erstellung des Sachregisters sowie für ihre hilfreichen Hinweise. Peter Schlobinski gilt unser Dank für Hinweise und die konstruktive Begleitung der Arbeit an diesem Buch. Gleichfalls danken wir Jürgen Schiewe für Anregungen aus vier Semestern gemeinsamer Arbeit.

Greifswald, im August 2002

Christina Gansel, Frank Jürgens

Vorwort zur zweiten Auflage

In Vorbereitung auf die zweite Auflage zum Band »Textlinguistik und Textgrammatik« waren nach wie vor Fragen der textlinguistischen Terminologie sowie der Textklassifikation und Texttypologisierung zu reflektieren. Dies hatte insbesondere Konsequenzen für das dritte Kapitel, das eine völlige Neugestaltung erfahren hat. In systemtheoretischer Perspektive werden im dritten Kapitel (3.1 – 3.4; Gansel) Textklassifikation und Texttypologisierung als zwei Ordnungsprinzipien für Texte dargestellt, Kommunikationsbereiche in Relation zu sozialen Systemen gesetzt sowie Textsorten hinsichtlich ihrer Leistung in einem und für andere soziale Systeme betrachtet. Gleichzeitig erfolgt eine Konzentration auf die Definition der Termini »Textklasse«, »Textsorte«, »Textsortenvariante«, »Textmuster«, »Textexemplar« und »Texttyp« und deren einheitlichen Gebrauch.

Zudem ist das Kapitel sieben (Wiederholungsfragen) erweitert worden. Ein Glossar, das die zweite Auflage ergänzt, klärt für das Verständnis notwendige Begriffe.

Viele Fragen zur Anwendung systemtheoretischer Kategorien auf die Textlinguistik und die Institutionelle Kommunikation sind in Seminaren mit Studierenden der Universität Greifswald diskutiert und in das dritte Kapitel einbezogen worden. Stellvertretend danken wir Annett Breit, Aza Gleichmann, Cornelia Otten sowie Juliane Zweck für eine anregende Diskussion des dritten Kapitels und Hinweise für die Endredaktion. Frau Aza Gleichmann gilt weiterer besonderer Dank für ihre Unterstützung bei der Formatierung und Redaktion des Bandes insgesamt.

Greifswald im Januar 2007

Christina Gansel, Frank Jürgens

Abbildungen und Tabellen

1 Annäherung an die Kategorie ›Text‹

1.1 Komplexität und Medialität von Texten

Gegenstand der Textlinguistik ist zunächst der Text, ohne auf unterschiedliche Vorstellungen von Textlinguistik oder der Linguistik vom Text (vgl. E. Coseriu 1994, S. 7 ff.) einzugehen und die Art und Weise, wie sie sich dem Text nähert. Das vom lat. Verb *texere* abgeleitete Substantiv *textus* hat die Bedeutung ›Gewebe‹, ›Geflecht‹, das metaphorisch auf die Zusammenfügung sprachlicher Zeichen in einem Text übertragen wurde. In diesem Sinne meint Text die ›Webart‹, d.h. eigentlich den Stil, der in einen Text hineingewebt ist. Wahrscheinlich steht dieser Aspekt gar nicht im Vordergrund dessen, was die meisten Menschen aus der Erfahrung ihrer persönlichen kommunikativen Praxis heraus als Alltagsverständnis von Text konzeptualisiert haben. Der folgende Gedichtausschnitt einer Schülerin verdeutlicht dies:

> Zugetextet
>
> Was ist ein Text?
>
> Ein Text besteht aus Sätzen, aber welchen Sätzen?
> Es gibt viele Sätze, die einen Text bilden können,
> aber wieviele brauch ich, damit es ein Text wird?
> Ständig heißt es »äußern Sie sich im Text«, aber wieviel soll ich schreiben? [...]
> (Daniela Borth: Zugetextet. In: Glasbrenner 11(2000)1, S. 25)

Texte werden als eine formal abgrenzbare Art der Äußerung wahrgenommen, die mehr als einen Satz umfasst, also eine Folge von Sätzen mit inhaltlichem Zusammenhang. Das gesamte Gebilde Text stellt ein relativ abgeschlossenes Ganzes dar und ist schriftlich fixiert. Werden diese Kriterien an konkreten Texten oder – um es vorsichtiger zu formulieren – an Äußerungen gemessen, offenbart sich ihre Problemhaltigkeit.

In Bezug auf die Komplexität von Texten wäre zu fragen, wie sich literarische Kleinformen (Gedichte, Aphorismen) einordnen lassen, die aus nur einem Satz oder gar noch weniger Sprachmaterial bestehen.

> Der Preis
>
> Nicht der, den du erhältst,
> den du zu zahlen bereit bist, der
> zeichnet dich aus.
> (Walther Petri)

Gefallene ruhen im Krieg. (Werner Schneyder)

Niemand wird bestreiten, dass es sich dabei um Texte handelt. Umstrittener mag da schon vor dem Hintergrund der genannten alltagssprachlichen Kriterien die Frage sein, ob Ausrufe wie »Feuer!« oder »Halt!« ebenfalls Texte sind.

Für die junge Autorin Daniela Borth (s. S. 13) steht die Kommunikationsform des Textes fest, er ist schriftlich fixiert. Bilden also gesprochene Äußerungen keine Texte? Eine Rede, eine Vorlesung werden zwar mündlich realisiert, sind jedoch in der Regel vorher schriftlich konzipiert. Ist demnach die Form der Schriftlichkeit eine grundsätzliche Bedingung für den Text?

Einer spontanen mündlichen Rede (Transkriptionskonventionen finden sich im Anhang), z.B. der Sportreportage, kann man nun wirklich nicht unterstellen, sie sei vorher schriftlich konzipiert oder gar notiert worden:

Hörfunkreportage von Günther Koch vom 28.10.1995 zum Fußballbundesligaspiel FC Bayern München gegen den VfB Stuttgart:

und jetzt kommt er (.) von der rechten seite
(.)
25 meter vor dem tor
(.)
herrlicher paß auf Balakov
Elber direkt
(.)
und (.) <<ff> to::r
(.)
to:::r
(.)
wunderbar >
das liebe freunde müssen sie sich ansehen (.) in der Sportschau (.) in der fünftausendsten.
(.)
aus der eigenen hälfte (.) der Kruse (.) als vorbereiter
(.)
wunderbar dann der paß auf Balakov
(.)
der schlenzt ihn rüber zum Elber
(.)
und der Elber setzt sich ab
(.)
und nimmt mit seinen weißen schuhen (.) den ball direkt mit'm innenrist (.) als aufsetzer (.) am knallgelben (.) sweater (.) von Kahn vorbei
(.)
3:2

Texthaftigkeit des Reportageausschnittes zeigt sich zumindest im inhaltlichen Zusammenhalt der Äußerungen, in ihrem Bezug auf ein Thema. Problematischer erscheint die Satzstruktur bzw. die Gestalt der Teiläußerungen, die nicht mit der Vorstellung von klassischen Satzstrukturen einhergeht. Aber eben diese Abweichung ist durch die Bedingung der Mündlichkeit ohne bildliche Unterstützung (Hörfunkreportage) motiviert. Texte und die in ihnen ausgeprägten sprachlichen Strukturen sind also durch die **Kommunikationsform** determiniert.

> Der Begriff »Kommunikationsform« bezeichnet eine bestimmte Kombination aus Medium, Zeichensystem, Zeichentyp und Interaktionsmodus, wobei nicht alle Kombinationen möglich sind. Je nach Medium können bestimmte Zeichentypen eingesetzt werden, zudem besteht je nach Medium die Wahl zwischen unterschiedlichen Zeichensystemen. Der *Interaktionsmodus* bestimmt dabei, in welcher Form die Kommunikationsteilnehmer miteinander interagieren können. (J. Bittner 2003, S. 24)

Der alltagssprachliche Textbegriff bleibt offensichtlich im Wesentlichen dem **Medium** der Schrift verhaftet. Medialisierung von Kommunikation impliziert allerdings, »dass Sprache immer nur als eine in den stimmlichen, gestischen, schriftlichen oder technischen Medien verkörperte Sprache« (S. Krämer 2001, S. 273) existiert.

W. Holly (vgl. 1997, S. 69) definiert Medien als technische Hilfsmittel, die der Speicherung, Übertragung oder Verstärkung von Sprach- und Schriftzeichen oder dem Sprechen dienen. Als solche Verbreitungskanäle für Aussagen treten Medien in Interaktion miteinander auf. Mündliche und schriftliche Äußerungsformen wirken in vielfältiger Art und Weise nicht mehr isoliert, sondern jeweils unterstützt durch Musik, Bilder o. a. (vgl. dazu auch den Begriff Multimedia bei N. Lang 1998, S. 296). Beispiel für diese Interaktion von Mündlichkeit, Schriftlichkeit und Bild ist ein LBS-Werbespot. Visuell wahrnehmbar ist ein Eskimo auf dem Weg zu seinem Haus, das ganz einsam in einer rauen Winterlandschaft steht. Dabei wird der Text gesprochen:

> ein haus zu bauen liegt in der natur des menschen; (.)
> miete zahlen nicht

Der geschriebene Text wird eingeblendet:

> LBS

Es ist kaum nachvollziehbar, dass nur der Schriftzug als Text gelten soll.

Komplexität und Medialisierung werfen nun die Frage auf, wie denn mit Text-Bild-Kombinationen umzugehen ist, z.B. in der folgenden Werbeanzeige mit dem Text:

> Mit diesem Duft kann dir alles passieren. Magic Musk.
> Der neue Duft von Gammon.

Zusätzlich geht es hier um die Frage nach dem inhaltlichen Zusammenhang einer Folge von Sätzen, die ein relativ abgeschlossenes Ganzes bilden. Der »Text« entfaltet seinen inhaltlichen Zusammenhang und damit sein Wirkungspotential im Kontext mit dem Bild. Erst das Bild weckt mögliche Assoziationen, die zur Interpretation des vagen Indefinitpronomens *alles* führen.

> Der Text lässt sich also unter medialen Gesichtspunkten einerseits nicht nur auf das sprachlich Formulierte reduzieren, sondern muss andererseits von den Gestaltungsprinzipien des jeweiligen Mediums her betrachtet werden. Vorstellungen von einem »visuellen Text« gehen davon aus, dass das Geäußerte mit der Abbildung eine Einheit bildet und somit erst den Text konstituiert.

Unter dem Einfluss der Text-Bild-Interaktion, wie sie sich beispielsweise in Comics zeigt, entstehen sprachliche Varianten. Charakteristisch für deutschsprachige Comics sind onomatopoetische Verben wie *bibber*, *schluchz*, *seufz*, *klatsch* oder *zitter*, deren spezifische Form als **Inflektiv** bezeichnet wird. Dabei handelt es sich um Wortformen für prädikativ gebrauchte Verbstämme (vgl. O. Teuber 1998; P. Schlobinski 2001, S. 193). Inflektive repräsentieren Geräusche oder Handlungen bildlich, d.h., sie werden ikonisch gebraucht, um zur Text-Bild-Interaktion zusätzliche Lautvorstellungen des Rezipienten zu evozieren, die die bildliche Darstellung unterstützen.

> Unter dem Aspekt der Medialisierung wären zunächst also gesprochener Text, geschriebener Text und visueller Text als Produkte sprachlicher Handlungen zu unterscheiden. Wir sprechen hier mit J. Bittner (2003) von **analogen** Texten.

Um auch Kommunikationsformen und Textsorten der Computer- und Internetkommunikation einbeziehen zu können, erweist sich ein weiterer medialer Gesichtspunkt als erforderlich – die durch Digitalisierung beeinflusste Ausprägung von Sprache, beispielsweise in der Chat-Kommunikation oder in der E-Mail. Im Rahmen digitaler Kommunikationsformen lassen sich die Kategorien der medialen Mündlichkeit und Schriftlichkeit bzw. der konzeptuellen Mündlichkeit und Schriftlichkeit nach P. Koch und W. Oesterreicher (1994) (s. Kapitel 6.1) nicht ohne Probleme anwenden, wie dies J. Bittner (2003, S. 65 ff.) resümiert. Für eine Beschreibung der Verwendung von Chat-Kommunikation und E-Mail-Kommunikation sieht er es methodisch und terminologisch als sinnvoll an, Diskurs und Gespräch/Dialog voneinander zu unterscheiden und in Oppositionen zueinander zu stellen.

Texte und Gespräche/Dialoge werden zunächst funktional differenziert (E. Rolf 1993b). Texte sind Produkte, während Gespräche/Dialoge Prozesse darstellen. Ein wichtiges Kriterium zur Kennzeichnung von Gesprächen/Dialogen ist die Möglichkeit der Gesprächsteilnehmer, im Prozess des Dialogs aufeinander Einfluss zu nehmen. Interaktivität und Wechselseitigkeit sind demnach zwei relevante Merkmale des Gesprächs. Chat- und E-Mail-Kommunikation erfüllen das Kriterium der wechselseitigen Einflussnahme nicht, deshalb führt J. Bittner (vgl. 2003, S. 154 f.) für beide Kommunikationsformen den Begriff des **Diskurses** ein. Chat- und E-Mail-Kommunikation verlaufen prozessual, sie sind durch Interaktivität und Wechselseitigkeit charakterisiert, auf Informationsaustausch angelegt. Sie dienen beide der Diskursführung und werden als »schriftbasierte Diskurse« (J. Bittner 2003, S. 24) von Gesprächen abgegrenzt.

Diskurs und Text stehen damit in Opposition zueinander als interaktiver Prozess zum Informationsaustausch und Produkt der sprachlichen Handlung eines Kommunikators. Bei Diskurs und Gespräch/Dialog geht es um Prozesse, die sich durch das Merkmal der wechselseitigen Beeinflussung unterscheiden. Werden nun E-Mail- oder Chat-Korpora zum Zwecke linguistischer Untersuchungen bereitgestellt, liegen **digitale** Texte vor, die durch ihre Medialität im Kommunikationsprozess Besonderheiten ausgeprägt haben (vgl. dazu Kapitel 3.5.3).

Der Text soll also von der Kategorie »Gespräch« abgegrenzt werden. Gespräche gründen sich auf Dialogizität sowie wechselseitige Beeinflussung und sind ausdrücklich nicht Gegenstand dieses Buches. Wenn Texte als Produkte sprachlicher Äußerungen betrachtet werden, gründet dieser Definitionsaspekt auf dem Kriterium der materiellen Konstanz und Reproduzierbarkeit, ohne dies auf Schriftlichkeit zu beschränken. Eine solche Textdefinition vertritt z.B. auch G. Zifonun et. al. in ihrer Grammatik der deutschen Sprache (GDS) (1997, S. 249):

Texte sind Produkte sprachlichen Handelns, die in ihrer medialen Repräsentation und Gestaltkonstanz darauf angelegt sind, abgelöst von der Entstehungssituation an anderen Orten und zu anderen Zeiten (immer neu) rezipierbar zu sein.

Der Diskurs wird in der GDS (G. Zifonun et. al. 1997, S. 161) allerdings nur auf Mündlichkeit bezogen:

Unter einem Diskurs verstehen wir diejenige mündliche Form sprachlicher Kommunikation, die an das Hier und Jetzt der aktuellen Sprechsituation, an Ko-Präsenz und Handlungskoordination von Sprecher(n) und Hörer(n) gebunden ist.

Unter Berücksichtigung der von J. Bittner (2003) getroffenen Unterscheidungen von analogen und digitalen Texten scheint dies bedenkenswert.

Aus der vorangegangenen Diskussion wird deutlich, dass die Kategorie »Text« einen komplexen und vielschichtigen Gegenstand darstellt. Solche variablen Dimensionen des Textes wie mündlich vs. schriftlich, einsätzig vs. mehrsätzig, rein monologisch vs. mit dialogischen Passagen (s. Werbespot, Comic etc.), rein sprachlich vs. gemischt (andere Zeichensysteme einschließend) können eine Definition durchaus erschweren.

1.2 Die semiotische Dimension von Texten: Der Text als Zeichen

Die Anfänge der linguistischen Beschäftigung mit dem Phänomen ›Text‹ gehen bis in die späten 1960er Jahre zurück. Eine der ersten Fachtagungen zu Fragen der Textlinguistik fand 1968 in Konstanz statt, auf der P. Hartmann in einem Grundsatzreferat über »Texte als linguistisches Objekt« die folgende These aufstellte: »Der Text, als manifestierte Erscheinungsform der Sprache, bildet **das originäre sprachliche Zeichen**« (nach B. Sowinski 1983, S. 22). Diese These beinhaltet zwei wesentliche Aspekte:

i) Der Begriff ›originär‹ impliziert die Annahme, dass Sprache grundsätzlich in
    Form von Texten vorkommt. Oder andersherum: Ein Text sei »das sprachliche
    Gebilde überhaupt, also das, was in einem Performanzakt (oder auch in einer
    Folge von Performanzakten) hervorgebracht wird, d.h. alles, was jemand sagt
    oder was jemand schreibt« (H. Glinz in J. S. Petöfi 1979, S. 43).

ii) Die These unterstellt für den Text Zeichenhaftigkeit. Eben das ist aus semioti-
    scher Sicht durchaus nicht unproblematisch, weshalb im Folgenden diese Fra-
    ge etwas genauer betrachtet werden soll.

Die Sprache im Sinne des strukturalistischen langue-Begriffs von de Saussure ist der Zeichenvorrat einer Einzelsprache, der allen parole-Äußerungen zugrunde liegt, wobei die langue keineswegs eine zufällige Ansammlung einzelner Äußerungen ist. Vielmehr besteht sie aus einem System von Elementen und Beziehungen, das den einzelnen Äußerungen zugrunde liegt (vgl. M. Bierwisch 1966, S. 81).
    Diese Elemente im Sinne einfacher sprachlicher Zeichen sind vor allem die Morpheme und Lexeme als »minimale, isolierbare, kombinierbare, im Gedächtnis speicherbare und aus dem Gedächtnis reproduzierbare Einheiten« (P. Suchsland 1984, S. 5).
    In Darstellungen von Ebenen der einzelsprachlichen Struktur wird der Zeichenbegriff auf komplexere Phänomene wie den Satz oder den Text ausgeweitet. E. Coseriu (1994, S. 30) unterscheidet beispielsweise die folgenden Ebenen einzelsprachlicher Strukturen:

Text

Satz

»Klausel«

Wortgruppe

Wort

Minimale Elemente (bedeutungstragende).

Minimale bedeutungstragende Elemente und der Satz sind »notwendigerweise in allen Sprachen vorhanden« (E. Coseriu 1994, S. 30). Denn: »[...] es muß etwas geben, das kombiniert werden kann, und es muß ein Resultat dieser Operation da sein, etwas Kombiniertes als minimale Einheit der Rede, und diese Einheit ist e-ben das, was man ›Satz‹ nennt.« (E. Coseriu 1994, S. 32)

Kombinierbarkeit und damit ein möglicherweise einfacher Grad von Komplexi-tät findet sich bereits auf der Wortebene, wenn über Derivationsprozesse Wörter aus Morphemen gebildet werden: *vor-les-ung*. So kann geschlussfolgert werden, dass Zeichenhaftigkeit Komplexität von Zeichen in keiner Weise ausschließt. Auch Bühler spricht in seinem Organon-Modell der Sprache von der semantischen Funktion »des (komplexen) Sprachzeichens. Es ist Symbol kraft seiner Zuordnung zu Gegenständen und Sachverhalten [...]« (K. Bühler [3]1999, S. 28). Wie anders sollte in einem Sprachakt auf Sachverhalte referiert werden als mit komplexen sprachlichen Zeichen.

In Bezug auf den (Satz und auf den) Text ist von einem komplexen Zeichen zu sprechen, das freilich aus einfachen Zeichen zusammengesetzt ist, wobei die Be-deutung des komplexen Zeichens mehr umfasst als die Summe der Bedeutungen der Einzelzeichen (vgl. K.-E. Sommerfeldt / G. Starke 1992, S. 1 f.). Hintergrün-dige Inhalte, Mitzuverstehendes oder Ironie, wie in den folgenden beiden Sätzen, erschließen sich erst, wenn im Verstehensprozess die sprachlichen Daten mit den eigenen Wissensstrukturen des Rezipienten, z.B. zur Situativität der Äußerung, in Beziehung gesetzt werden:

> »Ihr Hinweis ist nicht uninteressant, aber vielleicht lassen Sie uns in der Sache weiter-kommen!«
> »Das hast du ja wieder prima hingekriegt!«

Mit der Unterscheidung zwischen einfachen und komplexen Zeichen wird eine wichtige Spezifik im semiotischen Status des Textes betont. Aber ist der Text wirklich ein Zeichen?

Es gibt im Wesentlichen zwei Bedingungen, die ein Phänomen zum Zeichen machen. Die erste Minimalbedingung für Zeichen besteht darin, dass eine be-stimmte Ausdrucksform in einer speziellen Beziehung zu etwas anderem steht, sie steht für etwas anderes und hat in diesem Sinne Stellvertreterfunktion. Dem ent-spricht das bilaterale Zeichenmodell von F. de Saussure, wonach ein Zeichen aus einer Einheit mit zwei Seiten besteht, einer Zeichenform/einem Zeichenausdruck und einem Zeicheninhalt/einer Bedeutung, wobei die beiden Seiten unlösbar mit-einander verbunden sind. Es besteht eine reziproke Evokation zwischen Inhalt und Ausdruck eines Zeichens, ein gegenseitiges Einander-ins-Gedächtnis-Rufen.

In Bezug auf einfache sprachliche Zeichen lässt sich im Prinzip sicher mit diesem
– allerdings auch für die Ebene der Morpheme/Lexeme stark vereinfachenden –
Modell arbeiten. Es scheint aber kaum geeignet, die Kategorie ›Text‹ als Zeichen
in dem Sinne zu erfassen, dass einem Ausdruck eine Bedeutung zugeordnet wird.
Die Zeichenhaftigkeit des Aphorismus von Werner Schneyder

> Gefallene ruhen im Krieg.

ist hinsichtlich der Ganzheit des Aphorismus als Text nicht offenbar. Als Problem
erweist sich, dass Zeichen nicht aus sich selbst heraus auf etwas anderes verweisen. Zeichenhaftigkeit kann nur durch einen Zeichenbenutzer zu Stande kommen.

Voraussetzung dafür, dass eine bestimmte Form als Zeichen gelten kann, ist,
dass diesem Phänomen vom Sender und/oder vom Empfänger eine Stellvertreterfunktion zugeschrieben wird. Deshalb formuliert der berühmte amerikanische Se-
miotiker Charles Sanders Peirce (1839-1914): »Nichts ist ein Zeichen, wenn es
nicht als ein Zeichen interpretiert wird.« (Peirce § 2.308) Die Definition für Zeichen muss also um eine zweite Minimalbedingung erweitert werden: Ein Zeichen
steht für etwas nur, wenn dieser Bezug von einem Zeichenbenützer aufgebaut
wird.

Triadisches Modell (semiotisches Dreieck)
Ein Zeichen, oder *Repräsentamen,* ist etwas, das für jemanden in einer gewissen Hinsicht oder Fähigkeit für etwas steht. Es richtet sich an jemanden, d.h., es
erzeugt im Bewußtsein jener Person ein äquivalentes oder vielleicht ein weiter
entwickeltes Zeichen. Das Zeichen, welches es erzeugt, nenne ich den *Interpre-
tanten* des ersten Zeichens. Das Zeichen steht für etwas, sein *Objekt.* Es steht
für das Objekt nicht in jeder Hinsicht, sondern in bezug auf eine Art von Idee,
die ich manchmal den *Grund des* Repräsentamens genannt habe. (C. S. Peirce §
2.228)

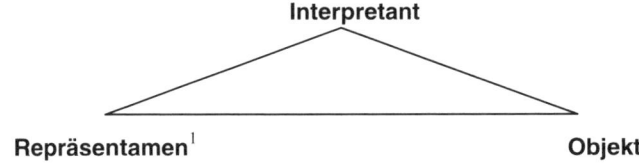

Abbildung 1: Semiotisches Dreieck

Die Peircesche Zeichendefinition betont damit den relationalen oder funktionalen
Charakter des Zeichens. Die Interpretation eines Zeichens, dessen Wirkung auf ei-
nen Interpreten, bezeichnet Peirce als semiotischen Prozess, als Semiose (vgl.
W. Nöth 1985, S. 36 f.). Die Betrachtung von Zeichen als dynamisches Ereignis

---

1   Das Repräsentamen ist das konkrete Zeichen als »Vehikel«. Der Terminus bezieht sich also –
    wenn auch von Peirce nicht immer in dieser Eindeutigkeit verwendet – auf die Zeichenform.

und nicht als statisches Relationengebilde ermöglicht es, Sprache aus der Perspektive des Prozesses her zu sehen und nicht aus der des Systems (vgl. W. Köller 1977, S. 73). Gerade deshalb ist C. S. Peirces Modell interessant für die Textsemiotik und Textanalyse. Der Text kann funktional nach den drei Zeichenkorrelaten gekennzeichnet werden:

i) Unter dem Aspekt des Repräsentamens wird der Text in seiner Materialität (also von seiner Ausdrucksseite her) betrachtet (z.B. dadaistische Lautgedichte, bei denen die Aufmerksamkeit des Hörers allein auf die phonetische Qualität des Textes gelenkt wird).

ii) Sprachliche Zeichen lassen sich nach ihrem Objektbezug im Text einteilen (Index, Ikon, Symbol)[2]. Als Typ des Ikons hebt C. S. Peirce die Metapher heraus, die auf einem »Parallelismus mit etwas anderem« beruht.

iii) Unter dem Aspekt des Interpretantenbezuges eines Textes ist nach der Wirkung des Textes im Bewusstsein eines Interpreten zu fragen (vgl. W. Nöth 1985, S. 44 ff.).

> Ein Text hat nicht Bedeutung an sich und ist damit nicht Zeichen für sich wie ein Morphem oder ein Wort, Texte müssen erst verstanden und interpretiert werden. In einem solchen Prozess des Verstehens und Interpretierens wird einem Text Sinn zugesprochen.

Interessant für die generelle Bestimmung eines Textes als komplexes Zeichen (vgl. auch W. Raible 1996) sowie für die Erklärung des Textverstehens erweist sich neben dem Ansatz von C. S. Peirce das Konzept von Charles William Morris (1901–1979) zu Semiose und Semiotik. Morris' Modell, das auf Peirce basiert, »läßt sich auf alle Zeichen anwenden, so einfach oder komplex sie auch sein mögen« (C. W. Morris in D. Mersch 1998, S. 65). Die von Ch. W. Morris beschriebene semantische, syntaktische und pragmatische Dimension der Semiose, des Zeichenprozesses, ist nicht nur für einfache Zeichen relevant, sondern gleichfalls für den Text.

Innerhalb eines komplexen Zeichens, wie es der Text darstellt, treten selbstverständlich Zeichen in Beziehung zu anderen Zeichen auf. Sie sind zunächst Mittel der Textproduktion, die nach bestimmten Verknüpfungsregeln zu einem Text

---

2 Als Typen von Zeichen unterscheidet C. S. Peirce Index, Ikon und Symbol. Das indexikalische Zeichen lässt auf etwas schließen. Rauch ist ein Anzeichen für Feuer, rote Flecken am Hals z.B. weisen auf Prüfungsangst hin. Onomatopoetika sind typische ikonische Zeichen. Sie beruhen auf Ähnlichkeitsbeziehungen zum abgebildeten Gegenstand. Diese Ähnlichkeiten können auch optischer Natur sein, beispielsweise sind die meisten Piktogramme ikonische Zeichen. Unter Symbolen versteht C. S. Peirce vor allem sprachliche Zeichen.

kombiniert werden. Gleichfalls sind aber auch die Relationen zu klären, in denen das komplexe Zeichen ›Text‹ zu anderen Zeichen, z.B. dem Bild oder der Musik steht, aber auch zu welchen Zeichen in anderen Texten Beziehungen aufgebaut werden können (Intertextualität). Dabei wird es nicht vorrangig um syntaktische Beziehungen als Beziehungen zwischen sprachlichen Zeichen (zwischen Sätzen, Wortgruppen, Wörtern, Morphemen) gehen, sondern um die Interpretation des Zusammenwirkens unterschiedlicher Zeichensysteme (auch visueller Zeichen) und ihre Transformation in das Konstrukt eines vermeintlich sprachlichen Textes des Rezipienten. Illustrieren wir dies an einem Beispiel. Eine Hotelbeschreibung in einem Reisekatalog kommt ohne die den Text unterstützende bildliche Darstellung des Hotels nicht aus, wobei verschiedene Perspektiven auf die Außenansicht und/oder die innere Gestaltung des Hotels geboten werden.

In der Erschließung der sprachlichen Datenstruktur des Textes, d.h. der sprachlichen Mittel und ihrer Relationen zueinander, eröffnen sich die Komplexe von Gegenständen und Sachverhalten, also der Objektbezug. Hotelbeschreibungen nehmen zuerst auf die Lage des Hauses Bezug: *Zentral im Ort, dennoch abseits vom Durchgangsverkehr*; *Ruhig mit herrlichem Blick auf die Zugspitze*; *Ruhig am Geigenbühel gelegen*. Mit dem Verweis auf die ruhige Lage eines Hotels wird eine für Erholung Suchende sehr relevante Information gegeben.

Die Sicht des Textproduzenten auf die Textwelt in Abhängigkeit von der Situativität (Handlungen und Handlungsbeteiligte, Raum und Zeit, soziale Situation), in der er sich befindet, spiegelt sich in der pragmatischen Dimension von Texten wider. Situative Bezüge, die spezielle Adressaten und Buchungsbedingungen ansprechen, sind gleichfalls wichtige Bestandteile von Hotelbeschreibungen. Sparrubriken wie *Mehr fürs Geld* oder *Frühbucher sparen!* orientieren die Leser auf An- und Abreisedaten für Sparaufenthalte, auf *Vollzahler*, *Ermäßigte* (Kinder) oder *Personen ab 55 Jahren*, die mit Ermäßigungen rechnen können.

Wird weiterhin nach Merkmalen der Zeichenhaftigkeit in Bezug auf die Kategorie ›Text‹ gefragt, wäre die Konventionalität sprachlicher Zeichen zu diskutieren. Die Sprachgemeinschaft kommt überein, bestimmte Ausdrücke mit entsprechenden Bedeutungen zu verbinden und diese Verbindung zu tradieren. Aber inwiefern kann eine Beziehung von Textausdruck/Textform und Textinhalt/Textbedeutung konventionell sein? Selbstverständlich haben wir generell keine Texte im Gedächtnis gespeichert, die für verschiedene kommunikative Situationen abrufbar wären. Es sei denn, es handelt sich um die Rezitation eines Gedichtes aus dem Gedächtnis oder um Aphorismen oder Sprichwörter als Ein-Satz-Texte.

Was ist also am Text konventionell? E. Coseriu (1994, S. 32) sieht »Verbindungsregeln« von sprachlichen Zeichen zu Texten als solche Konventionen an, die wohl in jeder Sprache existieren. Sie gehören zum sprachlichen Wissen, wie bestimmte Texte oder Textsorten zu gestalten sind. E. Coseriu (vgl. 1994, S. 55) bezeichnet dieses Wissen als textbezogenes, expressives sprachliches Wissen (s. dazu ausführlicher Kapitel 4.1.1).

Bezogen auf die als Beispiel genutzte Hotelbeschreibung kann sehr wohl eine konventionalisierte, standardisierte Gestaltung angenommen werden. Dies betrifft die Text-Bild-Interaktion, die Beschreibung des Hotels in den Abschnitten *Lage*, *Das bietet ihr Hotel*, *So wohnen Sie*, *Essen & Trinken*, *Wellness & Unterhaltung* oder die Angabe von Vorteilen und Hotelbewertungen.

1.3 Merkmale der Textualität

In einer Einführung in die Textlinguistik kommt man kaum umhin, sich mit der Herleitung des Textbegriffs zu beschäftigen. Vor einer wissenschaftsgeschichtlichen Überblicksdarstellung zur Entwicklung des Textbegriffs (Kapitel 2) soll an dieser Stelle die Kategorie ›Text‹ von verschiedenen Blickpunkten aus betrachtet werden, um statt einer Definition so etwas wie Kriterien dafür aufzustellen, was denn nun einen Text zum Text macht. Es geht um so genannte Textualitätsmerkmale, die dazu dienen sollen, Kriterien für die Abgrenzung von Texten und Nicht-Texten zu setzen.

Der wohl meistzitierte Vorschlag stammt von R.-A. de Beaugrande und W. U. Dressler (1981, S. 3 ff.), die insgesamt sieben Kriterien für die **Textualität** eines Textes aufzählen:

> Wir definieren einen Text als kommunikative Okkurenz, die sieben Kriterien der Textualität erfüllt. Wenn irgendeines dieser Kriterien als nicht erfüllt betrachtet wird, so gilt der Text nicht als kommunikativ. Daher werden nicht-kommunikative Texte als Nicht-Texte behandelt [...] (R.-A. de Beaugrande / W. U. Dressler 1981, S. 3)

Die sieben Kriterien im Einzelnen heißen: Kohäsion, Kohärenz, Intentionalität, Akzeptabilität, Informativität, Situationalität und Intertextualität.

R.-A. de Beaugrande und W. U. Dressler gehen also davon aus, dass alle diese Kriterien erfüllt sein müssen, damit von einem Text die Rede sein kann. Sie sollen im Folgenden kurz umrissen und auf ihre Operationalisierbarkeit als Textualitätskriterien überprüft werden.

1) Kohäsion als Verbindung der Wörter in der Textoberfläche:

> [Kohäsion – d. Vff.] betrifft die Art, wie die Komponenten des OBERFLÄCHENTEXTES, d.h. die Worte, wie wir sie tatsächlich hören oder sehen, miteinander verbunden sind. Die Oberflächenkomponenten hängen durch grammatische Formen und Konventionen voneinander ab, so daß also Kohäsion auf GRAMMATISCHEN ABHÄNGIGKEITEN beruht.
> (R.-A. de Beaugrande / W. U. Dressler 1981, S. 3)

Zur Verdeutlichung führen R.-A. de Beaugrande und W. U. Dressler das folgende Beispiel (Warnschild für Autofahrer) an:

LANGSAM
SPIELENDE KINDER

Die Gestaltung und Anordnung der Worte bestimmt die Art und Weise, wie diese Äußerung zu semantisieren ist. Dagegen stiftet die folgende Variante überhaupt keinen Zusammenhang und ist deshalb ungrammatisch.

Kinder spielende langsam

Darüber hinaus geht es bei der Kohäsion aber auch und vor allem um satzübergreifende grammatische Relationen zwischen den Einheiten eines Textes. M. Reis (1980, S. 2) führt die folgenden Beispiele auf:

Kahn kritisierte seinen Chef. Er wurde entlassen.
Kahn kritisierte seinen Chef. Daher wurde er entlassen.
Kahn kritisierte seinen Chef. Danach wurde er entlassen.

Kohäsion wird gestiftet durch die Verwendung des Pronomens. Aber: Wer ist »er«? Nichts an der Gestaltung des Oberflächentextes rechtfertigt den Ausschluss der Annahme, dass es sich bei dem Entlassenen auch um den kritisierten Chef handeln könnte, denn das Personalpronomen ist zunächst rein vage. Die Vagheit des Personalpronomens wird jedoch durch das präsupponierte Erfahrungswissen, dass einer, der Kritik übt, auch schnell entlassen werden kann, relativiert. Der Gebrauch der satzverknüpfenden Pronominaladverbien (*daher*, *danach*) ändert an der durchaus vorhandenen Vagheit nichts, denn sie konstituieren kausale und temporale Beziehungen zwischen den Sätzen. Diese Beispiele sind von daher nicht selbstverständlich synonym, auch wenn eine solche Interpretation denkbar wäre.

2) Kohärenz als semantischer Textzusammenhang:

Kohärenz in einem Text baut auf der Sinnkontinuität der zugrundeliegenden Textwelt auf. Sinn ist die im Textzusammenhang aktualisierte tatsächliche Bedeutung eines sprachlichen Ausdrucks. Die Textwelt ist die Gesamtheit der einem Text zugrundeliegenden Sinnbeziehungen; sie muß mit der realen Welt nicht unbedingt übereinstimmen: Es handelt sich um die vom Sprecher, von seinem Wissen und seinen Intentionen zugrundegelegte Textwelt. [...] Besteht eine Diskrepanz zwischen der in der Textwelt ausgedrückten Konzept-Konstellation und unserem Wissen, d.h. der Art, wie die betreffenden Konzepte in unserem Bewußtsein verbunden sind, dann können wir keine Sinnkontinuität herstellen; der betreffende Text ist für uns sinnlos. (H. Vater 1992, S. 43)

Sinnkontinuität scheint tatsächlich ein unabdingbares Kriterium für Textualität zu sein. Das wird offenbar, wenn man unsinnig erscheinende Satzfolgen auf ihre Texthaftigkeit überprüft:

Es war bitter kalt. Peter ist der größte Idiot. Nichts fiel ihm ein. Aber es war ein toller Sommer.

Anders verhält es sich im Falle des nachfolgenden Gedichts (Variante nach H. Kunze):

Dunkel war's, der Mond schien helle

Dunkel war's, der Mond schien helle,
Schneebedeckt die grüne Flur,
Als ein Wagen blitzeschnelle
Langsam um die Ecke fuhr.
Drinnen saßen stehend Leute
Schweigend ins Gespräch vertieft,
Während ein geschossner Hase
Auf der Wiese Schlittschuh lief.
Und auf einer roten Bank,
Die blau angestrichen war,
Saß ein blondgelockter Jüngling
Mit kohlrabenschwarzem Haar.
Neben ihm 'ne alte Schachtel,
Zählte kaum erst sechzehn Jahr.
Und sie aß ein Butterbrot,
Das mit Schmalz bestrichen war.
Droben auf dem Apfelbaume,
Der sehr süße Birnen trug,
Hing des Frühlings letzte Pflaume
Und an Nüssen noch genug.

Hier wird die Sinnkontinuität des Textes gerade dadurch hergestellt, dass ständig solche Diskrepanzen zwischen der in der Textwelt ausgedrückten Konzeptkonstellation und unserem Wissen produziert werden. Damit handelt es sich zweifelsfrei um einen kohärenten Text.

Zu Recht verweist H. Vater (vgl. 1992, S. 41 f.) darauf, dass bei manchen Autoren kein Unterschied zwischen Kohärenz und Kohäsion gemacht wird. Das ist problematisch, denn zwar besteht unbestreitbar ein enger Zusammenhang zwischen den grammatischen Relationen an der Textoberfläche und den inhaltlichen Beziehungen. Dennoch handelt es sich um zwei voneinander zu trennende Ebenen, zumal die Sinnrelationen nicht immer explizit durch die Ausdrücke an der Textoberfläche hergestellt werden.

Reklame
(von Ingeborg Bachmann)

Wohin aber gehen wir
ohne sorge sei ohne sorge
wenn es dunkel und wenn es kalt wird
sei ohne sorge

aber

mit musik

was sollen wir tun

heiter und mit musik

und denken

heiter

angesichts eines Endes

mit musik

und wohin tragen wir

am besten

unsre Fragen und den Schauer aller Jahre

in die Traumwäscherei ohne sorge sei ohne sorge

was aber geschieht

am besten

wenn Totenstille

eintritt

Das Thema des Textes ist einzig aus der Überschrift ableitbar. Die Anordnung der Verszeilen sprengt zusätzlich die Oberflächenbeziehungen zwischen den Elementen des Textes. Dennoch konstituiert sich die Kohärenz des Textes nach einer Phase der Interpretation. Trotz (bewusst) gestörter und in Teilen gar fehlender Kohäsion ist Kohärenz gegeben (vgl. auch H. Vater 1992, S. 65).

3) Intentionalität als Ausdruck der kommunikativen Absicht:

Der Begriff der Intentionalität ist in einem engen Zusammenhang mit dem Handlungsbegriff zu sehen, wie er durch die Sprechakttheorie in die Linguistik eingebracht worden ist. Handlungen werden von Verhalten abgegrenzt durch das definierende Kriterium einer Handlungsabsicht (Intention).

Sprachliche Äußerungen (also auch die Textproduktion) sind Handlungen, die mit Intentionen verknüpft sind. Das ist schon allein deswegen ein unhintergehbares Faktum, weil wir »nicht gegen unseren Willen sprechen und unsere Sprache auch kontrollieren können« (T. van Dijk 1980, S. 79).

Nun kann die Textfunktion aus der Perspektive des Textproduzenten (Illokution) und aus der Perspektive des Textrezipienten (Perlokution) bestimmt werden. Handlungstheoretische Begründungen der sprachlichen Kommunikation formulieren die Textfunktion meist aus der Perspektive des Textproduzenten. Das gilt auch für R. A Beaugrande und W. U. Dressler. Sie definieren Intentionalität als »die Einstellung [...] des Textproduzenten, der einen kohäsiven und kohärenten Text bilden will, um die Absichten seines Produzenten zu erfüllen, d.h. Wissen zu verbreiten oder ein in einem PLAN angegebenes Ziel zu erreichen« (R.-A. de Beaugrande / W. U. Dressler 1981, S. 8 f.).

Zu Recht weist D. Busse (vgl. 1992, S. 22) darauf hin, dass es einer Textanalyse, die allein die Funktion und Wirkung von (bzw. den Umgang mit) schriftlichen Texten zum Gegenstand hat, auch um eine Klärung des Vorgangs der Textrezeption gehen muss. Intention ist, von der Seite eines Textrezipienten her gesehen, ein Interpretationskonstrukt: »Wenn man eine Handlung wahrnimmt, interpretiert und beschreibt, schreibt man diese Handlung jemandem zu, indem man Intentionen und Absichten des Agens unterstellt.« (T. van Dijk 1980, S. 76) Wichtig ist hier das Wort *unterstellen:* Kommunikation funktioniert nicht, indem eine reale Absicht eines Textproduzenten vom Textrezipienten als solche »erkannt« wird; vielmehr wird dem Produzenten eine bestimmte Intention unterstellt. Sie ist Ergebnis einer aktiven Interpretationsleistung des Textrezipienten, die er vollbringt, indem er den Text in seiner situativen und kontextuellen Gegebenheit verarbeitet.

4) Akzeptabilität der Äußerung als Text (aus Rezipientensicht):

Das Kriterium der Akzeptabilität »betrifft die Einstellung des Text-Rezipienten, einen kohäsiven und kohärenten Text zu erwarten, der für ihn nützlich oder relevant ist [...]« (R.-A. de Beaugrande / W. U. Dressler 1981, S. 9).

Dies scheint als Textualitätskriterium problematisch, denn Akzeptabilität ist »in starkem Maße subjektiv. Gehört sie zu den Textualitäts-Kriterien, dann müßte ein und dasselbe Gebilde von einem Rezipienten als Text aufgefaßt werden, von einem anderen nicht.« (H. Vater 1992, S. 52)

Leser, die den Autor Papenfuß kennen oder die mit der Lyrik des »Prenzlauer Berg« vertraut sind, werden den folgenden Textausschnitt in eine lyrische Strömung einordnen und selbstverständlich akzeptieren (vgl. u.a. C. Gansel / Ch. Gansel 1991, S. 75). Nicht-Kenner dieser Szene sprechen nach einer ersten intuitiven Lektüre oft von einem inakzeptablen Text, der jedoch in der Phase der Interpretation zu einem kohärenten und akzeptablen werden kann.

süße schnodder

hej, flachwichs; ausm arsch, dummfick
    ihr habt ausgekleckert, jetzt wird losgeklotzt
       & frisch vonner leber übern tellerrand deutschland gespannt

ick, acks, uh; gegen wimmern hilft jammern
& gegen metern - bratzen; uhse, bruse, backe dich
zimparla, verpiß dich! schwayxtix, wir kriegen dich!

hej, arschverpaß, hau rein den brass'
    geschwatzt & abgezecht, mehr katzen als hecht
       der säckel hängt uns hohl, bekomms ihm ewig sauerkohl

ick, acks, uh; gegen schabernack - karbowanzen
gegen westlinke - pinke; prick, pricker, an'n pricksten

zimperla, verpiß dich! schwayxtix, wir kriegen dich! [...]
(Bert Papenfuß. In: Sklaven Bd. 10, März 1995, S. 34)

Ein Text kann also immer danach befragt werden, an wen er gerichtet ist und für welche Adressaten er adäquat erscheint.

5) Informativität:

Informativität nennen R.-A. de Beaugrande / W. U. Dressler (1981, S. 10 f.)

> das Ausmaß der Erwartetheit bzw. Unerwartetheit oder Bekanntheit bzw. Unbekanntheit/Ungewißheit der dargebotenen Texte [...] Jeder Text ist [...] irgendwie informativ: gleichgültig wie vorhersagbar Form und Inhalt sein mögen, es wird immer darunter variable, nicht völlig vorhersagbare Nachrichten bzw. Okkurrenzen geben.

Es geht hier also ausdrücklich nicht um Thematizität im Sinne der Eigenschaft eines Textes, ein Thema (oder auch mehrere Themen) zu haben – ein Merkmal, das man ggf. ergänzen müsste.

Es geht um den Informationswert des Textes. Sicher ist es zutreffend, dass besonders geringe Informativität störend wirkt, da sie Langeweile verursacht und somit zur Ablehnung des Textes führt (vgl. R.-A. de Beaugrande / W. U. Dressler 1981, S. 11), aber doch nicht zur Ablehnung des Textes als Text. Der folgende Text wird als Lexikoneintrag auf Grund seines in der Tat äußerst geringen Informationswertes sicher in der genannten Weise abgelehnt werden:

Sauerstoff: eines von den Gasen in der Luft, die wir atmen

Es handelt sich jedoch um einen authentischen Text aus einem Kinderlexikon (»Mein erstes Lexikon in Farbe« – für Kinder im Alter von 4 bis 10 Jahren). Niemand wird bestreiten, dass es sich für diese Leser durchaus um einen informativen Text handelt. Ähnlich wie beim Kriterium der Akzeptabilität wird mit dem Aspekt der Informativität ein sehr subjektives Merkmal beschrieben, das als Kriterium für die Textualität nur bedingt taugt.

Sehr geeignet, die Subjektivität dieses Merkmals zu untermauern, sind dadaistische Lautgedichte, deren Informationsgehalt von nicht wenigen Lesern sicher ganz grundsätzlich in Frage gestellt werden dürfte. Andere kommen zu z.T. interessanten Ergebnissen in der Auseinandersetzung mit diesen Texten. Als Beispiel soll die »KARAWANE« von Hugo Ball dienen.

KARAWANE
jolifanto bambla ô falli bambla
grossiga m'pfa habla horem
égiga goramen
higo bloiko russula huju
hollaka hollala
anlogo bung
blago bung
blago bung
bosso fataka
ü üü ü
schampa wulla wussa ólobo
hej tatta gôrem
eschige zunbada
wulubu ssubudu uluw ssubudu
tumba ba- umf
kusagauma
ba - umf

Rezipienten mit verschiedenen beruflichen Voraussetzungen (eine Grundschulpä-
dagogin, ein Sprechwissenschaftler und eine Linguistin) waren gehalten, sich zu
diesem Text in einem Aufsatz zu äußern (vgl. I. Pohl / J. Pohl 1998, S. 107-180).
Ball selbst schreibt zunächst in seinem Tagebuch:

> [...] die magisch erfüllte Vokabel beschwor und gebar einen neuen Satz, der
> von keinerlei konventionellem Sinn bedingt und gebunden war. An hundert
> Gedanken zugleich anstreifend, ohne sie namhaft zu machen, ließ dieser Satz
> das urtümlich spielende, aber versunkene, irrationale Wesen des Hörers erklin-
> gen; weckte und bestärkte er die untersten Schichten der Erinnerung. (Zitiert
> nach H. Henzler 1992, S. 95 f.)

Der **Sinn** des Gedichts »Karawane« besteht also vor allem und ganz bewusst darin, keinen Informationswert, keinen Sinn zu haben. Aber ist es deswegen kein
Text? Die Position von Geißner in dem genannten Sammelband scheint das nahe
zu legen. Geißner überschreibt seine Reflexionen zu Hugo Balls »Karawane«
nämlich mit: »Texte über Nicht-Texte«. Aber schon zu Beginn des Aufsatzes gibt
er einschränkend zu bedenken:

> Vorausgesetzt ist [...] 1), daß es Nicht-Texte gibt, d.h., daß weder eine generelle
> Zeichenhaftigkeit (vgl. U. Eco 1987) noch die spezifische Qualität sprachlicher
> Zeichen per se textkonstitutiv sind; 2), daß auch Nicht-Texte kommuniziert
> werden, d.h., daß Kommunikation weder von der generellen Zeichen- und
> Symbolhaftigkeit der Sprache abhängt noch gar von ihrer geschriebenen Form;
> 3), daß Nicht-Texte vertextet werden können, sofern es möglich ist, ihre sub-
> stantiellen Prozesse in einer materialisierten Form aufzuheben. (H. Geißner
> 1998, S. 121)

Die Linguistin I. Pohl (1998) sucht in ihrem Beitrag nach Sinnangeboten eines solchen – wie sie sagt – »sprachlich undeterminierten Textes«. Ansatzpunkte sieht sie – neben dem notwendigerweise einzubringenden Sachwissen über den Autor des Gedichts und die Entstehungszeit – vor allem in den graphischen Gestaltungsmitteln, die Hugo Ball gebraucht hat. Die folgende Passage mag verdeutlichen, dass auch ein solcher Text Interpretationsangebote enthält:

> Die Majuskelschrift als der Ausgangspunkt der Druckschriften unterstützt in der Gedichtüberschrift metaphorisch den Inbegriff der Urheimat. Sowohl Majuskel- als auch dann folgende Minuskelschrift erscheinen kulturgeschichtlich als unverbildete, noch nicht in Konventionen gepreßte Urformen der Schreibung, mit denen H. Ball möglicherweise den von F. Nietzsche übernommenen Gedanken dokumentiert, daß alle Prädikationen des Seins solche des Scheins seien. (I. Pohl 1998, S. 175)

Im Übrigen ergibt sich aus dem Aufsatz von I. Pohl noch ein weiterer Aspekt in Bezug auf die Informativität/den Mitteilungsgehalt von Texten. I. Pohl verweist zu Recht darauf, dass schließlich auch sprachlich determinierte Texte – also im Unterschied zu Balls Gedicht »KARAWANE« solche, die den Regeln des deutschen Sprachsystems folgen – zu Nichtverstehen führen können. Sie zeigt das an einem Text, der sich zumindest dem Durchschnittsleser verschließt. Es handelt sich um ein Merkblatt, bezogen auf die Verwendung eines so genannten Wertsackbeutels im Postbeförderungsdienst:

> Der Wertsackbeutel
> Der Wertsack ist ein Beutel, der auf Grund seiner besonderen Verwendung im Postbeförderungsdienst nicht Wertbeutel, sondern Wertsack genannt wird, weil sein Inhalt aus mehreren Wertbeuteln besteht, die in den Wertsack nicht verbeutelt, sondern versackt werden. [...] Sollte es sich bei der Inhaltsfeststellung eines Wertsackes herausstellen, daß ein in einem Wertsack versackter Versackbeutel statt im Wertsack in einen der im Wertsack versackten Wertbeutel hätte versackt werden müssen, [...] (Beispiel aus I. Pohl 1998, S. 161)

Auch ein mehrmaliges Lesen bringt den Rezipienten bei der Semantisierung kein Stück weiter, und das, obwohl es sich um eine grammatisch durchaus wohlgeformte, kohäsive Äußerung handelt. Es stellt sich die Frage, ob in diesem Falle nicht eher ein Nicht-Text anzunehmen ist als bei dem Gedicht von Ball. Oder unterschätzen wir hier nur die Kompetenz des Postbeamten, der die zur Semantisierung notwendigen Inferenzen über sein Weltwissen vielleicht besser herstellen kann als wir? Ein Text kann also nicht als nicht semantisierbar eingestuft werden, sondern die Verarbeitung eines kommunikativen Gegenstandes in ihm (Thematizität) ist immer relativ zum Kommunikationsbereich zu sehen, für den oder in dem kognitive Inhalte transferiert werden.

6) Situationalität bzw. Situationsangemessenheit des Textes:

Der Terminus der Situationalität bezieht sich auf die Faktoren, die einen Text für
eine Kommunikationssituation relevant machen. (Vgl. H. Vater 1992, S. 57)
So ist der oben bereits bemühte Text

LANGSAM
SPIELENDE KINDER

nur durch die Platzierung am Straßenrand als Warnschild interpretierbar. Gerade
dieses situative Moment ist es aber zugleich, das ganz eindeutig Autofahrer als
Rezipienten festlegt und die Relevanz für Fußgänger aufhebt. Zugleich bewirkt
die Situativität, dass eine Fehlinterpretation (etwa in dem Sinne, dass hier auf die
psychische oder physische Verfassung irgendwelcher Kinder hingewiesen würde)
weitgehend ausgeschlossen ist.

Insofern trägt Situationalität ganz unzweifelhaft zur Textualität bei. Allerdings
erhebt H. Vater (1992, S. 64) wohl zu Recht die Frage, ob ein nicht situationsadä-
quater Text – eine nicht gelungene Predigt oder Vorlesung, die über die Köpfe
hinweg gehalten wird – kein Text ist.

7) Intertextualität als Ausdruck der Beziehungen zu anderen Texten:

Intertextualität meint den grundlegenden Bezug eines Textes auf andere, vorher
produzierte Texte, wie er sich in dem folgenden Beispiel zeigt:

Seid umschlungen, Millionen
(Textzeile aus Schillers »Ode an die Freude«/Beethovens 9. Sinfonie)

Seid verzaubert, Millionen
(Ankündigung [David Copperfield]. Berliner Illustrierte Zeitung vom 28.5.1995)

Damit ist zunächst ein sehr weiter Begriff von Intertextualität angesprochen, der
sowohl die Prägung eines Textes als Exemplar einer Textsorte (vgl. W. Heinemann / D. Viehweger 1991, S. 77) als auch »Abhängigkeiten zwischen Produktion
bzw. Rezeption eines gegebenen Textes und dem Wissen der Kommunikationsteilnehmer über andere Texte« (R.-A. de Beaugrande / W. U. Dressler 1981, S.
188) einschließt. Seit Mitte der 1980er Jahre wird Intertextualität als linguistischer
Gegenstand stärker diskutiert und auch differenziert. An dieser Stelle ist auf die
ausdrücklich linguistischen Perspektiven auf den Begriff der Intertextualität von
W. D. Krause (2000a), S. Holthuis (1993), W. Heinemann (1997), A. Linke / M.
Nussbaumer (1997), U. Fix (2000) oder E. Rößler (1999) zu verweisen. Intertextualität wird dabei grundsätzlich als Merkmal der Texthaftigkeit angenommen, eine weitere Differenzierung erfolgt bei den genannten Autorinnen und Autoren in
referenzielle (Beziehungen zwischen Einzeltexten) und **texttypologische** Intertextualität (auf der Grundlage von Textsortenwissen). W. Heinemann plädiert da-

für, als Intertextualität »grundsätzlich nur noch die Wechselbeziehungen zwischen konkreten Texten zu bezeichnen« (1997, S. 33) und dann weitere intertextuelle Relationen zwischen konkreten Texten zu differenzieren. Intertextualität aufgrund von »Textmusterkonventionen« (E. Rößler 1994, S. 153) wäre dann hier eingeschlossen (s. Kapitel 3.7).

Referenzielle Intertextualität meint den Bezug auf einen ganz bestimmten vorher produzierten Text. Um diesen rezipientenseitig realisieren zu können, muss der Bezugstext aber hinreichend bekannt sein. Produzentenseitig liegt Intertextualität dann vor, »wenn ein Autor bei der Abfassung seines Textes sich nicht nur der Verwendung anderer Texte bewußt ist, sondern auch vom Rezipienten erwartet, daß er diese Beziehung zwischen seinem Text und anderen Texten als vom Autor intendiert und als wichtig für das Verständnis seines Textes erkennt« (U. Broich 1985, S. 31).

E. Rößler hat jedoch in einer rezipientenorientierten Untersuchung zur Intertextualität nachgewiesen, dass eine vom Textproduzenten intendierte »adäquate Rezeptions-IT [d. Vff. Intertextualität]« vom Rezipienten oft nicht oder abweichend erfasst wird (vgl. E. Rößler 1997, S. 253). Intertextualität kann dann für das Verstehen von Texten durchaus hemmend wirken.
Intertextualität als ein produktives Merkmal postmoderner Kommunikation bietet eine Fülle an Verweisen auf vorangegangene Einzeltexte wie die folgenden.

> Schau mir in die Augen, Kleines
> (Wörtliches Zitat aus dem Film »Casablanca«)
>
> Schau mir in die Augen, Modem
> (Dossier [Internet]. Tip 14/1994, 26)
> Schau mir ins Silizium, Kleiner
> (Dossier [elektronische Prothesen]. Die Zeit 1.12.1995, 70)
> (Beispiele von E. Rößler 1999, S. 270)

Ob es aber tatsächlich zur intertextuellen Rezeption im Sinne konkreter Einzeltextreferenz kommt, hängt von der Wahrnehmungsschwelle eines Rezipienten, dem Grad der Signalisierung eines Bezuges und der Kenntnis der entsprechenden Vortexte aus Literatur, Werbung oder Film ab.

Fazit:
Kehren wir nun zu der Frage nach Kriterien für die Textualität zurück. Die These von R.-A. de Beaugrande / W. U. Dressler (1981, S. 3), dass Texte nicht kommunikativ sind, wenn eines der Kriterien nicht erfüllt wird und daher auch als Nicht-Texte zu behandeln sind, ist ganz offenbar in ihrer Absolutheit nicht haltbar. Eine Konfiguration von allgemein gültigen Textmerkmalen lässt sich dennoch ableiten.
Neben der Intentionalität (bzw. **Funktionalität**) von Texten, die H. Vater (1992, S. 64) als »Voraussetzung für Kommunikation an sich« bezeichnet, fasst W. D. Krause (2000a) **Ganzheitlichkeit** und **Intertextualität** als wichtigste »all-

gemeine Textmerkmale«, die mit anderen relevanten, allgemeinen Textmerkmalen »Teilhierarchien, Inklusionen und Interdependenzen« (W. D. Krause 2000a, S. 54) bilden. Funktionalität resultiert aus den Anforderungen kommunikativer Aufgaben. Sie dominiert und reguliert alle anderen Textqualitäten (vgl. W. D. Krause 2000a, S. 52). Ganz allgemein ist die Funktionalität von Texten bestimmt – und dies wollen wir ausdrücklich hervorheben – durch »primär extratextuelle Merkmale« (vgl. 2000a, S. 54) wie soziale Institutionalität, Situativität, Intentionalität, Akzeptabilität und Informativität.

Die Ganzheitlichkeit des Textes beruhe danach auf der Integrationskraft der kommunikativen Aufgabe, deren Komponenten (Intention, kommunikativer Gegenstand und Situation) Zielgerichtetheit und Zweckbestimmtheit des Textes determinieren. Die relative Abgeschlossenheit von Texten – sie können praktisch weitergeführt werden – sieht W. D. Krause (2000a, S. 53) als einen spezifischen Aspekt der Ganzheitlichkeit von Texten. Ganzheitlichkeit manifestiert sich in solchen »primär intratextuell geprägten Merkmalen« wie Kohäsion, Kohärenz und Strukturiertheit.

Intertextualität als Ausdruck der Beziehungen zwischen Texten wird als »primär intertextuelles Merkmal« bestimmt. Damit ergänzt W. D. Krause einerseits die Merkmale der Textualität durch weitere allgemeine Textmerkmale, andererseits ordnet er die Beziehungen der allgemeinen Textmerkmale.

Zusammenfassend kann festgehalten werden: Die Kategorie ›Text‹ entzieht sich einer eindeutigen, auf alle potenziellen Textexemplare zutreffenden Auflistung von Merkmalen. Schon gar nicht lässt sich auf diesem Wege trennscharf zwischen Texten und Nicht-Texten unterscheiden. Wohl aber ist es sinnvoll, allgemeine Textmerkmale (Funktionalität, Ganzheitlichkeit, Intertextualität) in einem Textexemplar aufeinander zu beziehen. Um der Kategorie »Text« in ihrer ganzen Komplexität und Vielschichtigkeit gerecht werden zu können, eignen sich am besten Definitionen, die relativ vorsichtig und weit gefasst sind[3] (vgl. Kapitel 2.4).

---

3   Die Anwendung des Prototypenkonzepts auf die Welt der Texte, also nach einem Prototyp in Bezug auf Texte oder der Prototypik von allgemeinen Textmerkmalen zu fragen (vgl. B. Sandig 2000; M. Heinemann / W. Heinemann 2002, S. 102 ff.), erscheint uns weniger produktiv. Wir wollen das Prototypenkonzept im Rahmen der Beschreibung von Textsorten verankern, wie andere TextlinguistInnen auch. Dabei erscheint es uns relevant zu berücksichtigen, dass »Prototypen, denen ein kognitiver Sonderstatus zukommt, [...] außer bei physiologisch determinierten Kategorien nur für *basic level* Kategorien konkreter Gegenstände und Lebewesen in Frage (kommen)« (H.-J. Schmid 2000, S. 50). Textsorten bilden aus unserer Sicht in einer Textklassifikation eine solche *basic level* Kategorie.

Zur Vertiefung

J. Bittner 2003 (Digitalität, Kommunikationsformen und Textsorten im Internet)

H. Blühdorn 2006 (Intertextualität)

W. Holly 1997 (Kommunikationsform, Medium, Zeichensystem)

W.-D. Krause 2000a (Allgemeine Textmerkmale, Intertextualität)

E. Rößler 1999 (Intertextualität)

H. Vater 1992 (Textualitätskriterien)

2 Zur Entwicklung des Textbegriffs

In einem kurzen wissenschaftsgeschichtlichen Überblick sollen im Folgenden Einsichten in die Entwicklung der Textlinguistik und des Textbegriffs sowie in verschiedene Modelle zur Beschreibung von Texten vermittelt werden. Der Schwerpunkt liegt in diesem Kapitel auf strukturell-grammatischen und semantischen Zugriffen auf den Text, die häufig als Textgrammatik zusammengefasst werden, weil sie schwerlich zu trennen sind (vgl. K.-E. Sommerfeldt / G. Starke 1988, S. 295). Wir verwenden den Ausdruck Textgrammatik hier allein für strukturell-grammatische Herangehensweisen.

2.1 Strukturell-grammatische Textauffassungen der 1960er Jahre: Text als Ausdruck von Zeichenrelationen

2.1.1 Text als transphrastische Einheit: Die Satzverknüpfungshypothese

Bis zur Herausbildung der Textlinguistik Mitte der 1960er Jahre galt der Satz als die oberste linguistische Bezugseinheit, wobei die syntaktische Forschung bis dahin im Wesentlichen auf den Einzelsatz beschränkt war. Aufgrund der Existenz einer Vielzahl von sprachlichen (grammatischen) Phänomenen, die allein mit Blick auf den (isolierten) Satz nicht zu erklären sind, wurde dieser Ansatz mit der Herausbildung der Textgrammatik überwunden, und zwar zunächst im Sinne eines **Erweiterungspostulats**. Demnach wurden Texte allgemein als **phrasen- bzw. satzübergreifende (transphrastische) Einheiten** gekennzeichnet.

Als das »primäre sprachliche Zeichen« und damit die oberste und unabhängigste linguistische Einheit galt nun nicht mehr der Satz, sondern der Text. Das war der Ausgangspunkt für die Herausbildung der Textlinguistik als eigenständige linguistische Disziplin, die auf einer Fachtagung zu Fragen der Textlinguistik im Jahre 1968 in Konstanz versuchte, ihren Gegenstand zu konstituieren. In seinem Grundsatzreferat *Texte als linguistisches Objekt* stellte P. Hartmann (1971) insgesamt 12 Thesen auf, in denen die Vorzüge einer Textlinguistik gegenüber der bisherigen (System-)Linguistik herausgearbeitet wurden. Bemerkenswert ist für den damaligen Zeitpunkt die These 10:

Mit der Behandlung von Textgegebenheiten werden neben Gesichtspunkten der Textbildungsnorm auch Gesichtspunkte der Sprachverwendung wichtig, zumal das Herstellen von Texten anderen Regeln unterliegt als das Herstellen von (sprachrichtigen) Sätzen und von einem erheblich breiteren Spektrum von Voraussetzungen und Zwecken bestimmt wird. (P. Hartmann 1971, S. 25)

Diese These sei hier herausgehoben, weil sie bereits 1968 in theoretisch und programmatisch richtungweisender Formulierung ausweist, dass mit der Textlinguistik ein kompletter Neuansatz in der linguistischen Forschung verbunden sein musste, der vor allem in einer Abkehr von der ausschließlichen Konzentration auf das Sprachsystem und einer Hinwendung zum Sprachgebrauch besteht.

Allerdings wurde diese Wende naturgemäß nicht mit einem Mal vollzogen und so blieben auch viele der Anfangsarbeiten einer sprachsystematischen Betrachtung verhaftet. Zu einer wirklich prinzipiellen Änderung der sprachtheoretischen Grundlagen kam es zunächst nicht (vgl. K. Brinker [3]1992, S. 12). Das wird auch in einigen der frühen Textdefinitionen deutlich, etwa bei H. Isenberg (vgl. 1971, S. 155) und E. Agricola (1970, S. 85, 88), die den Text als eine »Folge von Sätzen« begreifen, die durch Vertextungsmittel (Konjunktionen, Pronomina, Proadverbien, Satzadverbien u.a.) miteinander verknüpft sind.

Unübersehbar ist die Grundannahme, wonach der Satz als *die* Struktureinheit des Textes gilt.

Die wichtigste Konsequenz dieser Konzeption ist, daß der für die Textlinguistik zentrale Begriff der Textkohärenz rein grammatisch gefaßt wird. Er bezeichnet in dieser textlinguistischen Forschungsrichtung ausschließlich die syntaktisch-semantischen Beziehungen zwischen Sätzen bzw. zwischen sprachlichen Elementen (Wörtern, Wortgruppen usw.) in aufeinanderfolgenden Sätzen. (K. Brinker [3]1992, S. 14)

Der **transphrastische** (satzübergreifende) Ansatz geht davon aus, dass »Texte strukturelle Einheiten vom gleichen Typ wie Sätze sind, nur umfangreicher« (H. Vater 1992, S. 20). Deshalb könne man Texte im Wesentlichen mit dem in der strukturalistischen und später auch mit dem in der generativ-transformationellen Linguistik bewährten Instrumentarium beschreiben.

Kennzeichnend für diese erste Phase der Textlinguistik war – und zwar in Ost- und Westdeutschland gleichermaßen –, dass die Hierarchie der bis dahin angenommenen Einheiten des sprachlichen Systems (Phonem, Morphem, Wort, Satzglied, Satz) um die Einheit ›Text‹ erweitert wurde. Verändert wurde also nicht das theoretische Grundkonzept, sondern lediglich die »Domäne« der Grammatik (vgl. W. Heinemann / D. Viehweger 1991, S. 26). Darin drückt sich die Auffassung aus, dass die Textbildung (wie die Satzbildung) durch das Regelsystem der Sprache gesteuert wird und auf allgemeinen, sprachsystematisch zu erklärenden Gesetzmäßigkeiten beruht.

Ziel der Textgrammatik müsse es daher sein herauszufinden, nach welchen strukturellen Prinzipien Texte konstituiert werden. Dabei ging man von der Grundannahme aus, dass das Problem der Verknüpfung von Sätzen als Grundlage und Voraussetzung für die Erklärung von Texterzeugungsprozessen anzusehen sei. Deshalb musste es vor allem darum gehen, Regeln für die Verknüpfung von Sätzen herzuleiten. Eine entscheidende Rolle spielt dabei die Pronominalisierung.

2.1.2 Kohärenz und Pronominalisierung

Mit seiner 1962-64 entstandenen und 1968 ([2]1979) publizierten Habilitationsschrift *Pronomina und Textkonstitution* hat R. Harweg eine erste großangelegte Untersuchung über die Organisation von Texten und damit die erste wichtige Monographie vorgelegt, die die Entwicklung der Textlinguistik nachhaltig beeinflusst hat. Seine eigene Position in Bezug auf den Text sieht R. Harweg als strukturalistisch mit Merkmalen einer generativistischen Grundhaltung, die in der Unterscheidung von zwei Textbegriffen – des ›etischen‹ (performanzorientiert) und des ›emischen‹ (kompetenzorientiert) – zum Ausdruck kommt. Für die Erstellung wohlgeformter Texte bilde das Verfahren der Pronominalisierung eine entscheidende Rolle. Kompetente Sprecher/Schreiber sind danach in der Lage, das Verfahren der Pronominalisierung zur Textkonstituierung anzuwenden. (Vgl. R. Harweg [2]1979, S. V.) Von daher definiert er Text als »ein durch ununterbrochene pronominale Verkettung konstituiertes Nacheinander sprachlicher Einheiten« (R. Harweg 1968, S. 148).

> R. Harweg verdeutlicht, dass er die pronominale Verkettung als textkonstitutiv ansieht, sie ist für eine Textdefinition unabdingbar: »Unser Textdefiniens verlangt **ununterbrochene** pronominale Verkettung. Eine Unterbrechung dieser Verkettung würde folglich die Grenzen, d.h. Anfang und Ende eines spezifischen Textes markieren.« (R. Harweg 1968, S. 148)

R. Harweg zeigt in seiner Arbeit, in welcher Weise **ersetzende Elemente (Substituentia)** und **zu ersetzende Elemente (Substituenda)** in der Textkonstitution zusammenwirken. Als »reinste und prägnanteste Repräsentanten der Pronominalität« sieht er die Pronomen *er/sie/es* (R. Harweg [2]1979, S. 25). Es werden dann jedoch alle ersetzenden Elemente als Pronominalisierungen definiert, also z.B. auch Synonyme, Hyperonyme, Metaphern, Metonymien und andere Ersetzungen (vgl. B. Sowinski 1983, S. 24).

Er räumt aber zu Recht ein, dass mit bestimmten Texten zu rechnen ist, »die das Konstitutionsprinzip pronominaler Verkettung nicht erfüllen. Es sind dies in jedem Fall Texte, die zu kurz sind, um das genannte Prinzip erfüllen zu können, so z.B. gewisse aus einem Satz bestehende Aphorismen« (R. Harweg 1968, S. 149). **Pronominalisierung** im Sinne R. Harwegs zeigt sich im **Prinzip der Wiederaufnahme**.

[...] Natürlich Jeans! Oder kann sich einer ein Leben ohne Jeans vorstellen? Jeans sind die edelsten Hosen der Welt. Dafür verzichte ich doch auf die ganzen synthetischen Lappen aus der Jumo, die ewig tiffig aussehen. Für Jeans konnte ich überhaupt auf alles verzichten, außer der *schönsten Sache* vielleicht. Und außer Musik. [...]
(Ulrich Plenzdorf ([6]1977): Die neuen Leiden des jungen W. Rostock: Hinstorff, S. 20)

Der Text beginnt (hier bereits in der Überschrift, sonst häufig im ersten Satz, manchmal auch später) mit dem Setzen eines Kommunikationsgegenstandes/Substituendum (*Jeans*), der im Verlaufe des Textes mehrfach wieder aufgenommen wird (Substituens z.B. *dafür*), um eine Substitutionssequenz herzustellen und damit Aussagen über diesen Gegenstand zu treffen.

R. Harweg erstellt in seinem Buch eine umfassende Typologie pronominaler Verkettungen (1968, [2]1979, S. 179 ff.), die hier nicht wiedergegeben werden kann. Pronominalisierungen als Formen der Wiederaufnahme zur Herstellung von Textkohärenz erfolgen in verschiedenen Formen. K. Brinker hat diese Formen (vgl. [3]1992, S. 27 ff.) vereinfacht dargestellt und in den Verfahren der expliziten und der impliziten Wiederaufnahme zusammengefasst. Das ›Substituendum‹ wird dabei ersetzt durch ›Bezugsausdruck‹ und das ›Substituens‹ durch ›wiederaufnehmenden Ausdruck‹.

> Die **explizite Wiederaufnahme** basiert auf der **Referenzidentität** (Bezugnahme auf dasselbe Objekt = **Koreferenz**) bestimmter sprachlicher Ausdrücke in aufeinanderfolgenden Sätzen eines Textes. Bedingung für die Wiederaufnahme ist die Bedeutungsgleichheit oder -ähnlichkeit der sprachlichen Mittel. In Frage kommen vor allem folgende Formen:

i)   wörtliche Wiederholung (Rekurrenz): *Jeans – Jeans,*

ii) ein synonymer (bedeutungsgleicher oder –ähnlicher) Ausdruck: *Jeans – die edelsten Hosen der Welt,*

iii) Pro-Formen (Pronomen, Pronominaladverbien): Jeans sind die edelsten Hosen der Welt. *Dafür* verzichte ich doch (...),

iv) Ober- bzw. Unterbegriffe (Hyperonyme): *Jeans – Hosen.*

> Bei der **impliziten Wiederaufnahme** handelt es sich nicht um Referenzidentität, sondern lediglich um **partielle Koreferenz**. Dies wird bewirkt durch Ausdrücke, die in einer bestimmten Relation (z.B. Teil-Ganzes-Relation) zu dem ersterwähnten Referenzträger stehen:

[...] Der Winter kam, und eines Tages entdeckte ich in der Nähe der Brücke einen *Heckenrosenstrauch*. Der Strauch war voller *Hagebutten*, deren *glänzendes Rot* von der dünnen

Schneedecke unterm Strauch zum Leuchten gebracht wurde. [...] (Aus: Erwin Strittmatter (1967): Der Heckenrosenstrauch. In: Schulzenhofer Kramkalender. Berlin/Weimar: Aufbau, S. 212 f.) [Hervohebungen d. Vff.]

Durch eine Relation zwischen Wörtern, die der gleichen logischen (Niederlage : Sieg), ontologischen (naturgesetzliche Verknüpfungsverhältnisse wie Blitz : Donner), kulturellen (eine kleine Stadt : der Bahnhof) oder situationellen (der langhaarige Knabe : das englische Matrosenkostüm) Sphäre angehören wird semantische Kontiguität bewirkt. Derartige Beziehungen zwischen Substituendum und Substituens nennt R. Harweg ([2]1979, S. 192 ff.) »Text-Kontiguitäts-Substitutionen«. Den Begriff ›Kontiguität‹ übernimmt er aus der Semantikforschung und bestimmt ihn als »›syntagmatisch semantische Affinität‹« (R. Harweg [2]1979, S. 192).

Zur Rolle der Wiederaufnahme bei der Textkonstituierung sei mit K. Brinker (vgl. [3]1992, S. 41 f.) festgehalten, dass diese zwar äußerst bedeutsam für das Zustandekommen von Kohärenz ist (vgl. auch 1.3), denn die Wiederaufnahme eines Gegenstandes ist in aller Regel Träger für den thematischen Zusammenhang eines Textes. Sie ist aber keine notwendige und auch keine hinreichende Bedingung für Kohärenz, denn diese kann unter Umständen tiefer liegen und muss nicht in einer 1:1-Entsprechung aus der Textoberfläche zu erschließen sein.

Die Gaststätte ist geschlossen. Es ist ein Trauerfall zu beklagen.

Trotz des Fehlens jeglicher syntaktisch-semantischer Verknüpfungsmittel liegt zweifellos eine kohärente Satzfolge vor. Die Sätze stehen in einem kausalen Zusammenhang. Werden beide Sätze durch Pro-Formen mit einander verflochten, kann dies rückwärtsweisend (anaphorisch) oder vorwärtsweisend (kataphorisch) erfolgen, wie in den folgenden Beispielen:

Es ist ein Trauerfall zu beklagen. ← *Deshalb* ist die Gaststätte geschlossen.

Die Gaststätte ist geschlossen. Das bedeutet *Folgendes*: → Wir bleiben heute zu Hause.

R. Harwegs Ansatz, die »ununterbrochene pronominale Verkettung« als Ausgangspunkt einer Textdefinition zu betrachten, ist heute nicht mehr aufrechtzuerhalten. Es setzte sich die Erkenntnis durch, dass Kohärenzprobleme eher durch eine Analyse der thematischen Struktur des Textes geklärt werden können (vgl. K. Brinker [3]1992, S. 44). Deshalb rückten zunehmend semantische Strukturen ins Zentrum textlinguistischer Untersuchungen.

2.2 Semantische Textbeschreibungsansätze: Beziehung zwischen Text und Wirklichkeit

Während die Textgrammatiker sich an bestimmten Signalen der Oberflächenstruktur orientiert haben, reflektieren semantische Textbeschreibungsmodelle die inhaltliche Verflechtung des Textes. Dabei liegt der **Isotopieansatz** ganz in der Nähe des Pronominalisierungsansatzes, weiterhin kommen **Thema-Rhema-Struk-turen** und Beziehungen zwischen **Propositionen** in den Blick.

2.2.1 Isotopieansatz

Der semantisch-strukturelle Ansatz der »Isotopie« (A. J. Greimas 1971) ist durch-aus in Verbindung mit dem syntagmatischen Pronominalisierungsansatz zu sehen. Der Isotopieansatz nach A. J. Greimas stellt ein semantisches Konzept des Textes dar, das semantische Textzusammenhänge durch lexikalische Indikatoren herge-stellt sieht, die in Similaritäts- oder Identitätsbeziehungen zueinander stehen. Durch diese Indikatoren soll die semantische Textstruktur durchschaubar werden und zum Verstehen des Textes als Bedeutungsganzes beitragen. Der folgende Text enthält mehrere Isotopieketten, die sich zu einem »Isotopienetz« verflechten und erst durch ihre aufeinander folgende Anordnung zur Konstruktion von Sinn bei-tragen:

Der Heckenrosenstrauch

Hinter den Torfwiesen fließt der Bach schwarz und geheimnisvoll unter der Buschbrücke hindurch in den Wiesenplan des Nachbardorfes. Unter der Brücke versteckte sich zuwei-len ein Schof Wildenten. Es kam vor, daß die Entenschar mit Flügelschlagen und Geplät-scher hochging, wenn ich mich der Brücke näherte. Meine Stute erschrak und sprang zur Seite, und einmal wäre ich dabei fast aus dem Sattel gekommen. Seither galt meine Auf-merksamkeit nur den Enten, wenn ich mich der Brücke näherte, und ich beruhigte die Stu-te im voraus, klopfte ihr den Hals und wappnete uns beide gegen Überraschungen. Der Winter kam, und eines Tages entdeckte ich in der Nähe der Brücke einen Heckenrosen-strauch. Der Strauch war voll Hagebutten, deren glänzendes Rot von der dünnen Schnee-decke unterm Strauch zum Leuchten gebracht wurde. Ich versuchte die Hagebutten zu zählen, aber nach der Hundertsten gab ich es auf; denn es hingen gewiß mehr als tau-send rote Samenkapseln am Strauch. Im Juni aber mußte jede Hagebutte eine Blüte in zartem Rosa gewesen sein, und ich hatte nicht eine gesehen.

Da hatte ich es mit einer jener menschlichen Lebensungeschicklichkeiten zu tun: Aus Sorge um uns selbst sehen wir nicht, wie's rund um uns blüht, die Menschen, die Blumen, und zu spät fahren wir oft aus dem selbstischen Schlafe, und die Wehmut packt uns, mit der nichts getan ist.

(Erwin Strittmatter (1967): Der Heckenrosenstrauch. In: Schulzenhofer Kramkalender. Berlin/Weimar: Aufbau, S. 212 f.)

Die im Titel des Textes beginnende Isotopiekette »Heckenrosenstrauch« setzt sich erst nach der Realisierung fünf weiterer mit einander verwobener Isotopieketten fort: 1) *Torfwiesen*, Wiesenplan; 2) *Bach*, fließt schwarz und geheimnisvoll; 3) *Buschbrücke*, Brücke, Brücke, Brücke, in der Nähe der Brücke; 4) *Schof Wilden-ten*, Entenschar, Flügelschlagen und Geplätscher; 5) *Stut*e, aus dem Sattel, Stute, ihr, Hals. Im Anschluss wird der *Heckenrosenstrauch* zum Gegenstand der weiteren Reflexion mit den lexikalischen Indikatoren: Strauch, Hagebutten, glänzendes Rot, Leuchten, Hagebutten, Hundertsten, tausend rote Samenkapseln, Strauch, Hagebutte, Blüte in zartem Rosa, nicht eine. Die Isotopieketten werden gebildet durch wörtliche Wiederholungen (*Brücke*), variierende Wiederholungen (*Buschbrücke*), Synonyme (*Entenschar*), Hyperonyme (*Strauch*), Pronomina (*ihr*). Antonyme, die gleichfalls Isotopien bilden können, werden im Beispieltext nicht verwendet. Dennoch wird ein Gegensatz zwischen dem Wahrgenommenen (Isotopieketten 1) bis 5) und dem Nicht-Wahrgenommenen (Heckenrosenstrauch) konstruiert, der im abschließenden Absatz als »Lebensungeschicklichkeit« abstrahiert und als menschliche Erkenntnis formuliert wird.

> Die Textkohärenz kommt im Text dadurch zustande, dass in unterschiedlichen lexikalischen Einheiten die Seme ›Wahrgenommenes‹ und ›Nicht-Wahrgenommenes‹ wiederaufgenommen werden. Diese wiederholte Aufnahme von Semen wird ›Semrekurrenz‹ genannt. Unter Berücksichtigung des Isotopieansatzes definierte W. Kallmeyer (1980, S. 147) den Text semantisch »als ein Gefüge von 1 bis n Isotopieebenen [...], wobei sich deren Anzahl nach der Anzahl der im Text dominierenden Merkmale richtet«.

Isotopien stellen einen interessanten Ansatz für das Verstehen von Texten dar, die jedoch durch die folgenden semantischen Konzepte von Text zu ergänzen sind. Zudem reicht die Bestimmung inhaltlicher Bezugsgrößen für eine plausible Bestimmung der Kategorie ›Text‹ nicht aus.

2.2.2 Funktionale Satzperspektive: Thema und Rhema

Auch wenn das dem Prager Strukturalismus entstammende Konzept der **Funktionalen Satzperspektive** (vgl. V. Mathesius 1929) lange vor dem Entstehen der Textlinguistik auf den Satz bezogen war, ist es ein semantisches Konzept (vgl. L. Hoffmann 2000, S. 346). Den Kern des Thema-Rhema-Konzeptes bildet die Wiederaufnahme eines einmal gesetzten Referenten im Text. Stark vereinfacht gesagt, steht normalerweise ein thematisches Element (Thema = das Bekannte; das aus dem Kontext, aus dem Weltwissen des Rezipienten oder aus der Situation Gegebene/Erschließbare; das, worüber etwas ausgesagt wird) aufgrund seines geringen Mitteilungswertes am Anfang des Satzes, während das Rhema des Satzes (das Unbekannte; das Neue; das, was über das Thema ausgesagt wird; der Mitteilungskern) weiter rechts steht. Das entspricht dem Prinzip des steigenden Mitteilungswertes.

In der heutigen Vorlesung (=Thema) beschäftigen wir uns mit dem Thema-Rhema-Konzept (=Rhema).

Freilich lässt sich diese Äußerung in leicht abgewandelter Form auch aus einer anderen Perspektive darstellen:

> Mit dem Thema-Rhema-Konzept (=Thema) beschäftigen wir uns in der Vorlesung der nächsten Woche (=Rhema).

Das bekannteste Thema-Rhema-Modell entwickelte F. Daneš (1970). Er bezeichnet die Textstruktur als eine »Sequenz von Themen«. »Die eigentliche thematische Struktur des Textes besteht [...] in der Verkettung und Konnexität der Themen, in ihren Wechselbeziehungen und ihrer Hierarchie, in den Beziehungen zu den Textabschnitten und zum Textganzen sowie zur Situation.« (F. Daneš 1970, S. 74)

Für diesen Komplex thematischer Relationen in einem Text – die so genannte thematische Progression – unterscheidet F. Daneš fünf Grundtypen (vgl. auch K. Brinker [4]1997, S. 48 ff.), die in der kommunikativen Praxis freilich selten in reiner Form vorkommen, sondern in vielfältiger Weise miteinander kombiniert werden, was die Analyse von Thema-Rhema-Strukturen häufig sehr kompliziert macht.

i) Lineare Progression: Das Rhema des ersten Satzes wird zum Thema des zweiten usw.

> Ich habe mir *ein neues Buch* gekauft. *Es* ist *ein Roman von einem ganz jungen Autor. Der* hat mich wirklich begeistert.

ii) Progression mit durchlaufendem Thema: Einem konstanten Thema (hier: Spanien) werden fortlaufend neue Rhemen zugeordnet.

> *Spanien* ist ein wunderschönes Reiseziel. *Das Land* hat kulturell eine Menge zu bieten. *Es* ist mit seinen herrlichen Stränden aber auch bestens geeignet für einen Badeurlaub.

iii) Progression mit abgeleitetem Thema: Die Themen der einzelnen Sätze werden von einem übergeordneten Hyperthema (hier: *Wahlkampf*) abgeleitet.

> Die Parteien überschütteten uns mit Werbespots in Hörfunk und Fernsehen. Die Straßen waren mit Plakaten zugeklebt. Redner machten wieder einmal tausenderlei Versprechungen.

iv) Progression eines gespaltenen Themas: Das Rhema eines Satzes wird in mehrere Themen zerlegt.

> Chancen auf die Meisterschaft haben nur noch *zwei Vereine. Leverkusen* scheint die besseren Karten zu haben, denn *die Bayern* haben bereits drei Punkte Rückstand.

v) Progression mit einem thematischen Sprung: In der Progression wird ein Glied der thematischen Kette ausgelassen, weil dieses aus dem Kontext ohne weiteres erschließbar ist.

> Morgen ist schon wieder Montag. Wenn ich nur daran denke, so früh aufstehen zu müssen!

Die Thema-Rhema-Gliederung erweist sich als ein »Hauptfeld der funktionalen Grammatik« (K. Welke [2]1993, S. 11), in deren Rahmen sie weiterentwickelt wurde. Hier wird das Thema als Funktion aufgefasst, »die vor allem textbezogen zu verstehen ist« (K. Welke [2]1993, S. 12). Dass ein Thema nicht kontextfrei bestimmt werden kann, betont auch L. Hoffmann (vgl. 2000, S. 349), indem er das Thema als »Kategorie der Text- bzw. Diskursebene« einordnet. In seinem funktional-semantischen Thema Rhema-Konzept differenziert L. Hoffmann die Termini Thema, Rhema, Thematisierung und Themenentfaltung sehr exakt.

> »Das Thema ist der kommunikativ konstituierte Gegenstand oder Sachverhalt, von dem in einem Text/Textteil oder Diskurs/Diskursteil fortlaufend die Rede ist. [...] Konstante Themen bilden den roten Faden von Text- oder Diskurseinheiten.« (L. Hoffmann 2000, S. 350) Mit dem Begriff ›Rhema‹ verbindet L. Hoffmann das, »was lokal über ein Thema ausgesagt wird« (2000, S. 351). Als »Thematisierung« (Th_{a-n}) bezeichnet er (vgl. 2000, S. 351) den Akt, in dem etwas zum Thema erhoben und fortgeführt wird.

> [...] das Mädchen (Th_a) versuchte Bootsschuhe auf seine Füsse zu ziehen und der Wind schlug ihm die kurzen blonden Haare (Th_b) freundlich um die Ohren (Th_c). Die Sonne spielte mit der Bewegung der Arme (Th_d), wiegte sich glänzend auf Ingrids langen Beinen (Th_e); [...]
>
> (U. Johnson (1985): Ingrid Babendererde. Frankfurt a. M.: Suhrkamp, S. 39)

Themenentfaltung als Prozess zur Stiftung von Kohärenz impliziert nach L. Hoffmann (2000, S. 352 ff.) »Themafortführung« und »Themenentwicklung«. Die Themafortführung, also die inhaltliche Progression, besteht darin, »dass über Themen rhematische Informationen angehäuft und systematisch ins Wissen integriert werden« (2000, S. 352). Dies erfolgt nach bestimmten Prinzipien der Themenentfaltung: deskriptiv, narrativ, argumentativ, explikativ (vgl. K. Brinker [3]1992, [4]1997) (s. Kapitel 5.1.4).

Thementwicklung bedeutet nun nicht gleich Thematisierung, sondern den Übergang von Thema 1 zu Thema 2 usw. Obwohl Thema 1 und 2 sich unterscheiden, verfügen sie über einen gemeinsamen Bezugsrahmen. Als Grundtypen der Themenentwicklung unterscheidet L. Hoffmann (2000, S. 354) über F. Daneš hinaus:

i) Bei der Themensubsumtion werden zwei oder mehr Themen zu einem gebün-
delt (*beide, die zwei).*

ii) Themenkomposition bedeutet, dass ein Thema (Th) über Subthemen bearbeitet
wird.

> [...] die Squit (Th) lief vor mässigem achterlichem Wind ruhig auswiegend über den weiten
> vorsommerlich kühlen See; der Wind lief schnurrend an den Segeln (Th) hoch und
> unablässig platschend warfen sich die Wellen gegen den Bug (Th) [...]
> (U. Johnson (1985): Ingrid Babendererde. Frankfurt a. M.: Suhrkamp, S. 41)

iii) Die Themenassoziation bezieht sich darauf, dass ein altes und neues Thema
auf der Inhalts- oder Formebene über eine Gemeinsamkeit verfügen.

> Ingrid lachte (Th1). Ingrid lachte vor sich hin. Sie sass an Luv auf dem Bordrand [...] und
> sie lachte so leise am Gross-Segel hinauf. Das war sehr hoch, und von der zweitletzten
> Steifplatte fing das Lachen an zu springen, sprang bis zum Stander hinauf und von da ab
> auf eine kleine lustige Wolke, die sich atemlos langsam entlangschob zwischen dem
> leuchtenden Weiss und Blau von Himmel und Segel; dort sass nun das Lachen (Th2) und
> freute sich. (U. Johnson (1985): Ingrid Babendererde. Frankfurt a. M.: Suhrkamp, S. 40 f.)

iv) Bei der Themenreihung liegt Themenwechsel oder -kontrast vor.

> Hannes brachte im weiteren natürlich fertig was Klacks nicht so zufriedenstellend gelun-
> gen war [...]
> (U. Johnson (1985): Ingrid Babendererde. Frankfurt a. M.: Suhrkamp, S. 93)

2.2.3 Zum Begriff der Proposition

Semantisch orientierte Textbeschreibungsansätze verbinden sich mit der **propositionalen Textauffassung**. Sie fasst Texte als Propositionskomplexe und untersucht, welche Propositionen der Text enthält und wie diese sprachlich realisiert
werden.

Der Begriff der Proposition entstammt der Sprechakttheorie von J. L. Austin
(vgl. u.a. 1979) und J. R. Searle (vgl. u.a. 1969), wonach ein Sprechakt immer aus
mehreren, simultan ablaufenden Teilakten besteht: dem Äußerungsakt, dem propositionalen Akt, dem illokutiven und dem perlokutiven Akt. Mit dem propositionalen Akt bezieht sich der Sprecher auf Dinge in der Welt (Referenz), über die er
etwas aussagt (Prädikation) (= Proposition).

Im Weiteren sei auf P. von Polenz zurückgegriffen, der in seiner *Deutschen
Satzsemantik* (1988) den Propositionsbegriff in Bezug auf die Beschreibung der
Satzsemantik erläutert: Die wichtigste Komponente des Satzinhalts ist das Prädi-
kat, wobei der Terminus *Prädikat* nicht im Sinne der traditionellen Satzgliederung

(Subjekt + Prädikat) verstanden werden darf, sondern im Sinne der Prädikatenlogik (als Aussage: prädizieren = etwas aussagen). Prädikate eröffnen Leerstellen, in die bei der Bildung von Propositionen die entsprechenden Argumente eingehen, denn »immer wenn man eine Prädikation/Aussage macht, muß es etwas geben, worüber man das Prädikat aussagt« (P. von Polenz 1988, S. 116).

Die Argumente – P. von Polenz nennt sie in Anlehnung an die Sprechakttheorie Referenz- oder Bezugsstellen – sind demnach eine das Prädikat notwendigerweise ergänzende Komponente. »Die beiden wichtigsten gegenstandsbezogenen Teilhandlungen des Satzinhalts [...] sind also das REFERIEREN/BEZUGNEHMEN und das PRÄDIZIEREN/AUSSAGEN. Prädikat und Referenzstelle(n) zusammen bilden nach der Prädikatenlogik die Prädikation/Aussage.« (P. von Polenz 1988, S. 91)

In der Terminologie der Sprechakttheorie, die P. von Polenz übernimmt, wird nun die Prädikation auch *Proposition* genannt. »Eine oder mehrere Propositionen bilden den propositionalen Gehalt/Aussagegehalt des Satzinhalts.« (P. von Polenz 1988, S. 92)

Die Proposition ist somit eine grundlegende satzsemantische Kategorie, mit deren Hilfe der Kern der Satzbedeutung erfasst wird. Ziel der satzsemantischen Analyse muss es nun sein, sämtliche Prädikate und sämtliche Bezugsstellen, die ein Sprecher in einem Satz ausdrückt, offen zu legen. Dabei ist zu beachten, dass nicht alle Prädikationen vollständig im Satz expliziert werden. Deshalb schlägt P. von Polenz vor, eine Komponente des Mitbedeuteten, Mitgemeinten, Mitzuverstehenden anzunehmen.

Zum Bedeuteten der geäußerten Sprachzeichen kommt das Mitbedeutete hinzu, das Hörer/Leser aufgrund ihres Sprachwissens mitverstehen können müssen. Dazu gehören vor allem die konventionalisierten/sprachüblichen Konnotationen/Gefühlswerte von Wörtern und alles, was man beim sprachökonomisch verkürzenden Ausdruck (Ellipsen, Weglassungen...) ohne Zweifel regelhaft ergänzen kann. (P. v. Polenz 1988, S. 302)

Dazu zählen auch verdeckte, nicht explizit ausgedrückte Bezugsstellen – Leerstellen, die sich der Sprachbenutzer aufgrund seines Wissens aber ohne Weiteres erschließen kann. Und das ist nun etwas, das für die Analyse der semantischen Struktur eines Textes ohne Zweifel von besonderer Relevanz ist.

München (AP/dpa). Beim Ausbruch einer Panik gegen Ende einer Jugendveranstaltung im Münchener Löwenbräukeller am Stiglmaierplatz ist ein 15-jähriges Mädchen am späten Donnerstagabend zu Tode getrampelt worden. Wie die Polizei mitteilte, mussten 24 Mädchen zum Teil mit schweren Verletzungen ins Krankenhaus eingeliefert werden. (Tagespresse)

Die semantische Struktur dieser einfachen Meldung ist nur durch die Ergänzung der nicht gefüllten Leerstellen (*Wer* hat das Mädchen zu Tode getrampelt? *Wer* hat die 24 Mädchen ins Krankenhaus eingeliefert?) vollständig zu erfassen. Für die

Textlinguistik ist aber nun weniger die Analyse des propositionalen Gehalts einzelner Sätze von Interesse, sondern vor allem die Frage nach der propositionalen
Verknüpfung (»Texte als Propositionskomplexe«).

T. van Dijk (vgl. 1980, S. 27 f.) weist zunächst zu Recht darauf hin, dass nicht
alle Propositionen vom Hörer/Leser im Verstehensprozess miteinander verknüpft
werden können. Nur wenn schon die entsprechenden Sachverhalte miteinander
verbunden sind, kann der Interpret auch eine sinnvolle Verknüpfung der entsprechenden Propositionen vornehmen.

W. Heinemann / D. Viehweger (vgl. 1991, S. 43) listen die wichtigsten Arten
von Relationen auf, die zwischen den Propositionen eines Textes bestehen können, wobei die Anzahl und vor allem die Abgrenzung dieser (und weiterer) Propo-
sitionsverknüpfungsrelationen voneinander durchaus umstritten sind. Sie gelangen
zu den traditionell weitgehend bekannten Typen semantischer Relationen (additive
[hinzufügende], kausale, konditionale, konsekutive, konzessive, finale, temporale,
modale, komparative und adversative Relationen). Hinzu kommen Beziehungen
zwischen Propositionen, die als primär »textspezifisch« gelten dürfen (begründende, explizierende, spezifizierende, bestätigende, korrigierende und Frage-Antwort-
Relationen).

Bei den letztgenannten handelt es sich schon eher um Vertextungstypen, wie
sie bereits H. Isenberg klassifiziert hat. H. Isenberg (vgl. 1971) unterscheidet insgesamt 12 solcher Vertextungstypen, die er als Möglichkeiten ansieht, semantische Kohärenz (also den Sinnzusammenhang eines Textes) zu realisieren. Dabei
handelt es sich jedoch um eine heterogene Gruppe, die sowohl syntaktische Relationen als auch Typen thematischer Progression einschließt. Deshalb seien an
dieser Stelle nur einige genannt:

i)   Motivanknüpfung

     Hans ist in den Keller gegangen. Er will Kohlen holen.
     (H. Isenberg spricht hier von einer semantischen Isotopie im Sinne einer Wiederkehr von
     Wörtern desselben Bedeutungsbereichs, die auf der Erfahrung beruht, dass Kohlen meist
     im Keller liegen.)

ii) Diagnostische Interpretation

     Es hat Frost gegeben. Die Heizungsrohre sind gesprungen.

iii) Spezifizierung

     Gestern ist ein Unglück geschehen. Peter hat sich den Arm gebrochen.

iv) Metasprachliche Einordnung

     Mein Bruder hat sich den Arm gebrochen. Peters Auto ist kaputt. Meine Tante ist erkrankt.
     Dies alles erfuhr ich gestern morgen.

v) Anknüpfen von Voraussetzungen

> Der Junge ist ins Kino gegangen. Jemand hat ihm Geld gegeben.

vi) Korrektur von vorerwähnten Aussagen

> Hans hat Maria gesehen. - Nein, Peter hat Maria gesehen.

2.2.4 Makrostrukturen und Textthema

Nun lassen sich in einem Text aber nicht nur interpropositionale Relationen zwischen Nachbarpropositionen ermitteln. Auch zwischen größeren semantischen Einheiten eines Textes existieren semantische Beziehungen. Dies reflektiert T. van Dijk (vgl. u.a. 1980, S. 40) mit seinem Modell zur Konstituierung von **Text-Makrostrukturen,** die auf dem Textganzen beruhen und auch als »globale Textstrukturen« bezeichnet werden. Den Text definiert T. van Dijk (1980, S. 41) hypothetisch mit Bezug auf diese Makrostrukturen: »nur die Satzsequenzen, die eine Makrostruktur besitzen, werden wir (theoretisch) als *Texte* bezeichnen«.

Das Konzept orientiert sich an der Generativen Transformationsgrammatik mit ihrer Unterscheidung von Oberflächen- und Tiefenstrukturen.

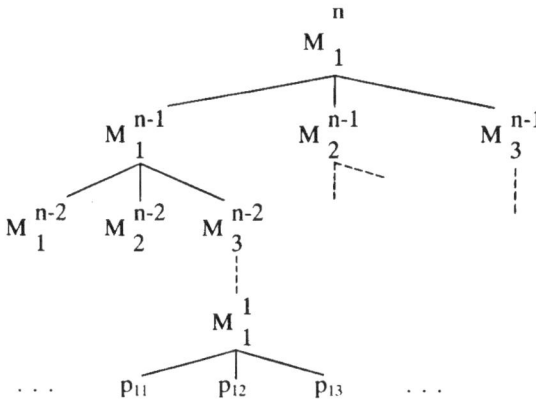

Abbildung 2: Hierarchische Struktur von Makrostrukturen

T. van Dijk (vgl. 1980, S. 43) gewinnt aus den Propositionen der Textoberfläche eine tiefer liegende Struktur, eben die Makrostruktur des Textes, die dann so etwas wie die globale Bedeutung des Textes repräsentiert. Propositionen (p11-p13) lassen sich zu Propositionskomplexen wie in Abb. 2 (= Ebene n-2) zusammenfassen. Daraus ergeben sich so genannte Mikrostrukturen, die sich wiederum auf einer nächsthöheren Ebene (n-1) zu Makrostrukturen zusammenfassen lassen. Zugleich sind diese Makrostrukturen aber in Bezug auf die Textebene wiederum nichts anderes als Mikrostrukturen (vgl. W. Heinemann / W. Viehweger 1991, S. 45).

Nun ist dieses Konzept u.a. wegen seines Anspruchs, ein Textmodell im generativen Sinne zu sein, durchaus umstritten. Fragen nach gültigen Makroregeln – Auslassen, Selektieren, Generalisieren, Konstruieren und Interpretieren (vgl. T. van Dijk 1980, S. 45) – zur Ableitung einer Makro- oder Tiefenstruktur aus den Gegebenheiten der Textoberfläche können in der Praxis oft nicht schlüssig beantwortet werden.

> Was von dem Modell aber mindestens bleibt, ist die durchaus plausible These von der Existenz einer semantisch-thematischen Textbasis im Sinne eines hierarchischen Gefüges von Themen und Subthemen/Teilthemen innerhalb eines Textes. Diese Erkenntnis war Anlass für K. Brinker (1973a, S. 21), Text als »geordnete Menge von Propositionen, [...] die vor dem Hintergrund einer thematischen Textbasis durch logisch-semantische Relationen miteinander verbunden sind«, zu definieren.

Das Thema darf dabei nicht im Sinne des Konzepts der funktionalen Satzperspektive (vgl. 2.2.2) verstanden werden, sondern eher im Sinne des alltagssprachlichen Verständnisses als der **Grund- oder Hauptgedanke**, als der **Gegenstand eines Textes**, als

> ein Objekt, das im ›Fokus‹ einer kommunikativen Interaktion steht. Unter Fokus wird in diesem Zusammenhang eine Auswahlprozedur des Bewußtseins verstanden, das aus all den Objekten in der Umgebung einzelne bestimmt, um sie kognitiv privilegiert zu verarbeiten. Nicht fokussierte Objekte treten demgegenüber in den Hintergrund. (A. Lötscher 1987, S. 18)

Der Vorteil dieser Fokustheorie ist folgender: Sie erlaubt es, zwischen den verschiedenen Bezugsobjekten eines Textes eine inhaltliche, qualitative Gewichtung vorzunehmen. So gilt für einen Text (wie im Übrigen auch für ein Gespräch) nur dann, dass er/es ein gemeinsames Thema hat, wenn die gemeinsame Aufmerksamkeit aller Teilnehmer auf ein gleiches intentionales Objekt gerichtet ist.

T. van Dijk (1980, S. 50) spricht vom **Themawort** oder **Themasatz**, wenn ein Thema in einem Textsegment (z.B. der Überschrift) gegeben ist. Dieses hat die kognitive Funktion, »dem Leser oder Hörer die richtige Makrointerpretation des Textes nahe zu legen« (H. Vater 1992, S. 95). Wird das Thema aus dem Titel für den Rezipienten nicht erschließbar, stellt sich die Frage nach der Thematizität des Textes.

Thematizität könnte demzufolge als Textualitätskriterium behandelt werden, das aber bei R. A. de Beaugrande / W. U. Dressler (vgl. 1.3) gar keine Rolle spielt. Nach R. Mackeldey ist Thematizität ein Texten inhärentes Merkmal; athematische

Texte existieren nicht. »Thematizität liegt auch dann vor, wenn das Thema nicht allein aus dem Text, d.h. aus den sprachlich manifestierten Äußerungen selbst, sondern nur unter Zuhilfenahme außersprachlicher Faktoren zu erschließen ist.« (1987, S. 39 f.)

2.3 Kommunikativ-pragmatische Textmodelle: Text als Ausdruck der Relation von Zeichen und Zeichenbenutzer

Propositionale Auffassungen – so wurde festgestellt – fassen Texte aus semantischer Sicht als Propositionskomplexe auf. Allerdings wird man dem Phänomen ›Text‹ nicht gerecht, wenn man seine Bedeutung ausschließlich am propositionalen Gehalt festmachen wollte. Zu Recht weist E. Rolf deshalb darauf hin, dass man zur Beschreibung der Textsemantik auf pragmatische Kategorien zurückgreifen muss, »auf Kategorien, die darüber aufklären, in welchem Sinn die einzelnen Äußerungs- oder Informationseinheiten, in die ein Text zu zerlegen ist, zu verstehen sind« (1993a, S. 371).

Mit der pragmatischen Wende in der gesamten Sprachwissenschaft (Stichworte: Pragmalinguistik inkl. Sprechakttheorie; Gesprächs- bzw. Konversationsanalyse) werden seit den 1970er Jahren auch in der Textlinguistik die Textfunktion, der Handlungswert eines Textes und seiner Teile sowie die Gegebenheiten der Kommunikationssituation fokussiert. Die Textlinguistik greift den in der Sprechakttheorie entwickelten Begriff der Illokution auf und kennzeichnet Texte als geordnete Menge von Illokutionen, für die bestimmte Indikatoren existieren. Das Interesse handlungstheoretisch orientierter Textforschung richtete sich nun vor allem auf die Aufdeckung von Prinzipien, nach denen bestimmte Teilhandlungen zu komplexen Handlungsstrukturen von Texten verknüpft werden. So untersuchen W. Motsch / D. Viehweger (vgl. 1981) Illokutionshierarchien von Texten und gehen davon aus, dass es im Text eine dominierende Illokution geben muss, während andere subsidiäre Illokutionen in Bezug auf die dominierende Illokution lediglich eine unterstützende Funktion haben (vgl. Kapitel 3.5.1).

Präferiert wird jedoch der Begriff der Textfunktion, der Zweck, den ein Text im Rahmen einer Kommunikationssituation erfüllt. K. Brinker ([3]1992, S. 104 ff.) unterscheidet auf sprechakttheoretischer Grundlage die folgenden textuellen Grundfunktionen:

i) Informationsfunktion: Der Emittent gibt dem Rezipienten zu verstehen, dass er ihm ein Wissen vermitteln, ihn über etwas informieren will.
   Textsorten: Vorlesung, Bericht, Reportage.

ii) Appellfunktion: Der Emittent gibt dem Rezipienten zu verstehen, dass er ihn dazu bewegen will, eine bestimmte Einstellung einer Sache gegenüber einzunehmen (Meinungsbeeinflussung) und/oder eine bestimmte Handlung zu voll-

ziehen (Verhaltensbeeinflussung). Textsorten: Werbeanzeige, Wahlkampfpla-
kat, Kommentar, Bedienungsanleitung.

iii) Obligationsfunktion: Der Emittent gibt dem Rezipienten zu verstehen, dass er
    sich ihm gegenüber dazu verpflichtet, eine bestimmte Handlung zu vollziehen.
    Textsorten: Vertrag, Versprechen.

iv) Kontaktfunktion: Der Emittent gibt dem Rezipienten zu verstehen, dass es ihm
    um die personale Beziehung zum Rezipienten geht (insbesondere um die Her-
    stellung und Erhaltung des persönlichen Kontakts). Textsorten: Ansichtskarte,
    Trauerkarte, Liebesbrief.

v) Deklarationsfunktion: Der Emittent gibt dem Rezipienten zu verstehen, dass
   der Text eine neue Realität schafft. Textsorten: Testament, Schuldspruch.

Auf pragmatischer Grundlage entwickelte sich über den handlungstheoretischen
Ansatz hinaus eine kommunikationsorientierte Richtung der Textlinguistik, deren
Vertreter den Text nicht mehr als grammatische Satzfolge verstehen, sondern

als (komplexe) sprachliche Handlung, mit der der Sprecher oder Schreiber eine
bestimmte kommunikative Beziehung zum Hörer oder Leser herzustellen versucht. Die kommunikationsorientierte Textlinguistik fragt also nach den Zwecken, zu denen Texte in Kommunikationssituationen eingesetzt werden können
und auch tatsächlich eingesetzt werden; kurz: sie untersucht die kommunikative
Funktion von Texten. (K. Brinker [3]1992, S. 15)[1]

Dem Text kommt eine Instrumentfunktion im Rahmen übergreifender Handlungen
zu. Es geht also um »das Funktionieren von Sprache in Kommunikationsprozessen
einer konkreten Gesellschaft« (W. Heinemann / D. Viehweger 1991, S. 53 f.).
Kommunikationsorientierte Textbeschreibungsmodelle wollen ausweisen,

dass Texte immer nur in bestimmten sozialen Zusammenhängen geäußert werden, d.h. dass ihnen immer nicht nur eine kommunikative, sondern auch eine
bestimmte soziale Funktion zukommt, und dass Kommunikation als ›kommunikative Tätigkeit‹ eingebettet ist in ein Geflecht von Tätigkeiten, die unter be-

---

1   Mit der Orientierung auf die Kommunikation rückt die Textlinguistik in die Nähe der linguisti-
     schen Pragmatik. B. Schlieben-Lange (1975, S. 115) stellt für Textlinguistik und Pragmatik, die
     die Ebene des Satzes zunächst in ganz verschiedener Weise überschritten hatten, nun sogar eine
     fast vollständige Konvergenz fest: »Nur die Akzente sind noch leicht verschoben: Bei der Text-
     linguistik steht die interne Textkonstitution im Vordergrund, bei der linguistischen Pragmatik die
     sozialen Verpflichtungen sprachlicher Handlungen« (vgl. auch S. J. Schmidt 1973, S. 23 f.). In
     der Extremposition des kommunikativen Ansatzes wird der Textbegriff sogar so weit gefasst,
     dass auch nichtsprachliche Äußerungen einbezogen werden. So sieht S. J. Schmidt (vgl.1973, S.
     154) Text nicht als innerlinguistische Kategorie und stellt fest, dass eine Textdefinition von der
     Textualität als sozio-kommunikativer Struktur ausgehen muss (vgl. auch L. Gobyn 1984, S.16).

stimmten gesellschaftlichen und sozialen Bedingungen vollzogen werden
(M. Heinemann / W. Heinemann 2002, S. 86).

Wenn Texte in der sozialen Interaktion von Kommunikationspartnern ihre Funktion erfüllen sollen, müssen sie als determiniert von der sozialen Situation, der
Umgebungssituation und der Tätigkeitssituation (z.B. in einer Institution) erscheinen.

2.4 Ein integratives Textmodell

Vergleicht man nun die besprochenen Ansätze, so ist mit D. Viehweger (vgl.
1983) Folgendes festzustellen: Bei der transphrastischen bzw. der propositionalen
Textauffassung verläuft die Blickrichtung vom Satz zum Text. Damit sollte eine
Textgrammatik konstituiert werden, die eine höhere und adäquatere Stufe der
Satzgrammatik darstellt. Dagegen verläuft bei der kommunikativen Textauffassung die Blickrichtung umgekehrt vom Text zum Satz. Der Text wird primär als
eine kommunikative Einheit angesehen, der Sätze zugrunde liegen.

> Entscheidende Bewertungsstücke des Textes sind [...] vor allem Parameter der
> Kommunikation wie Ziel und Zweck der Mitteilung, Anlaß und Gegenstand
> (Thema) der Kommunikation, Verhältnis der Kommunikationspartner; mit an-
> deren Worten: zur Textdefinition werden kommunikativ-pragmatische und
> kompositorische Prinzipien herangezogen, nach denen die sprachlich-kommu-
> nikative Tätigkeit organisiert ist. (D. Viehweger 1983, S. 215 f.)

Beide Auffassungen zum Textbegriff sind nun nicht als alternativ, sondern als
komplementär zu betrachten, wobei der »kommunikativ-pragmatische Ansatz
die theoretisch-methodische Bezugsgrundlage« (K. Brinker [3]1992, S. 17 ff.)
bildet.

   Diese Auffassung soll in die in diesem Buch vertretene Text-Definition ein-
fließen, die zwischen dem kommunikationsorientierten und dem strukturell
ausgerichteten Ansatz zu vermitteln versucht:

   Ein Text ist eine in sich kohärente Einheit der sprachlichen Kommunikation
mit einer erkennbaren kommunikativen Funktion und einer in spezifischer Weise organisierten Struktur.

   Funktion und Struktur sind unseres Erachtens die für die linguistische Textanalyse entscheidenden Parameter. Unzweifelhaft ist der Satz die wichtigste
Struktureinheit des Textes, wobei Struktur aufgefasst werden soll als »Gefüge
von Relationen, die zwischen den Sätzen bzw. den Propositionen als den unmittelbaren Strukturelementen des Textes bestehen und die den inneren Zusammenhang, die Kohärenz des Textes bewirken« (K. Brinker [3]1992, S. 21). Die
Struktur eines Textes ist auf der grammatischen und auf der thematischen Ebene nachweisbar.

Deshalb unterscheidet K. Brinker zwischen grammatischen und thematischen Kohärenzbedingungen: Grammatische Kohärenz entsteht durch

> die für den Textzusammenhang relevanten syntaktisch-semantischen Beziehungen zwischen aufeinanderfolgenden Sätzen eines Textes [...] Auf der thematischen Ebene geht es um die Analyse des kognitiven Zusammenhangs, den der Text zwischen den in den Sätzen ausgedrückten Sachverhalten (Satzinhalten, Propositionen) herstellt. (K. Brinker [3]1992, S. 21)

Der Begriff ›**Textfunktion**‹ charakterisiert sprachliches Handeln als intentionales und konventionelles Verhalten. Textfunktion, situative und mediale Gegebenheiten gestalten die Textstruktur regelhaft in grammatischer und thematischer Hinsicht (vgl. K. Brinker [3]1992, S. 121).

Integrativ ist dieser Ansatz nun insofern, als er den Zusammenhang zwischen Textfunktion und Textstruktur oder um es anders zu sagen den Zusammenhang zwischen Grammatik und Pragmatik fokussiert (vgl. Kapitel 4.2) – und zwar in einer Weise, dass die Textstruktur funktional erklärt wird.

Wir gehen davon aus, »daß sprachliche Ausdrücke bestimmten Zwecken oder kommunikativen Aufgaben dienen und daß ihre Form funktional, also im Hinblick auf diese Aufgaben zweckdienlich« (G. Zifonun 1994, S. 2) ist. Eine solche Annahme ist beeinflusst vom funktionalen Ansatz der Prager Schule und funktionalen Grammatikkonzeptionen, in denen das Verhältnis zwischen Form und Funktion unmittelbar in den Blickpunkt rückt. Funktionalität in diesem Sinne gilt nicht nur für Texte oder Sätze, denen im Ganzen ein bestimmter kommunikativer Zweck ohne weiteres zugeordnet werden kann, sondern auch für deren Bausteine (vgl. G. Zifonun 1994, S. 2). Es wird also davon ausgegangen, dass syntaktische Strukturen aus »universellen Prinzipien der Kommunikation und der Kognition zu erklären« (K. Welke [2]1993, S. 11) sind.

Funktional ist der hier vertretene Ansatz auch deshalb, weil Texte und ihre Bausteine nicht nur auf Prinzipien der Kommunikation zurückgeführt werden, sondern ebenso auf solche der Kognition. Von daher werden Textproduktion und Textrezeption in kognitivem Zugriff als Organisationsprozesse komplexen Wissens behandelt (vgl. Kap. 5).

Zur Vertiefung:

K. Brinker [2]1993, [4]1997 (Geschichte der Textlinguistik)

R. Harweg 1968, [2]1979 (Verfahren der Pronominalisierung)

L. Hoffmann 2000 (Thema, Rhema, Themaentfaltung)

H. Vater 1992 (Geschichte der Textlinguistik)

K. Welke [2]1993 (Funktionale Satzperspektive und funktionale Grammatik)

3 Textsorten und Textsortenbeschreibung

Im Rahmen kommunikativ-pragmatischer Zugriffe auf Texte bildet die Textsorten- und Textmusterproblematik nicht nur das Herzstück der Textlinguistik, sondern auch eine enorme Herausforderung. Textsorten stellen eine zentrale Kategorie der Textlinguistik dar, mit der Zusammenhänge von funktional-situativ bestimmten kommunikativen Handlungen und ihren zugrundeliegenden Formulierungs- und Baumustern erklärt werden sollen. Dabei treten jedoch eine Reihe von Problemen auf. Zwar haben Klassifikation und Typologisierung von Texten in der textlinguistischen Diskussion innerhalb der vergangenen 30 Jahre eine herausragende Rolle gespielt und zahlreiche korpusbasierte empirische Forschungen konnten das Konzept ›Textsorte‹ theoretisch vertiefen. Dennoch scheint sich eine gewisse Ermüdung in der Erforschung von Textsorten eingestellt zu haben, die zudem in terminologischer Uneinheitlichkeit und unklarer Systematik offensichtlich wird. Derartige Probleme der Textsortendiskussion aufgreifend möchte das folgende Kapitel Fragen der Textklassifikation und Texttypologie fokussieren sowie eine überschaubare Zahl grundlegender Termini (Texttyp, Textklasse, Textsorte, Textsortenvariante, Textmuster und Textexemplar) klären und von einander abgrenzen. Gleichfalls werden mehrdimensionale Beschreibungsmodelle für Textsorten vorgestellt, über die in der Textlinguistik Konsens herrscht. Produktiv erscheint weiterhin ein diachroner Zugriff auf Textsorten, der Erkenntniszuwachs über die Entstehung, Konsolidierung, Standardisierung und Variation von Textsorten verspricht.

Ohne ein einheitliches Denkgebäude sind Klärungen jedoch nicht möglich. Dies betont auch G. Antos (1997, S. 43) im Rahmen einer in der Mitte der 1990er Jahre geführten Diskussion zur Stellung der Textlinguistik, wenn er schreibt: »Letztlich ist die Theoretizität der entscheidende (wenn auch nicht der einzige) erkenntnistheoretische Schlüssel für Empirizität und deskriptive Subtilität.« Dieser Prämisse Rechnung tragend liegt dem folgenden Kapitel (insbesondere ab Kap. 3.4) eine systemtheoretische Perspektive als theoretischer Rahmen zugrunde. Zuvor geht es jedoch darum (Kap. 3.1 – 3.3), nachzuvollziehen, wie sich die Textlinguistik dem Begriff ›Textsorte‹, der bisher theoretisch nicht eindeutig definiert ist, genähert hat. W. Heinemann (vgl. 2000b, S. 10) spricht auch von einem »prätheoretischen« Gebrauch des Begriffs.

3.1 Textsorten und »Alltagssprache«

Analog zum alltagssprachlichen Textbegriff arbeiten Textlinguisten sehr gern mit einem »alltagssprachlichen Textsortenbegriff«, da das »alltagssprachliche« Vokabular zur Bezeichnung von Textsorten bei einer für die kommunikative Praxis auch nur einigermaßen relevanten wissenschaftlichen Begriffsbildung unbedingt berücksichtigt werden müsse. Dem ist grundsätzlich zuzustimmen. Doch der Begriff ›Alltagssprache‹ erweist sich als eher prätheoretisch und ist in den textlinguistischen Publikationen nicht genügend geklärt. Es erscheint sinnvoller, von Alltagskommunikation zu sprechen. Tatsächlich hat nun eine Vielzahl an Bezeichnungen für Textsorten Eingang in die Alltagskommunikation gefunden, die man zunächst relativ ungeordnet aus dem Lexikon zusammenstellen könnte. Verwiesen wird auf Bezeichnungen wie *Beschreibung, Reisebeschreibung, Bildbeschreibung*; *Wetterbericht, Wettervorhersage*; *Rezept, Kochrezept, Arztrezept*; *Zeitungsartikel, Annonce, Kommentar, Nachricht*; *Erzählung, Märchen, Anekdote, Witz*; *Brief, Abschiedsbrief, Liebesbrief, Geschäftsbrief*; *Mietvertrag, Testament*; *Studienordnung, Prüfungsordnung, Gutachten* usw. Dabei handelt es sich um Textsorten, mit denen ein durchschnittlicher Kommunikator in verschiedenen alltäglichen[1] Lebenssphären – privat, öffentlich oder professionell – rezeptiv und produktiv umgeht.

Eine Charakterisierung der Benennungen für vorkommende Textsorten als (vorwissenschaftliches) Alltagsvokabular verkennt allerdings die Tatsache, dass sich die Textsortenbenennungen in den Sphären ihres Vorkommens, also in Kommunikationsbereichen herausgebildet haben und die »alltagsweltlichen Konzepte«, die sich mit den Benennungen verbinden, nicht nur Alltagswissen über Texte, Textsorten, Textproduktion und Textrezeption darstellen, sondern auch über situative Einordnungen. Ein allgemeines, für die Alltagskommunikation relevantes Textsortenwissen wird aber nicht bzw. nicht nur durch die Benennung vermittelt. Textsorten werden von den Angehörigen einer Sprachgemeinschaft in bestimmten Situationen und Kommunikationsbereichen vorgefunden, ihre Merkmale leiten sich also für den Kommunizierenden aus dieser Einbettung her. Von daher vermitteln Kommunikationsbereiche rezeptive und produktive Textsortenkompetenz.

Der *Duden* bietet seinem Benutzer beispielsweise eine Erklärung der Textsorte *Videotext*: »[geschriebene] Information, die auf Abruf über den Fernsehbildschirm vermittelt wird)« ([24]2006, S. 1084). Es wird deutlich, dass diese Textsorte an das Medium Fernsehen gebunden ist. Wissenschaftliche Bemühungen, die in verschiedenen Kommunikationsbereichen auf diese Weise geprägten Benennungen von Textsorten wissenschaftlich umzubenennen, schlagen sicher fehl und können nicht Ansatz einer Textsortenlinguistik sein. In diesem Sinne ist K. Adamzik (1991, S. 105) zuzustimmen:

Alltagskonzepte über Textsorten [...] sollten daher weniger als eine – zu überwindende oder zu verbessernde – Vorform linguistischer Beschreibung denn als

---

[1]   Unter Alltag verstehen wir ganz allgemein routinemäßig ablaufende Zeitzyklen, die kontinuierliche (tägliche, wöchentliche, monatliche, jährliche) Wiederholung von Handlungen nach bestimmten Mustern (z.B. Essen, Konsum, Schlaf, Freizeit, aber auch institutionell geprägte Arbeitsabläufe).

Gegenstand der Untersuchung selbst angesehen werden. Sie sind ein Teil des Sprachbewußtseins [...].

Auch K. Brinker ([4]1997, S. 128) fordert, dass eine linguistische Texttypologie zu Unterscheidungen führen sollte, die das intuitive Textsorten-Wissen der Sprachteilhaber bestätigen. Wie »intuitiv« sind aber Textsorten und welches sind »Textsorten in der Alltagssprache« (K. Brinker [4]1997, S. 128)?

Wetterbericht, Videotext oder Bildschirmtext bilden mediale mündliche oder schriftliche Textsorten, die ihre Prägung durch das jeweilige Medium Zeitung (regional, überregional, Boulevard), Hörfunk oder Fernsehen erhalten. Mitglieder einer modernen Gesellschaft gehen in ihrer alltagsweltlichen Kommunikation rezeptiv mit medialen Textsorten und Gattungen um, von Kommunikatoren werden diese Texte medienspezifisch gestaltet und präsentiert. So nutzen derzeit verschiedene Sender beispielsweise den Unterhaltungswert eines Wetterberichts, der Bericht wird »emotionalisiert«; auch dies geht in das Muster ein, das ein Rezipient von einem Wetterbericht aufbaut. Dennoch ist Alltagswelt nicht gleich Alltagssprache, sondern es geht doch darum, welche Textsorten im Sprachbewusstsein der Sprecher in ihrer alltagsweltlichen Kommunikation (Privatsphäre, Freizeit, Ausbildung, Schule, Studium, Beruf) präsent sind.

Diesem Grundsatz folgen z.B. auch E. Gülich und B. Sandig. E. Gülich (vgl. 1986, S. 18) beschäftigt sich mit Textsorten nicht in erster Linie motiviert durch die linguistische Theoriebildung, sondern weil sie annimmt, dass die Unterscheidung zwischen Textsorten für die Kommunikationsteilnehmer relevant ist und dass das Wissen über Charakteristika verschiedener Textsorten Bestandteil ihres Alltagswissens ist. B. Sandig (vgl. 1972, S. 113) sieht beim Alltagssprecher kommunikative Kompetenz als die Kompetenz zum Bilden und Verstehen von Textsorten und zu deren geregelter Anwendung. Sie widmet sich denjenigen Textsorten, für die die natürliche Sprache großenteils Lexeme besitzt, um diese Textsorten nach ihrer sozialen Relevanz zu beschreiben. Allein die Auflistung von Textsortenbenennungen wird allerdings keinen Aufschluss über die soziale Relevanz von Textsorten liefern.

M. Dimter (1981) hat im Rechtschreibduden von 1973 über 1.600 Bezeichnungen für Textsorten gezählt und konstatiert, dass die alltagssprachliche Textklassifikation zum einen recht vielschichtig ist und zum anderen auch feine Unterscheidungen erlaubt. Von einer Textklassifikation kann hier in keiner Weise die Rede sein. Deutlich wird aber an den Textsortenbenennungen ihre binäre Komposition, wenn häufig ein Gattungsname durch einen Artnamen spezifiziert wird. Es ist zu fragen, ob es sich bei den 500 gefundenen »grundlegenden« Textsortennamen vom Typ »Bericht« wirklich um »Textsortennamen« handelt. Weitere 1100 »Textsortennamen« gelten als »abgeleitet« (Wetterbericht – Reisewetterbericht – Segelflugwetterbericht) (vgl. M. Dimter 1981, S. 30 ff.).

Spezifikationen der Textsorten sind nun vielfältig motiviert und werden in Textsortennamen mehr oder weniger deutlich:

i) durch die Textfunktion (Befehl - obligativ, Gelöbnis - deklarativ),

ii) durch das Verfahren zur Vertextung des Themas (Kommentar - argumentativ),

iii) durch die Kommunikationssituation (Privatbrief, Geschäftsbrief),

iv) durch das Medium (Videotext, Zeitungsnachricht),

v) durch den Textinhalt (Wetterbericht, Sportbericht).

Textsortennamen wie Heiratsanzeige, Befehl, Reparaturauftrag, Nachricht oder
Gelöbnis scheinen durch das Kriterium der Textfunktion geprägt, wobei ebenso
die reaktive Handlung des Rezipienten stark in Perspektive gebracht wird.

> So haben z.B. die Textsorten ›Heiratsanzeige‹ und ›Geburtsanzeige‹ zwar ver-
> schiedene Themen; entscheidend aber ist, daß sie beide zur Klasse der Anzei-
> gen gehören, deren kommunikative Funktion darin besteht, ein bestimmtes Er-
> eignis einem größeren Personenkreis bekannt zu machen. Demgegenüber gehö-
> ren die Textsorten ›Geburtsanzeige‹ und ›Geburtsurkunde‹ trotz eines gemein-
> samen Themas verschiedenen Klassen an, denn die Urkunde als amtliche
> Bescheinigung über die Geburt hat eine ganz andere Handlungsbedeutung [...]
> als die Anzeige. (K. Brinker [3]1992, S. 130)

Kommunizierende müssen sich in der alltagsweltlichen Kommunikation, in wech-
selnden Kommunikationssituationen, in der Anwendung unterschiedlicher Kommunikationsformen, in sozialen Relationsgefügen (Politik, Wirtschaft, Wissenschaft; Arzt-Patienten-Kommunikation u.a.) zurechtfinden. Zu ihrer kommunikativen Kompetenz gehört es gleichfalls, dass Textsorten in unterschiedlichen
Kommunikationsbereichen auftauchen und durch diese auch unterschiedlich ausgeprägt werden können. Ein Kochrezept ist eben etwas anderes als ein Arztrezept.
     W. Fleischer / G. Michel / G. Starke (1993, S. 36) nehmen in ihrer Stilistik dar-
auf Bezug:

> Mit der Zuordnung eines Textes zu einer bestimmten Textsorte ist nicht in je-
> dem Fall zugleich auch eine eindeutige Festlegung auf einen bestimmten
> Kommunikationsbereich verbunden. Die Menge der empirisch gegebenen
> Textsortenbezeichnungen beruht nicht auf einem einheitlichen Klassifikations-
> prinzip. Viele Textsorten können bei entsprechender Abstraktion e i n e m
> Kommunikationsbereich zugeordnet werden, andere dagegen m e h r e r e n.

Eine Meldung kann z.B. dem Kommunikationsbereich des Militärwesens, des
zivilen Wetterdienstes oder aber der juristischen Sphäre zugeordnet werden (vgl.
W. Fleischer / G. Michel / G. Starke 1993, S. 36). Unter Kommunikationsbereich
verstehen die Autoren »die soziale Sphäre mit den für sie charakteristischen Insti-

tutionen (i. w. S.) und Sozialbeziehungen« (W. Fleischer / G. Michel / G. Starke 1993, S. 37).

Somit können wir schlussfolgernd festhalten: Um also Textsorten kommunikationsadäquat ordnen oder klassifizieren zu können, reicht eine Betrachtung von Textsortenbenennungen nicht aus. Vielmehr ist die Ermittlung der Kommunikationsbereiche und ihrer funktionalen Ausdifferenzierung in gesellschaftlichen Systemen erforderlich. Sie bilden den Rahmen, in dem Textsorten verschiedene Leistungen übernehmen.

3.2 Textexterne und textinterne Merkmale zur Differenzierung von Textsorten

Aus dem vorangegangenen Abschnitt wird erkennbar, dass die Textlinguistik ein starkes Erkenntnisinteresse hinsichtlich der Ordnung der Textwelt – der Menge möglicher Textsorten und ihrer Beschreibung – hat. Allein die Betrachtung von Textsortenbenennungen reicht jedoch für eine Typologie oder Klassifizierung von Textsorten nicht aus. Die Erkenntnis, dass Texte sich in vielfältigen Dimensionen beschreiben lassen, durchzieht prinzipiell die Geschichte der Textlinguistik und so auch die Geschichte der Textsortenforschung. Dabei lassen sich in der Beschäftigung mit Textsorten Grundkonzepte ausmachen, die dem jeweiligen Erkenntnisinteresse und dem Erkenntnisstand der Textlinguistik folgen bzw. sich hier einordnen lassen. Wenn P. Hartmann Textsorten als »Teilmengen von Texten, die sich durch bestimmte relevante gemeinsame Merkmale beschreiben und von anderen Teilmengen abgrenzen lassen« (1971, S. 22), bestimmt, geht es im Nachhinein um die Frage, welches denn nun die gemeinsamen Merkmale sind bzw. in welchen Dimensionen sie sich bewegen. Je nach Entwicklungsphase der Textlinguistik werden Textsorten als grammatisch geformte Einheiten (Kapitel 2.1), als semantisch-inhaltlich geprägte Phänomene (Kapitel 2.2), als situativ bestimmte Einheiten oder als kommunikative Einheiten (Kapitel 2.3) beschrieben (vgl. W. Heinemann 2000b, S. 12 ff.).

In der Entwicklung dieser Grundkonzepte zur Analyse von Textsorten hat sich die Erkenntnis durchgesetzt, dass sowohl textinterne (grammatische und semantisch-inhaltliche) als auch textexterne (situative) Merkmale und ihre Wechselwirkung für Textsorten konstitutiv sind. So wurde in der Textlinguistik eine breite Diskussion dahingehend geführt, inwiefern textinterne und textexterne Faktoren bei der Textklassifikation und -beschreibung zu berücksichtigen sind.

Aus der Tradition der **textgrammatischen Analysemodelle** stammende Textsortenklassifikationen orientierten sich begreiflicherweise ausschließlich an **textinternen** Faktoren. So sind z.B. für R. Harweg (vgl. 1968, S. 323 ff.) Textsorten sprachliche Strukturtypen, die aus einem Textmodell abgeleitet werden können. Solche Ansätze haben ihre Berechtigung in der Zeit ihrer Entstehung, werden aber dem heutigen Stand der textlinguistischen Forschung nicht mehr gerecht. Andererseits ist nicht von der Hand zu weisen, dass die Analyse des Gefüges interner Faktoren (Kohäsion, Kohärenz, Strukturiertheit, Formulierungsmuster, spezifische Lexik) (vgl. W.-D. Krause 2000a, S. 54) die Differenzierung einer vermeintlichen Textsorte in weitere Textsorten ermöglicht. M. V. Raevskij (vgl. 1997, S. 39) kommt beispielsweise über das lexikologische Kriterium zu einer Lösung taxonomischer Probleme in Bezug auf Zeitungsannoncen/Anzeigentexte. Der Kategorie Zeitungsannonce weist M. V. Raevskij nach B. Sandig solche gemeinsamen Merkmale wie ›monologisch‹, ›geschrieben‹, ›nicht spontan‹ zu, und Anzeigentexte tragen Aufforderungscharakter. Eine differenzierte syntaktische und lexikologische Analyse von Anzeigentexten führt dann zu dem Ergebnis, dass der Ausdruck Zeitungsannonce eine

> Sammelbezeichnung für verschiedene durch das gemeinsame Medium und den ankündigenden Charakter vereinigte Gebrauchstexte unterschiedlicher Provenienz, d.h. eine Bezeichnung für ein Konglomerat von Annoncetypen, die sich als selbständige Textsorte erwiesen (M. V. Raevskij 1997, S. 38),

darstellt. Aus der Analyse lassen sich thematisch-gegenständlich und sprachpragmatisch spezifizierte Textsorten kleineren Umfangs ermitteln, wie Heiratsanzeige, Geburtsanzeige, Mietgesuch, Verkaufsanzeige, Tauschanzeige u.a.. M. V. Raevskij (1997, S. 37) stellt fest, dass private Kleinanzeigen thematisch und sprachpragmatisch heterogen sowie situationsklassengebunden sind und plädiert deshalb für die gesonderte Betrachtung unterschiedlicher Textsorten. In ihrer Funktionalität ähnlich oder gleich gelagerte Textsorten könnten also durch die Analyse der Sprachstruktur, insbesondere der Lexik, greifbar unterschieden werden. So werden Lexembestände der genannten Annoncetypen alphabetisch geordnet und verglichen. Im Bereich der Adjektive mit dem Anfangsbuchstaben ›A‹ zeigt sich beispielsweise, dass die Adjektivlisten in den untersuchten Anzeigen sich nicht decken:

(a) *Automarkt*: abnehmbar, abschließbar, absolut, ausweisbar, automatisch;

(b) *Immobilienmarkt*: [...] alt, angelegt, anspruchsvoll, attraktiv, ausbaufähig;

(c) *Stellengesuche*: abgeschlossen, abschlusssicher, aktuell, [...], angenehm, anspruchsvoll, artfremd, aufgeschlossen [...]

(d) *Bekanntschaften/Heiraten*: aktiv, allein, alleinerziehend, alleinstehend, alt, angenehm, angesprochen, angeschlagen, anpassungsfähig, anschmiegsam, anspruchsvoll, athletisch, attraktiv, aufgeschlossen, aufrichtig, ausgeglichen, ausländisch, außergewöhnlich. (M. V. Raevskij 1997, S. 36)

Im Zusammenhang mit der Herausbildung der **kommunikativen** Textauffassung orientierte man sich bei der Typologisierung der Textsorten an **funktionalen** bzw. **kommunikativen Faktoren**. Dabei kommt es zu sehr unterschiedlichen Ansätzen, was die Dominanz dieser Faktoren anbelangt. Nach F. Lux lassen sich vor allem zwei Varianten der Textsortendefinition innerhalb dieser Grundrichtung unterscheiden: »Textsorten werden entweder mit Handlungssorten oder -mustern gleichgesetzt, also gewissermaßen als Typen von Sprechakten betrachtet, oder sie werden als aus solchen Typen abgeleitete sprachliche Strukturen verstanden.« (F. Lux 1981, S. 31)

Damit wird von vornherein der Objektbereich erweitert, denn es sollen nicht mehr nur Texte als sprachliche Einheiten klassifiziert werden, sondern interaktive Einheiten, die auch nicht-sprachliche Elemente umfassen (vgl. E. Gülich 1986, S. 20). Ein Vertreter des ersteren Typs (Textsorten als Typen von Sprechakten) ist E. Rolf mit seiner Habilitationsschrift »*Die Funktionen der Gebrauchstextsorten*«. E. Rolfs Textsortenklassifikation beruht auf einer konsequenten Anwendung des sprechakttheoretischen Paradigmas. Er (vgl. 1993b) erfasst die über 2.000 in der deutschen Sprachgemeinschaft lexikalisierten Bezeichnungen für Gebrauchstextsorten in ihrer Gesamtheit und gelangt durch eine strikt funktional ausgerichtete Sichtweise zu Subklassifizierungen, ohne kontextuelle oder strukturelle Kriterien einzubeziehen.

Ebenfalls ausschließlich an textexternen Faktoren orientieren G. Schank und G. Schoenthal (vgl. 1976, S. 29 ff.) ihre Klassifikation. Sie stellen allerdings Gegebenheiten der **Situation** in den Mittelpunkt. Das Besondere dieses Ansatzes besteht u.a. darin, dass hier der Versuch unternommen wird, **Gegebenheiten der gesprochenen Sprache** in die Klassifikation zu integrieren, was – bedingt durch die Textsortenauswahl in diesem Studienbuch – besondere Aufmerksamkeit verdient. Die Liste der relevanten situativen Merkmale wird hier in gekürzter Form wiedergegeben:

i) Teilnehmerzahl, Verhältnis der Teilnehmer zueinander (Alter, Bildung, Bekanntschaftsgrad, Rang und Rollenzuteilung u. ä.),

ii) Kommunikationsmedium (face to face, Telefon, Hörfunk, Fernsehen), Kommunikationsort, Zeitpunkt und Zeitdauer eines Kommunikationsaktes, Inszeniertheit von Kommunikationssituationen (mehr oder weniger bewusste Gestaltung von bestimmten Komponenten der Situation; z.B. Sitzordnung; Themenauswahl etc.), Spontaneität (Grad der Geplantheit des kommunikativen Handelns),

iii) Intentionen der Kommunikationspartner,

iv) Thematik, Art der Themenbehandlung (Wahl der Mittel und Strategien), Relation Thema – äußere Situation (z.B. relatives Zeitverhältnis), Relation Thema – Sprecher (Interesse am Thema; Vorbereitung auf das Thema), Themafixierung (Tagesordnung),

v) Öffentlichkeitsgrad, Situationsvertrautheit (Kenntnis der sich daraus ergeben-
den Normen), Situationsdistanz.

Aufgrund der genannten Merkmale lassen sich nun **Redekonstellationen** beschreiben, in denen sprachlich unterschiedlich gehandelt wird und die in bestimmten **Redekonstellationstypen** zusammengefasst werden können. Diese gelten als
grundlegend für die Ableitung von Textsorten.

> Heute besteht weitgehend Konsens über die Notwendigkeit der Einbeziehung
> **textexterner und textinterner** Merkmale[2] bei der Textsortenbeschreibung.
> Ganz im Sinne einer integrativen Bestimmung des Begriffes ›Text‹ (vgl. 2.4)
> soll auch hier bei der Textsortendifferenzierung von einer Kombination kom-
> munikativer und struktureller (textexterner und -interner) Faktoren ausgegan-
> gen werden.

Der wohl älteste Versuch einer Gliederung von Texten nach textexternen **und** -
internen Merkmalen ist die Aufteilung in **Funktionalstile**, die auf die Prager
Schule der 1930er Jahre zurückgeht. Auch wenn die Funktionalstile nur eine sehr
grobe Differenzierung darstellen und zur Fixierung konkreter sprachlicher Äußerungen nicht ausreichen, so ergeben sich doch bestimmte Grundkategorien, die
W. Sanders (vgl. 1973, S. 89) veranlassen, Funktionalstile als »Textsortenbündel«
zu bezeichnen. Die Klassifizierung erfolgt hier unter dem Gesichtspunkt der
kommunikativen Funktion, nach der sich im Laufe der Geschichte »stereotype,
d.h. weitgehend automatisierte, entindividualisierte Sprachgebrauchsmuster«
(W. Sanders 1977, S. 102) für bestimmte Kommunikationsbereiche herausgebildet
haben. Der auch heute noch aufrechtzuerhaltende Grundansatz der Funktionalstilistik besteht darin, »daß es einen korrelativen Zusammenhang zwischen der gesellschaftlichen Tätigkeitssphäre der Sprachverwendung und bestimmten Aus-
drucksmitteln des Sprachsystems bzw. des Textes gibt« (W. Fleischer / G. Michel
/ G. Starke 1993, S. 28).

Exemplarisch sei hier das Modell von E. Riesel (vgl. E. Riesel / E. Schendels
1975, S. 50 f.) genannt. Sie unterscheidet folgende fünf Funktionalstile:

---

2   Die Zuordnung »textextern«/»textintern« ist z. T. nicht unproblematisch. So können textexterne
    Merkmale durchaus auch im Text thematisiert sein (vgl. E. Gülich/W. Raible 1972a, S. 3). Das
    berührt insbesondere die Zuordnung des Themas zu den textexternen Kriterien.
    Auch die Zuordnung der Textfunktion ist nicht so eindeutig, wie es auf den ersten Blick erschei-
    nen mag. Wenn K. Brinker ([3]1992, S. 93) Textfunktion – als die »im Text mit bestimmten [...]
    Mitteln ausgedrückte Kommunikationsabsicht des Emittenten«, als »Anweisung (Instruktion)
    des Emittenten an den Rezipienten, als was dieser den Text insgesamt auffassen soll« (Markie-
    rungen d. Vff.) – sehr scharf abgrenzt von der so genannten »wahren Absicht« des Emittenten,
    wird deutlich, worin das Problem besteht. Wir sprechen daher im Folgenden besser von domi-
    nant textexternen Kriterien.

i)   Stil der öffentlichen Rede,

ii) Stil der Wissenschaft,

iii) Stil der Presse und Publizistik,

iv) Stil der Alltagsrede,

v)   Stil der schönen Literatur.

Die Probleme dieser Klassifizierung sollen hier nicht diskutiert werden. Unbestreitbar ist natürlich, dass für eine Textklassifikation, wie sie die moderne Textlinguistik anstrebt, weitere Kriterien einbezogen werden müssen. Es bleibt die Leistung der Funktionalstilistik, den Versuch unternommen zu haben, Texte unter bestimmten übergeordneten Gesichtspunkten zu ordnen, und zwar unter funktionalen (kommunikativen) und stilistischen Gesichtspunkten. Auf dieser Basis werden grundlegende gesellschaftliche Kommunikationsbereiche bestimmt, die allerdings der weiteren Differenzierung und der Erweiterung bedürfen (s. Kap. 3.4).

Der Stil wird in der Textlinguistik als wesentliches Merkmal von Texten gesehen und auf textexterne Aspekte bezogen. Für B. Marfurt (1977, S. 37) sind Textsorten »zugleich als Struktur- und als Interaktionstypen zu fassen.« Bei seinen Untersuchungen zur Textsorte ›Witz‹ stellt B. Marfurt (1977, S. 34) fest, dass Witze »einerseits als Realisationen eines bestimmten Vertextungsmusters« begriffen werden können, andererseits aber gezeigt werden muss, »daß und wie dieses Vertextungsmuster einen bestimmten Typ von Interaktion konstituiert«. B. Marfurt konstatiert eine gegenseitige Abhängigkeit von Vertextungs- und Interaktionsmustern:

> Sowohl determiniert ein bestimmter Interaktionstyp die Art der Vertextung – der Interaktionstyp *befehlen* z.B. bestimmt bis zu einem gewissen Grad u.a. die syntaktische und phonologische Form der Äußerung –, ebenso werden aber durch das einem bestimmten Interaktionstyp zugehörige Vertextungsmuster andere Interaktionstypen (meist) ausgeschlossen, was dazu führt, daß ein Sprecher durch die Verwendung dieses Vertextungsmusters die betreffende Interaktion überhaupt erst herstellen kann. (B. Marfurt 1977, S. 35)

Einen ähnlichen Ansatz zeigen die Untersuchungen von B. Sandig (vgl. 1977, S. 61-75). Sie verfolgt das Ziel, **Stile als Eigenschaften sprachlicher Handlungen** zu beschreiben. B. Sandig sieht Textmuster als komplexe Handlungsmuster und beschreibt die Textmuster nach dem Modell der Sprechaktbeschreibung. Allerdings haben die Textmuster noch einen zweiten, sprachlichen Aspekt. B. Sandig bezeichnet diesen Aspekt mit dem Terminus »Äußerungsmuster«.

Auch W. Fleischer, G. Michel und G. Starke (vgl. 1993, S. 28 ff.) untersuchen, inwieweit man Textsorten einen typischen Stil zuordnen kann. Stil lässt sich definieren als der charakteristische Sprachgebrauch eines Textes, als sprecherseitig mehr oder minder kontrollierte Auswahl sprachlicher Mittel aus einem Gesamtpotenzial. Der Stil eines Textes beruhe auf einzelnen Stilelementen. Dazu gehören besondere Stilmittel (rhetorische Figuren) ebenso wie jede andere beliebige sprachliche Erscheinung, die im Text eine stilistische Funktion erhalten kann.

Das lässt zunächst ein ausschließlich textintern begründetes Vorgehen erwarten. Allerdings geht es den Autoren nicht darum, eine streng wissenschaftliche Typologie von Texten zu erstellen. Sie versuchen vielmehr, Texte stilistisch von verschiedenen Einteilungsaspekten her zu charakterisieren. Dabei wird ausdrücklich betont, dass stilistische Merkmalsbestimmungen erst sinnvoll sind, wenn sie den Text in einem übergreifenden textlinguistischen Rahmen betrachten. Dazu zählen W. Fleischer / G. Michel / G. Starke unter anderem die Textintention, eine thematisch-gegenständliche und eine sprachhandlungstypische Analyse des Textes. Die stiltypologischen Unterscheidungen werden vorgenommen auf der Basis der Dominanz bestimmter, aber nicht festgelegter Merkmale. Die Autoren nehmen bei ihrer Suche nach Prototypen innerhalb von bestimmten Stiltypen bewusst eine gewisse Unschärfe der Kriterien in Kauf. Sie kommen zu dem Ergebnis, dass es für die Vielfalt der in der sozialen Wirklichkeit existierenden Textsorten nur zum Teil »ausgeprägte Textsortenstile im Sinne wiederkehrender (rekurrenter) Muster sprachlicher Verwendungsweisen« gibt (W. Fleischer / G. Michel / G. Starke 1993, S. 35). Während bei einigen Textsorten (z.B. Antrag, Gebrauchsanweisung) stiltypische Besonderheiten geradezu augenfällig sind, sei dies bei anderen kaum oder gar nicht der Fall.

> So weiß der kompetente Sprachteilhaber zwar, was ein ›Klappentext‹ ist, und wir finden in [...] Wörterbüchern auch entsprechende Erläuterungen [...] mit Angaben der dominierenden Funktion von Klappentexten (Werbefunktion), des Kommunikationsbereichs (Bibliothekswesen und Buchhandel), des zuständigen/verantwortlichen Textproduzenten (Verlagslektor), der bevorzugten Typen sprachlich-kommunikativen Handelns und thematischer Bereiche (Inhaltscharakteristik, Würdigung, Kurzbiographie u.a.), aber es gibt in diesem Fall keinen von vornherein festgelegten ›Stiltyp Klappentext‹. (W. Fleischer / G. Michel / G. Starke 1993, S. 35)

Im Rahmen von Textordnungen und Textsortenbeschreibungen erweist es sich also als erforderlich, textinterne (z.B. stilistische Merkmale von Texten) Kriterien auf textexterne (den Kommunikationsbereich, die kommunikative Situation) zu beziehen.

3.3 Deduktive oder induktive Ermittlung von Textsorten

Unterschiedliche methodische Ansätze zur Ermittlung von Textsorten und ihrer Typologie resultieren weiterhin aus dem Konflikt,

> ob eine Texttypologie theoretisch zu begründen und deduktiv (= das Besondere, den Einzelfall aus dem Allgemeinen ableitend) abzuleiten ist oder ob sie auch empirisch-induktiv (= das Allgemeine aus dem Besonderen, dem Einzelfall ableitend) entwickelt werden darf. (K.-E. Sommerfeldt / G. Starke 1992, S. 267)

Zunächst ging man davon aus, dass eine Typologie auf induktivem Wege erreichbar ist, »indem immer mehr Textsorten analysiert und deren Ergebnisse generalisiert werden« (W. Heinemann / D. Viehweger 1991, S. 133). Voraussetzung dafür ist allerdings eine Vielzahl von Textsortenbeschreibungen, die aufgrund der unüberschaubaren Zahl möglicher Textsorten wohl kaum erreichbar scheint. Zu beklagen ist in diesem Zusammenhang zudem eine teilweise »Theorieblindheit« spezieller Untersuchungen zu »willkürlich herausgegriffenen einzelnen Textsorten« (K. Adamzik 1991, S. 99).

Für H. Isenberg (1983, S. 305) setzt eine umfassende theoretisch befriedigende Beschreibung einer Textsorte voraus,

> daß auf eine systematische Weise entschieden werden kann, welche Eigenschaften für sie spezifisch sind und welche sie mit anderen Textsorten teilt. Das heißt: Es muß der texttypologische Status der Textsorte angegeben werden. Hierzu ist eine ausgearbeitete Texttypologie erforderlich.

H. Isenbergs (vgl. 1983, S. 312 ff.) Anforderungen an eine Texttypologie begründen sich in den Forderungen nach Homogenität (die Typologisierungsbasis muss einheitlich sein), Monotypie (eine mehrfache gleichrangige Zuordnung ein und desselben Textes zu mehreren Texttypen wird nicht zugelassen), Striktheit (Texte sollen nicht typologisch ambig sein, d.h., dass sie nicht aufgrund bestimmter Eigenschaften einer Textsorte A und auf Grund bestimmter anderer Eigenschaften einer Textsorte B zugeordnet werden können) und Exhausivität (die Texttypologie muss alle Texte des Geltungsbereichs erfassen). Allerdings konstatiert H. Isenberg (1983, S. 314) selbst ein »typologisches Dilemma« dahingehend,

> daß für eine Texttypologie die Forderungen nach Homogenität, Exhausivität und Monotypie nicht gleichzeitig erfüllbar sind, ohne die Bedingung zu verletzen, nach der die zu definierenden Texttypen eine überschaubare Menge bilden müssen.

Deshalb sei ein solcher maximaler Forderungskatalog sicher nicht aufrechtzuerhalten. Produktiver erweise sich die Entscheidung (vgl. auch K. Adamzik 1991, S. 103), eine der Forderungen bei der praktischen Arbeit an Textsorten zurückzustellen. Denn es wird durchaus der Fall sein, dass eine solche theoretisch begründete Texttypologie den Anforderungen der praktisch-empirischen Analyse einzelner Textsorten nicht standhalten kann. Auch W. Fleischer / G. Michel / G. Starke gehen davon aus, dass »die Erscheinungsfülle der Sprachwirklichkeit kaum restfrei in einer streng homogenen Typologie erfaßbar ist« (1993, S. 30).

Aufgrund der Multidimensionalität der Kategorie ›Text‹ sei es praktisch nicht möglich, alle potentiellen Texte entsprechend einer einzigen verbindlichen Klassifikation einzuordnen. Es erweise sich als sinnvoller, eine Menge von homogenen Typologien zu akzeptieren, die jeweils nur bestimmte Dimensionen der Kategorie ›Text‹ erfassen und einander deshalb nicht etwa ausschließen, sondern ergänzen (vgl. K. Adamzik 1991, S. 104).

Wichtig bei der Entscheidung der eingangs gestellten Frage, ob ein deduktives oder eher ein induktives Vorgehen bei der Textsortenforschung zu favorisieren sei, ist der Hinweis L. Gobyns, dass eine Klassifikation kein Selbstzweck sein darf. L. Gobyn sieht bei jeder Klassifikation die Gefahr der Realitätsverzerrung, weil jede Typologie notwendigerweise Idealkonstruktion bleiben müsse. Deshalb plädiert er für eine Klassifikation mit vielen fließenden Übergängen anstelle einer allzu starren Typologie (vgl. L. Gobyn 1984, S. 33). Dieser Position kann sicher gefolgt werden, womit jedoch ausdrücklich die Notwendigkeit empirischer Forschungen zu Textsorten und ihrem **Relationsgefüge** zu unterstreichen ist.

> Zusammenfassend sei betont, dass eine Integration induktiver und deduktiver Aspekte in einer Forschungsstrategie im Bereich der Textsorten nicht von der Hand zu weisen ist. Ein induktiver Zugang zu Textsorten ist auch deshalb interessant, weil die historische Dimension der Betrachtung erst Aussagen zur Differenzierung, Entwicklung und Etablierung von Textsorten ermöglicht (vgl. Kap. 3.6).

Dem/der aufmerksamen Leser/in wird es nicht entgangen sein, dass in den beiden vorangegangenen Abschnitten einmal von Textklassifikation die Rede war, ein andermal von Texttypologisierung oder auch beide Ausdrücke synonym verwendet wurden. Wenn es also um das Bestreben geht, Textsorten zu ordnen, zu systematisieren, wird das entsprechende Operieren in der Textlinguistik als Typologisierung oder Klassifikation oder auch beides gefasst. Ein solches Vorgehen, das eine Gleichsetzung von Klassifikation und Typologisierung impliziert, wird weiterhin zu überprüfen sein.

3.4 Textklassifikation und Typologisierung

3.4.1 Probleme der Terminologie

Um nun im Weiteren den »prätheoretischen« Begriff ›Textsorte‹ genauer bestimmen zu können, erscheint es erforderlich – aber auch möglich –, Textklassifikation und Texttypologisierung als zwei wichtige Verfahren zu differenzieren. Damit soll erreicht werden, beide Herangehensweisen an die Systematisierung von Texten zu entflechten und eine Gleichsetzung der Begriffe ›Textsorte‹, ›Textklasse‹, ›Textart‹ und ›Texttyp‹, wie sie in der Textlinguistik durchaus üblich ist, zu vermeiden.

Von einer terminologischen Eindeutigkeit und Systematik bezüglich der Klassifikation von Texten ist zunächst nicht auszugehen, d.h., es besteht Klärungsbedarf. Der Begriff ›Textsorte‹ hat sich in der jüngeren Vergangenheit als Klassifikationsterminus für Gebrauchstexte weitgehend durchgesetzt und grenzt sich von dem literaturwissenschaftlichen Begriff der künstlerischen ›Gattung‹ ab. Ob beide Begriffe in ihrer bisherigen inhaltlichen Fassung durch die zwei Disziplinen auf einer Abstraktionsebene liegen, sei dahingestellt. Zumindest sprechen sie für die gegenständliche Differenzierung von **literarischen Texten** und **Gebrauchstexten**. Konsens besteht auch darüber, dass der Begriff ›Textsorte‹ eine niedrige Klassifikationsstufe in einer systematischen Textklassifikation besetzt.

Problematisch allerdings ist, dass der Begriff ›Textsorte‹ und z. T. auch die parallel verwendeten Termini von verschiedenen Autoren im Hinblick auf ganz unterschiedliche Phänomene gebraucht werden. E. Gülich / W. Raible (1972a, S. 2) vermerken die Tatsache,

daß sich [...] die Vertreter der Linguistik im prätheoretischen Gebrauch des Terminus ›Textsorte‹ nicht einig sind. Denn zum Teil wird der Begriff ›Textsorte‹ sehr eng gefaßt, wie etwa von BARBARA SANDIG, die u.a. ›Kochrezept‹, ›Arztrezept‹ und ›Gebrauchsanweisung‹ als verschiedene Textsorten ansieht. Von anderen wird der Begriff sehr weit gefaßt, etwa von SIEGFRIED J. SCHMIDT, der ›fiktionale Texte‹ als eine Textsorte behandelt, von WOLFGANG DRESSLER, der eine Textsorte ›Übersetzung‹ etabliert, von WERNER KUMMER, der eine Textsorte ›Argumentation‹ postuliert oder von der Konstanzer Gruppe, die ganz bewußt mit dem sehr vagen Oberbegriff ›Narrative Struktur(en)‹ arbeitet.

Der uneinheitliche Gebrauch solcher Begriffe wie ›Klasse‹, ›Typ‹, ›Art‹ oder ›Sorte‹ und deren hierarchische Ordnung setzt sich bis in die Gegenwart fort. Die Funktional-kommunikative Sprachbeschreibung beispielsweise klassifizierte Texte ausgehend von der Textfunktion als Kommunikationsabsicht des Textproduzenten in der folgenden Hierarchie: Texte lassen sich zunächst in die Textklassen ›informierende‹, ›aktivierende‹, ›klärende‹ Texte ordnen. Die nächstniedere Ebene

wird durch Texttypen gebildet, sachbetont und erlebnisbetont informierende Texte
werden beispielsweise nach spezielleren Textfunktionen differenziert. Texttypen
untergliedern sich in Textarten, je nach dem dominant festgestellten Kommunika-
tionsverfahren. Bericht, Beschreibung, Anweisung oder Aufruf (Textarten) prägen
sich dann in verschiedenen Textsorten aus (vgl. W. Schmidt u.a. 1981, S. 42 ff.).

Wenn K. Brinker (vgl. [4]1997, S. 126) in Bezug auf Textsorten gleichbedeutend
von Textklassen oder Texttypen spricht, identifiziert er damit Begriffe, die in einer
systematischen Klassifikation unterschiedlichen Hierarchiestufen angehören.

W. Heinemann (2000b, S. 16 f.) nimmt eine hierarchische Abstufung von Texten nach gemeinsamen Merkmalen vor. Zunächst bestimmt er **Textsorte** mit dem
Begriff ›Textklasse‹, wenn er formuliert: »Eine Textsorte ist eine Textklasse mit
einer Menge von Gemeinsamkeiten.« (W. Heinemann 2000b, S. 11).

Textsorte und Textklasse werden hier also synonym gebraucht. Auf der nied-
rigsten Ebene seiner hierarchischen Abstufung von Texten mit gemeinsamen
Merkmalen findet sich die **Textsortenvariante**, mehrere Textsortenvarianten
lassen sich auf eine Textsorte beziehen. Auf der Ebene oberhalb von Textsorten
werden diese zu **Textsortenklassen** zusammengefasst und schließlich einem
Texttyp untergeordnet (Abb. 3). (Vgl. auch die Übersicht in W. Heinemann
2000b, S. 17 oder 2000c, S. 514.) Welche Kriterien sind es nun aber, die für die
Zusammenfassung von Textsorten zu Textsortenklassen und schließlich dieser zu
einem Texttyp herangezogen werden. Soll nach situativ-kommunikativen Aspekten, also externen Merkmalen, oder internen Merkmalen strukturiert werden?

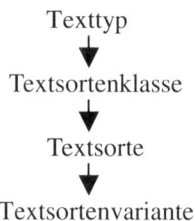

Abbildung 3: Texthierarchie

Auch in Margot Heinemann / Wolfgang Heinemann (2002) geht es den Autoren
u.a. darum, den uneinheitlichen, ja missverständlichen Einsatz solcher Formative
wie ›Textklasse‹, ›Texttyp‹, ›Textsorte‹ oder auch ›Textart‹ aufzubrechen und das
hinter dem Gebrauch der Kategorien stehende Konzept einsehbar zu machen.
Denn zweifellos meinen nicht alle das Gleiche, wenn sie Termini wie ›Textklasse‹, ›Texttyp‹, ›Textsorte‹ oder ›Textart‹ nebeneinander stellen.

Mit dem Ziel, eine gewisse Vereinheitlichung herzustellen, präferieren dann M.
Heinemann / W. Heinemann (2002, S. 143) allerdings wiederum ein Modell, das
eine hierarchische Stufung von Textklassen auf der einen und eine Typisierung
auf der anderen Seite miteinander vermischt und dabei Begriffe festlegt. »Text-

klassen mit einem großen Geltungsbereich und einer relativ hohen Abstraktions-
stufe« – so M. Heinemann / W. Heinemann (2002, S. 142 f.) – werden als »Text-
Typ« bezeichnet. Beispielhaft stehen nebeneinander Schrift-Texte, politische
Texte und Medien-Texte. Weiter heißt es: »Basisklassen von Texten mit relativ
geringem Geltungsbereich, aber mit niedriger Abstraktionsstufe [...] sind Textsor-
ten«. Dazu gehören dann z.B. ›Kochrezept‹ oder ›Todesanzeige‹. Subklassen von
Textsorten bezeichnen M. Heinemann / W. Heinemann als Textsortenvarianten.
Der Ansatz lässt sich wie folgt veranschaulichen:

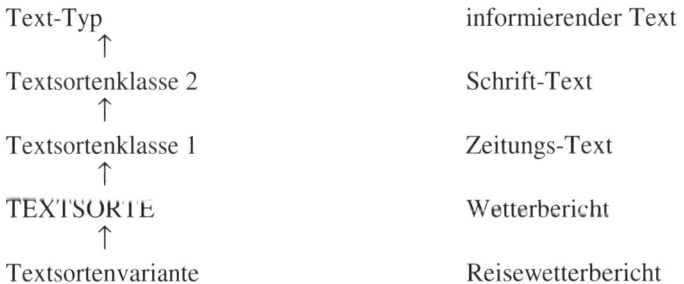

Text-Typ	informierender Text
↑	
Textsortenklasse 2	Schrift-Text
↑	
Textsortenklasse 1	Zeitungs-Text
↑	
TEXTSORTE	Wetterbericht
↑	
Textsortenvariante	Reisewetterbericht

Abbildung 4: Enthaltensein von Texten in Textgruppierungen

Bei genauerer Betrachtung des Vorschlags von M. Heinemann / W. Heinemann
stößt man nun auf einige Problem: A) Die Pfeile in Abb. 3 und Abb. 4 verlaufen
nicht mehr in identischen Richtungen. Entsprechend des Vorschlages von M.
Heinemann / W. Heinemann (2002, S. 143) sind die Pfeile der Klassifikationsrich-
tung von unten nach oben gerichtet. Dies soll – so die Vermutung – das ›Enthaltensein‹ der einen Kategorie (Textsortenvariante) in der anderen (Textsorte) kennzeichnen. Zu fragen wäre, ob eine hierarchische Gliederung damit aufgehoben
werden soll. B) Problematisch ist aus unserer Sicht in beiden Abbildungen, dass
Texthierarchie und Texttypenbildung gemeinsam auf der vertikalen Achse
verbleiben. Auf diese Weise werden Klassifikation und Typologisierung erneut
vermischt, anstatt sie voneinander abzusetzen. Schrifttexte könnten ebenso hinsichtlich des Merkmals Medialität als Texttyp betrachtet werden C) Zudem werden die Begriffe ›Sorte‹ und ›Klasse‹ auf einer Ebene gemeinsam und dazu noch
gestuft (1 und 2) verwendet, was wenig produktiv erscheint.

Deutlich wird, dass sich an dem bereits 1972 von E. Gülich und W. Raible
konstatierten Dilemma bis heute nicht viel geändert hat. Die Linguistik ist von
einem terminologischen Konsens, den Textsortenbegriff und die Textklassifikationen betreffend, nach wie vor weit entfernt. Sie steht vor der nicht einfachen Aufgabe, den prätheoretischen und »intuitiv ungemein einleuchtenden« (H. Sitta
1973, S. 64) Begriff ›Textsorte‹ wissenschaftlich zu definieren und ein System zu
schaffen, in das sich möglichst alle potentiellen Textexemplare einordnen lassen.

3.4.2 Aspekte der Textsortenordnung – ein Vorschlag in systemtheoretischer Perspektive

3.4.2.1 Trennung von Klassifikation und Typologisierung

Im Gegensatz zur Textlinguistik trennt der Literaturwissenschaftler G. Dammann (2000, S. 549, 556) unter Bezug auf die Systemtheorie konsequent hierarchische Klassifikation und Typenbildung von Gattungen und Genres. Ein Gesamtsystem der Genres (Ebene der Textsorten) einer bestimmten Epoche oder Gesellschaft müsse – so seine Auffassung – in jedem Fall hierarchisch und an einer Dominante ausgerichtet sein. Typenbildungen grenzt er von einer hierarchischen Klassifikation ab. In diesem Zusammenhang bezeichnet er Typen wie »Bauformen« oder »Konstruktionstypen« (Rahmung, Summationsschemata, Sonett) als »formale Kunstgriffe«, »deren Distribution durchweg quer zu den Grenzen von Gattungen« (G. Dammann 2000, S. 556) verläuft. Sein Ansatz lässt sich folgendermaßen veranschaulichen (Abb. 5):

Abbildung 5: Trennung von Textklassifikation und Typologisierung

Auch A. Grobet und L. Filliettaz (2000) plädieren in textlinguistischer Perspektive für eine Unterscheidung von Textsorte und Texttyp. Sie betonen, dass

> Textsorten nicht nur zur textuellen Organisation an sich (gehören), sondern vielmehr zur Problematik des menschlichen Handelns im Allgemeinen. [...] Textsorten sind in diesem Sinne Produkte von konventionellen sprachlichen Handlungen. [...] Im Unterschied zu Textsorten sind Texttypen nicht an menschliche Handlungen gebunden, sondern an die textuelle Infrastruktur. Dies bedeutet natürlich nicht, dass Texttypen keine sprachlichen Handlungen sind, sondern dass sie unter Rückgriff auf ausschließlich linguistische Kriterien beschrieben werden können. (A. Grobet / L. Filliettaz 2000, S. 79)

Als Texttypen fassen sie die gängigen Vertextungstypen »narrativ, deskriptiv, argumentativ« auf (A. Grobet / L. Filliettaz 2000, S. 78 f.). Eine ähnliche Herangehensweise an den Begriff ›Texttyp‹ zeigt sich bereits bei E. Werlich (1975),

worauf K.-E. Sommerfeldt und G. Starke (1992, S. 267 f.) aufmerksam machen.
Als Texttyp werden nach E. Werlich genannt: Deskription (Faktisches im Raum),
Narration (Phänomene in der Zeit), Exposition (Zerlegung von Konzepten), Argumentation (Beziehungen zwischen Aussage und Sprecher) und Instruktion
(Verhalten des Senders oder des Empfängers in der Zukunft). Allerdings werden
nicht linguistische Kriterien fokussiert, sondern der Kontext als Determinante
kommunikativen Handelns, auf den der Textproduzent den Textrezipienten mit
der Wahl eines Texttyps aufmerksam machen möchte.

Die Funktionsklassen nach K. Brinker (^{6}2005, S. 145 f.) – Informationstexte,
Appelltexte, Obligationstexte, Kontakttexte, Deklarationstexte –, die als »Textsor-
tenklassen« interpretiert werden, verlaufen gleichfalls quer zu allen möglichen
Textsorten und basieren auf bestimmten sprachlichen Indikatoren. Sie könnten mit
Bezug auf A. Grobet und L. Filliettaz (2000) zu Texttypen uminterpretiert werden.

Von daher definieren wir **Texttypen** als auf linguistischen Kriterien beruhende
Zusammenfassungen von Texten, die quer zu Textsorten in verschiedenen
Kommunikationsbereichen verlaufen. Als linguistische Kriterien gelten dabei
textinterne Merkmale wie Stil (Stiltyp, z.B. ironischer Text), Medium (medialer
Typ, z.B. digitaler Text), Textfunktion auf der Basis sprachlicher Indikatoren
(Funktionstyp, z.B. Kontakttext), Themenentfaltung/Vertextung (Vertextungstyp, z.B. explikativer Text). Selbstverständlich können auch Typen Untergruppen aufweisen, jedoch sollte das einmal gewählte Basiskriterium beibehalten
und nicht mit anderen vermischt werden.

Der Begriff ›Textsorte‹ soll nun in einer hierarchischen Textklassifikation verankert werden. Eine hierarchische Klassifikation von Texten ist in der Textlinguistik
durchaus angelegt, denn die systematischen Kategorien ›Klasse‹, ›Gattung‹ und
›Art‹ finden Verwendung. Analog dazu werden ›Text(sorten)klasse‹, ›Textsorte‹
und ›Textsortenvariante‹ terminologisch und hierarchisch verwendet. Zu konstatieren ist jedoch auch, dass die Textsortenlinguistik die systematischen Kategorien
›Klasse‹, ›Ordnung‹, ›Familie‹, ›Gattung/Sorte‹ oder ›Art‹ nicht hinreichend konsequent auf den entsprechenden Hierarchiestufen, wie sie von der Biologie her
tradiert sind und zum Allgemeinwissen gehören, gebraucht. Als **taxonomische
Kategorie** kommt das Formativ ›Typ‹ in einem hierarchischen Ordnungsgefüge
nicht vor. Gattungen finden sich in der Hierarchie unterhalb von Klassen, Arten
wiederum unterhalb von Gattungen. Eben weil der **Typ** mehrere Merkmale zusammenfassen und sich damit auf verschiedene Merkmale verschiedener Textklassen und hierarchischer Ebenen beziehen kann, ist er nicht Bestandteil der
Systematik.

Darüber nun, dass Textsorten menschliches Handeln im Allgemeinen reflektieren und ihre Ausprägung in Kommunikationsbereichen erfahren, besteht in der
Textlinguistik Einigkeit.

Menschen handeln in bestimmten Handlungsrollen (institutionalisiert oder nicht) kommunikativ, indem sie Texte produzieren und rezipieren, und sie etablieren dadurch **Kommunikationsbereiche**. Der Beziehung von Textsorten und Kommunikationsbereich trägt entsprechend ein eigenständiges Kapitel im Halbband »Textlinguistik« der Reihe Handbücher zur Sprach- und Kommunikationswissenschaft (HSK) Rechnung, das »zentrale Kommunikationsbereiche« erfasst und für diese die jeweils »konstitutiven Textsorten« vorstellt.

> Der Terminus ›Kommunikationsbereich‹ impliziert danach »bestimmte gesellschaftliche Bereiche, für die jeweils spezifische Handlungs- und Bewertungsnormen konstitutiv sind. Kommunikationsbereiche können somit als situativ und sozial definierte ›Ensembles‹ von Textsorten beschrieben werden.« (K. Brinker / G. Antos / W. Heinemann / S. Sager 2000c, S. XX)

Zuzustimmen ist den Herausgebern des HSK-Bandes in jedem Fall, dass für die Gesellschaft wesentliche Kommunikationsbereiche als gesellschaftliche Teilsysteme (Alltag, Massenmedien, Verwaltung, Wirtschaft und Handel, Rechtswesen und Justiz, Religion und Kirche, Schule, Hochschule und Wissenschaft, Medizin und Gesundheit, Sport, Politik, Militärwesen) erfasst wurden. Für die Textklassifikation gewinnt der Kommunikationsbereich – oder ein bestimmtes soziales System – damit gesteigerte Relevanz. Er/es kann im Rahmen von Textklassifikationen daher nicht als ein »Faktor in einer (unsortierten) Menge anderer« (K. Adamzik 2004, S. 72)[3] betrachtet werden, sondern ist auf einer höheren hierarchischen Ebene der Textklassifikation anzusetzen.

In der hier vorgestellten hierarchischen Textklassifikation spielt der Kommunikationsbereich eine entscheidende Rolle. Er soll als Dominante gesetzt werden, an der sich eine Hierarchie von Texten ausrichtet. Speziellere Ausdifferenzierungen von Textsorten ergeben sich in einer hierarchischen Klassifikation unterhalb der Ebene der Klasse, die auf den Kommunikationsbereich bezogen werden soll. Der Begriff ›Textklasse‹ wird hier also spezifisch und nicht unspezifisch gebraucht.

> Wir definieren **Textklasse** als das Vorkommen einer Menge von Texten in einem abgegrenzten, durch situativ-funktionale und soziale Merkmale definierten kommunikativen Bereich, in dem sich Textsorten ausdifferenzieren. Textsorten sind nicht nur durch den Kommunikationsbereich determiniert, sie konstituieren ihn gleichfalls.

Eine Texthierarchie soll im Folgenden exemplarisch an ausgewählten massenmedialen Texten (Textklasse) vorgeführt werden. Die Massenmedien gelten in mo-

---

3   Kirsten Adamzik (2004, S. 72) diskutiert hier verschiedene textlinguistische Positionen zum Kommunikationsbereich und seine Rolle für die Textklassifikation.

dernen Gesellschaften als ein funktional ausdifferenziertes soziales System (s. dazu ausführlicher das Kap. 3.4.2.2). Das Massenmediensystem funktioniert in den *Ordnungen* (Subsystemen) *Journalismus, Öffentlichkeitsarbeit* und *Werbung* (vgl. z.B. R. Dulisch 1998). Textsorten der Massenmedien im Subsystem Journalismus können im Rahmen der Publizistikwissenschaft als hinlänglich gut beschriebene Textsorten angesehen werden. Als Kerntextsorten und zudem relativ »reine« journalistische Textsorten (keine Mischformen) fungieren im System der Massenmedien Bericht, Meldung und Kommentar oder auch die Reportage (vgl. H. Burger 2000). Die Ordnung Journalismus produziert die *Familien Informationstexte, Meinungstexte* und *Unterhaltungstexte*. Eine Vielzahl von Merkmalen garantiert den Zusammenhalt der Familie, aber auch die Familienähnlichkeit der Texte untereinander.

Im nächsten Schritt der Hierarchie hinab gelangt man zu dem, was Textsorten genannt wird, und hier können dann auch die Merkmale bestimmt werden, die Familienähnlichkeit konstituieren. Dabei scheint es sinnvoll, den konventionalisierten Terminus der **Textsorte** beizubehalten, der der Ebene der *Gattung* gleichkommt. Textsorten beispielsweise innerhalb der Familie Meinungstexte bilden dann der *Kommentar*, die *Glosse* (und die *Satire*). Es handelt sich dabei um Textsorten, wie sie sich in der journalistischen Praxis etabliert haben.

Gattung bedeutet nun aber, dass eine weitere Differenzierung in *Arten* möglich ist. An dieser Stelle kann es nicht ausführlich um die Beziehungen zwischen Kommentar und Glosse gehen. Aber eine Differenzierung der Textsorte ›Kommentar‹ in Varianten des Kommentars, wie sie in Handbüchern des Journalismus üblicherweise vorgenommen wird und damit die gängige Praxis der Textproduktion aufzeigt, soll das hier favorisierte Klassifikationsprinzip für Textsorten verdeutlichen. R. Schneider und P.-J. Raue untergliedern im *»Handbuch des Journalismus«* (1996, S. 137 ff.) fünf Ausprägungen des Kommentars, auf der Grundlage wahrnehmbarer, etablierter *Muster* (vgl. auch H. Ramge / B.-M. Schuster 2001). Die Textsorte ›Kommentar‹ lässt sich von daher in **Text(sorten)varianten** untergliedern.

Idealtypisch für den Kommentar ist die argumentative Vertextung mit der Schlussfolgerung einer eigenen Meinung. Aber nicht jeder Journalist erweist sich als Künstler der Argumentation und nicht jedes Presseerzeugnis bietet genügend Raum für die Entfaltung einer vollständigen Argumentation, also bilden sich als Ergebnis üblicher und gängiger Variation Muster heraus, die jedoch den Rahmen der Textsorte wahren. Fünf solcher Muster sind innerhalb der Gattung Kommentar zu verzeichnen: Im *Einerseits-Andererseits-Kommentar* werden Für und Wider mit einem Fazit erörtert, das jedoch häufig fehlt. Andeutungen, bedächtige Urteile und ein Steckenbleiben im Entweder-Oder sind charakteristisch. Der *Pro- und Kontra-Kommentar* ist durch eine nachvollziehbare und spannende Argumentation gestaltet, eine eindeutige Schlussfolgerung, die Conclusio, ist vorhanden. Der *Meinungsartikel* geht langsam vor, um die Leserschaft nicht zu verschrecken, sondern sie nachdenklich zu stimmen. Der *Kurzkommentar* lässt kaum Raum für eigene Argumente, es wird mit Zitaten gearbeitet, deren Argumentation verstärkt und in einem kräftigen Urteil zugespitzt wird. Das *Pamphlet* bildet die gröbste Form des Kommentars, es kommt ohne Argumente aus und wirkt wie ein »Keulenschlag« (vgl. R. Schneider/P.-J. Raue 1996, S. 144).

Zum Nicht-Kernbereich journalistischer Textsorten zählen Anzeigentexte (Textfamilie) wie die Heirats- und Bekanntschaftsanzeigen (Textsorten). Es wird davon ausgegangen, dass es sich um zwei in der Presse etablierte Textsorten handelt, die auf unterschiedliche Ziele gerichtet sind: die Heiratsanzeige eindeutig auf die Ehe, Bekanntschaftsanzeigen hingegen haben ganz unterschiedliche Ziele – Lebensgemeinschaft/Dauerbeziehung, Freundschaft ohne dauerhaften Charakter, lose Partnerschaft z.B. für Sport, Reisen, Freizeit; Sexualkontakte, z.B. Seitensprung, spezielle Praktiken oder Brief- bzw. E-Mail-Kontakt. Sowohl Heirats- als auch Bekanntschaftsanzeigen werden in der Presse als individuelle oder Agenturanzeige (Text(sorten)variante) geschaltet. (Vgl. dazu ausführlicher Ch. Gansel 2006.)

Textsortenvarianten[4] bilden damit Unterarten von Textsorten, die sich aus der Variation eines einmal produktiven Textmusters ergeben.

Es ergibt sich folgendes Bild (s. Tabelle 1):

Systematische Kategorie	*Textsortenlinguistik*	
Klasse	**Textklasse**: Medientexte	
Ordnung	Textordnung: Journalistische Texte	
	a) Kernbereich	b) Nicht-Kernbereich
Familie	Textfamilie:	
	a) Meinungstexte	b) Anzeigentexte
Gattung[5]	**Textsorte**:	
	a) Kommentar	b) Heiratsanzeige, Bekanntschaftsanzeige
Art	**Textsortenvariante**:	
	a) Kurzkommentar	b) Agentur-Heiratsanzeige

Tabelle 1: Systematik

---

4   Es könnte auf der untersten Hierarchiestufe durchaus von Textarten gesprochen werden. Wir verwenden jedoch den eingeführten Begriff ›Textsortenvariante‹, um die Beziehung zwischen beiden Kategorien deutlicher zu kennzeichnen.

5   Es sei darauf verwiesen, dass die systematische Kategorie ›Gattung‹ nicht mit dem literaturwissenschaftlichen Begriff ›Gattung‹ zu identifizieren ist.

Wie wiederum die Literaturwissenschaft mit hierarchischen Klassifikationen arbeitet, zeigt A. García-Berrio (2000, S. 777 ff.) mit einer Klassifikation der europäischen Renaissance-Lyrik, wobei er hervorhebt, dass die in der Textlinguistik angeregten Kategorien (Textklasse *Lyrik* → Textsorte *Liebeslyrik* → Textart/Textsortenvariante *petrarkistische Liebeslyrik*) zweifellos von großer Bedeutung für die Organisation einer Textklasse in Untergruppen sind. In einer letzten makrostrukturellen Themenaufschlüsselung ermittelt A. García-Berrio dann 34 thematische Invarianten, aus denen, so sein Resümee, »in den europäischen Literaturen unzählige Einzeltexte – einzigartige Gedichte – hervorgegangen sind« (A. García-Berrio 2000, S. 777). Deutlich wird, dass der aus der Textlinguistik entlehnte Terminus ›Textklasse‹ wiederum eher unspezifisch als Menge von Texten gefasst wird. Wir wollten den Begriff ›Textklasse‹ spezifisch auf Texte eines Kommunikationsbereichs (soziales System ›Literatur‹) beziehen. Begreift man weiterhin – ausgehend von dem Beispiel A. García-Berrios – die historische Dimension der Veränderlichkeit von Gattungen als Prozess der Ausdifferenzierung und Untergruppenbildung, so wird eine Verschiebung des Gattungsbegriffs in den Hierarchiestufen sichtbar, wenn literarische Texte als eine das System ›Literatur‹ konstituierende Textklasse angesehen wird. Die traditionellen Gattungen lassen sich von daher auf die Ebene der ›Familie‹ verschieben:

Textfamilie	Lyrik
Textsorte	Liebeslyrik
Textsortenvariante	Petrarkistische Liebeslyrik.

Es kann somit geschlussfolgert werden, dass der Begriff ›Gattung‹ aus der Literaturwissenschaft und der textlinguistische Begriff ›Textsorte‹ nicht mehr auf einer Stufe der Hierarchie einer Textklassifikation liegen. Sie sollten demzufolge auch nicht gleichgesetzt werden.

Abschließend sei zu diesem Abschnitt vermerkt, dass eine solche hierarchische Klassifikation von Texten eine Sisyphosarbeit bedeutet.[6] Sie wird jedoch wesentlich erleichtert durch die Festlegung der Dominante ›Kommunikationsbereich‹ sowie eine eindeutige Festlegung der Hierarchie von Textgruppierungen. Eine solche Klassifikation zielt nicht auf absolute Vollständigkeit in der Erfassung aller Textsorten der unterschiedlichsten Kommunikationsbereiche. Sie soll als Modell-

---

6   M. Heinemann und W. Heinemann (2002, S. 160 ff.) listen wie folgt Grundtypen von Textordnungen auf: additive Aufzählungen und Reihungen, Textsorten-Reihungen/Diskurse im Sinne fester Ablauffolgen, lockere Zuordnungen von Textexemplaren zu Text-Großklassen, eindimensionale hierarchische Typisierungen, mehrdimensionale hierarchische Typisierungen. Der aus dieser Auflistung gezogenen Schlussfolgerung, dass »Texttypen [...] die jeweils höchste Stufe einer Texthierarchie« bilden, kann nicht gefolgt werden. Ob es damit »offenkundig« ist, dass »ein umfassendes, universelles Textklassensystem [...] gar nicht gebraucht« wird, stellt sich als sehr fraglich dar. Und auch der ein Zitat einschließende Satz »es wäre ›weder praktisch noch theoretisch nützlich‹ (Adamzik 1995b,39)« (M. Heinemann/W. Heinemann 2002, S. 165) schließt jegliches textlinguistische Erkenntnisinteresse aus.

bildung verstanden werden, nach der Klassifikationen von Textsorten in einem Kommunikationsbereich vorgenommen werden können. Modellbildung heißt, dass nach einheitlichen Kriterien vorgegangen wird. Sie zielt auf Erkenntniszuwachs in Hinblick auf die Ausdifferenzierung von Textsorten.

3.4.2.2 Kommunikationsbereiche als soziale Systeme und Textsorten

Es ist bereits mehrfach darauf verwiesen worden, dass in der Textlinguistik Einigkeit darin besteht, dass Textsorten ihre Ausprägung jeweils in spezifischen Kommunikationsbereichen erfahren. Auf diesen Umstand haben bereits W. Heinemann / D. Viehweger (1991, S. 129) verwiesen, wenn sie formulieren »die Kommunikationsteilnehmer sind in der Lage, in unterschiedlichen Kommunikationsbereichen, die sie als Kontext einer bestimmten Klasse kogniziert haben, situativ wie auch sozial angemessen zu handeln«. Sie verweisen auf Eigenwald (1974), der mit den Texttypen ›Zeitungstext‹, ›ökonomischer Text‹, ›politischer Text‹, ›juristischer Text‹, ›wissenschaftlicher Text‹ globale Tätigkeitsbereiche in den Blick nimmt oder auf die nach institutionellen Gesichtspunkten vorgeschlagene Gesprächstypologie bei Techtmeier (1984). Dort werden Gespräche im ökonomischen Bereich, im Bildungswesen, im Justizwesen, in der Wissenschaft, in den Massenmedien, im Rahmen gesellschaftlicher Organisationen oder in der Familie aufgeführt.

Damit werden Bereiche angesprochen, wie sie in der Systemtheorie als soziale Systeme beschrieben werden, nämlich Religion, Recht, Erziehung, Politik, Wissenschaft, Wirtschaft, Kunst, Massenmedien als funktional ausdifferenzierte soziale Systeme innerhalb der Gesellschaft, aber auch die Familie als »Interaktionssystem« (vgl. D. Krause [4]2005, S. 48 ff.). Um das Verhältnis des textlinguistischen Begriffs ›Kommunikationsbereich‹ und des systemtheoretischen Terminus ›soziales System‹ soll es im Folgenden gehen. Zu diesem Zweck werden die Beiträge von D. Busse (2000) zu Textsorten des Rechtswesens und von M. Heinemann (2000) zu Textsorten der Alltagskommunikation aufgegriffen.

D. Busse (2000, S. 662) bezieht den Begriff ›Textklasse‹ auf den Kommunikationsbereich wenn er formuliert:

> Die Textsorten des Rechtswesens bilden zunächst, als Textsorten, die von innen oder außen auf eine fest gefügte gesellschaftliche Institution bezogen sind, einen deutlich von anderen zentralen Textklassen (etwa des Alltagslebens) abgrenzbaren Bereich. Andererseits gibt es aber, vor allem gerade wegen des fundamentalen Charakters der Institution Recht in unserer Gesellschaft, vielfältige Überschneidungen zwischen juristischen Textsorten im engeren Sinne (hier bestimmt als Textsorten des Rechts- und Justizwesens) und Textsorten in solchen Bereichen gesellschaftlichen Handelns und gesellschaftlicher Institutionen, die von juristischen Regeln im weitesten Sinne erfasst werden.

Interessant an der Überlegung von D. Busse ist jedoch nicht nur die Verwendung des Begriffs ›Textklasse‹. Als symptomatisch – und dies gilt ebenso für andere Beiträge im HSK-Band zur Textlinguistik zu Textsorten in verschiedenen Kommunikationsbereichen – erweist sich die Differenzierung in *Textsorten im engeren* und *Textsorten im weiteren Sinne*. Gesetzestexte wären somit in juristische Texte im engeren Sinne einzuordnen, Textsorten im weiteren Sinne werden auf Texte in rechtsdurchwirkten Bereichen bezogen, die juristische Merkmale tragen, so Textsorten der Verwaltung wie *Beschluss, Bescheid, Verordnung* (vgl. D. Busse 2000, S. 662). Für die Institution der Universität könnten als ebensolche Textsorten im weiteren Sinne beispielsweise die *Studienordnung* und die *Prüfungsordnung* genannt werden, die Rechtssicherheit für Studierende wie Lehrende bieten sollen.

Auch Margot Heinemann (2000) gliedert den Bereich der Alltagskommunikation in Textsorten im engeren (*Tagebucheinträge, Liebes-, Dank-, Droh-,* und *Bettelbriefe* oder *Schulzettel*, jedoch auch *Leserbrief, Horoskop* oder *Testament*) und im weiteren Sinne. Als Alltagstexte im weiteren Sinne werden unter funktionalen Gesichtspunkten dann Texte gesehen, die »von außen an den Rezipienten herangetragen« werden, wie M. Heinemann (2000, S. 610) es formuliert. Zu diesen Textsorten rechnet sie *Kalender, Speisekarte, Werbeprospekte* oder *Leistungskontrollen* (Margot Heinemann 2000, S. 610).

An der Klassifikation von M. Heinemann ist nun bemerkenswert, dass sie nicht nur Textsorten aufgreift, die im Alltag produziert und für alltägliche Zwecke der Kommunikation genutzt werden, sondern auch Textsorten aufführt, die die Beziehung von Personen zu anderen Kommunikationsbereichen aufzeigen. Derartige Textsorten finden sich nach M. Heinemann sowohl in Textsorten der Alltagskommunikation im engeren Sinne als auch im weiteren Sinne. So könnte der benannte *Schulzettel* (i. e. S.) auch unter dem Aspekt betrachtet werden, dass er die Relation von Eltern zum Bereich Erziehung herstellt. *Leserbriefe* und *Horoskope*[7] (beide i. e. S.) werden im Alltag zwar rezipiert, sie gehören jedoch eigentlich in den Bereich der Medien. Das *Testament*, das Margot Heinemann (2000, S. 610) ebenfalls i. e. S. in der Alltagskommunikation verankert sieht, ordnet D. Busse (2000, S. 663) hingegen als juristische Textsorte im engeren Sinne ein, weil es letztlich an das Gericht adressiert ist.

Welche Probleme ergeben sich nun aus diesen zum Teil widersprüchlichen – weil auf unterschiedlichen Ebenen erfolgenden – Einordnungen, die dennoch weiterhin zu reflektierende interessante Ansätze darstellen.

Zunächst einmal scheint es erforderlich, den Begriff ›Kommunikationsbereich‹ weiter zu differenzieren, denn Alltagskommunikation und Medien oder Rechtswesen und Justiz und auch der Begriff ›Institution‹ liegen nicht auf einer Ebene. Der Begriff ›Kommunikationsbereich‹ fasst die genannten Sphären zwar zusammen,

---

7 Katja Furthmann (2006) hat die Textsorte *Pressehoroskop* umfassend und einschlägig als massenmediale Textsorte charakterisiert.

produktiver erscheint es jedoch, genauer zu differenzieren. Darüber hinaus ist zu fragen, in welcher Weise die Unterscheidung von Textsorten im engeren und Textsorten im weiteren Sinne zu fundieren ist.

Zur Klärung beider Probleme soll im Folgenden eine systemtheoretische Perspektive eingenommen werden. Der textlinguistische Begriff ›Kommunikationsbereich‹ lässt sich nämlich systemtheoretisch in der Tradition Niklas Luhmanns (1988) weiter über den Begriff des ›Systems‹ differenzieren. N. Luhmann (1988, S. 16) unterscheidet »Organismen«, »soziale Systeme« und »psychische Systeme«, die auf bestimmte Weise operieren. Die Operation von Organismen wird Leben genannt. Psychische und soziale Systeme sind Sinnsysteme, die je eine eigene Operationsweise haben. Psychische Systeme wie Personen denken, nehmen wahr und fühlen. Soziale Systeme kommunizieren – und um gerade diese Systeme geht es auch bei den Kommunikationsbereichen. Zu den sozialen Systemen zählt N. Luhmann »Interaktionen«, »Organisationen« und »Gesellschaften«. Die Gesellschaft als soziales System schließt von ihr unterschiedene soziale Systeme ein: Gesellschaft → Interaktion, Organisation, funktional ausdifferenzierte soziale Systeme.

Funktional ausdifferenzierte gesellschaftliche Teilsysteme wie ›Religion‹, ›Recht‹, ›Erziehung‹, ›Politik‹, ›Wirtschaft‹, ›Wissenschaft‹, ›Kunst‹, ›Massenmedien‹ zeichnen sich dadurch aus, dass sie für die Gesellschaft spezifische Funktionen wahrnehmen. Interaktionssysteme kommen nach D. Krause ([4]2005, S. 35) überall in der Gesellschaft vor. Es sind dies Intimbeziehungen/Liebe, Familie. Der Bereich der Alltagskommunikation, wie er in der Textlinguistik bezeichnet wird, liegt ohne Zweifel in der Nähe dieser Interaktionssysteme. Zu den Interaktionssystemen gehören weiterhin Gerichtsverhandlung, wissenschaftliches Kolloquium oder Projektteam, die D. Krause ([4]2005, 35) als »Systeme in den Grenzen bestehender funktionaler und organisationaler Systeme« bezeichnet. Organisationssysteme kommen dem sehr nahe, was in sozialwissenschaftlich orientierten linguistischen Forschungen als Institution bezeichnet wird (z.B. Gericht, Schule, Universität). Auf der Grundlage einer solchen Ordnung kann man nun Textsorten einzelnen Ebenen zuordnen.

Soziales System	*Textsorte*
Interaktionssystem Liebe	Liebesbrief
Interaktionssystem Familie	Privatbrief, Dankbrief, Küchenzettel
Interaktionssystem Seminar	Seminarprotokoll
Organisationssystem Schule	Stundenplan
Funktional ausdifferenziertes gesellschaftliches Teilsystem	
Massenmedien:	Bericht, Meldung, Kommentar, Horoskop
Religion:	Heilige Schrift
Politik:	Parteiprogramm

Tabelle 2: Textsorten und soziale Systeme

Die Verweise von D. Busse (2000) oder M. Heinemann (2000) auf Textsorten im weiteren Sinne oder auch der von M. Hundt (2000, S. 654) für den Bereich Wirtschaft und Handel eingeführte Begriff der »vermittlungssprachliche(n) Textsorten« lassen sich ebenfalls systemtheoretisch interpretieren bzw. reformulieren. Die Einordnung in »im weiteren Sinne« bietet eine Orientierung auf die systemtheoretischen Begriffe »Anschlusskommunikation« und »strukturelle Kopplung«. Die Systemtheorie geht davon aus, dass soziale Systeme immer anschlussfähig operieren müssen, das bedeutet, dass soziale Systeme aufhören müssten zu existieren, wenn sie nicht kommunizieren. Kommunikation hat weitere Kommunikation zur Folge, sie läuft und läuft (vgl. M. Berghaus 2003, S. 97). N. Luhmann (1997, S. 190) formuliert dies wie folgt:

> Als Einzelereignis kann sie [Kommunikation] nicht vorkommen. Jede Kommunikation setzt andere Operationen gleichen Typs voraus, auf die sie reagieren und die sie stimulieren kann. Ohne rekursive Bezugnahmen dieser Art fände sie überhaupt keinen Anlaß, sich zu ereignen.

Bezogen auf die bereits genannten Textsorten bedeutet dies beispielsweise, dass einem *Bericht* ein *Kommentar* folgt oder auch einem *Bericht* oder einer *Reportage* ein *Leserbrief*. Als Folge der generellen Notwendigkeit der Anschlusskommunikation bilden sich gerade in Organisationen oder Institutionen feste konventionalisierte Folgen von Textsorten heraus, die »verfahrensmäßig geregelt(en)« (J. Klein 1991, S. 251) realisiert werden. Für die universitäre Kommunikation könnten benannt werden: Wissenschaftliche Abschlussarbeit – Gutachten, Beantragung eines Themas für eine Abschlussarbeit – Genehmigung des Themas – Benachrichtigung des Betreuers über Genehmigung des Themas durch den Prüfungsausschuss.

Soziale Systeme werden in der Systemtheorie als geschlossen operierend – in den eigenen Strukturen operierend – gesehen, sie sind operativ geschlossen, aber dennoch umweltoffen. Systeme sind mit der Umwelt durch Irritationen und Einflussmöglichkeiten verbunden, dauerhafte Beziehungen zwischen sozialen Systemen bezeichnet N. Luhmann (1996, S. 117 ff.) als »strukturelle Kopplungen«. So sind Massenmedien an das Wirtschaftssystem oder das politische System oder das Kunstsystem gekoppelt. D. Busses (2000, S. 662) Textsorten rechtsdurchwirkter Bereiche können im Sinne struktureller Kopplungen interpretiert werden, weil sie Ausdruck fester Beziehungen zwischen Teilsystemen sind. Als Beispiel seien nochmals *Studien-* und *Prüfungsordnungen* benannt, die für Studierende wie die Lehrenden Rechtssicherheit herstellen. Die Textsorten *Schulzettel* und *Einladung zum Elternsprechtag* beispielsweise sichern eine strukturelle Kopplung zwischen einem Interaktionssystem ›Familie‹ und der Organisation bzw. Institution ›Schule‹.

Als Schlussfolgerung aus den bisherigen Darlegungen halten wir eine systemtheoretische Reformulierung der Differenzierung von Textsorten im engeren und im weiteren Sinne für produktiv, die die Leistung der Textsorten in den Blick nimmt:

---

i) Wir sprechen von **Kerntextsorten**, wenn es um Textsorten geht, die offensichtlich in einem kontextuellen Rahmen fungieren, der systemtheoretisch als Interaktion, Organisation oder funktional ausdifferenziertes gesellschaftliches Teilsystem beschrieben wird. Kerntextsorten sind konstitutiv für derartige soziale Systeme. Im Sinne bisheriger textlinguistischer Einordnungen handelt es sich dabei um Textsorten im engeren Sinne (z.B. Recht – *Gesetz*, Medien – *Bericht*, Religion – *Heilige Schrift*).

ii) Als **Textsorten der konventionalisierten, institutionell geregelten Anschlusskommunikation** bezeichnen wir Textsorten, die die Reaktion auf das Kommunikationsangebot des eigenen Systems bedeuten und diese erfordern. Diese Gruppe kann bisherige Textsorten im engeren und im weiteren Sinne erfassen (z.B. *wissenschaftliche Hausarbeit* und *Gutachten* in der Institution Universität).

iii) Weiterhin sind **Textsorten der strukturellen Kopplung** zu differenzieren. Sie dienen zur Kommunikation fester Beziehungen zwischen Systemen (z.B. zwischen dem Interaktionssystem Familie und der Institution Schule – *Einladung zum Elternsprechtag*, zwischen dem Mediensystem und einem psychischen System – *Leserbrief*).

Die beschriebenen Leistungen von Textsorten sollen abschließend noch einmal an Beispielen aus dem Rechts- und dem Literatursystem illustriert werden. Die Textsorte (notariell beurkundetes oder handschriftliches) *Testament* gehört zu den juristischen Kerntextsorten (vgl. D. Busse 2000, S. 663). Sie ist an das Gericht adressiert und unterliegt standardisierten Formulierungen, die den Gesetzesgrundlagen des Erblassens gerecht werden. Ein Ehegattentestament (Berliner Testament) lässt sich von daher z.B. über ein System generieren, wie es im Internet angeboten wird:

> Das interaktive Berliner Testament simuliert ein Gespräch beim Anwalt. Das Resultat ist ein Berliner Testament, das Ihren Wünschen gerecht wird. (www.janolaw.de, 28.12.2006)

Textsorten der strukturellen Kopplung – und zwar zwischen einer erbenden Person (psychisches System) und dem Rechtssystem (Amtsgericht, Rechtspfleger) – bilden der *Antrag auf Testamentseröffnung* und das *Protokoll über die Testamentseröffnung*. Der standardisierte Antrag auf Testamentseröffnung wird von der erbenden Person, die ein Testament vorgefunden hat, an das Amtsgericht gestellt. Neben Angaben zum Nachlass, zum Familienstand des/der Verstorbenen, möglichen gesetzlichen Erben und zur Wertermittlung wird der Antrag im Text in folgender Weise formuliert:

Ich bitte um Eröffnung der vorliegenden Verfügung(en) von Todes wegen. Weitere Testamente des/der Verstorbenen habe ich im Nachlass nicht gefunden. Ein weiteres Testament des/der Verstorbenen befindet sich meines Wissens im Besitz von [...]

Das Nachlassgericht (Abteilung des Amtsgerichts) lädt in einem Erbfall die Beteiligten (Erben, Vermächtnisnehmer) und macht ihnen den Inhalt des eröffneten Testaments amtlich kenntlich. Über die Testamentseröffnung wird eine Niederschrift angefertigt. Durch die Eröffnung erfahren die Erben von dem letzten Willen des Erblassers. Das *Protokoll über die Testamentseröffnung* wird den Erben zugesandt.

Eine Textsorte der konventionalisierten, institutionell geregelten Anschlusskommunikation, die der Textsorte *Testament* folgt, bildet die *Testamentsauslegung*, die systemintern dem Rechtspfleger des Nachlassgerichts obliegt. Die Testamentsauslegung hat das Ziel, den wirklichen Willen des Erblassers zu erforschen, wenn die Verfügung Anlass zu Zweifeln gibt.

Am Beispiel der Rechtstexte wird deutlich, dass in sozialen Systemen jemand in einer spezifischen sozialen Rolle handelt (Richter, Rechtspfleger). Dem Zusammenhang von Handlungsrollen in einem sozialen System und Textsorten soll im Folgenden am Beispiel des Literatursystems nachgegangen werden.

Auch das Literatursystem gilt als ein funktional ausdifferenziertes soziales System. Im Prozess von gesellschaftlicher Modernisierung seit dem ausgehenden 18. Jahrhundert ist es zur Ausbildung eines eigenständigen ›Handlungs- bzw. Sozialsystems Literatur‹ gekommen. Darüber besteht in der Literaturwissenschaft Konsens. Wenn die Literaturwissenschaft in Bezug auf Literatur von einem ›Handlungs- bzw. Sozialsystem‹ spricht, ist damit ein spezifischer Kunstbereich gemeint, der durch systemspezifische Handlungen geprägt ist, die die innere Struktur des Systems ausmachen. Die innere Struktur lässt sich modellhaft durch die folgenden Handlungen bzw. Handlungsrollen mit den entsprechenden Institutionen bzw. Berufsgruppen kennzeichnen. Es sind dies 1. literarische Produktion; 2. Vermittlung; 3. Rezeption und Verarbeitung (s. Tabelle 3).

Literarische Produktion (1)	Vermittlung (2)	Rezeption/Verarbeitung (3)
Autor, Bearbeiter	Verleger, Lektor	›Normalleser‹
Nacherzähler, Herausgeber, Übersetzer	Kultur- und Literaturredakteur, Literaturagent	Kritiker (Rezensenten), Literaturagent,
Literaturagent, Lektor, Verleger, Kalkulator	Vertreter, Grossist	Literaturwissenschaftler und -didaktiker, Lehrer
	Buchhändler, Bibliothekar	Verleger, Lektoren
	Lehrer, Dozent	

Tabelle 3: Das System ›Literatur‹

Handlungsrollen von ›Literatur-Produktion‹, ›Literatur-Vermittlung‹, ›Literatur-Rezeption‹, ›Literatur-Verarbeitung‹ definieren, was die jeweils erlaubten ›Handlungsspiele‹ um Literatur sind. Die Rollen sind über Regeln, Konventionen, Codes, Leitdifferenzen im Handlungshaushalt des Einzelnen wie der Gesellschaft verankert (Werte, Wertorientierungen, Normen, Literaturbegriff) und bieten Strategien angemessenen Verstehens für literarische Texte (vgl. C. Gansel 1999, S. 9; 2002, S. 243-271).

Das literarisch kommunikative Handeln im Handlungs- bzw. Sozialsystem ›Literatur‹ bringt nun Texte hervor, die nicht ausschließlich mit den Termini ›Gattung‹ und ›Genre‹ fassbar sind, wohl aber mit dem kommunikativ-funktional fundierten Textsortenkonzept der Textlinguistik. Die Tabelle (Tabelle 4) zeigt, welche Textsorten in welcher Handlungsrolle produziert werden, wenn ein Roman als Ausgangspunkt genommen wird.

Handlungsrolle	Textsorte
1. Produktion	Lesung, Interview, Essay, Private Homepage des Autors/der Autorin
2. Distribution	Pressemitteilung, Klappentext, Vertrag, Vorvertrag
3. Rezeption/Verarbeitung	Professionelle Rezension, wissenschaftliche Rezension, Rezension von Normallesern z.B. in *amazon.de*, wissenschaftlicher Artikel, Fan-Homepage

Tabelle 4: Handlungsrollen und Textsorten im System ›Literatur‹

Dem *Roman* als Kerntextsorte des Symbol- und Handlungssystems ›Literatur‹ folgt als konventionalisierte Anschlusskommunikationen die *Lesung*. Strukturelle Kopplungen zu Lesern entstehen in Form von *Rezensionen bei amazon.de* oder mit einer *Fan-Homepage*. *Klappentexte* schließen an Leser an, die als potentielle Käufer einen ökonomischen Faktor der Systeme ›Wirtschaft‹, ›Medien‹, ›Kultur‹ bzw. ›Literatur‹ bilden. *Pressemitteilung* und *professionelle Rezension* stellen Kopplungen zum Mediensystem her, *wissenschaftliche Rezension* und *wissenschaftlicher Artikel* koppeln strukturell das Literatursystem an das System ›Wissenschaft‹.

Als Zusammenfassung der vorangegangenen Kapitel können wir nun bis hierher Textsorten in systemtheoretischer Perspektive bestimmen:

Textsorten stehen in einem engen Zusammenhang zu sozialen Systemen, in denen sie spezifische Leistungen übernehmen. Textsorten konstituieren soziale Systeme und differenzieren sich unter den strukturellen Bedingungen des Systems aus, sie bilden innerhalb des Systems konventionalisierte, institutionalisierte Anschlusskommunikationen und sie sichern die strukturelle Kopplung zu anderen sozialen oder psychischen Systemen. Als Resultate kommunikativer und sozialer Handlungen sind Textsorten an bestimmte soziale Handlungsrollen gebunden. Textsorten lassen sich von einer Dominante – dem sozialen System/Kommunikationsbereich – her hierarchisch klassifizieren.

3.5 Textsorten und Dimensionen ihrer Beschreibung

Das folgende Kapitel setzt sich nun zum Ziel, den Begriff ›Textsorte‹ weiterhin zu definieren und von dem Begriff ›Textmuster‹ abzuheben. Innerhalb einer systematischen Klassifikation von Texten wurden **Textsorten** auf einer unteren Hierarchiestufe eingeordnet, die kognitiv in Bezug auf die Bildung von Kategorien als Basisebene zu kennzeichnen ist. Auf dieser Basisebene werden Prototypen gebildet. Textsorten sind demzufolge für die Bildung von Prototypen und eine prototypische Beschreibung prädestiniert. Eine solche ist in der Textlinguistik auch gängige Praxis, indem Textsorten als Abstraktion über einer Menge von Textexemplaren aufgefasst werden. In einem solchen Verständnis lassen sich Textsorten durch ein prototypisches Aufeinander-Bezogen-Sein textinterner und textexterner Merkmale beschreiben. Die entsprechenden Merkmale werden in mehrdimensionalen Modellen erfasst, von denen im Folgenden einige vorgestellt werden sollen. Der Textfunktion kommt in den Modellen eine besondere Relevanz zu, weshalb sie im ersten Abschnitt gesondert behandelt wird und von anderen Funktionen abzugrenzen ist.

Textsorte und Textmuster gilt es dann auf einander zu beziehen. Insbesondere soll diachron gezeigt werden, wie sich einmal etablierte Textmuster für Textsorten wandeln und variiert werden.

3.5.1 Textfunktion und sprachliche Handlung

Eine funktionsbestimmte Textklassifikation benötigt einen eindeutig festgelegten und textbezogenen Funktionsbegriff. Textklassen erfüllen ihre Aufgaben im Rahmen sozialer Systeme (Kommunikationsbereiche), die eine systemerhaltende Funktion haben und Leistungen für andere Systeme erbringen (**Bereichsfunktion**). Es geht dabei um die Leistungen in übergeordneten sozialen Handlungen für ein System und dessen Interaktion mit anderen Systemen der Gesellschaft. Als Beispiel sei das funktional ausdifferenzierte System ›Wissenschaft‹ genannt, das die Funktion hat, neues Wissen zu erzeugen, und dem die Leistung zugeschrieben wird, neues Wissen bereitzustellen (vgl. D. Krause [4]2005, S. 50). Diese Funktion und Leistung wird selbstverständlich auch durch Texte realisiert. Die Bereichsfunktion sollte jedoch nicht mit der Textfunktion identifiziert werden.

Gleiches gilt für die **Bewirkungsfunktion** (Kommunikationseffekt oder Perlokution), die ausschließlich rezipientenorientiert gesehen wird. Welche eigentliche Wirkung Texte auf den Rezipienten haben und ob die Kommunikationsabsicht
mit Hilfe eines Textes geglückt ist, kann mit Bestimmtheit sicher nicht so einfach
festgelegt werden. Dennoch können Textwirkungen und Bewirkungsfunktionen
»durchaus *konventionalisiert*« sein und »damit auf eine enge Beziehung zwischen
Intentionen und Wirkungen hindeuten«, wie K. Furthmann (2006, S. 185) für die
Textsorte *Pressehoroskop* feststellt. Ihre Untersuchungen führen zu drei konventionalisierten Bewirkungsfunktionen – nämlich »Information, Ratschlag, Kontakt«.

Der Begriff der **Textfunktion** orientiert sich in der textlinguistischen Diskussion an textinternen und textexternen Faktoren. Daher erscheint es nicht unproblematisch, die Textfunktion zu der einen oder der anderen Gruppe von Faktoren zu
zählen.

Mit dem auf der Sprechakttheorie basierenden funktionalen Ansatz von K.
Brinker und dem handlungstheoretischen Ansatz der »illokutiven Binnenstruktur«
(W. Motsch 1996a, S. 21) eines Textes stehen sich zwei Modelle zur Beschreibung der Textfunktion gegenüber, die jedoch aus unserer Sicht schwer zu trennen
sind. Für beide Ansätze ist die Ziel-Mittel-Relation unabdingbar. Mit Bezug auf E.
U. Große bestimmt K. Brinker Textfunktion als »die im Text mit bestimmten,
konventionell geltenden, d.h. in der Kommunikationsgemeinschaft verbindlich
festgelegten Mitteln ausgedrückte Kommunikationsabsicht des Emittenten«
([4]1997, S. 93).

Dieser Funktionsbegriff schließt den Rezipienten ein. Die Absicht des Emittenten impliziert, wie der Rezipient den Text verstehen soll. Damit ist er produzen-
ten- und rezipientenorientiert, intentional und konventionell und entspricht dem
sprechakttheoretischen Begriff der Illokution bzw. des illokutiven Aktes.

Wie R.-A. de Beaugrande und W. U. Dressler (1981) heben auch W. Heinemann und D. Viehweger (1991) den Beitrag von Texten zur Interaktion und damit
die Beziehungen zwischen den Kommunikationspartnern hervor:

> Die Rolle von Texten in der Interaktion, ihr Beitrag zur Realisierung gesell-
> schaftlicher Aufgabenstellungen und individueller Ziele sowie zur Konstituie-
> rung sozialer Beziehungen soll im folgenden unter dem Begriff der Textfunkti-
> on zusammengefaßt werden. (W. Heinemann / D. Viehweger 1991, S. 148)

Die Ziel-Mittel-Relation betonen auch G. Michel u.a.: »Die Zielgerichtetheit von
Tätigkeiten und die Zweckbestimmtheit der Instrumente/Mittel von Tätigkeiten
nennen wir ihre Funktion.« (1985, S. 14)

Wie W. Franke (1991, S. 158) herausstellt, sind nun sprachliche Handlungsmuster durch die Faktoren Handlungszweck, Handlungsbedingungen und Handlungsmittel (konventionelle Äußerungsformen zur Erreichung eines Zwecks) determiniert. Eine handlungstheoretisch fundierte Definition der Textfunktion verbindet sich also mit der im Text manifestierten Ziel-Mittel-Relation. Ohne diese
Relation werden einfache und komplexe sprachliche Handlung nicht erklärbar.

K. Brinker räumt zwar ein, dass ein Text mehrere kommunikative Funktionen signalisieren kann ([4]1997, S. 81), deklariert dann jedoch die dominierende Kommunikationsfunktion als Textfunktion. Wie aber gelangt der Rezipient zu dieser dominanten Funktion? Es geht damit um die Operationalisierbarkeit einer Textfunktion. K. Brinker sieht drei Indikatoren der Textfunktion, die er durchaus problematisiert:

i) die direkte Signalisierung der Textfunktion durch sprachliche Formen und Strukturen,

ii) die Einstellung des Emittenten zum Textinhalt oder Textthema ausgedrückt durch sprachliche Formen und Strukturen,

iii) kontextuelle Indikatoren, als situativer oder institutioneller Rahmen des Textes (vgl. [4]1997, S. 97 f.).

Der Unterschied von Textfunktion und sprachlicher Handlung ist jedoch weiterhin zu klären, wenn nicht Handlung und Funktion gleichgesetzt werden sollen.
W. Motsch entwickelt das Konzept der Illokutionshierarchien, das geeignet ist, eine Identifizierung von Sprachhandlung und Text zu vermeiden sowie die Textfunktion aus dem Komplex sprachlicher Handlungen herzuleiten (vgl. W. Motsch 1996a; W. Motsch / R. Pasch 1987).
Einer klaren Differenzierung von Intention, Illokution und Text nimmt sich W. Motsch in neueren Publikationen an (vgl. etwa W. Motsch 2000). Grundlage des Konzepts bildet der Begriff des sprachlichen Handelns, mit dem das Ziel verbunden ist »das Bewusstsein von Kommunikationspartnern zu verändern, temporär oder langfristig. Solche Bewusstseinsveränderungen können auch die Grundlage für tatsächliche Handlungen oder Handlungsdispositionen der Partner sein« (W. Motsch 2000, S. 415).
Bei der Entwicklung seines Konzepts schreibt W. Motsch Kommunikation Versuchscharakter (Kommunikationsversuch = K-Versuch) zu, d.h., sie muss nicht glücken, jedoch hat der Sender dieses Glücken intendiert. »Wir wollen die primäre Absicht des Sprechers in einem K-Versuch als mit einer Äußerung verbundene kommunikative Intention (K-Intention) bezeichnen. K-Intentionen können dann als spezielle intentionale Zustände des Sprechers beschrieben werden.« (W. Motsch 2000, S. 416)
Ein Sender unternimmt also einen Kommunikationsversuch, wenn er eine Zeichenkette u mit einer Kommunikations**intention** K-INT äußert und dabei folgende Bedingungen gelten: »(i) S äußert u̱ mit der Äußerungsbedeutung ä̱. (ii) H erkennt K-INT aufgrund von ä. (iii) Es ist eine soziale Situation gegeben, die die Befolgung von K-INT durch H deontisch möglich oder notwendig macht. (iv) H ist subjektiv fähig, K-INT zu befolgen.« (W. Motsch 2000, S. 416)

Die Intention des Senders impliziert also sein Wollen, dass der Hörer eine entsprechende Einstellung zum Sachverhalt entwickelt. Als grundsätzliche K-**Intentionstypen** unterscheidet W. Motsch dann H:GLAUBEN (p) und H:WOLLEN (p), also Mitteilungen (Feststellungen, Festlegungen, Bewertungen) und Aufforderungen, wie sie in der sprechakttheoretischen Typologie auch festgelegt sind: deklarativ, expressiv, direktiv. Von den K-Intentionen hebt W. Motsch (2000, S. 417) die **Illokutionen** ab:

> Wir bezeichnen nun *Illokutionen* als sprachliche Texte, deren Äußerungsbedeutung mit einer K-Intention korrespondiert. Die Klassifikation von K-Intentionen lässt sich dann direkt auf die Klassifizierung von Illokutionen anwenden. [...] Illokutionstypen wie Befehle, Weisungen, Anordnungen, Bitten, Ratschläge u.a. Illokutionstypen ergeben sich aus allgemeinen Prinzipien für intentionale Zustände, für kommunikatives Handeln und für soziale Interaktion. Sprachliche Äußerungen gehen zwar als notwendiger Bestandteil in Illokutionen ein, ihre spezifische Form hat jedoch keinen Einfluss auf die Definition von Illokutionstypen.

Der K(ommunikations)-Versuch kann nur gelingen, wenn die K-Intention auch vom Hörer erkannt, verstanden und akzeptiert wird. Deshalb ist sie innerhalb der **Illokutionsstruktur** des ganzen Textes zu stützen. So setzt W. Motsch dann auch nicht nur eine Illokution **dominant**, sondern betrachtet die Beziehungen der Illokutionen im Text zueinander. Der Erfolg einer Handlung wird durch andere Handlungen gestützt. **Subsidiäre** Handlungen stützen den Erfolg der dominierenden Handlung. Subsidiäre Handlungen können verstehensstützend, akzeptanzstützend, ausführungsstützend (vgl. W. Motsch 1996a, S. 24) sein.

In der Tat scheint es nun nicht unproblematisch, die Funktion des globalen Textes bzw. einer Textsorte eindeutig aus den sprachlichen Indikatoren oder aus »Präsignalen« zu bestimmen. Schauen wir uns beispielsweise den *Medikamentenbeipackzettel* an. Das Präsignal »Gebrauchs*information*« suggeriert die Informationsfunktion des Textes. Der Arzt/die Ärztin sieht Exemplare dieser Textsorte im Hinblick auf die Patienten jedoch als warnenden, also steuernden oder appellativen Text.

Worin besteht das Ergebnis der Analyse der Textfunktion, wenn die Struktur illokutiver Handlungen auf die Globalstruktur des Textes bezogen wird?

Medikamentenbeipackzettel werden stark gegliedert und normativ gestaltet. Auf ihre Struktur soll an dieser Stelle nicht eingegangen werden. Hier geht es um eine kurze Diskussion der Beziehungen **illokutiver Handlungen**.

Der Text beginnt mit einer Aufforderungshandlung:

> Liebe Patientin, lieber Patient,
>
> bitte lesen Sie folgende Gebrauchsinformation aufmerksam, weil sie wichtige Informationen darüber enthält, was Sie bei der Anwendung dieses Arzneimittels beachten sollen. Wenden Sie sich bei Fragen bitte an Ihren Arzt oder Apotheker.

Es folgt die Hauptüberschrift »Gebrauchs*informationen*« als Präsignal vor dem zu lesenden Text. **Aufforderungshandlungen** und **Informationshandlungen** sind damit als die grundlegenden sprachlichen Handlungen für die Textsorte *Medikamentenbeipackzettel* eingeführt. Sie lassen sich dann im Textverlauf als dominante und subsidiäre Illokutionen aufeinander beziehen.

Die erste Aufforderungshandlung *bitte lesen Sie folgende Gebrauchsinformation* orientiert auf die aktuelle Rezeption des Beipackzettels. Die Ausführung dieser Handlung ist Grundlage für die Berücksichtigung der zweiten Aufforderungshandlung durch den Rezipienten, bei der Anwendung des Medikaments bestimmte Bedingungen zu beachten. Imperative (*lesen Sie, wenden Sie sich*) sowie das Modalverb *sollen* indizieren die Aufforderungshandlungen. Auch die semantischen Beziehungen zwischen den Propositionen des ersten Ganzsatzes lassen diese Verquickung von Aufforderungshandlung und Informationshandlung deutlich werden:

Lesen → KAUSAL → Informationsgewinn → KONSEKUTIV → Anwendung

Ziel des Medikamentenbeipackzettels muss es also sein, die bestmögliche Vorbereitung der Patientin/des Patienten auf die Anwendung des Präparats zu gewährleisten. Dazu werden Aufforderungshandlungen mit dem Zieltyp *Ausführen* und Informationshandlungen mit dem Zieltyp *Glauben* ständig aufeinander bezogen. Der Abschnitt *Gegenanzeigen* nutzt die Bezogenheit der beiden Handlungstypen aufeinander ganz offensichtlich. Die Aufforderungshandlung dominiert, sie wird jedoch zunächst als eine subsidiäre, verstehensstützende Informationshandlung zur Erklärung des Begriffs Gegenanzeigen (ein Präparat unter bestimmten Bedingungen *nicht* anzuwenden) genutzt. Standardisierte Fragen und Warnungen erklären:

Gegenanzeigen

Wann dürfen Sie (...) nicht anwenden?

Wann dürfen Sie (...) erst nach Rücksprache mit Ihrem Arzt anwenden?

Sie sollten (...) nur mit besonderer Vorsicht (d.h. in größeren Abständen oder in verminderter Dosis) und unter ärztlicher Kontrolle anwenden:

oder

Eine besondere Sorgfalt ärztlicher Überwachung ist erforderlich bei:

Was müssen Sie in der Schwangerschaft und Stillzeit beachten?

Die Eindringlichkeit der Aufforderung zur Nichteinnahme des Medikaments unter bestimmten Bedingungen wird durch die Beantwortung der vorausgegangenen Frage erreicht. Die Aufforderung wird in einem einfachen Satz – im wiederholten Wortlaut der Frage – formuliert. Als Indikator der Aufforderung ist das Modalverb *dürfen* zu interpretieren.

> Sie dürfen [...] nicht anwenden bei [...]
>
> Im folgenden wird beschrieben, wann Sie [...] nur unter bestimmten Bedingungen und nur mit besonderer Vorsicht anwenden dürfen. Befragen Sie hierzu bitte Ihren Arzt. Dies gilt auch, wenn diese Angaben bei Ihnen früher einmal zutrafen [...]

Den Aufforderungssätzen folgen Informationen zu Bedingungen, die mit der Anwendung des Medikaments nicht vereinbar sind. Sie wirken ausführungsstützend, indem sie dem Patienten weitere Motivation für entsprechendes Verhalten geben:

> [...] bei
>
> - bekannter Überempfindlichkeit gegen [...]
> - ungeklärten [...]

Medikamentenbeipackzettel können also nicht als informierende Texte aufgefasst werden, auch wenn dies die Kategorisierung »Gebrauchsinformation« suggeriert, sondern sie motivieren durch die kausale Bezogenheit von Informationshandlungen und Aufforderungshandlungen die Direktiv- bzw. die Steuerungsfunktion.

Indem die Handlungsstruktur eines Textes ermittelt wird, kann auch seine Funktion bestimmt werden. Dabei lehnt W. Motsch Versuche ab, nur ganzen Texten Funktionen zuzuordnen. »Eine befriedigende Beschreibung von ›Textfunktionen‹ muß auf einer Beschreibung der illokutiven Binnenstruktur von Texten aufbauen. Nach unserer Auffassung läßt sich das Problem lösen, wenn man Globalstruktur und Illokutionsstruktur von Texten systematisch aufeinander bezieht.« (W. Motsch 1996a, S. 21) Funktion und Illokution werden demzufolge nicht identifiziert, wie dies bei K. Brinker der Fall zu sein scheint, sondern die Textfunktion erschließt sich über die Analyse der Illokutionsstruktur eines Textes.

3.5.2 Textsorten und Multidimensionalität

Ein geeigneter Weg zur Beschreibung und Kontrastierung von Textsorten besteht darin, von einer Merkmalkombinatorik auszugehen. Mehrdimensionale Beschreibungen von Textsorten, die Merkmale kombinieren, haben in der Textlinguistik eine große Akzeptanz (vgl. auch W. Heinemann 2000b, 2000c). In diesem und dem folgenden Kapitel sollen drei Modelle in den Blick genommen werden.

Beschreibungen auf mehreren Ebenen liegen den Modellen von W. Heinemann und D. Viewweger (1991) und K. Brinker ([3]1992, [4]1997) zugrunde, wobei W. Heinemann und D. Viewweger ein Modell zur prototypischen Beschreibung von Textsorten entwickelt haben, K. Brinker geht es um einen »Orientierungsrahmen für textsortenspezifische Analysen« (K. Brinker [4]1997, S. 133).

Das Modell von W. Heinemann von D. Viewweger bezieht fünf Ebenen ein (vgl. W. Heinemann / D. Viewweger 1991, S. 147 ff.):

1. Funktionstypen:

Unter dem Begriff Textfunktion wird die Rolle von Texten in der Interaktion, ihr Beitrag zur Realisierung gesellschaftlicher Aufgabenstellungen und individueller Ziele sowie zur Konstituierung sozialer Beziehungen zusammengefasst. Aus der Gesamtmenge der möglichen funktionalen Aspekte von Texten gewinnen die Autoren folgende vier elementare Textfunktionen: **Sich-Ausdrücken** (selbst darstellen), **Kontaktieren, Informieren, Steuern.**

Zwischen diesen Grundtypen bestehen fließende Übergänge, so dass eine Abgrenzung mit Hilfe des Dominanzkriteriums erfolgen muss. W. Heinemann und D. Viehweger nehmen in ihre Modellierung der Funktionen auch das **ästhetische Wirken** (1991, S. 149 f.) auf. Damit wird in Texten das Ziel verfolgt, bewusst auf den Rezipienten zur qualitativen und quantitativen Veränderung der Gefühlslage einzuwirken, Gefühle sollen zu Freude und Begeisterung verstärkt werden. Eine in der Funktional-kommunikativen Sprachbeschreibung der Potsdamer Schule dem Aktivieren subsumierte Funktion, das »emotionale Bewegen« (W. Schmidt et al. 1981, S. 26), erfasst diese Funktion gleichfalls. Es sei betont, dass das ästhetische Wirken sich nicht nur auf literarische Texte beziehen lässt, sondern auf eine Reihe von Textsorten im Bereich der massenmedialen Kommunikation (Werbetexte, ›weiche‹ Nachrichten, Feature, Reportage). Im Mediensystem wird dann von **Unterhaltungsfunktion** gesprochen (vgl. beispielsweise W. Schneider / P. - J. Raue 1996, S. 99 ff.).

2. Situationstypen:

W. Heinemann und D. Viehweger machen die Interaktion zum Ausgangspunkt der Beschreibung und unterscheiden als sogenannte »interaktionale Rahmentypen« (1991, S. 155) Tätigkeiten im Dienste übergeordneter nicht-kommunikativer Tätigkeiten (gegenständlich-praktische bzw. geistig-theoretische Tätigkeiten) und eigenständige kommunikative Tätigkeiten. Weitere situative Faktoren sind die soziale Organisation der Tätigkeiten, die Anzahl der Partner, die sozialen Rollen der Interagierenden und die Umgebungssituation. Mit diesen Aspekten lassen sich Kommunikationsbereiche beschreiben.

3. Verfahrenstypen:

W. Heinemann und D. Viehweger (1991, S. 158) haben hierbei **komplexe Strategiemuster** der Textproduktion im Blick (s. auch 5.1.4). Für informartionsvermittelnde Texte unterscheiden sie (vgl. 1991, S. 237 ff.) folgende Muster:

Narration,
Deskription,
Argumentation.

4. Text-Strukturierungstypen:
Der Textproduzent fällt Entscheidungen kompositorisch-architektonischer Art,
z.B. über die inhaltliche Abfolge der ausgewählten Teiltexte und ihre formale
Gliederung in Abschnitte, Kapitel usw. Dazu gehört u.a. die Frage, ob dem eigentlichen Textkern noch ein spezieller Initialteil voranzustellen ist. Für den Textkern
ist von Bedeutung, ob er thematisch fixiert ist und ob die intentionale Kerninfor-
mation am Beginn, im Zentrum oder am Ende vermittelt werden soll. Für die
interne Strukturierung von Teiltext-Komplexen sind Sequenzierungs- und Konne-
xionsprozesse relevant, wobei Sequenzierungstypen die Abfolge der Teiltexte
beinhalten und Konnexionstypen die unterschiedlichen Verknüpfungsarten. (Vgl.
W. Heinemann / D. Viehweger 1991, S. 161 ff.)

5. Prototypische Formulierungsmuster:
In diesen Bereich gehören Faktoren wie textspezifische Kommunikationsmaximen
(in der Stilistik auch als Stilzüge bezeichnet), Einzellexeme (*Plädoyer, Haft, Urteil* aus dem Bereich des Rechtswesens), Kollokationen als häufig wiederkehrende
Verknüpfungen und Verknüpfbarkeiten lexikalischer Einheiten (*in tiefer Trauer* –
Todesanzeige; *im Namen des Volkes* – Gerichtsurteil), Stereotype (*Der Nächste
bitte!* – Arztbesuch; *Ich danke für die Aufmerksamkeit!* – Vortrag; *Was darf es
denn sein?* – Verkaufsgespräch) und Gliederungssignale als Strukturverweisfor-
meln, die der Textproduzent zur Verständnissicherung in den Text einbaut.

Globale Textmuster ergeben sich erst durch die »Integration von Typen unterschiedlicher Ebenen zu einer spezifischen Ganzheit, die dann als Bündelung von
Merkmaltypen verschiedener Ebenen – mit unterschiedlicher Prominenz – verstanden werden kann« (W. Heinemann / D. Viehweger 1991, S. 171).

Eine Modifizierung der genannten Merkmalsdimensionen wird in M. Heinemann / W. Heinemann (2002, S. 147) vorgenommen. Als Kriterien zur Ermittlung
der »textkonstitutiven und textsortenspezifischen Konstanten« (M. Heinemann /
W. Heinemann, S. 146) werden aufgeführt: Funktionalität, Situationalität, Thematizität und Strukturiertheit sowie Formulierungsadäquatheit.

Auch im Modell von K. Brinker ist das Basiskriterium für die Differenzierung
und Beschreibung von Textsorten die **Textfunktion**. Er erfasst damit den Text als
Ergebnis einer komplexen sprachlichen Handlung[8]. Die Anwendung dieses Kriteriums führt nach K. Brinker (vgl. [4]1997, S. 133) zur Unterscheidung von zunächst
fünf »Textsortenklassen«. Wir würden von **Funktionstypen** sprechen: Informati-

---

8   Die intentionalen und illokutiven Aspekte (vgl. 2.3 und 3.5.1) werden unter dem Begriff der
     Textfunktion subsumiert.
     In verschiedenen Arbeiten ist auf Textsorten verwiesen worden, die ausschließlich situativ spezi-
     fiziert seien. S. Melzwig (1996) verweist z.B. auf das Rundschreiben, konstatiert aber, dass der
     Textsortenname ausschließlich durch die Distributionsform begründet ist und dass das Rund-
     schreiben funktional und inhaltlich völlig voneinander unabhängige Texte enthalten kann, die
     nicht als Teiltexte, sondern vielmehr als integrierte bzw. »beinhaltete« Textsorten (Dienstanwei-
     sung; Mitteilung, Glückwunsch u.a.) aufzufassen sind.

onstexte (z.B. Meldung, Bericht, Sachbuch), Appelltexte (z.B. Werbeanzeige, Kommentar, Gesetz, Antrag), Obligationstexte (z.B. Vertrag, Garantieschein, Gelöbnis), Kontakttexte (z.B. Danksagung, Kondolenzschreiben, Ansichtskarte) und Deklarationstexte (z.B. Testament, Ernennungsurkunde).

Eine weitere Differenzierung kann über den illokutiven Aspekt erfolgen, indem die für den Text typischen illokutiven Handlungen ermittelt werden, beispielsweise prägen die sprachlichen Handlungen *Bitten, Auffordern, Befehlen, Anweisen* oder *Wünschen* die Appellfunktion.

Als weitere Beschreibungskriterien benennt K. Brinker »kontextuelle (situative)« ([4]1997, S. 134) Kriterien, die Kommunikationsform und Handlungsbereich einschließen. Kommunikationssituation und Medium werden dabei miteinander verknüpft: »Die Kommunikationssituation wird entscheidend durch das Medium bestimmt, das zur Übermittlung von Texten eingesetzt wird.« (K. Brinker [4]1997, S. 134)

Neben Funktionalität und Situativität berücksichtigt K. Brinker in der Textanalyse den strukturellen Aspekt, wobei er die thematische und die grammatische Ebene unterscheidet. Auf diesen beiden Ebenen beschreibt er die Kategorien ›Thema‹, ›Themenentfaltung‹ und ›grammatische Kohärenz‹. Das Thema versteht K. Brinker »als Kern des Textinhalts«, es ist ein auf einen oder mehrere Gegenstände bezogener Gedankengang eines Textes, der abhängig ist vom Gesamtverständnis des Textes (vgl. [4]1997, S. 55). Hinsichtlich der Themenentfaltung werden Grundformen (**deskriptiv, narrativ, explikativ, argumentativ**) und Realisationsformen (beispielsweise deskriptiv-sachbetont/-meinungsbetont) unterschieden, die dem **Dominanzprinzip** unterliegen (vgl. K. Brinker [4]1997, S. 145).

Weniger für eine Abgrenzung als vielmehr für eine Beschreibung der Textsorten (vgl. K. Brinker [4]1997, S. 140) sind dann die Merkmale zu berücksichtigen, die die sprachliche Ausgestaltung des Textes betreffen. Hier können (von Textsorte zu Textsorte in unterschiedlichem Maße) die folgenden textinternen Faktoren (›Vertextungsmuster‹, ›Äußerungsmuster‹ oder ›Formulierungsmuster‹) zum Tragen kommen (vgl. u.a. K. Brinker [3]1992, S. 139, L. Gobyn 1984, S. 32 oder W. Kallmeyer / R. Meyer-Hermann 1980, S. 256.): der Textaufbau, die Abfolge der Teiltexte, Textherstellungsverfahren/Form der thematischen Entfaltung (deskriptiv, narrativ, explikativ), die syntaktische und phonologische Form der Äußerung, die Textlänge, Stilzüge (Kommunikationsmaximen), bestimmte typische Einzellexeme, Kollokationen, Stereotype, Signale der Textgliederung, die Thema-Rhema-Gliederung, die Verwendung von Deiktika, typische Eröffnungs- und Schlussformeln (Anrede und Gruß) oder die Bevorzugung bestimmter grammatischer Kategorien (z.B. Tempora).

3.5.3 Textsorte und Medialität

Die im vorangegangenen Kapitel kurz dargestellten Ebenenmodelle gelten in der Textlinguistik als schlüssiges und praktikables Instrumentarium zur Beschreibung, Analyse und Differenzierung von Textsorten. Beide sind sie jedoch primär an der Analyse analoger Texte orientiert. Dics zeigt sich auch darin, dass das **Medium** situativen Merkmalen untergeordnet wird und die gestalterische Kraft in Bezug auf Sprache weniger zum Tragen kommt. Allein die rasante Entwicklung der Massenmedien in der zweiten Hälfte des 20. Jahrhunderts spricht aber dafür, mediale Gesichtspunkte bei der Beschreibung und Typologisierung von Textsorten stärker herauszustellen: 1961 Tonband, 1971 Satellitenfernsehen, 1973 Kassetten, 1976 Telefax, 1978 Kabelfernsehen, 1980 BTX, 1981 PC, 1983 CD, 1992 DCC/MD, 2000 Multimedia usw.

In einem dritten Modell von W. Raible (1996) steht gleichfalls die Beschreibung und Differenzierung von Texten im Mittelpunkt. Sie bezieht sich auf Textsorten und literarische Gattungen. Für literarische und Gebrauchstexte stellt W. Raible heraus, dass sie bestimmten Mustern unterliegen. Es werden sieben Dimensionen als Beschreibungskonstanten entwickelt, die sich als universell und historisch veränderlich erweisen: die **Kommunikationssituation** zwischen Sender und Empfänger; der **Gegenstand** des Textes; **Ordnungsmuster**, die den Text strukturieren; das Verhältnis zwischen **Text und Wirklichkeit**; das **Medium**; die **sprachliche Darstellungsweise** und Sprechakttypen; **Intertextualität**.

Auf die Dimensionen »Verhältnis zwischen Text und Wirklichkeit« und »Medium« soll etwas genauer eingegangen werden, zumal diese in den Modellen von W. Heinemann / D. Viehweger, M. Heinemann / W. Heinemann und K. Brinker nicht als eigenständige Kriterien herausgestellt werden. In Bezug auf etablierte Textsorten erweist sich die Erwartung der Rezipienten an das Verhältnis der Textsorte zur Wirklichkeit als stabil. Nachrichten werden mit der Erwartung rezipiert, dass Nicht-Fiktionales vermittelt wird. Gebrauchsanweisungen müssen am Gerät ablaufende Prozesse und Vorgänge erklären. Texte entwickeln aber auch immer eine bestimmte Perspektive auf die Wirklichkeit und unterliegen somit der Selektivität.

> Als weiterer Aspekt ist zu bedenken, daß Texte als Ausschnitte und Verkürzungen der Wirklichkeit unsere Wahrnehmung der ›Wirklichkeit‹ modellieren, wobei die zur Verfügung stehenden medialen Möglichkeiten die Grenzen und die Art und Weise dieser Modellierung erheblich mitbestimmen. (J. Bittner 2003, S. 80)

So ist es eine wichtige Frage, wie Wirklichkeit in Textsorten, die sich in den digitalen Medien etablieren, modelliert wird.

Mit der Dimension »Medien« wird betont, dass Medien eigene Textsorten hervorbringen (vgl. beispielsweise das Medium Zeitung). Am Beispiel von Chat, Privaten Homepages im World Wide Web und E-Mail zeigt J. Bittner (2003), welchen Einfluss die Qualität digitaler Medien auf Formen und Inhalte hat, welche digitalen Textsorten sich entwickeln und wie diese sich von analogen unterscheiden. J. Bittner (2003, S. 80 ff.) wendet das Modell von W. Raible (1996) produktiv auf private Homepages im World Wide Web an, die eine neue digitale Textsorte in den genannten sieben Dimensionen etablieren und sich von analogen Textsorten unterscheiden.

Die Textsortenbenennung »Private Homepage im World Wide Web« ist »intrinsisch mit dem Medium verknüpft« (Personalcomputer und World Wide Web) (J. Bittner 2003, S. 130), damit ist die Textsorte als digitale zu kennzeichnen. Die Dimension der **Kommunikationssituation** zeichnet sich durch ein »hybrides Öffentlichkeitsverhältnis aus, das durch die *prinzipiell absolute*, faktisch jedoch eher (auf Freunde, Bekannte und ›Zufallsbesucher‹) begrenzte Öffentlichkeit zustande kommt« (J. Bittner 2003, S. 129).

Der **Objektbereich** der neuen Textsorte ist noch nicht exakt vorbestimmt, so dass sich Freiräume für Gestaltungsmöglichkeiten ergeben. Kern ist jedoch die Person des Autors, über die persönliche Informationen vermittelt werden. In Bezug auf die **Ordnungsmuster** differenziert J. Bittner (2003, S. 129) zwischen den »verschiedenen technischen Ebenen und der sichtbaren Oberfläche«. Im Vergleich zu traditionellen Texten besteht die Tendenz zur »Ent-Alignierung« und dazu, dass »Navigationsstrukturen« (Orientierungen für die Rezeption) entwickelt werden müssen, um eine kohärente Darstellung zu gewährleisten. Durch das World Wide Web ist das **Wirklichkeitsverhältnis** der Privaten Homepage als Raum mit eigener Geografie, als »potentiell autonome Welt«, bestimmt. »Bezeichnend für das Medium ist dabei, daß aus einer externen Beobachterperspektive nicht immer eindeutig zwischen Wirklichkeitsabbildung, Wirklichkeitsmodellierung und Wirklichkeitsablösung zu unterscheiden ist.« (J. Bittner 2003, S. 130)

Für die **sprachliche Darstellungsweise** stellt J. Bittner heraus, dass die »›digitale Revolution‹ das Verhältnis zwischen ›normgerechten‹ und nicht normgerechten Texten deutlich verändern wird« und »ein vergleichsweise geringer Elaborationsgrad«, was z.B. die Satzkomplexität betrifft, zu konstatieren ist (2003, S. 131). Derartige Merkmale sind auch der stärkeren Visualisierung geschuldet.

Private Homepages stehen zu anderen Texten in vielfältigen Beziehungen. Typisch ist die inkorporierende Intertextualität (vgl. Kapitel 3.7), wenn etablierte Textsorten als Teiltexte (Lebenslauf, Reisebericht) integriert werden.

> Primär textsortenklassifizierend und maßgebend für die Existenz und das Wesen einer Textsorte sind also die textexternen Merkmale. Textinterne Merkmale sind gegenüber den textexternen sekundär. Dennoch gehören sie zum Textsortenwissen und damit zur kommunikativen Kompetenz der Sprachteilhaber und sind bei der Klassifikation und Beschreibung von Textsorten einzubeziehen.

Auf der Grundlage einer Mehrebenenbeschreibung lässt sich der Begriff ›Textsorte‹ wie folgt definieren:

> Textsorten konstituieren sich durch ein prototypisches Aufeinander-Bezogen-Sein kontextueller und struktureller Merkmale. Sie bilden den Rahmen für prototypische, auf Konventionen der Sprachteilhaber beruhende sprachliche Muster mit charakteristischen funktionalen, medial-situativen und thematischen Merkmalen sowie einer diesen Merkmalen entsprechenden formalen Struktur.

3.6 Textmuster und Variation

Im Mittelpunkt des folgenden Kapitels stehen die Beziehungen zwischen den Phänomenen Textsorte, Textmuster und Variation. Es sei daran erinnert, dass die Begriffe ›Textsorte‹ und ›Textsortenvariante‹ bei der Klassifikation von Texten hierarchisch aufeinander folgen. Textsortenvarianten stellen somit klassifizierbare Unterarten von Textsorten dar. Der in der Textlinguistik gängige Begriff ›Textmuster‹ wurde im Rahmen der Klassifikation von Texten bewusst nicht verwendet.

Denn häufig werden die Begriffe ›Textsorte‹ und ›Textmuster‹ in der textlinguistischen Literatur synonym gesetzt oder der Begriff ›Textmuster‹ wird prädikativ zur Erklärung von Textsorte gebraucht. Textsorten wären in diesem Sinne Textmuster. Synonymie und prädikative Beziehung beider Begriffe sollen jedoch im Folgenden durchbrochen werden. Die Grundlage dafür ist die Variation von Texten in der kommunikativen Praxis. Ein einmal genutztes Textmuster kann sich wandeln, eine Textsorte kann nach verschiedenen Mustern produziert werden, Muster zur Produktion einer Textsorte können nebeneinander existieren. Es muss jedoch nicht zur Herausbildung von Textsortenvarianten kommen. Dies sei eingangs gleich mit einem Beispiel belegt.

Für die Rektoratsantrittsrede des 20. Jahrhunderts als universitäre Textsorte hat C. Meiburg (2006, S. 71 ff.) in ihrer Masterarbeit drei Textmuster ermittelt: »die reine Fachrede«, »die Fachrede mit gesellschaftlichem Bezug« sowie »die hochschulpolitische Administrationsrede«, wobei es sich bei dem zuletzt genannten um ein Muster handelt, das sich an der Universität Greifswald etwa seit der Mitte der 1990er Jahre entwickelt hat. Die kontextuellen, äußeren Bedingungen bleiben für die drei Muster gleich. Die Reden werden im Rahmen der Investitur von einem/einer neu gewählten Rektor/in gehalten. Die Originalsituation der Rede ist durch das System ›Wissenschaft‹ bzw. die Institution/Organisation ›Universität‹ sowie die Systematik der Festlichkeit bestimmt (vgl. C. Meiburg 2006, S. 70). Eine Textsortenvariante ist von daher nicht zu klassifizieren.

W. Heinemann (2000b, S. 23 f.) definiert nun den Begriff ›**Textmuster**‹ auf der Grundlage einer kognitionswissenschaftlichen Diskussion im Zusammenhang mit dem Wissensbegriff.

Textmuster sind Teilmengen des Interaktionswissens der Kommunizierenden. Sie fungieren als gesellschaftlich determinierte, von Individuen interiorisierte Schemata/Muster, die auf komplexe Interaktions- und Textganzheiten bezogen sind. Sie basieren auf kommunikativen Erfahrungen der Individuen und werden als Orientierungsraster zur Auslösung kognitiver Prozesse einer bestimmten Klasse mit dem Ziel der Lösung spezieller kommunikativer Aufgaben aktiviert.

Textsorte und Textmuster bezieht W. Heinemann in der Weise aufeinander, dass einerseits von Textsorten auf Textmuster geschlossen werden kann, Muster sind andererseits Voraussetzung für die Identifikation einer Textsorte (vgl. 2000b, S. 24). Als Routinen für Kommunikationsprozesse tragen Textmuster prozeduralen Charakter, und sie sind konventionalisiert.

Eine ähnliche Bestimmung für Textmuster gibt U. Fix (1991, S. 304):

Textmuster sind Schnittpunkte von Wissensbeständen verschiedenster Art (Welt-, Handlungs-, Norm-, Sprach-, Stil- und Kulturwissen), das in ihnen textsortenspezifisch aufgehoben ist. Indem man ein Textmuster kennt, weiß man also schon viel über die Textsorte und hat Vorgaben für die Herstellung von Textexemplaren.

Man kann als Rektor einer Universität jedoch auch eine Antrittsrede halten, die sich nicht am Muster der Reden der Vorgänger-Rektoren des gesamten Jahrhunderts einer Universität orientiert, dennoch bleibt die Rede eine Rektoratsantrittsrede, weil sie in entsprechender Situation gehalten wird.

Das Beispiel sollte verdeutlichen, dass mehrere Textmuster einer Textsorte zugeordnet werden können und eine Trennung der beiden Begriffe produktiv erscheint. Eine solche Trennung soll hier in folgender Weise vorgenommen werden: Klassifizierte Textsorten sind Ergebnis einer kognitiven Leistung, der Bildung einer Kategorie. Das Konzept ›**Textmuster**‹ betrachten wir demgegenüber als Instanz der **Reflexivität** von Kommunikation, was im Folgenden zu erläutern sein wird.

Der Zusammenhang ist ohne die Begriffe ›Variation‹ und ›Wandel‹ nicht zu klären. Textsorten entstehen im Prozess der Entwicklung, Differenzierung und Festigung kommunikativer Handlungsmuster. Demzufolge wäre nun nach Variation und Varianten von Textsorten zu fragen, wie sie aus dem Umgang mit Mustern für kommunikative Handlungen resultieren. Merkmale für globale Textmuster wie Vagheit, Flexibilität und Variabilität oder Repetitivität (vgl. W. Heinemann 2000b und 2000c) werden dabei zu berücksichtigen sein.
        An ausgewählten Textsorten und ihren Textexemplaren soll der Wandel von Konventionen und normativen Erfordernissen für die Gestaltung von Texten ge-

zeigt werden. Dabei gilt es stärker in den Blick zu nehmen, unter welchen Bedingungen es zur Ausprägung von Veränderungen in Textmustern kommt. Variationen setzen an bestimmten Komponenten von Textsorten und ihren einmal etablierten Mustern an. Im Mittelpunkt stehen deshalb die Aspekte Themenentfaltung, Funktionalität und Situativität.

3.6.1 Themenentfaltung und Textsortenvariation

Als grundsätzlicher Ansatz zur Differenzierung von Textsorten erweist sich zunächst einmal die Themenentfaltung. Im Bereich der Publizistik beispielsweise bilden sich eigenständige Textsorten in verschiedenen Ressorts in einem Prozess der Differenzierung und Normierung mit dem Aufblühen dieses Kommunikationsbereichs seit der Mitte des 19. Jahrhunderts heraus.

Für solche historischen Pressetexte treffen die von W. Heinemann (2000c) zusammengefassten Merkmale in unterschiedlicher Weise zu. **Vagheit** scheint ein Merkmal, das Pressetexten des 19. Jahrhunderts durchaus eigen ist, und zwar hinsichtlich des Verhältnisses von Text-Kategorisierung durch das Medium selbst und wirklich vorkommender Strategie der Themenentfaltung. Der folgende kurze Ausschnitt aus einem »Mode=Bericht« aus der Beilage der Neubrandenburger Zeitung vom 24. Juni 1885 soll dies belegen:

> Die günstigste Zeit zur Entfaltung neuer Moden ist unstreitbar der Sommer, der in Hülle und Fülle Gelegenheit bietet, Toiletten aller Art zur Geltung zu bringen. Da giebt es zunächst die leichten, mehr oder minder duftigen Matineès mit ihrem Spitzengewoge, dann die charakteristischen Land= und Strand=Toiletten, die originellen Lawn-tennies- und Ruder=Kostüme, ferner les grandes Toilettes für Nachmittags=Concerte und Diners, und schließlich Ball=Toiletten für die Reunions, so sylphidenhaft reizvoll wie ein Sommernachtstraum. Wenigen ist es jedoch vergönnt, alle diese Herrlichkeiten aus den großen Magazinen fertig zu beziehen; für die meisten heißt es selber schaffen, und für diese wird ein, wenn auch nur flüchtiges Bild der augenblicklich beliebtesten modernen Formen und Stoffe besonderes Interesse haben. [...] Für die kleinen Knaben bleiben die practischen Fersen=Anzüge nach wie vor sehr beliebt und erhalten neuen Reiz durch originelle Mützen in viereckiger und zipfliger Form, letztere genau wie Großvaters Schlafmütze mit einer Quaste an dem Zipfel versehen. [...]

Unser heutiges Verständnis vom Berichten als chronologisch referierende sprachliche Handlung wird sicher enttäuscht, sprachliche Handlungen des Beschreibens und Bewertens dominieren den Gesamttext, eine Einordnung in eine Textsorte fällt schwer, muss vage bleiben. Für einen Bericht (als Nachrichtentext) erscheint der Text zu stark bewertend, zu breit, zu ausschweifend, zu deskriptiv im Detail.

Auch Stellenangebote aus der Mitte des 19. Jahrhunderts pflegen den Stil von Zeitungstexten dieser Zeit. Ausschmückungen, zusätzliche Informationen, Wer-

tungen, zahlreiche Adjektive oder persönliche Bezüge unterstützen einen deskrip-
tiv-narrativ-begründenden Stil in Stellenangeboten der Rostocker Zeitung (RZ):

> Da mein Hauslehrer zu Michaelis d. J. ins Seminar tritt, so können geeignete junge Män-
> ner sich brieflich, oder, *was ich vorziehe*, persönlich um die erledigte Stelle bei mir mel-
> den. Auch bin ich geneigt, 1 bis 2 Knaben von 8 bis 11 Jahren gegen billige Pension in
> Kost und Unterricht zu nehmen.
>
> Hermes, Prediger in Lüssow bei Güstrow (RZ, 3.8.1849)

> Jemand, der im Stande ist, einem Materialwaaren=Geschäft, verbunden mit einer Brannt-
> wein=Brennerei, gehörig vorzustehen und Beweise seines bisherigen guten Betragens
> beibringt, kann entweder sogleich oder zum nächsten Michaelis bei mir ein Engagement
> finden. Hierauf Reflectirende wollen sich daher möglichst bald an mich wenden, da ich
> wegen eines Augenübels nächstens verreisen muß.
>
> Wismar, den 20 August 1850. A. Stickert (RZ, 22.8.1850)

Von Multidimensionalität, mit der verschiedene getestigte Merkmale von Textsorten beschrieben und differenziert werden, kann noch nicht die Rede sein. Der für
verschiedene Texte der Presse (vgl. auch 3.6.2) ähnliche deskriptiv-narrative Stil
erweist sich als Ausdruck der Undifferenziertheit von Textsorten. Eine massenmediale Reflexivität, die die Herausbildung unterschiedlicher Textsorten bzw.
Darstellungsformen/Textgattungen (vgl. R. Dulisch 1998, S. 56 f.) – beispielsweise die Differenzierung zwischen informierenden Nachrichtentexten und appellie-
renden Meinungstexten – provoziert, ist erst zu erwarten (vgl. S. J. Schmidt / B.
Spieß 1997, S. 87 ff.).

Die Aufspaltung in unterschiedliche Anzeigenressorts und entsprechende Textsortenbenennung sind an Entwicklungen der Industrialisierung und Modernisierung im letzten Drittel des 19. Jahrhunderts gebunden. Textexterne, wirtschaftli-
che Faktoren spielen die größte Rolle für den benannten Textsortendifferenzie-
rungsprozess (vgl. dazu G. Wolff [2]1990, S. 182 ff.).[9]

Eine Untersuchung der Neubrandenburger Zeitung z.B. hat ergeben, dass eine
Differenzierung nach »Vermischten Anzeigen« und »Familien-Nachrichten« am
Beginn der achtziger Jahre des 18. Jahrhunderts einsetzt. Erst Ausgaben von 1883
und 1884 jedoch sind erweitert durch die Rubrik »Stellenangebote und =gesuche«.
Stellenanzeigen sind vor dieser Zeit unter der Rubrik »Vermischte Anzeigen« zu
finden (vgl. Ch. Gansel 1997, 2000).

---

9   G. Wolff verweist auf Rahmenbedingungen für die Entwicklung der deutschen Sprache in der
     Zeit von 1830 bis 1920. Als »externe Stimuli für die Sprachentwicklung« benennt er: Industriali-
     sierung, Urbanisierung, Modernisierung, Demokratisierung, Ideologisierung. Für die Betrach-
     tung der Entwicklung von Textmustern, nach denen Stellenangebote produziert wurden, sind
     insbesondere der Aspekt der Industrialisierung und der der Ideologisierung von Relevanz. Letz-
     terer verweist auf »Verherrlichung der systemkonformen Ziele ›Fortschritt‹ und ›Wachstum‹«
     (G. Wolff 21990: 184 f.).

Die Textsorte Stellenangebot ist somit zum Ende des 19. Jahrhunderts im Anzeigenteil einer Zeitung etabliert. Wesentliche textexterne, situative Faktoren des Stellenangebots im 19. und 20. Jahrhundert stimmen zunächst überein. H. Moser (vgl. 1990, S. 341) nennt als situative Merkmale öffentlich, gedruckt (geschrieben), bezahlt, monologisch, ein Sender – viele Adressaten, unpersönlich[10], asymmetrische Partnerbeziehung. Neben der gemeinsamen Situativität weisen Stellenangebote des 19. bis hin zum 21. Jahrhundert eine weitere textsortenkonstitutive Gemeinsamkeit auf, und zwar generell die Bearbeitung des zentralen kommunikativen Gegenstandes »Person für eine Stelle *suchen*«. Das Verb *suchen* bildet in der Mehrheit der Stellenangebote des 19., 20. und beginnenden 21. Jahrhunderts eine zentrale und prototypische Größe.

Während Stellenangebote des 19. Jahrhunderts sehr häufig nur aus dem Suchen-Satz bestehen, entfalten Stellenangebote der Gegenwartssprache prototypischer Weise fünf Teilthemen, die in Initialteil (Wir sind), Textkern (Wir haben; Wir suchen; Wir bieten) und Terminalteil (Wir bitten) gegliedert sind. Unterschiede bestehen nun zwischen historischen und gegenwärtigen Texten in der Perspektive auf die Handlung ›suchen‹ und der Themenentfaltung.

Der prototypische Fall der Stellenangebote des 19. Jahrhunderts ist keineswegs der, dass die genannten fünf Teilthemen realisiert werden. Etwa nur ein Fünftel der Stellenangebote fordert explizit zur Bewerbung auf, häufiger erfolgt der Verweis auf die Möglichkeit weiterer Informationen bei der »Expedition« der Zeitung (die ›Anzeigenabteilung‹, seit der zweiten Hälfte des 18. Jhd.). Sehr häufige Ein-Satz-Stellenangebote sind auf den Suchen-Satz reduziert, der dann Angaben zur Qualifikation der gesuchten Person, Arbeitsantritt und Arbeitsort enthalten kann.

Einem tüchtigen erfahrenen Milchmeier, der Zeugnisse seiner Brauchbarkeit und Sittlichkeit vorlegt, wird bei einer bedeutenden Holländerei durch den Unterzeichneten eine gute Stelle nachgewiesen.

Rostock, den 4. April 1850

C. W. Burmeister

Hotel de Prusse (RZ, 6.4.1850)

Stellt man Textexemplare des 19. und des 20. Jahrhunderts einander gegenüber, so lassen sich zwei Perspektiven auf das Ereignis SUCHEN differenzieren, die durch spezifische sprachliche Strukturen indiziert werden.

Die Perspektive des 19. Jahrhunderts liegt auf der Person, die für die Ausübung einer bestimmten Tätigkeit gebraucht wird (vgl. auch L. Ortner 1992, A. Ostkamp 1991). Das Vorgangspassiv als gegenüber dem Aktiv präferierte Verbalkategorie

---

10   Allerdings zeigen Stellenangebote aus Quellen regionaler Zeitungen sehr wohl einen persönlichen Bezug der Inserenten. Zu verweisen ist auf die im Text aufgeführten Beispiele.

ermöglicht eine agensabgewandte (inserentenabgewandte) Perspektive auf die oder den für eine Stelle Gesuchten.

Diese Perspektive tragen auch die folgenden Konstruktionen mit: *Beschäftigung finden, Dienst finden, Aufnahme finden, Engagement finden, Anstellung finden, Stelle finden, ein Unterkommen finden, Condition finden, in ein Geschäft eintreten, in den Dienst treten*; *Beschäftigung nachweisen, Dienst erhalten, Stelle erhalten, Stellung nachweisen, Arbeit erhalten, Agentur zu vergeben.*

Ein Wechsel der Perspektive deutet sich im letzten Drittel des 19. Jahrhunderts an, wenn häufiger das Aktiv des Verbs *suchen* die Grundlage für die Bildung des Textexemplars darstellt. Mit den in stärkerem Maße frequenten Aktivsätzen wechselt die Perspektive auf den Handlungsträger, also auf denjenigen, die Institution, das Geschäft, die Fabrik, der oder die eine Stelle besetzen möchte.

> *Leistungsfähige Cigarrenfabrik* sucht einen tüchtigen Platzvertreter bei hoher Provision. (NZ, 6.1.1900)

Der Typ dieses Beispiels zeichnet sich als Entwicklungstendenz in bestimmter Quantität und Qualität im ersten Drittel des 20. Jahrhunderts ab und erfährt als Variante Wiederholung, wird also **repetiert (Repetitivität)**. Einige Beispiele aus der Neubrandenburger Zeitung (NZ), die über die bloße Nennung des Unternehmens hinausgehen, indem wertende Attribuierungen hinzutreten, sollen die beginnende Selbstdarstellung der Unternehmen seit dem Ende des 19. Jahrhunderts illustrieren. Sie ist jedoch noch immer in den Suchen-Satz eingebettet:

> [...] lebhaftes Material= und Kurzwaaren=Geschäft mit feiner Stadtkundschaft in einer größeren Stadt Mecklenburgs [...] (NZ, 26.3.1885)

> [...] eine renommierte Bielefelder Leinen= und Wäsche=Fabrik [...] (NZ, 20.6.1885)

> Die Agentur einer guten alten Feuer=Versicherungs=Gesellschaft [...] (NZ, 4.8.1885)

Mit dem Wechsel der Perspektive kann die *Selbstdarstellung* des privaten Unternehmens oder der staatlichen Institution beginnen. In dem Maße wie Entwicklung und Aufschwung des Unternehmens voranschreiten und die Konkurrenz auf dem Markt wächst, hat sich das Teilthema des Stellenangebots »Wir sind« bis zum Ende des 20. Jahrhunderts zum Initialteil des Stellenangebots entwickelt und zu einem Teiltext ausgeweitet, der auch für sich als Werbetext für ein Unternehmen gelesen werden könnte:

> URBAN & FISCHER – einer der marktführenden medizinischen Fachverlage innerhalb der Verlagsgruppe Georg von Holtzbrink – ist aus der Fusion der beiden medizinischen Traditionsverlage Gustav Fischer und Urban & Schwarzenberg entstanden. Im neuen Verlagshaus in München, Karlstraße 45, sind rund 150 Mitarbeiter beschäftigt. Jährlich werden 220 moderne medizinische Lehr- und Fachbücher sowie elektronische Medien veröffentlicht. [...] (DIE ZEIT vom 31.3.1999, Nr. 14, S. 7)

Die NOXXON Pharma AG ist ein führendes Unternehmen auf dem Gebiet der evolutiven Biotechnologien mit Sitz in Berlin.

Wir integrieren Wissenschaftler verschiedenster Disziplinen mit der Anwendung der von uns entwickelten Plattformtechnologie der Spiegel-Evolution in einem innovativem [sic!] Team. Ziel unserer Forschungstätigkeit ist die Entwicklung neuartiger Wirkstoffe auf der Basis spiegelbildlicher Oligonukleotide. Hier verfolgen wir Projekte sowohl als Eigenentwicklung als auch im Auftrag der pharmazeutischen Industrie [...] (DIE ZEIT vom 31.3.1999, Nr. 14, S. 81)

Die Texte gehen weit über das bloße Nennen einer Einrichtung hinaus, wie dies z.B. bei Stellenausschreibungen von Universitäten der Fall ist (z.B.: »An der Theologischen Fakultät der Universität Heidelberg ist eine C4-Professur für Historische Theologie [...] zu besetzen.«). Aber auch in Ausschreibungen von Universitäten zeigen sich bereits deutliche Veränderungen im Initialteil.

Im Vergleich zu den Stellenangeboten des 19. Jahrhunderts signalisiert das aktuelle Stellenangebot textintern einen eindeutigen *appellativen* Charakter, denn zur Bewerbung wird im Terminalteil der Anzeige ausdrücklich aufgefordert: »Wir freuen uns auf Ihre Bewerbung. Bitte senden Sie Ihre Unterlagen [...] an: [Adresse – graphisch abgehoben durch Leerzeile und Fettdruck und im Nominativ – die Vff.]«. Mit der Angabe der bereits graphisch abgehobenen Adresse im Nominativ ist die Vernetzung des Stellenangebots zum Bewerbungsschreiben vorgegeben und damit die von Ereignissen zu einer Ereigniskette, die insgesamt ein komplexes Geschehen abbildet (s. 4.1.1.2).

Gleichfalls ist der *appellative* und *steuernde* Charakter gegenwärtiger Stellenangebote weitaus stärker ausgeprägt, indem er über die Aufforderung zur Bewerbung im Terminalteil und die Werbung von Personen z.B. durch lukrative Angebote im Kernteil des Stellenangebots hinausgeht. Stellenangebote privater Unternehmen, aber auch von Forschungseinrichtungen werden nach einem Muster produziert, in dem der Initialteil als Werbe(teil)text für das Unternehmen, die Einrichtung und deren Produkte wirbt. Der Initialteil als Werbetext oder PR-Text liefert in einer Vielzahl von Stellenangeboten detaillierte Informationen:

i)   zum Standort,

ii) eine wertende Einordnung der Position des Unternehmens oder der Institution in der Wirtschaft,

iii) fachsprachliche Beschreibungen der Aufgaben und Produkte.

Der Initialteil kann durchaus als Unternehmens- und Produktwerbung interpretiert werden und in der Marketing-Strategie des Unternehmens oder der Institution, sich zu möglichst vielen Gelegenheiten zu präsentieren, angelegt sein. So ist die Funktion von Stellenangeboten in einer Informations- und Wissensgesellschaft auch auf das Informieren ausgerichtet. Detaillierte Informationen über ein Unternehmen oder eine Institution stellen dann aber gleichzeitig Begründungen dafür bereit, warum eine entsprechende Bewerbung für den Rezipienten in Frage kommen sollte. Argumente, sich zu einer Bewerbung auf ein entsprechendes Stellenangebot zu entschließen, sind nicht nur a) die ausgeschriebene Stelle und Anforderungen, für die der Rezipient sich geeignet sieht (Textkern) und b) Vergütung und soziales Umfeld (Textkern), sondern auch c) das Renommee des Unternehmens oder der Institution (Initialteil).

Der Rezipient interpretiert das Stellenangebot als argumentativen Text, der klassischerweise drei triftige Argumente für eine Bewerbung enthält, indem er nicht indizierte kausale oder konditionale Konnektoren einsetzt. »Bewirb dich, weil oder wenn deine Fähigkeiten 1. der offerierten Stelle und den Anforderungen entsprechen, weil 2. die Vergütung deinen Vorstellungen entgegenkommt und weil 3. das in der Anzeige explizierte Ansehen des Unternehmens letztlich auf dich zurückwirkt!«

Die Nähe des Stellenangebots zu Werbetexten entwickelt sich im Zusammenhang mit dem beschriebenen Perspektivenwechsel auf das stellenausschreibende Unternehmen und ersten pauschalen Verbalisierungen der Gehaltsvorstellungen der Arbeitgeber, z.B. [...] *gegen ein mäßiges Gehalt* [...] (RZ, 8.3.1850), [...] *mit gutem Gehalt* [...] (RZ, 15.7.1850), [...] *und ein hoher Lohn zugesichert* [...] (RZ, 22.8.1850).

Pauschale positive Arbeitsbedingungen kennzeichnen Adjektive wie *vor-theilhaft* (Bedingungen, Engagement), *gut* (Stelle, Dienst, Bedingungen), *günstig* (Bedingungen). Vereinzelt treten auch genaue Quantitätsangaben, was das Gehalt betrifft, auf. Eine gewisse Werbeträchtigkeit ist diesen Angaben bzw. Argumenten nicht abzusprechen. Dies aber erst in der zweiten Hälfte des 19. Jahrhunderts:

> [...] gegen ein Fixum von 300 M. und gute Provision [...] (NZ, 29.1.1885)

> [...] Gehalt 400 M. [...] (NZ, 4.11.1885)

> [...] gegen festes Gehalt, Provision und Reisespesen (NZ, 16.2.1923)

Wird nun ein Vergleich zwischen Stellenangeboten seit der Mitte des 19. Jahrhunderts und heutigen vorgenommen, so ist eine Entwicklung von deskriptiv-appellativen Textmustern (mit dem SUCHEN-Satz als Kern) hin zu argumentativ-steuernden und appellativen Textmustern als Subgruppe von Stellenangeboten zu verzeichnen. Den Kern dieser Subgruppe bilden Stellenangebote mit einem Werbetext als Initialteil, der für Unternehmen und Produkt wirbt.

Zusammenfassend lässt sich Folgendes feststellen: Die in der Entwicklung offensichtlich werdende Variation des **Vertextungsmusters** und ihre Wiederholbarkeit hat zu drei Mustern des Stellenangebots geführt, die flexibel je nach gesuchtem Qualifikationsgrad und Medium eingesetzt werden können:

i) SUCHEN-Satz im Aktiv oder Passiv – deskriptiv,

ii) Initialteil (Wir suchen ...), Textkern, Terminalteil – deskriptiv-argumentativ,

iii) Initialteil (»Wir sind« als Werbetext.), Textkern (weitere Argumentstruktur), Terminalteil – argumentativ.

3.6.2 Funktional bedingte Variation am Beispiel privater Todesanzeigen

Für die Textsorte *Todesanzeige* (vgl. F. Jürgens 1996) ist davon auszugehen, dass ein sehr ausgeprägtes Textmuster existiert. Ein Indiz dafür ist die Tatsache, dass Zeitungen ihren Anzeigenkunden vorgefertigte Muster vorlegen, die diese dann nur noch durch ihre spezifischen Angaben auffüllen müssen. So kommt es z. T. zu sehr stereotypen Texten.

Mit der Todesanzeige wird der Inserent den sozialen Erwartungen der Umwelt gerecht. Insofern ist zunächst die Funktion des Kontaktierens zu benennen. Die dominierende Funktion der Todesanzeige besteht aber wohl in aller Regel darin, über das Ableben eines dem Textproduzenten nahestehenden Menschen zu informieren.

> Im Alter von 54 Jahren verstarb unser Mitarbeiter und Kollege **XXXXXX**
>
> Am 11. August 1995 verstarb Frau **XXXXXX** im 48. Lebensjahr.

Daneben weisen Todesanzeigen üblicherweise aber auch Elemente des Sich-Ausdrückens (psychische Entlastung) und des Steuerns auf. Die genannten funktionalen Elemente sind Bestandteile der folgenden, sicher sehr prototypischen Todesanzeigen (Nordkurier vom 4.10.1995):

Nach langer, schwerer Krankheit verstarb am 30. September 1995 mein lieber Mann, guter Vater und Opa

Wilhelm Scheming

Im Alter von 86 Jahren.

In stiller Trauer

Elsbeth Scheming
Marianne Ickert
Helga Scheming
Christian Scheming

Reutershof, den 30. September 1995

Die Beisetzung findet am Freitag, dem 6. Oktober 1995, um 10.30 Uhr in Altentreptow statt.

Allerdings wird hier die emotionale Komponente – bedingt durch die standardisierten Formulierungen (*in stiller Trauer; mein lieber Mann* usw.) – in einer gewissen Zurückhaltung realisiert, während im folgenden Text die emotionale Komponente wesentlich stärker zum Tragen kommt.

Du hast gesorgt, Du hast geschafft,
gar manchmal über Deine Kraft.
Du hast ein gutes Herz besessen,
nun schlafe wohl und unvergessen.

Plötzlich und unerwartet, für uns alle noch unfassbar, verstarb am 24. September 1995 mein lieber Mann, unser lieber Vati, allerliebster Opi, Sohn, Bruder und Schwager

Hans Brandt

Im Alter von 51 Jahren.

In Liebe und Dankbarkeit nehmen Abschied

Bärbel Brandt
Detlef Brandt und Birgit Ihe
Andrea Brandt
Frank Brand und Susette Rausch
Julia und Kristina Rausch
Anneliese Kuhn

Die Trauerfeier mit anschließender Beisetzung findet am Donnerstag, dem 28. September 1995, um 13.00 Uhr in Neuenkirchen statt.

Dies wird bewirkt durch das Gedicht, durch Steigerungsformen (*allerliebster*) sowie insgesamt durch eine höhere Quantität der entsprechenden lexikalischen Mittel (*gutes Herz; schlafen; unvergessen; unfaßbar; mein/unser lieber ...; in Liebe und Dankbarkeit*). Auf genauere Angaben zu den Todesumständen wird dagegen (mit Ausnahme der Altersangabe) verzichtet.

Todesanzeigen variieren also zunächst in Bezug auf die Dominanz der dargestellten Textfunktionen.

Daneben gibt es aber auch Texte, in denen die eine oder andere Funktion völlig in den Hintergrund tritt.

So kommen vereinzelt durchaus emotional absolut neutrale Anzeigen vor, denen es ausschließlich um die Information, ggf. noch gekoppelt mit steuernden Elementen, geht. Als Beispiel dafür steht der folgende Text (Nordkurier vom 7.10.1995):

Die Trauerfeier mit anschließender Urnenbeisetzung des Verstorbenen

Erich Scherzandt

findet am 14. Oktober 1995 um 14.00 Uhr auf dem Friedhof in Bergholz statt. Von Beileidsbekundungen am Grab bitten wir Abstand zu nehmen.

Die Angehörigen

In anderen Texten tritt die Informationsfunktion z. T. hinter die Funktion des Sich-Ausdrückens zurück. Diese Todesanzeigen zeichnen sich durch ein hohes Maß an Emotionalität aus, wobei die sonst übliche Zurückhaltung weitgehend aufgegeben wird. Messbar ist Emotionalität dabei nicht ausschließlich an den standardisierten Lexemen und Kollokationen zum Ausdruck der Trauer. Schon das Abweichen vom stereotypen Muster, das kreative Suchen nach Möglichkeiten, die eigene Trauer mitzuteilen, signalisieren eine starke emotionale Bewegung. Sehr anschaulich vermitteln dies die folgenden zwei Texte (Berliner Morgenpost vom 17.9.1995 sowie Nordkurier vom 27.9.1995), obwohl Lexeme wie *Trauer, Traurigkeit, vermissen, Schmerz* u.ä. nicht vorkommen.

Mein Liebster,
mein bester Freund

Janusch

hat mich verlassen.

Uelzen / Berlin –
11. September 1995

Rüdiger Krause

Warum müssen manchmal echte Männerfreundschaften
so schrecklich zu Ende gehen?

Uwe Thieke
und **Marion**

Unser väterlicher Freund
Daniel und **Doreen**

Vereinzelt wird der Verstorbene auch direkt angesprochen. Die Todesanzeige verdrängt die Realität, der Emittent realisiert einen scheinbaren Kontakt zum Verstorbenen, der namentlich bzw. mit einem Pronomen der 2. Person angeredet wird.

Unser gemeinsames Leben fing doch erst an. Ich werde **Dich** nie vergessen. Ich vermisse **Dich** so sehr.

See **you** in heaven, my love.

Alles hat sich verändert, seit **Du** nicht mehr bei uns bist! **XXXXXX, Du** fehlst uns!

Interessant ist in diesem Zusammenhang ein Blick auf die historische Entwicklung der Todesanzeigen, die vor ca. 130 Jahren (siehe den folgenden Text aus dem

Allgemeinen Mecklenburgischen Anzeiger vom 19.1.1872) funktional bei weitem
nicht so differenziert zu betrachten waren wie heute.

> **Familien : Nachrichten.**
> (Verspätet.)
> Es gefiel Gott dem Herrn, meine liebe
> Frau Wilhelmine, geb. Augustin, den 13.
> d. M., Morgens 8 Uhr, im 58sten Lebensjahre,
> nach kurzem Krankenlager zu sich zu nehmen.
> Mit tiefbetrübtem Herzen mache ich allen
> Freunden und Bekannten diese Traueranzeige.
> Stargard, den 15. Januar 1872.
> **C. Burgemeister**
> nebst Kindern und Enkeln.

Schon die Einordnung der entsprechenden Texte in die Rubrik »Familien**nach-**
richten« kann als Indiz dafür gewertet werden, dass die Textsorte *Todesanzeige*
sich (wie andere spezifische Textsorten aus dem Bereich der Presse und Publizistik) aus dem relativ homogenen Typus ›Nachricht‹ heraus entwickelt und im Laufe der letzten 100 Jahre eine zunehmend eigenständige Form ausgebildet hat.
Dabei kann nachgewiesen werden, dass die Todesanzeigen im vorigen Jahrhundert
tatsächlich einige Elemente der (heute angenommenen) Textsorte *Nachricht* aufweisen.

Die Texte sind ohne den heute üblichen Trauerrand in der entsprechenden Zei-
tungsspalte platziert und erscheinen als relativ einheitlicher Block. Teiltexte sind
formal kaum voneinander abgetrennt. Etwas abgesetzt und fettgedruckt erscheint
lediglich der Inserent. Die heute üblichen Sprüche und Bildmotive (Kreuze, Blumen) sind nicht nachweisbar. Insofern unterscheiden sich die »Familiennachrich-
ten« in der äußeren Form nicht wesentlich von sonstigen Nachrichten.

Ausgesprochen nachrichtenartige Züge werden auch in den z. T. sehr präzisen
Angaben zur Todeszeit deutlich. Auch Angaben zu den Todesumständen bzw. -
ursachen waren in den Anzeigentexten am Ende des 19. Jahrhunderts nahezu
obligatorisch (*nach kurzem Krankenlager; nach einem 4-tägigen schweren Leiden*
usw.). Der Anzeigencharakter der Texte wird deshalb nicht selten verbalsprachlich
zum Ausdruck gebracht (*mache ich ... diese Traueranzeige*).

3.6.3 Situativ bedingte Varianten in der Sportberichterstattung in Hörfunk und Tageszeitungen

Für die Hörfunkreportage (exemplarisch sei dies hier an Fußballreportagen verdeutlicht) ist ein situativ bedingter Textsortenwandel über einen relativ über-

schaubaren Zeitraum sehr deutlich nachweisbar. Konkret äußert sich hier Textsortenwandel zunächst in bestimmten Präferenzen für den Gebrauch von Textsortenvarianten.

War bis vor wenigen Jahren noch die Ganzreportage bzw. zumindest die Teilreportage bei wichtigen Spielen der Normaltyp der Berichterstattung, so stellt sich dies seit den 90er Jahren grundsätzlich anders dar. Die Tatsache, dass inzwischen jedes auch nur einigermaßen bedeutende Fußballspiel in voller Länge im Fernsehen übertragen wird, führt die Rundfunkanstalten zu der Konsequenz, über diese Spiele im Hörfunk nur noch in einzelnen Einblendungen zu berichten. Diese Präferenz für die sogenannten Ausschnittsreportagen gibt es unabhängig davon, ob von einem einzelnen Spiel oder in Konferenzschaltung von mehreren Spielen berichtet wird.

Das hat eine Reihe von Konsequenzen für die sprachliche Gestaltung. So müssen Übergänge zwischen dem Moderator im Studio und dem Reporter im Stadion bzw. – bei Konferenzschaltung – zwischen den einzelnen Reportern geschaffen werden. Insofern kommen für die ansonsten durchgehend monologischen Texte Elemente des Dialogs zum Tragen. Bestimmte Strukturen des Sprecherwechsels, wie sie Gegenstand der Gesprächsanalyse sind, werden für die Textanalyse relevant, z.B.:

i) Selbstbestimmter Sprecherwechsel:

Gladbach führt 1:0 (-) und man ist gespannt im Olympia-Stadion wie (.) der VfL Wolfsburg (.) auf diesen rückstand reagieren kann; (-) **zurück ins studio** [...]
(Reportage zum DFB-Pokalfinale Borussia Mönchengladbach gegen VfL Wolfsburg vom 24. Juni 1995 in Berlin)

ii) Fremdbestimmter   Sprecherwechsel   (durch   Torschrei   eines   an   der
    Konferenzschaltung beteiligten Reporters):

und dann ist die Schalker abwehr wieder dazwischen (.) und der jubel der 50.000 ist da;

(Einschnitt: tooor)

und jetzt ist irgendwo ein tor gefallen,

(Umschaltung)

tor in Rostock sag' ich; (.) aber in Berlin ist es gefallen für Rostock- (-) und was für ein händchen (.) was für ein händchen von Frank Pagelsdorf; (.) er bringt den Karsten Klee der normalerweise nur auf der bank oder der tribüne sitzt (.) ist grade mal drei minuten auf dem feld und dann ist er da;
(aus der ARD-Konferenzschaltung zur Bundesliga vom 28.10.1995)

iii) Aufgreifen der Konstruktion des Vorredners nach der Turnübergabe:

**hier möchte ich im augenblick noch keine prognose abgeben wer dieses spiel ge-
winnt** - (-) nach 73 minuten unentschieden 1:1 im Rhein-Stadion – (-) und wir hüpfen vom
Rhein (.) an die Spree Hansa Rostock und Jörg Seiselberg;

(Umschaltung)

und ich geb' auch noch keine prognose ab wer hier diese begegnung gewinnt (.) Ein-
tracht Frankfurt führt auf jeden fall hier noch mit 1:0;
(aus der ARD-Konferenzschaltung zur Bundesliga vom 28.10.1995)

Prototypisch für die Ausschnittsreportage ist zudem ein Verweis auf die Orts-
(Spielort) und Zeitreferenz (Spielminute) sowie auf den aktuellen Zwischenstand
am Beginn nahezu jeder Einblendung. Dabei wiederholt der Reporter in der Regel
die wichtigsten Szenen, die zu den Toren geführt haben:

im Bremer Weser-Stadion sind erst vier minuten in dieser zweiten halbzeit gespielt - (.) der
aktuelle spielstand nach wie vor 1:0 für den gastgeber (.) für Werder Bremen (.) durch das
tor von Bernd Hobsch in der 34. minute erzielt

55 minuten sind jetzt im Hamburger Volkspark-Stadion gespielt und weiterhin hat der
halbzeitstand von 0:1 für den HSV bestand durch das eigentor von Martin Wagner aus der
achten minute
(aus der ARD-Konferenzschaltung zur Bundesliga vom 28.10.1995)

Noch weitaus drastischere Veränderungen ergeben sich in der Berichterstattung
der Tageszeitungen über ein Fußballspiel.

Als klassischer und prototypischer Vertreter der Textsorte Spielbericht gilt der
Nachbericht, der funktional darauf ausgerichtet ist, über den Verlauf und die wichtigsten Szenen eines Fußballspiels nachbetrachtend zu informieren.

Der Textproduzent hat die Aufgabe, aus den 90 Minuten eines Fußballspiels die
wichtigsten, die spielentscheidenden Ereignisse auszuwählen und darzustellen.
Solcherart Spielberichte waren in den 50er Jahren noch relativ breit angelegt. Sie
enthielten eine Reihe erzählender Elemente, die Darstellung war nicht selten erlebnisbetont und stark emotional geprägt:

16:45: Die Mannschaften laufen ein. Ein Heer von Photographen umschwirrt sie. Wieder
werden die Nationalhymnen gespielt. Puskas und Fritz Walter tauschen die Wimpel aus,
und Schiedsrichter Ling aus England bittet zur Seitenwahl. Deutschland hat Anstoß.

Die Deutschen begeistern mit schwungvollen Attacken. Sie wollen den Ungarn das Papri-
kagulasch gründlich versalzen. Prächtig fängt Grosits eine Bombe von Rahn. Wem wird
der entscheidende Treffer zum 3:2 gelingen? Dieser Gedanke bewegt uns, als Ungarns
Linksaußen Czibor wie ein D-Zug davonbraust.

Uns reißt es von den Sitzen, so zappelt der Ball im Netz. 3:2! Deutschland ist Fußball-
Weltmeister! Noch nicht ganz, denn fünf Minuten zeigt die Spieluhr noch an. Fünf Minuten,

eine Ewigkeit. Die Ungarn stoßen an. Blitzschnell spielen sie sich auf dem linken Flügel durch ... und schon ist das Unheil geschehen: Die Lederkugel saust unter Tureks Körper hindurch ins Tor. Die Ungarn küssen sich ab, und dann sehen sie wie versteinert auf Schiedsrichter Ling, der ihnen bedeutet: Abseits, meine Herren! Im Schneckentempo kriecht der Minutenzeiger vorwärts.

(Süddeutsche Zeitung vom 5.7.1954 zum WM-Finale Deutschland gegen Ungarn)

Spielberichte sind heute in der Regel wesentlich komprimierter. Dazu tragen vor allem die stichpunktartig zusammengestellten statistischen Daten bei, die Bestandteil des Spielberichts sind und alle wichtigen Informationen zum Spiel vermitteln, z.B.:

Karlsruher SC - Bayern München 2:6 (1:3)

Karlsruhe: Reitmaier (4) - Wittwer (5) - Bilic (5), Schuster (4) - Metz (5), Häßler (3), Fink (4,5), Bender (4,5), Tarnat (5) - Knup (2,5), Kirjakow (5) - Trainer: Schäfer.

München: Kahn (3) - Strunz (2) - Kreuzer (2,5), Helmer (3,5) - Hamann (2), Babbel (2), Sforza (2,5), Nerlinger (2,5), Ziege (1,5) - Herzog (3,5) - Zickler (1,5) - Trainer: Rehhagel.

Eingewechselt: 27. Schmitt (4,5) für Wittwer, 63. Dundee (-) für Kirjakow, 66. Reich (-) für Bilic - 63. Scholl (-) für Herzog, 69. Frey (-) für Ziege, 74. Papin (-) für Zickler - Reservebank: Walter (Tor), Carl - Tomic (Tor), Witeczek.

Tore: 0:1 Ziege (13., Vorarbeit Babbel), 0:2 Kreuzer (17., Ziege), 0:3 Zickler (23., Ziege), 1:3 Knup (37., -), 1:4 Hamann (57., Sforza), 1:5 Scholl (68., Foulelfmeter, Reitmaier an Sforza), 1:6 Zickler (71., Hamann), 2:6 Knup (80., Häßler) - Chancenverhältnis: 5:12.

SR: Heynemann (Magdeburg), Note 3,5, fiel auf Sforzas »Schwalbe« herein, entschied in den heiklen Szenen in der Regel richtig. Ausnahme: Helmers ungeahndetes Foul an Knup - Zuschauer: 33.800 (ausverkauft) - Gelbe Karten: Bilic, Schuster, Schmitt - Kreuzer, Hamann.

(Kicker Sportmagazin vom 28.8.1995 zum Bundesligaspiel Karlsruher SC gegen Bayern München)

Die Statistiken haben zur Folge, dass die typische narrative Struktur eines Berichts, also die Schilderung des Spiels in der zeitlichen Abfolge der wichtigsten Szenen, z. T. völlig aufgehoben wird. So beginnt der Spielbericht zum WM-Endspiel 1990 in der Süddeutschen Zeitung mit der Situation vor der Siegerehrung:

Wie ein Haufen glücklicher Kinder hüpften sie auf der blaßroten Laufbahn vor der Tribüne auf und nieder, klatschten rhythmisch in die Hände und konnten es kaum erwarten, bis sie an der Reihe waren.

(Süddeutsche Zeitung vom 9.7.1990 zum WM-Finale Deutschland gegen Argentinien)

M. Fingerhut (vgl. 1991, S. 170) konstatiert, dass die Tagespresse heute auf eine ausführliche Berichterstattung zum Spielverlauf weitgehend verzichtet. Sofern die jeweilige Zeitung kein spezifisch lokales Interesse an einer bestimmten Mannschaft hat, finden sich in den meisten regionalen und überregionalen Tageszeitungen in der Tat kaum Berichte zum Verlauf der einzelnen Spiele, denn der Redakteur muss davon ausgehen, dass der interessierte Leser sich in der Regel in einer der vielen Hörfunk- oder Fernsehsendungen inzwischen umfassend informiert hat. Statt dessen wird ein Überblicksbericht gegeben, der den jeweiligen Spieltag zusammenfasst. Es handelt sich dabei um eine

> Mischung von knappen Spielberichten, Spielergebnissen, Bewertungen einzelner Spieler und Mannschaften, Informationen zum Tabellenstand, besonderen Vorkommnissen, Zukunftsaussichten u.a., wobei die Schwerpunkte wechseln können (W. Brandt 1988a, S. 83 f.).

Dennoch sind Spielberichte in der kommunikativen Praxis auch heute noch relevant. Allerdings – insofern ist M. Fingerhut unbedingt zuzustimmen – treten Spielberichte oft nicht mehr in reiner Form auf. Das zeigt ein Vergleich von Texten der Jahre 1954 und 1990 sehr deutlich. Eine stichprobenartige Analyse von insgesamt je 30 Spielberichten verschiedener Tageszeitungen hat ergeben, dass sich im Jahre 1954 noch 281 von 352 Sätzen (= 80%) unmittelbar auf das eigentliche Spielgeschehen beziehen. Dagegen waren dies 1990 nur noch 86 von 177 Sätzen (= 49%). Damit stellt sich die Frage, inwieweit der Textsortenname »Spielbericht« überhaupt noch gerechtfertigt ist.

Das Ergebnis der Stichprobe lässt die Schlussfolgerung zu, dass Übergänge zu anderen Textsorten bzw. Textsortenvarianten heute offenbar die Regel sind. Daher ist es zu unterstreichen, wenn F. Simmler (vgl. 1993, S. 259) feststellt, dass man nicht von idealtypischen Gattungsvorstellungen ausgehen sollte.

Die Konkurrenz durch Hörfunk und Fernsehen führt ohnehin dazu, dass sich in der Presse neben den Nachberichten eine Vielzahl anderer journalistischer Formen immer stärker profiliert. F. Simmler (vgl. 1993a, S. 258 f.) gelangt bei der Analyse von Tageszeitungen zum Kommunikationsbereich des Sports zu insgesamt fünf klar unterscheidbaren Textsorten (Bericht, Meldung, Kurzmeldung, Kommentar, Interview) mit zwölf Textsortenvarianten (Spielbericht, Vorbericht, Themabericht; Meldung im engeren Sinne, Text-Bild-Kombination; Kurzmeldung im engeren Sinne, Tabelleninformation; Reporterkommentar, Stimmenzusammenstellung, Spielerbewertung, Fernsehkritik; Interview), wobei mit bestimmten Übergangsbereichen zwischen einzelnen Textsorten zu rechnen ist.

Bei der Berichterstattung über das jeweilige Weltmeisterschafts-Finale der Jahre 1954 und 1990 waren in der Süddeutschen Zeitung die folgenden Textsorten und Textsortenvarianten anzutreffen:

1954:
1 Vorbericht,
1 Nachbericht;

1990:

1 Text mit kurzen Nachberichten zu allen vergangener Weltmeisterschaft-Finals mit deutscher Beteiligung,

6 Vorberichte (je 3 aus argentinischer und aus deutscher Sicht),

Statistisches zum Endspiel,

5 Nachberichte,

Pressespiegel,

Stimmen zum Spiel,

1 Kommentar.

Sowohl die Vor- als auch die Nachberichte sind zum großen Teil eher als Thema-berichte denn als Spielberichte anzusehen; sie sind thematisch relativ stark einge-grenzt und greifen jeweils bestimmte Aspekte (z. T. auch aus dem Umfeld) des Spiels auf. Ein Blick auf die Überschriften und Untertitel der einzelnen Beiträge mag das verdeutlichen:

> Der Wadenbeißer beißt nicht mehr, nun ist er wichtig. Die Entwicklung des Lothar Mat-thäus vom fränkischen Plappermaul zum gereift-plappernden Anführer

> Ein kaiserliches Bulletin gerät zum Gesundbrunnen. Nachdem Beckenbauer auf absolute Unversehrtheit pocht, klagt kein Spieler mehr über Blessuren.

> Ein Frauenarzt pfeift das Finale. Edgardo Codesal - der erste Mexikaner in einem WM-Endspiel

> Widerstände gegen Staatsgewalt und Titelverteidigung. Argentiniens Trainer Bilardo pla-gen vielerlei Sorgen: eine Schlägerei Maradonas, vier gesperrte Spieler und das Publikum

Das Ergebnis des Vergleichs zeugt von der zunehmenden Relevanz der Sportbe-richterstattung für die Printmedien und von grundsätzlich veränderten Leserbe-dürfnissen, bedingt durch die zunehmende Präsenz der audiovisuellen Medien im Bereich des Sports.

Zusammenfassend können wir also zu den letzten drei Abschnitten festhalten: Als Routinen für die Gestaltung von Kommunikationsprozessen sind Textmus-ter einerseits konventionalisiert, andererseits immer prozedural offen für Ver-änderungen. Die reflexive Verwendung von bekannten Textmustern kann zu ihrer Konsolidierung führen, jedoch auch zur Variation im globalen Textmus-ter, so dass für die Produktion einer Textsorte mehrere Textmuster zur Verfü-gung stehen.

Reflexivität von Kommunikation hat auch die Ausdifferenzierung von Textsorten-varianten zur Folge. Auch die von G. Fleskes (1996, S. 214) ermittelten Phasen für die Entwicklung von Textsorten der ersten deutschen Eisenbahnen, nämlich »Akzeptanz und Etablierung, Normierung und Standardisierung, Differenzierung und Spezialisierung, Memorierung und Kontrolle« verdeutlichen, wie musterhafte Verwendungen für die Textgestaltung sich konsolidieren, als Textsorten wahrgenommen werden, dann wiederum Veränderungen im Muster ausgesetzt sind.

Für Textsorten können sich also mehrere Textmuster herausbilden. Diese unterliegen der Variation und Veränderung durch kognitiv und kommunikativ reflexives Handeln von Personen. Die Variation von Textmustern kann zur weiteren Ausdifferenzierung einer Textsorte in Textsortenvarianten führen. Dabei handelt es sich um einen historischen Prozess.

3.7 Mustermischung und Textsortenintertextualität

Intertextualität ist in 1.3 als allgemeines Merkmal der Textualität diskutiert und einführend beschrieben worden und soll nun eine weitere Vertiefung erfahren, indem Phänomene der Intertextualität differenzierter betrachtet werden.

Grundsätzlich findet sich in der linguistischen Aufarbeitung des Intertextualitätsbegriffs eine Differenzierung in referentielle Intertextualität bezogen auf die Beziehungen zwischen Textexemplaren und typologischer Intertextualität als Textsortenintertextualität. W. D. Krause (2000a) hat beide Typen von Intertextualität weiter präzisiert. Er unterscheidet eine allgemeine (potentielle, paradigmatische) Intertextualität von einer speziellen (aktuellen) Intertextualität. Die allgemeine Intertextualität beruht auf der »Rekurrenz als typisch anerkannter Textexemplare« (W. D. Krause 2000a, S. 66) und bildet die Grundlage für Texttypologien. M. Pfister spricht auch von »Systemreferenz« (1985, S. 13), W. Heinemann von der »Textsortengeprägtheit aller Texte« (1997, S. 35). Der Ansatz der allgemeinen Intertextualität bietet die Möglichkeit, Textsorten und ihre Muster als Wissensrepräsentationen im Gedächtnis aufzufassen, von denen Kommunizierende bewusst Gebrauch machen. »Allgemeine Intertextualität wird demzufolge als Bestandteil der Kenntnissysteme überhaupt oder als integrale Komponente vorgängiger Kommunikationserfahrung gesehen.« (W. D. Krause 2000a, S. 67)

In den folgenden Beispielen wird bewusst vom bekannten Prototyp abgewichen, um Textmustervarianz zu bewirken. Dies erfolgt, indem das herkömmliche Muster der Kontaktanzeige auf möglichst originelle Weise durchbrochen wird, um sich von gängigen Mustern abzuheben. Der Kontrast zum »Normalen« erhöht die Wirksamkeit der Anzeige, wobei auf mediale Erfahrungen der Rezipienten und deren mentale Repräsentationen aufgebaut wird:

ETWAS WARMES BRAUCHT DER MENSCH! Wenn ich (37, 174, attr.) nicht bald etwas Warmes in Form eines großen, kräftigen, lustigen und intell. Mannes bekomme, koche ich mir eben 'ne Suppe. 5-min-Terrinen zwecklos!

W 30/176, nettes Äußeres, liebev. und zärtl., sucht nicht **die längste Praline der Welt,**
sondern **die zärtlichste Versuchung, seit es** Männer **gibt.**

Lieber Tea for two als **Dinner for one.** Nicht nur zum Teetrinken, auch für Kino, Konzerte
[...] suche ich den passenden Partner.

Nach mancher Irrfahrt, abseits sicherer Ehehäfen/ such' ich [...] stabilere Lebenslagen/
und bin, obgleich mit leicht ergrauten Schläfen,/ bereit, die Freier aus dem Feld zu schlagen. Kw: Odyssee
(Beispiele vgl. E. Rößler 1999, S. 192)

In Bezug auf die spezielle (aktuelle) Intertextualität hält W. D. Krause (2000a, S.
62 f.) fest:

Spezielle intertextuelle Bezüge in Gebrauchstexten sind natürlich textsortenspezifisch geprägt und lassen sich konkret an einzelnen Textsortenexemplaren
nachweisen, worin sich die organische Beziehung zur typologischen Intertextualität äußert.

Interessant ist nun das Feld von Arten spezieller Intertextualität (vgl. W. D. Krause 2000a, S. 63 ff.). **Deiktische Intertextualität** bezeichnet das Verweisen auf
Texte oder Textausschnitte, das Referieren oder Zitieren von Texten aus einem
Prätext, wie es beispielsweise in wissenschaftlichen Texten üblich ist. Bei **koope-
rativer Intertextualität** handelt es sich um »eine direkte Beziehung zwischen
vollständigen Textexemplaren als Repräsentanten von Textsorten« (W. D. Krause
2000a, S. 63), über die Textproduzenten in Interaktion zueinander treten. Texte
können somit als Folge aufeinander betrachtet werden: *Buch* und *Rezension, Wa-
renkatalog* und *Bestellung, Vorschlag* und *Ablehnung/Zustimmung.* Auf vorangegangene Texte wird sprachlich reagiert. S. J. Schmidt und B. Spieß (1997, S. 75,
87) sehen diese Art der Intertextualität auch als Ergebnis der Reflexivität des
massenmedialen Systems, das die Herausbildung unterschiedlicher Textsorten
bedingt (*Nachricht – Kommentar, Kommentar – Leserbrief* usw.).

Die **transformierende Intertextualität** bezieht sich auf Umformungen eines
Ausgangstextes in einen oder mehrere neue Texte. Die Adaption von Texten beispielsweise für die fremdsprachliche Kommunikation soll in diesem Kontext nicht
weiter interessieren. Kommunikative Praxis sind allerdings Abwandlungen, die
mit Textsortenänderungen einhergehen. Im Sinne der Verquickung zweier Textsorten werden Muster miteinander vermischt – auch dies ist ein Merkmal postmoderner Kommunikation (vgl. S. J. Schmidt / B. Spieß 1997, S. 75) –, wobei die
Identität der eigentlichen Textsorte dennoch klar erkennbar bleibt. E. Rößler
(1999, S. 171 ff.) verdeutlicht dies am Beispiel von Werbetexten:

Wer ist die Schönste im ganzen Land. (Werbetext, in: STERN 37/1993, S. 93):

Es war einmal eine Zeit, da wurden kleinere Badewannen von den Designern recht stief-
mütterlich behandelt.

Heute spiegelt sich ein anderer Trend wider: Die Girostar von Kaldewei hat normale Maße und ist trotzdem großartig im Design. Ihre elegante Form bietet viel Komfort auf wenig Raum. Ihren hübschen Schwung bekommt sie durch ein kreisrundes Rückenprofil und zwei langgestreckte Armlehnen. Ihre feine Oberfläche bleibt in jeder Farbe, ob Weiß wie Schnee oder Schwarz wie Ebenholz, makellos. Denn diese Badewanne ist aus starkem Stahl-Email. Und das ist der solide Grund für ihre imponierende Mitgift: 30 Jahre Garantie.

Wer meint, hier wird ein Märchen erzählt, kann die Wahrheit und nichts als die Wahrheit leicht ergründen. Im Sanitär-Fachhandel erfahren Sie alle Details über die schöne Girostar und ihre verführerischen Qualitäten. Und wenn sie nicht gerade verkauft ist, dann bekommen Sie sie sogar noch heute.

Wannen von Kaldewei bekommen Sie in zig Formen und Hunderten von Farben. Wir liefern ausschließlich über den Sanitär-Fachgroßhandel. Die richtigen Adressen und unsere Gesamtübersicht ‚Das ganze Programm fürs Baden und Duschen' geben wir Ihnen gern. Schreiben Sie uns: Kaldewei GmbH & Co., Postfach 1761, 59206 Ahlen, ST 36/93. Oder rufen Sie kostenlos an: 0130-060880. KALDEWEI Europas Nr. 1 in Badewannen

Mit der im Titel aufgeworfenen Frage (Wer ist...) wird der Bezug auf den konkreten Einzeltext (Märchen: *Schneewittchen*) signalisiert. Die Einleitungsformel *Es war einmal* bedient das Textsortenmuster Märchen. »Es war einmal« ist nach U. Eco »ein übercodierter Ausdruck, der festlegt, 1) daß die Ereignisse in einer unbestimmten, unhistorischen Epoche stattfinden, 2) daß die berichteten Ereignisse nicht ›wahr‹ sind, 3) daß der Sprecher eine fiktive Geschichte erzählen will« (1990, S. 215).

Dies dient im Werbetext als Aufmerksamkeit heischender Rahmen für eine Enthymemargumentation:

Das heißt z.B. auch, sich von der Flut existierender Werbetexte unter Rückgriff auf IT wirkungsvoll abzusetzen, indem man neue, originelle Lösungen sucht, darüber wahrgenommen wird, Interesse, Spannung, Überraschung u.a. emotionale und ästhetische Qualitäten erzeugen kann usw. (E. Rößler 1999, S. 173 f.)

Transformierende Intertextualität wird also dazu genutzt, den Werbetext durch einfließende Erzählstrukturen zu kaschieren. Auch bei dem folgenden Text (vgl. E. Rößler 1999: 175 ff.) kann es sich nicht um eine Geschichte, ein Märchen oder eine Erzählung handeln:

Berliner Bettgeschichte (Werbetext, in: *Tip* 14/1994, S. 38)

Es war einmal ein himmlisches Designerbett namens Rondo. Seine außergewöhnliche Materialkombination aus nachtschwarzem Lack und edlem Kirschbaum machte es zu einer traumhaften Schlafstätte für besonders Verwöhnte. Durch vielfältige Materialauswahl und feine Accessoires fanden auch die Individualisten unter den Schläfern ihre wahre Freude daran. Und wenn es nicht schon vergriffen ist, dann kriegen Sie es noch heute.

Dafür stehen zum einen der nichtsprachliche bildliche Anteil dieser Werbeanzeige (Abbildung solch eines Bettes) sowie wiederum die Kürze des Textes und die situativen Bedingungen der Kommunikationssituation Zeitungslektüre.

> Zudem wird nicht ein abgeschlossenes Ereignis mit bestimmten personellen O-rientierungen und Handlungen wiedergegeben, sondern eine stark positiv wer-tende *Beschreibung* eines Produkts mit der *indirekten Aufforderung zum Kauf* verbunden, die Konstituens der Textsorte Werbetext sind. Die raum-zeitliche Orientierung über ›Es war einmal‹ in einem unbestimmten, unhistorischen Raum wird durch den Zusatz ›*Berliner*‹ Bettgeschichte wieder eingeschränkt und konkret lokalisiert, wodurch sich auch mögliche Semantisierungen wie Unwahrheit und Fiktionalität der beschriebenen Sachverhalte ausschließen las-sen. (E. Rößler 1999, S. 177)

Auch hier geht es dem Sender ausschließlich darum, durch Intertextualitätsbezüge die Wirksamkeit des Werbetextes zu erhöhen (Abheben von anderen Werbetexten, die von solchen Vertextungsformen keinen Gebrauch machen) und somit die Aufmerksamkeit von Lesern zu fokussieren.

In beiden Fällen muss der Leser Aspekte beider Textsortenmuster sowie dar-über hinausgehende Wissensbestände miteinander integrieren, wobei dem Muster Werbetext eindeutig die dominierende Rolle zukommt, denn letztlich liest man den Text nicht als Märchen, sondern als Werbeanzeige.

Als letzte Art spezieller Intertextualität soll hier die **inkorporierende Intertex-tualität** (vgl. W. D. Krause 2000a, S. 65) genannt werden. Es handelt sich um Textbezüge, »die im Spannungsfeld von intra- und intertextueller Determiniertheit stehen«. W. D. Krause nennt als Beispiel die *Zusammenfassung*, deren intratex-tuelle Bindung an den Text (wissenschaftlicher Beitrag) eher locker ist, denn eine Zusammenfassung kann auch als *Abstract* veröffentlicht werden. Auch der Initial-teil von modernen Stellenangeboten (Wir sind ...) (vgl. 3.6.1) wäre durchaus als PR-Text eines Unternehmens lesbar, beispielsweise im Internet veröffentlicht. Als weitere Beispiele für inkorporierende Textsorten nennt W. D. Krause (2000a, S. 65) *Definitionen* als Bestandteile wissenschaftlicher Textsorten, Personenbe-schreibungen als Bestandteile von Steckbriefen oder die *Vita* als Element einer *Laudatio*.

Zur Vertiefung

J. Bittner 2003 (Medium, Digitalität, Kommunikationsformen im Internet, Textsortenanalyse)

In: K. Brinker et al. 2000a (IX. Kommunikationsbereiche und ihre konstitutiven Textsorten)

W. Heinemann 2000a, b, c (Textsortendifferenzierung)

W. D. Krause 2000a (Feld der Intertextualität)

O. Kron 2002 (Texttypologie)

W. Raible 1996 (Dimensionen der Textsortenbeschreibung)

K. –E. Sommerfeldt 1998 (Textsorten und sprachliche Mittel)

K. –E. Sommerfeldt / H. Schreiber 2001 (Textsorten und sprachliche Mittel)

4 Textgrammatik als pragmatische Grammatik – Ein neuer Beschreibungsansatz

4.1 Texte als Organisationsformen komplexen Wissens

Die Textlinguistik hat sich – wie in 2.1 ausführlich dargestellt – Mitte der 1960er Jahre aus strukturalistischen Ansätzen entwickelt und den Text als Folge von Sätzen beschrieben. Diese frühe textgrammatische Beschreibung gilt seit der kommunikativen Wende in der Textlinguistik zu Recht als überwunden, denn Texte sind nicht irgendwie vorfindbare Objekte, die es lediglich strukturell zu erfassen gilt, sondern sie sind zu bestimmten Zwecken und in bestimmten Situationen wissensbasiert produzierte Äußerungen, deren Sinn und Struktur mitbestimmt sind durch diese Zwecke und Situationen.

Deshalb muss eine moderne Textgrammatik – ganz im Sinne des in 2.4 vorgeschlagenen integrativen Textbegriffs – die in Texten verwendeten sprachlichen Strukturen mit Blick auf die kommunikativen Gegebenheiten der Äußerung beschreiben. In Kapitel 6 soll an verschiedenen geschrieben und gesprochen realisierten Textsorten nachvollzogen werden, wie sich deren formale Strukturen in Abhängigkeit von den jeweiligen kommunikativen Faktoren etablieren.

Die benannten Zusammenhänge werden durch eine kommunikativ-kognitive Textauffassung erklärbar, für die jedoch noch einige Voraussetzungen besprochen werden müssen. In diesem Kapitel gilt es daher, theoretische Klarheit über den **Kompetenz- und Wissensbegriff, die Ebenen der Textstruktur** und **das Verhältnis zwischen Grammatik und Pragmatik** zu gewinnen.

Texte sind als Produkte individueller Sprech- bzw. Schreibhandlungen und Ausgangspunkte eines individuellen Rezeptions- und Verstehensprozesses kognitiv eng mit dem Wissens- und Kompetenzbegriff verbunden. Die Struktur eines Textes basiert auf miteinander vernetzten Wissensarten, die als Komplex ein situativ-pragmatisch perspektiviertes Modell des Sprechers/Schreibers von einem Wirklichkeitsausschnitt repräsentieren. Das konstruierte Wirklichkeitsmodell, die Textwelt, entsteht als Ergebnis kognitiver Prozesse, die verschiedene Wissensarten aufeinander beziehen. Solche Wissensarten, auf die Linguistik und Kognitionspsychologie hinlänglich verweisen (vgl. W. Heinemann / D. Viehweger 1991), sind das Sprachwissen, das Weltwissen und das Interaktionswissen.

Textgrammatische Strukturen nun, wie sie in einem Text für sich betrachtet werden können, sind letztlich semiotische Manifestationen der Interaktion von Wissensarten und der über ihnen wirksam werdenden kognitiven Prozesse. Für textgrammatische Beschreibungen reicht es daher nicht mehr aus, Oberflächenerscheinungen des Textes zu beschreiben und diese als Bestandteil des einzelsprachlichen Systems als korrekt zu klassifizieren oder als annehmbare Abweichungen davon. Korrektheit und Annehmbarkeit sind Begriffe, die eine Bewertung sprachlicher Ausdrücke vornehmen. Dies kann jedoch nicht das Erkenntnisinteresse textgrammatischer Untersuchungen sein.

Vor dem genannten Hintergrund reflektiert die von E. Coseriu getroffene Unterscheidung von System und Norm im System angelegte Möglichkeiten und tatsächliche Realisierungen:

> S y s t e m ist das, was in einer Sprache möglich ist aufgrund der Unterscheidungen, die diese Sprache macht, und aufgrund der Verfahren, die sie zum Ausdruck der entsprechenden Unterscheidungen hat. System ist also das, was aufgrund der Regeln einer Sprache möglich ist. N o r m ist hingegen das, was tatsächlich realisiert wird und realisiert worden ist. Die Norm ist eine Einschränkung des Systems, weil gerade nicht alle Möglichkeiten des Systems realisiert werden. (E. Coseriu 1988, S. 52 f.)

Textgrammatische Strukturen lassen sich demzufolge als sprachliche Realisationen im Text, als Normen, beschreiben, die das einzelsprachliche System ermöglicht, indem seine Elemente und Regularitäten für die Belange der Produktion eines Textes pragmatisch-situativ und kognitiv bearbeitet werden.

In diesem Sinne befasst sich Kapitel 4 mit den genannten Wissensarten und ihrer Interaktion sowie mit dem Verhältnis von Grammatik und Pragmatik, Kapitel 5 vertieft den Begriff der Textkompetenz im Hinblick auf Textproduktion und Rezeption, Kapitel 6 erprobt empirische Beschreibungen im Rahmen des theoretischen Konzepts einer modernen Textgrammatik.

4.1.1 Kulturelle Sprachkompetenz und Weltwissen

4.1.1.1 Allgemeinsprachliche Kompetenz, einzelsprachliche Kompetenz, Textkompetenz

Als produktiver Ausgangspunkt zur Kennzeichnung der Wissensarten, die für die individuelle Textproduktion und Textrezeption zu aktivieren sind, erweist sich die Erkenntnis, dass sprachliches Wissen nicht mit dem Wissen von einer Einzelsprache gleichzusetzen ist. E. Coseriu gelangt zu dieser Einsicht in seiner Auseinandersetzung mit den Begriffen ›System‹ und ›Norm‹, ›langue‹ und ›parole‹, ›Kompetenz‹ und ›Performanz‹. Er stellt fest, dass »die Sprache (1) eine allgemeinmenschliche Tätigkeit ist, die von Individuen (2) als Vertretern von gemeinschaftlichen Traditionen des Sprachkönnens (3) individuell ausgeübt wird« (E. Coseriu 1988, S. 59).

Gleichfalls ist das Sprechen oder Schreiben in dreifacher Weise zu verstehen »(a) als Tätigkeit, (b) als das der Tätigkeit zugrundeliegende Wissen und (c) als das Produkt der Tätigkeit« (E. Coseriu 1988, S. 59).

In diesem Sinne soll dann auch der Begriff der sprachlichen Kompetenz verstanden werden. E. Coseriu sieht den Kompetenzbegriff nicht nur auf das sprachliche Wissen bezogen, das in der Performanz, also im Sprechen realisiert wird. Vielmehr zeigt sich Kompetenz in der Tätigkeit des Sprechens selbst, in der Art und Weise des Sprechens. Er stellt fest, »daß das Verhältnis von Kompetenz und Performanz nicht bloß ein Verhältnis von Wissen und mechanischer Anwendung eines Wissens ist, sondern daß die Sprecher im Sprechen kreativ sind und über die Kompetenz, die sie anwenden, hinausgehen und neue Kompetenz schaffen« (E. Coseriu 1988, S. 64).

Eine solche Kompetenz, die die Basis für sprachliche Kreativität bildet, reicht über die einzelsprachliche Kompetenz hinaus. Neben die physisch-psychische Sprachkompetenz, die die biologischen Voraussetzungen des Sprechens beschreibt, stellt E. Coseriu die **kulturelle Sprachkompetenz**, die das Sprechen als kulturelle Tätigkeit berücksichtigt, die Kultur schafft und tradiert. In der kulturellen Schicht des Sprechens unterscheidet E. Coseriu (vgl. 1988, S. 78 ff.) drei Ebenen:

i) die universelle Ebene: das Sprechen im Allgemeinen, die **allgemeinsprachliche Kompetenz**,

ii) die historische Ebene: die Einzelsprache, die **einzelsprachliche Kompetenz**,

iii) die individuelle Ebene: den Diskurs als individuelles Sprechen in einer bestimmten Situation, die individuelle Produktion eines Textes, die **Textkompetenz**.

Die Begriffe ›**Bezeichnung**‹, ›**Bedeutung**‹ und ›**Sinn**‹ stehen nach E. Coseriu in besonderer Weise in Korrelation zu den genannten drei Ebenen. Bezeichnungen sind auf der allgemeinsprachlichen Ebene angesiedelt und stellen den Bezug zu Sachverhalten oder Gedankeninhalten her. Bedeutungen sind Bestandteil der einzelsprachlichen Ebene und kennzeichnen Inhalte, wie sie in einer Einzelsprache gegeben sind. Der Sinn als Diskurseinheit bezieht sich auf das im Gesagten Gemeinte (vgl. E. Coseriu 1988, S. 79).

> In Anlehnung an die antike Rhetorik verwendet E. Coseriu für die allgemeinsprachliche Kompetenz auch den Ausdruck **elokutionelles Wissen**, als Wissen von der allgemeinen Art des Sprechens.

Die allgemein-sprachliche Tätigkeit als Sprechen und Verstehen ist »im eigentlichen Sinne [...] eine kreative Tätigkeit, die sich eines vorhandenen Wissens bedient, um etwas Neues zu sagen, und die neues sprachliches Wissen schaffen kann« (E. Coseriu 1988, S. 71).

Der Aspekt, dass in Texten neues sprachliches Wissen, also neue Formen, kreativ geschaffen werden können, ist ein wichtiger Ansatzpunkt für textgrammatische Beschreibungen. E. Coseriu zählt zu dieser Art der sprachlichen Kompetenz zunächst allgemeine Prinzipien des Denkens. Kommunizierende sind dazu in der Lage, inhaltlich Kohärentes und Inkohärentes zu erkennen und zu verarbeiten, Gesagtes als Gemeintes oder Nicht-Gemeintes zu interpretieren, Sinnwidriges als absichtsvoll oder nicht absichtsvoll Geäußertes einzuordnen. Produktion und Verstehen eines Textes setzen allgemein-sprachliche Kompetenz in starkem Maße voraus, um beispielsweise Ironie, wie hier im Witz (vgl. A. Blasius 2002, S. 66 ff.), zu erfassen:

> Der Bäcker von Wandlitz wurde entlassen. Er hatte zuviel Reformbrot gebacken.

In der Exposition des Witzes wird eine subjektive Erwartungshaltung des Rezipienten dadurch geweckt, dass zwei Bezugsrahmen gebildet werden. Diese beiden Bezugsrahmen BÄCKER und REGIERUNGSGHETTO DER DDR (Wandlitz) erweisen sich als inkompatibel zueinander. Zunächst ist kein Zusammenhang zwischen den beiden erkennbar, der Rezipient sucht nach einer Erklärung für die Entlassung des Bäckers. Diese findet er in der Location des Witzes *Er hatte zuviel Reformbrot gebacken.* Die beiden Bezugsrahmen können nun derart in Beziehung zueinander gebracht werden, dass *Reform*brot als Spezialbrot jegliche Angst der DDR-Regierung vor Reformen thematisiert.

Neben den allgemeinen Prinzipien des Denkens rechnet E. Coseriu das Wissen über die Sachen zum elokutionellen Wissen. Das entfaltete Konzept *Bäcker* (*backen, Brot*) erweist sich beispielsweise als Wissen über eine bestimmte Erscheinung, aber auch das Erkennen möglicher Projektionen auf andere Konzepte (*Bäcker – Reform – Brot*) gehört zum Wissen über die Sachen und den Umgang mit ihnen.

Auch die Interpretation sprachlicher Funktionen sieht E. Coseriu in Verbindung mit der Kenntnis der Sachen. In Abhängigkeit von der Situativität ihres kontextuellen Gebrauchs sind die Komposita *Flatterhemd* und *Blauhemd* beispielsweise sehr unterschiedlich zu interpretieren. Transformationen in Wortgruppen bringen eine Näherung ›ein Hemd, das weit getragen wird und somit locker am Körper hängt‹, ›ein blaues Hemd‹, jedoch erleichtern sie die Zuweisung eines Referenzobjekts nicht unbedingt. Erst der Bezug auf entsprechende Kontexte erlaubt eine eindeutige Interpretation. Hinzu kommen Konnotationen, die beide Lexeme als regionalen und veralteten Bestandteil des DDR-Wortschatzes einordnen. Als Flatterhemd bezeichnete man ein kurzes Nachtgewand mit Höschen, als Blauhemd das Hemd der Freien Deutschen Jugend, der Jugendorganisation der DDR.

Das **idiomatische Wissen** bezieht sich auf die Einzelsprache »einer historisch konstituierten Sprachgemeinschaft« (E. Coseriu 1988, S. 80). Auf der Grundlage des autonomen idiomatischen Wissens sind Kommunizierende in der Lage, Urteile über die Korrektheit sprachlicher Äußerungen abzugeben. Diese Fähigkeit basiert auf folgenden Komponenten einzelsprachlichen Wissens:

i) das Wissen von den phonemischen und graphemischen Eigenschaften der Wörter,

ii) das lexikalisch-semantische Wissen als einzelsprachlich geprägtes und damit perspektiviertes Sachwissen, das Bewertungen sowie kontextuelle und situative Rahmenbedingungen für die Verwendung des Lexems aufweist, also mikrostrukturelles semantisches Wissen,

iii) das Wissen um Bedeutungsvarianten einer lexikalischen Einheit, die sich in der Mediostruktur eines Lexems beschreiben lassen,

iv) das Wissen von den paradigmatischen Beziehungen lexikalischer Einheiten (z.B. Hyperonymie, Synonymie) in der Makrostruktur,

v) das Wissen von den syntagmatischen Beziehungen und Beziehungsmitteln, d.h. vom minimalen Argumentenpotential z.B. eines Verbs und der morphologisch-syntaktischen Ausprägungen der Aktanten des Verbs.

Es geht also um das Wissen, das auch hinlänglich als **langue** bezeichnet wird. E. Coseriu nimmt in der einzelsprachlichen Kompetenz nicht nur einen synchronen Sprachzustand an, sondern auch diachrone Dimensionen und Varietäten, die die Kommunizierenden in ihrer einzelsprachlichen Kompetenz repräsentiert haben.

Auf die Struktur von Texten bezieht sich E. Coseriu mit dem Begriff des **expressiven Wissens**. Expressives Wissen meint die Textkompetenz, die sich autonom zu den beiden anderen Ebenen der kulturellen Sprachkompetenz verhält. Wie bereits im Kapitel 3 zu den Textsorten deutlich wurde, beeinflussen Kommunikationsbereich, Medialität und Situativität, Sprecherintention, Gegenstand, Adressat die Textstruktur in starkem Maße, d.h. der Text muss den genannten Faktoren entsprechend angemessen formuliert sein. Textkompetenz ist zu verstehen als das Sprachhandlungswissen für die kommunikativ-situative Äußerungsgestaltung. Es umfasst Textstrukturwissen, Textformulierungswissen, das Wissen um Textsorten und ihre Muster.

4.1.1.2 Enzyklopädisches Wissen – Objekt-, Ereignis- und Ereignisfolgebegriffe

Im folgenden Kapitel geht es um die Klärung von Begriffen, die die Grundlage für die Relationen zwischen der kulturellen Sprachkompetenz und dem enzyklopädischen Wissen für Textproduktion und -rezeption bilden. E. Coserius Ansatz einer allgemein-sprachlichen Kompetenz bietet die Voraussetzung dafür, nicht eine strenge Abgrenzung sprachlichen und enzyklopädischen Wissens zu favorisieren, sondern das Aufeinander-Bezogensein und Ineinandergreifen beider Wissensarten über allgemeine Denkprinzipien, Operationen und Verfahren.

Wie lässt sich nun enzyklopädisches Wissen fassen, wie ist es im Gedächtnis vorstellbar repräsentiert und welche Relationen zeigen sich zwischen Sprach- und Sachwissen?

Grundbausteine unseres Wissens sind zunächst die Konzepte bzw. Begriffe als kognitive Zusammenfassungen von Objekten und/oder Erscheinungen und ihren Merkmalen (vgl. auch J. Hoffmann 1986, S. 11). Bei den Konzepten handelt es sich um mentale Einheiten, die auf Erfahrungen, die wir im Umgang mit der Welt machen, basieren (vgl. M. Schwarz / J. Chur 1993, S. 24). Allerdings ergeben sich Konzepte nicht aus der Addition einzelner Exemplare, sondern sie entstehen durch mentale Operationen, die von den individuellen Objektexemplaren abstrahieren und nur deren gemeinsame Merkmale extrahieren (vgl. auch M. Schwarz 1992b, S. 59). »Eine Art des Abstrahierens besteht darin, von den spezifischen Erfahrungen abzusehen und statt dessen die Merkmale und Kennzeichen der jeweiligen Erfahrungsklasse allgemein zu kategorisieren. Das Resultat derartiger Abstraktionen nennt man konzeptuelles Wissen.« (J. R. Anderson [2]1996, S. 147)

So ist es möglich, innerhalb des enzyklopädischen oder Sachwissens individuelles Wissen über Sachen, Personen, Geschehnisse als episodisches Wissen von kategorisiertem konzeptuellem Wissen abzugrenzen.

Auf der Grundlage der Unterscheidung von episodischem und konzeptuellem Wissen lassen sich **Token-Konzepte** und **Type-Konzepte** zuordnen. Token-Konzepte repräsentieren Informationen über individuelle, einzelne Gegenstände (die Katze der Nachbarn mit dem tigergestreiften Fell und dem gelbem Fleck hinter dem linken Ohr). Type-Konzepte sind Abstraktionen von einer Klasse von Objekten (KATZE) oder Ereignissen (JAGD) (vgl. M. Schwarz/J. Chur 1993, S. 223).

Ein Konsens scheint sich in der kognitionswissenschaftlichen und linguistischen Literatur hinsichtlich der weiteren Differenzierung von Type-Konzepten in **Objektbegriffe, Ereignisbegriffe und Ereignisfolgebegriffe** herauszubilden (vgl. F. Klix 1994b, L. W. Barsalou 1992).

Als Oberbegriff für die Repräsentation der genannten Konzepte im Gedächtnis werden unterschiedliche Ausdrücke gebraucht. Es ist die Rede von Schemata (vgl. auch S. J. Schmidt / S. Weischenberg 1994, S. 212 ff.), von Wissensrahmen oder auch von Frames. L. W. Barsalou verwendet den Begriff ›**Frame**‹ als die fundamentale Organisationsform menschlichen Wissens in der Kognition. Frames

mentale Organisationsform menschlichen Wissens in der Kognition. Frames sind durch solche grundsätzlichen Komponenten charakterisiert wie »attribute-value sets«, »structural invariants« und »constraints«. »Because frames also represent the attributes, values, structural invariants, and constraints within a frame, the mechanism that constructs frames builds them recursively.« (L. W. Barsalou 1992, S. 21)

Frames werden als dynamische, relationale Strukturen gesehen, deren Form flexibel und kontextabhängig – also für kognitive Prozeduren offen – erscheint. Frames stehen als Repräsentationen für Exemplar und Propositionen, für Prototypen, für Unterordnungen und Taxonomien, aber auch für konzeptuelle Kombinationen in Ereignissequenzen, Regeln und Plänen. Damit repräsentieren Frames in diesem weiten Sinne wahrgenommene oder vorgestellte Objekte, Ereignisse oder Ereignisverkettungen, die mit neuen Erfahrungen in Beziehung gesetzt und verglichen werden. Dieser Prozess bildet die Grundlage dafür, Wissen zu adaptieren und zu modellieren oder Bedeutungen zu generieren, wie dies z.B. in Metaphorisierungs- und Metonymisierungsprozessen erfolgen kann.

> Frames bilden abstrakte Repräsentationen unseres Wissens und führen zur Organisation von Konzepten, wofür Sprache ebenso notwendig ist wie für das Erfassen und Verstehen von Konzepten. Konzepte und Konzeptorganisationen lassen sich auf die Einzelsprache beziehen, denn es lässt sich über die Möglichkeiten der Lexikalisierung oder Vertextung bestimmter Konzepte in der Einzelsprache reflektieren.

Werden nun Objekt-, Ereignis- und Ereignisverkettungsbegriffe als Frames behandelt, lassen sie sich in folgender Weise nach dem Grad ihrer Komplexität beschreiben:

> i) **Objektbegriffe** beziehen sich auf eine Klassifikation von Objekten nach unterscheidbaren Merkmalen. Sie werden auch als Primärbegriffe (z.B. *Baum, Vogel, Haus, Küche*) bezeichnet (vgl. E. van der Meer 1993, S. 377).
> ii) **Ereignisbegriffe** klassifizieren Ereignisse. Klassen von Situationen, Beziehungen zwischen einem Subjekt des Geschehens und Dingen in Raum und Zeit werden zusammengefasst (z.B. *Lernen, Essen, Tanken*).
> iii) **Ereignisfolgebegriffe** oder logische Folgen von Ereignissen (z.B. *Restaurantbesuch, Hochzeit*) erfassen zielgerichtete Aktivitäten, die zu einer Ereigniskette verschmelzen. Sie »lassen sich auf die Verknüpfung von Ereignisbegriffen identischen Abstraktionsgrades vermittels unterschiedlicher Relationstypen (wie Kausalität, Finalität, Zeit, etc.) zurückführen« (E. van der Meer 1993, S. 378).

Der Grad der Komplexität der Konzepte bzw. Begriffe resultiert aus den Relationen, durch die die Merkmale der Konzepte miteinander oder Konzepte mit anderen Konzepten verknüpft sind.

Um die über eine Wortmarke – den Ausdruck – assoziierten variablen Merkmalskomplexe eines Begriffsknotens und assoziative Beziehungen zu anderen Begriffsknoten zu kennzeichnen, führt F. Klix (1984a) die Familie der **innerbegrifflichen semantischen Relationen** (IBR) und die der **zwischenbegrifflichen semantischen Relationen** (ZBR) ein. Mit den IBR lassen sich interne Begriffseigenschaften fixieren. Merkmalsbestimmte oder innerbegriffliche Relationen resultieren aus einem Vergleich relevanter Merkmalsproportionen der Begriffe. Solche sind: Unter- und Oberbegriffe (*Tanne – Nadelbaum*), Nebenordnungen (*Linde – Birke*), Synonyme (*Tresen – Theke*), Antonyme (*Freund – Feind*), komparative (*warm – heiß*) oder sinnleere Beziehungen (*Kiesel – Pudding*). In der Gegenüberstellung der Merkmale zweier Objektbegriffe werden die inhaltlichen Relationen sichtbar. Eine Verwandtschaft der innerbegrifflichen Relationen mit semantischen, paradigmatischen Relationen (Hyperonyme, Kohyponyme, Synonymie, antonyme Beziehungen) ist dabei unübersehbar.

Die ZBR markieren Verbindungen zwischen Begriffen, d.h. sie bilden Relationen, die die eigentlichen Vernetzungen zwischen Wissensinhalten herstellen (vgl. F. Klix 1992, S. 318 ff.). Sie werden genutzt, um Ereigniskonzepte zu erklären. F. Klix geht wie Ch. J. Fillmore (1977), R. Schank und R. Abelson (1977) oder L. W. Barsalou (1992) davon aus, dass szenisches Wissen oder Ereigniswissen als in besonderer Weise strukturiertes Wissen in Ereignisbegriffen klassifiziert wird. Er definiert Ereignisbegriffe als »Klassenbildungen über raum-zeitlich kohärenten, einander ähnlichen Vorgängen oder Situationskonstellationen« (F. Klix 1992, S. 239).

Die Klassenbildung erfolgt dabei nicht nur über die Merkmale von Objekten, sondern über die Rollen von Begriffen in einem netzartigen Ereignisbegriff. Konstitutiv für Ereignisbegriffe ist die Wechselwirkung zwischen Dingen und Personen in jeweils verschiedenen Rollen und Funktionen. Auch dabei ist ein linguistischer Bezug erkennbar, der auf die Valenz. Ausgehend von linguistischen Kenntnissen zu einer Prädikats-Argument-Struktur und diese modifizierend bestimmt F. Klix die Struktur eines Ereignisbegriffs auf der Grundlage eines **semantischen Kerns** (S_K) (meist ein Verb) und einer **wohlbestimmten Menge zwischenbegrifflicher semantischer Relationen** (R_i), die die Rolle der durch den semantischen Kern gebundenen Objektbegriffe (O_j) kennzeichnen (vgl. F. Klix 1992, S. 241; 1993, S. 397). Die Struktur eines beliebigen Ereignisbegriffs (E_B), der mit einer Wortmarke (WM) – also mit einem bestimmten Ausdruck – assoziiert ist, könnte dann in folgender Weise symbolisiert erscheinen:

$$E_B = [(<WM>) \leftrightarrow (S_K \rightarrow \{R_i \leftrightarrow O_j\})] \text{ (F. Klix 1993, S. 397)}$$

Die Menge der assoziierten Objektbegriffe und semantischen Relationen hängt vom Typ des semantischen Kerns ab. »Semantische Kerne sind eine Art Ankerbegriffe, von denen aus verwandte Klassen von Ereignissen gebildet werden können« (LERNEN, SCHREIBEN, AUTOFAHREN, TANKEN, KAUFEN, KOCHEN) (F. Klix 1984a, S. 20). F. Klix hat gezeigt, dass zu den semantischen Relationen, die einen allgemeinen Ereignisbegriff auf höchster Abstraktionsstufe konfigurieren und autonom über einen semantischen Kern aktiviert werden, die folgenden gehören:

i)   ein agierender Handlungsträger (Handlungsträgerrelation, HT 1),

ii) ein Objekt, auf das der Agierende mit seiner Handlung zielt (effiziert oder affiziert) (Objektrelation, OBJ),

iii) ein Rezipient, der in die Handlung involviert ist oder sein kann (Adressat, Beteiligter) (Handlungsträgerrelation, HT 2),

iv) eine instrumentale Einordnung des Ereignisses, die aus der Beziehung zwischen Handlungsträger und Objekt (Intentionalität und Zielgerichtetheit) resultiert (Instrumentrelation, INSTR),

v)   eine lokale Einordnung des Ereignisses (Lokationsrelation, LOK) (vgl. dazu auch F. Klix 1991, S. 181),

vi) eine Finalitätsrelation (FIN).

Die Wortmarke KOCHEN eröffnet die folgende Konfiguration von semantischen Relationen, die sich mit Verben des Wortfeldes KOCHEN verbinden lassen:

Für den Silvesterabend bereitete der Chefkoch in einem Vier-Sterne-Restaurant ein Zanderfilet in der Pfanne zu.

Handlungsträgerrelation	→	Chefkoch
Objektrelation	→	Zanderfilet
Instrumentrelation	→	Pfanne
Lokationsrelation	→	Restaurant
Finalitätsrelation	→	Silvesterabend

Interessant ist nun, dass unterschiedliche semantische Kerne verschiedene Merkmale desselben Objektbegriffs hervortreten lassen (z.B. *füttern* → *Ente* oder *braten* → *Ente*) (vgl. F. Klix 1992, S. 243).

Die Finalitätsrelation erweist sich als eine Komponente von Ereignisbegriffen, die ebenfalls der Assoziationsbindung unterliegt (*essen – satt, zerhacken – kaputt, säen – ernten, fragen – antworten*) und in logischer Konsequenz auf ein zeitlich folgendes Ereignis orientiert. Dieses kann durch eine neue andere Wortmarke markiert sein. Elemente des Lexikons – insbesondere **implikative Verben** (z.B. *zurückstellen* impliziert *wegnehmen*, *verzeihen* impliziert *verletzen* usw.) – stehen in solchen Beziehungen.»Im Ereignisbegriff ist offensichtlich eine Zeitinformation gespeichert. Sie schließt (latente) Prädikationen über mögliche oder wahrscheinliche Folgewirkungen ein. Diese ›Zeitpfeile‹ im Gedächtnis sind explizit gespeichert [...].« (F. Klix 1991, S. 180)

Ereignisfolgebegriffe sind gleichfalls unter dem Ausdruck Skript (vgl. R. Abelson / R. Schank 1977) bekannt. Als vielzitiertes Beispiel gilt ein Restaurant-Skript, ein Drehbuch – einfach gesagt – für den Besuch eines Restaurants. »Ereignisfolgebegriffe lassen sich auf die Verknüpfung von Ereignisbegriffen identischen Abstraktionsgrades vermittels unterschiedlicher Relationstypen [...] zurückführen.« (E. van der Meer 1993, S. 378)

Diese Relationstypen werden als semantische Relationen höherer Ordnung (vgl. F. Klix 1993, S. 399) oder als pragmatische Inferenzen bezeichnet (vgl. E. van der Meer / B. Schmidt 1991, 1995). FINALität, KONDitionalität, KAUSalität und KONSEKution stellen kognitive Prozesse dar, »die auf der Grundlage von bestehendem Wissensbesitz bzw. aktuell gegebener Information neue Information erzeugen« (E. van der Meer / B. Schmidt 1991, S. 167). Es handelt sich bei diesen semantischen Relationen um solche, »die zur semantischen Verbindung zwischen klassifizierten Ereignissen gesondert aktiviert und eingeführt werden können« (F. Klix 1993, S. 398).

Sie erweisen sich damit nicht als assoziiert, sondern unterliegen dem Entscheidungsprozess eines Individuums oder logischen Beziehungen. Das machen auch die von E. van der Meer geordneten Verbpaare unter den Aspekten Finalität (*tanken – fahren, mästen – schlachten, lernen – wissen, kochen – essen*), Kausalität (*altern – ergrauen, sterben – begraben, verlieren – suchen, hassen – töten*) und Zeitfolge (*blühen – verwelken, bohren – entgraten, drucken – binden, waschen – schleudern*) deutlich.

Die folgende Übersicht verbindet ein Beispiel für einen Ereignisbegriff (PFLEGEN) über die semantische Relation höherer Ordnung KONSEK mit einem weiteren Ereignisbegriff (GENESEN) zu einem Ereignisfolgebegriff, wie er auch bei F. Klix (1994b, S. 140) verdeutlicht wird. Die Darstellung des Ereignisbegriffes erfolgt auf einer mittleren kognitiven Abstraktionsebene, die in der kognitionspsychologischen Literatur auch als **Geschehenstyp** bezeichnet wird.

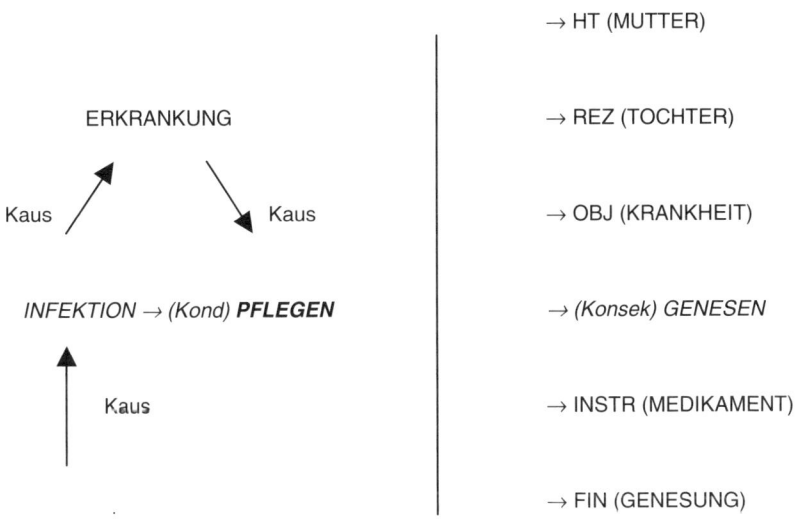

Abbildung 6: Schema eines Ereignisfolgebegriffes/Geschehenstyps

4.1.2 Selektion, Perspektivierung und Wirklichkeitskonstruktion

Die im vorangegangenen Kapitel dargestellten Wissensrahmen sind notwendige im Langzeitgedächtnis gespeicherte Gerüste zur Organisation und Interpretation individueller Erfahrungen sowie zur Orientierung in neuen Situationen. In ihrer Komplexität und Gesamtheit bilden sie unser Weltmodell, das durchaus stabil, aber auch dynamisch sein kann. J. Piaget ([3]1992, S. 113 ff., 142 ff.) hat Prozesse, über die sich das kognitive Vermögen des Menschen entwickelt, als Assimilation, Akkomodation und Äquilibration beschrieben. Diese Prozesse werden von epigenetischen und Umweltfaktoren ausgelöst, sie sind Bestandteil der Ontogenese und eines lebenslangen Lernprozesses.

Als **Assimilation** beschreibt J. Piaget den Prozess, in dem der Mensch Gegenstände, Situationen der Außenwelt wahrnimmt und verarbeitet. Die Umwelt geht als Erfahrung in den Menschen ein, der verallgemeinert und dadurch zu Verarbeitungsschemata gelangt. Kleinkinder bezeichnen beispielsweise alles Runde zunächst in einer übergeneralisierten Kategorie als Ball (Mond, Zitrone, Apfel). Die Fähigkeit, derartige Frames (Schemata) zu bilden, ist genetisch angelegt.

Irgendwann reichen dann solche Schemata nicht mehr für die Verarbeitung der Umwelt aus und müssen weiterentwickelt werden, um Übergeneralisierungen abzubauen – der Ball bleibt Ball, die Zitrone wird eine Zitrone. Dieser Prozess wird als **Akkomodation** bezeichnet.

Im Prozess der **Äquilibration** werden Assimilationsschemata und Erfahrung ständig angeglichen – ein Prozess, der lebenslang andauert. Beispielsweise wird unser Objektbegriff vom Telefon durch solche Funktionen wie Konferenzschaltung oder SMS zu erweitern sein.

Schemata oder Frames gestalten sich nicht als Abbildungen von der Welt, sondern sie erweisen sich als durch vielfältige Tätigkeiten (Wahrnehmen, Denken, Handeln, Kommunizieren) konstruierte Erfahrungswirklichkeiten, die wir auf ihre Gangbarkeit oder Lebbarkeit erproben. Als konstruktivistisch werden also Prozesse gekennzeichnet, »in deren Verlauf Wirklichkeitsentwürfe sich herausbilden, und zwar keineswegs willkürlich, sondern gemäß den biologischen, kognitiven, sozialen und kulturellen Bedingungen, denen sozialisierte Individuen in ihrer sozialen und natürlichen Umwelt unterworfen sind« (S. J. Schmidt 1994a, S. 5).

> Wirklichkeitskonstruktionen sind durch vielfältige Faktoren bedingt. Für die Belange der Textproduktion und -rezeption interessiert in besonderem Maße die Konditionierung durch die in einem langen Prozess der Sozialisation erworbene Sprache. Im konstruktivistischen Diskurs ist Sprache nicht nur ein semiotisches System, sondern auch Instrument der Wirklichkeitskonstruktion und der Verhaltenskoordinierung. Mit Hilfe von Sprache orientieren sich Menschen gegenseitig auf ihre Wirklichkeitsmodelle, denn Sprache benennt Unterscheidungen, vermittelt intersubjektiv und reguliert damit Verhalten. Semantische Referenz ist demnach nicht nur der Verweis auf außersprachliche Wirklichkeiten oder Vorstellungen, sondern eine sprachliche Operation, in der Kommunizierende ihre Sichtweisen auf die Welt unter Bezug auf eigene Wirklichkeitsmodelle verdeutlichen.

Die Kenntnis der Sachen also – wie E. Coseriu es formuliert – in Form von Wirklichkeitsmodellen oder Wissensrahmen und allgemeine Prinzipien des Denkens bilden die Grundlage für Kommunizierende, sprachlich vermittelte Textwelten zu produzieren und zu rezipieren. Wissensrahmen und sprachliche Strukturen werden dabei in Korrelation zueinander gebracht. Über welche kognitiven Prozeduren und Operationen dies erfolgen kann, soll im Folgenden diskutiert werden.

Wenn Objektbegriffe benannt oder in der Kommunikation in Texten thematisiert werden, vermittelt ein und dieselbe Benennung nicht immer ein und dieselbe **Perspektive auf das Objekt**. In Abhängigkeit davon, welchen Aspekt des Objekts der Text perspektivieren möchte, erfolgt die kontextuelle Einbettung:

Kontext	Perspektive
Ein Lamm im Stall füttern	lebendiges Tier
Ein Lamm bestellen	a) im Restaurant – Braten
	b) auf der Viehauktion – lebendiges Tier

Das bedeutet, dass auch Objektbegriffe im Text in vielfältigen Dimensionen sprachlich in Perspektive gebracht werden können. Die semantisch-theoretischen

Grundlagen dieser Art von sprachlicher Kreativität beschreibt J. Pustejowsky (1993) in seiner »Qualia-Theorie«. Er verdeutlicht, dass auch Substantive, die Objektbegriffe benennen, wie Verben ganz bestimmte Rahmenstrukturen eröffnen. Strukturen, die die semantische Beschaffenheit eines Substantivs kennzeichnen, nennt er inspiriert von Aristoteles »**Qualia-Strukturen**«. Die Qualia-Theorie beschreibt dann Rollen, die Substantiven aufgrund ihrer semantischen Beschaffenheit im Kontext zugewiesen werden können. Vier Basisrollen konstituieren die Qualia-Struktur für einen lexikalischen Eintrag:

Qualia Theory.

a. Constitutive Role: the relation between an object and its constituents, or proper parts.

b. Formal Role: that which distinguishes the object within a larger domain (doctrine of separability).

c. Telic Role: Purpose and function of the object.

d. Agentive Role: Factors involved in the origin or ›bringing about‹ of an object. (J. Pustejowsky 1993, S. 86)

Die benannten Basisrollen bilden Typen, die in Verbindung mit bestimmten Verben zugewiesen werden. Für das Substantiv *Roman* ergibt sich dann folgendes Bild:

Roman

Constitutive Role (konstituierende Rolle): narrativ

Der Roman *erzählt* eine Liebesgeschichte.

Formal Role (formale Rolle): Buch, CD

Gib mir den Roman (Buch). Wir *hören* Romanausschnitte (von einer CD).

Telic Role (zielgerichtete Rolle): lesen

Wir *lesen* den Roman aus Interesse.

Agentive Role (verursachende Rolle): schreiben

Sie *schreibt* an einem Roman.

Durch derartige Typenzuweisungen in Texten werden Bedeutungsaspekte von Substantiven generiert und **selektiert**, auch solche, die nicht im Wörterbuch stehen. Dadurch wird einerseits Vagheit von Bedeutungen auch im Bereich von Substantiven erklärbar, andererseits ermöglichen Selektionen von Aspekten und ihre Perspektivierung sprachliche Kreativität durch die Verknüpfung von Substantiven mit Verben.

Auch **Ereignisbegriffe** werden mit Hilfe sprachlicher Ausdrücke perspektiviert, dabei spielen Verben eine dominante Rolle (vgl. dazu auch Ch. Gansel 1990, 1992, 2003). Der Vorschlag, eine grundsätzliche Perspektiviertheit von Verben anzunehmen, geht auf Ch. Fillmore (1977) zurück. K. Welke sieht in der Perspektivierung eine »universelle Bedingung der Kognition [...]. Jedes relationale Zeichen, jedes Verb ist ein Vorschlag der Sprachgemeinschaft an den Sprecher, ein zu bezeichnendes Geschehen aus einer bestimmten subjektiven (nicht individuellen) Perspektive darzustellen.« (1994, S. 13)

Der Ereignisbegriff ESSEN beispielsweise lässt sich in die folgende vernetzte Struktur aus Begriffsknoten und Kanten bringen:

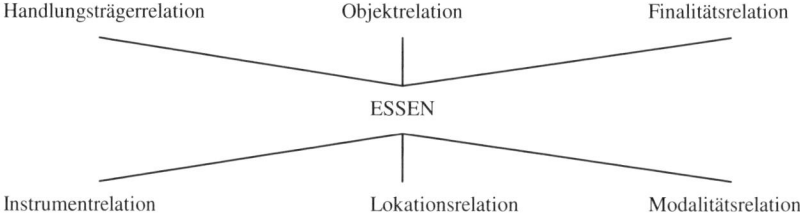

Abbildung 7: Ereignisbegriff

Analog zum Ereignisbegriff bildet das Verb *essen* eine vernetzte Struktur, ein Satzmodell mit einer allerdings schon reduzierten minimalen Argumentstruktur (Grundvalenz): Agens + Verb + Objektiv/Sn + V + (Sa), die zur Bildung eines grammatisch sinnvollen Satzes notwendig ist.

> Wir essen Äpfel.

> Wir essen gerade/gern.

Als Archilexem des Feldes der Verben der Nahrungsaufnahme perspektiviert *essen* lediglich die Handlungsträgerrelation und die Objektrelation. Die fakultativ besetzbare Objektrelation ist in Abhängigkeit von der Situativität **substituierbar** oder durch zeitliche oder modale Angaben auch **addierbar**.

Die Sichtweise des Kommunizierenden auf das zu versprachlichende Ereignis gibt aber auch andere Verbperspektivierungen frei. *Speisen* perspektiviert die Lokationsrelation und unterdrückt (**inhibiert**) die Objektrelation.

> Wir speisen heute im blauen Salon.

Naschen perspektiviert die Objektrelation bezüglich der Menge der Nahrungsmittel oder als Süßigkeiten.

> Nasch nicht so viel Schokolade. Das ist nicht gut für deinen Cholesterinspiegel.

Mampfen, schlingen, schlürfen perspektivieren in ihrer Semantik eine Modalitäts-relation bei gleichzeitiger Inhibierung der Objektrelation.

Schling nicht so!

Ereignisbegriffe oder Geschehenstypen ermöglichen als Gedächtnisstrukturen ein rasches Zurechtfinden sowie eine angepasste Verhaltenseinstellung in allen Situa-tionsvarianten, für die sie repräsentativ sind. Deshalb erscheinen sie zumindest in Texten mit dominierender perspektivierter Ereigniskonstruktion als die geeignete Form der Wissensrepräsentation, als Wissensrahmen zu den thematisierten Ereig-nissen, »welche die Textproduktion und -rezeption steuern, insoweit konkrete Texte immer nur intentionsbezogen Ausschnitte aus weitaus komplexeren Wis-sensgefügen herauslösen« (D. Busse 1992, S. 89).

Das Lexikon stellt Sinndefinitionen (vgl. R. Blutner 1995, S. 252) bereit, die der Konvention unterliegen. Die subjektive Perspektive des Kommunizierenden entscheidet darüber, welche Sinndefinition auf den zu versprachlichenden Ereig-nisbegriff gelegt wird, wobei die gesamte mentale Struktur des Ereignisbegriffs latent aktiviert wird (vgl. R. Beyer / T. Guthke 1990).

In Texten werden Ereignisbegriffe auch auf andere Konzeptbereiche **projiziert** und damit metaphorisiert. Ein Werbespot der Tankstellenkette DEA beispielswei-se wirbt mit einer solchen Projektion

DEA – Hier tanken Sie auf!

Das Verb *tanken* bezieht sich nicht nur auf das Betanken von Fahrzeugen, sondern auch auf das Tanken von neuer Energie durch den Menschen, die er durch das Angebot des Shops der Tankstelle gewinnen kann. Das folgende Textbeispiel entwirft ein Kennenlern-Skript über eine Anzeige:

»Ich hab' ihn über eine Anzeige kennen gelernt.«

Er suchte eine hübsche Begleitung. Sie ein Lebensabschnittsgefährt. Sie erkannte ihn so-fort an der Chiffrenummer 106. Und er lachte sie gleich an. Aufgeschlossen, dynamisch, weltgewandt - der wollte kein Heimchen am Herd. Und auch sein Äußeres! Da war weit mehr drin als nur Kino, Kneipe und Kultur. Nach diesem ersten Treffen beim PEUGEOT Händler war ihr klar: Das Glück liegt auf der Straße.

106

PEUGEOT

Mit Sicherheit mehr Vergnügen.

(In BRIGITTE und FÜR SIE der Jahre 1998 und 1999)

Der Text verknüpft eine Folge von Ereignissen: jemanden suchen, annoncieren, kennen lernen, sich treffen, anlächeln. Die Textsorte *Bekanntschaftsanzeige* kommt ins Spiel, dazu Kontakt herstellen. Aber es geht nicht um die Beziehung

zwischen Mann (er) und Frau (sie), sondern um die zwischen Frau (sie) und Auto
(er, der Peugeot 106). Das bedeutet, dass auch Ereignisfolgebegriffe in der Textgestaltung und Textverarbeitung Projektionen unterliegen.

> Zusammenfassend lässt sich feststellen: Semantische Referenzen sind Ergebnis
> sprachlich-kognitiver Operationen über einen im Gedächtnis gespeicherten
> Wissensrahmen, die zur Konstruktion von Sinn in Sätzen und Texten führen
> und die Grundlage für die konstruktive Textrezeption bilden. Solche Operatio-
> nen sind beispielsweise die Selektion, die Inhibition, die Substitution, die Addi-
> tion oder die Projektion (vgl. auch F. Klix 1992, S. 262).

4.1.3 Komplexität und Ebenen der Textstruktur

Kapitel 4.1.1 und 4.1.2 haben deutlich gemacht, dass ein Text unterschiedliche
Wissensarten zusammenführt. Sprachliches und enzyklopädisches Wissen werden
im Prozess der Textproduktion aufeinander bezogen und intentional, adressaten-
spezifisch und situationsadäquat verarbeitet, wozu Interaktions- und Illokutions-
wissen erforderlich sind. Das in diesem Prozess entstehende Konstrukt ist Ausgangspunkt der Textrezeption und der Verstehensprozesse.

Wie ein Sprechakt aus unterschiedlichen simultanen Teilakten besteht (Lokution, Proposition, Illokution, Perlokution), lässt sich auch der Text als eine Struktur
kennzeichnen, die sich aus verschiedenen Ebenen aufbaut. Damit wird der Erkenntnis der Textlinguistik Rechnung getragen, dass die Struktur eines Textes
nicht allein unter dem Aspekt einer verknüpften Folge von Sätzen zu betrachten
ist, sondern der Text vielmehr eine vielschichtige Struktur oder Organisationsform
komplexen Wissens darstellt, die die Textwelt konstituiert. Es ist davon auszugehen, dass das Prinzip der Modularität der konstruierten Textstruktur zugrunde
liegt, wobei separate Teilsysteme miteinander interagieren.

M. Nussbaumer (1991, S. 158) unterscheidet als Ebenen des Textes die

i) die funktional-illokutive Ebene (Handlungsstruktur),

ii) die inhaltlich-propositionale Ebene (Inhaltsstruktur) und

iii) die sprachlich-ausdrucksseitige Ebene.

B. Sandig (1987, S. 116) sieht die Handlungsstruktur als Trägerstruktur für den
Inhalt. M. Brandt / I. Rosengren (1991, S. 122) unterscheiden Inhalts- und Handlungsstruktur, die zusammenwirken. Die Illokution bildet die Basis für die Handlungsstruktur, die Information die der Informationsstruktur. Die Informations-

struktur kann global (makrostrukturell) und lokal (mikrostrukturell) betrachtet werden.

W. Motsch (1996a) hat sich auf handlungstheoretischer Grundlage mit unterschiedlichen Ebenen der Textstruktur befasst und diese aufeinander bezogen. Es geht dabei um Ebenen, die der Textstruktur in der Produktion eingeschrieben werden und in der Rezeption des Textes zu interpretieren sind.

W. Motsch fasst die folgenden Ebenen der Textstruktur (Abb. 8) zusammen (1996a, S. 13):

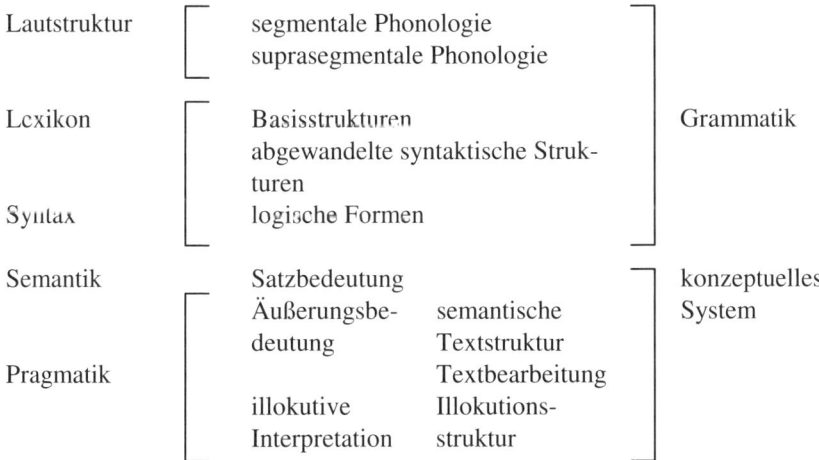

Abbildung 8: Ebenen der Textstruktur

Die Textgestaltung beruht grundsätzlich auf der Umsetzung einzelsprachlichen (grammatischen) Wissens (Laut- bzw. graphischer Strukturen, Lexik, Syntax) in Sätzen, jedoch auch darauf, dass »die ihnen zugeordneten konzeptuellen Strukturen die Grundlage kombinatorischer Regeln der Textgestaltung bilden« (W. Motsch 1996a, S. 5).

Latent aktivierte konzeptuelle Strukturen, die in Abhängigkeit von der Intention des Kommunizierenden und der Situativität der mit dem Text zu vollziehenden sprachlichen Handlung reduziert, ergänzt, spezifiziert oder modifiziert werden können, liefern die Grundlage für die semantisch bedingte Textstruktur und ihre Interpretation. Grammatische, einzelsprachspezifische und konzeptuelle Strukturen lassen sich in weitere Ebenen der Textstruktur gliedern.

Für den Erfolg kommunikativer Handlungen erweisen sich neben der semantischen Struktur einer Äußerung die Illokutionsstruktur und die Ebene der Textbearbeitung als besonders relevant. Illokutionsstrukturen im Text entstehen, wie bereits in Kapitel 3.5.1 gezeigt worden ist, indem elementare Illokutionen zueinander in Beziehung gebracht werden. Dominierende Illokutionen werden dabei durch subsidiäre Illokutionen gestützt (vgl. W. Motsch 1996a, S. 9).

Zum Verständnis der Äußerung trägt gleichfalls bei, wie der Text bearbeitet wird. Die Ebene der verständnisorientierten Textbearbeitung entsteht durch Textbearbeitungstypen. Dabei handelt es sich um »spezielle Regeln, die als Repräsentationen von Äußerungsbedeutungen beschreibbare Einheiten in Bezug setzen« (W. Motsch 1996a, S. 9). Als Textbearbeitungsverfahren werden genannt: Erläuterungen, Erklärungen, Exemplifizierungen, Spezifizierungen, Paraphrasierungen, Generalisierungen, Zusammenfassungen. Generell lassen sich die genannten Verfahren in »Reformulierungen« und »nicht-reformulierende Bearbeitungen« untergliedern.

4.2 Kommunikativ-kognitive Textauffassung und textgrammatische Beschreibung

Das Modell der Ebenen der Textstruktur von W. Motsch (1996a, S. 13) macht deutlich, dass Grammatik im Text ohne Pragmatik nicht möglich ist. Der Ausdruck *Grammatik* bezieht sich traditionell auf die Ausdrucksseite von Sprache. Er ist – wie viele andere linguistische Termini auch – mehrdeutig. In einem engeren, aber heute durchaus geläufigen Sinn wird er auf die morphologischen und syntaktischen Regularitäten einer Sprache bezogen.

Eine strikte Trennung zwischen Morphologie und Syntax ist nicht praktikabel, weil der Bau komplexerer syntaktischer Einheiten bereits auf der morphologischen Ebene »programmiert« wird. Grammatik ist daher als das System von Regeln bestimmbar, mit deren Hilfe aus einem Inventar von Grundelementen (Morphemen und Wörtern) komplexere sprachliche Einheiten entstehen.

Gegenstand von Systemgrammatiken mit ihren Regeln der Wohlgeformtheit sind die Normen der Standardsprache – bei E. Coseriu (1988, S. 52 f.) auch »exemplarische Sprache«. Diese Normen stellen eine Abstraktion bzw. Idealisierung einer »üblichen« oder »normalen« Realisierung dar. Sie sind weitgehend habitualisiert und konventionalisiert und können daher als Grundlage für den breiten öffentlichen Sprachverkehr betrachtet werden.

Traditionell steht die Beschäftigung mit der *parole* mehr oder minder neben der so genannten Systemlinguistik. Diese zwei Seiten der sprachwissenschaftlichen Forschung gehen zurück auf F. de Saussure (vgl. 1967, S. 20 ff.), nach dessen Auffassung die rein gesellschaftliche und vom Individuum unabhängige Sprache (die *langue*) von der individuellen Seite des Sprechens (die *parole*) zu trennen ist. Nach dem Modell von de Saussure liegt alles Regelhafte und Soziale allein in der *langue*, während es in der *parole* nichts Kollektives bzw. Soziales gibt. Die *parole* sei rein individuell und überdies nebensächlich und mehr oder weniger zufällig. In der Grammatiktheorie ist daher die Ansicht verbreitet, dass mit der Untersuchung des Sprachgebrauchs nur deformierende Performanzphänomene in die linguistische Forschung »eingeschleppt« werden. Eine sprachliche Ordnung außerhalb der

Systemgrammatik wird quasi ausgeschlossen. So sieht z.B. G. Grewendorf (1993, S. 120) mit Blick auf die gesprochene Sprache,

> daß der faktische Sprachgebrauch die strukturellen Gesetzmäßigkeiten einer Sprache nur in sehr unzureichendem Maße widerspiegelt, sei es, daß strukturell signifikante Daten nur selten vorkommen, sei es, daß Performanzphänomene die intentionalen Produkte natürlicher Sprecher in einer Weise deformieren, die die tatsächlichen strukturellen Regeln nur in einer sehr defekten Weise zum Ausdruck bringen.

Die »strukturellen Gesetzmäßigkeiten einer Sprache« ungeprüft an den präskriptiven Normen des schriftsprachlichen Standards festzumachen bedeutet aber, dass die Möglichkeit »strukturell signifikanter Daten« außerhalb der kodifizierten Norm von vornherein ausgeschlossen wird. Dies scheint nach mehreren Jahrzehnten variationslinguistischer Forschung nicht haltbar. Deshalb muss es auch auf der grammatischen Beschreibungsebene künftig darum gehen, **Regelhaftigkeiten** des Sprachgebrauchs herauszuarbeiten. Erst auf dieser Grundlage wird es möglich sein zu ermessen, ob und inwieweit der faktische Sprachgebrauch den strukturellen Gesetzmäßigkeiten einer Sprache entspricht.

Die Auswahl der sprachlichen Mittel in einer beliebigen Textsorte (= Sprachgebrauch) wird zu einem bestimmten Anteil immer der Standardnorm entsprechen. Daneben können für die Textsorten-Norm aber auch Abweichungen vom »Üblichen«, von der Standardnorm, durchaus ganz charakteristisch sein. Dies ist überall dort möglich, wo das System eine Reihe von fakultativen Realisierungsvarianten zulässt, und gilt keineswegs nur für den Bereich der Mündlichkeit, sondern ausdrücklich auch für zahlreiche geschrieben realisierte Textsorten wie z.B. Anzeigentexte, Kochrezepte, Lexikoneinträge usw.[1] Das lässt den Begriff ›Standardnorm‹ in einem kritischen Licht erscheinen, und zwar aus dreierlei Gründen:

i)   Es wird niemand auf die Idee kommen, etwa Lexikoneinträgen wegen des Fehlens wohlgeformter Sätze ihre Standardsprachlichkeit abzusprechen. Insofern ist der Terminus *Standardnorm* irreführend. Es handelt sich vielmehr um **die in Grammatiken kodifizierte Norm**, die idealisiert und zur so genannten Standardnorm erhoben wurde.

Oldenburger, eine Pferderasse in Dtld.; früher starkes, schweres, leistungsfähiges Zug- und Arbeitspferd; durch Einkreuzung von Englischem Vollblut und Trakehner Hengsten in

---

[1]   Vgl. hier vor allem die Arbeit von I. Behr / H. Quintin (1996, S. 15) zu den »verblosen Sätzen«, deren Vorkommen keineswegs auf die gesprochene Sprache (und dort auch nicht auf dialogische Formen) beschränkt ist: »Tatsächlich wird es jedem Leser leichtfallen, in Tagebucheintragungen, Wetterberichten, Werbetexten und Anzeigen, Artikelüberschriften [...] usw. unzählige Belege für solche Strukturen zu finden.«

den letzten Jahrzehnten Umzüchtung zu einem erfolgreichen, ausdauernden, athletischen Sportpferd.

(Beispiel aus: Der Knaur. Universallexikon. Band 10. München 1991 [²1993], S. 3732.)

ii) Es ist erkennbar, dass die standardsprachliche Norm keineswegs mit **der** schriftsprachlichen Norm gleichzusetzen ist, sondern lediglich mit der Norm bestimmter, nicht explizit genannter Textsorten.

iii) Zuzustimmen ist auch B. Henn-Memmesheimer (1986, S. 7), dass die Auswahl der Muster, die als Standard gelten und infolgedessen Eingang in Standardgrammatiken finden, vom Standpunkt des Systems her betrachtet eher »zufällig« ist: »Als zusammenfassende Bezeichnung der Menge der standardisierten Muster wird der Terminus **Standardvarietät** gewählt, um Standard zu kennzeichnen als **eine** – wie auch immer, unter welchen Einflüssen entstandene – **Norm innerhalb des Systems** [Markierungen d. Vff.] deutsche Sprache.« (B. Henn-Memmesheimer 1986, S. 7)

Insofern wird immer nur ein Ausschnitt aus dem Sprachsystem dargestellt, weshalb auch die Bezeichnung *Systemgrammatik* im Grunde nicht korrekt ist. Voraussetzung für eine wirkliche Systemgrammatik wäre eine Analyse des Sprachgebrauchs, die auch unorthodoxe Phänomene nicht von vornherein als reine Performanzerscheinungen abtut.[2] H. Quintin schlägt deshalb vor, solche Phänomene nicht mehr nur als halbwegs tolerierbare Extensionen eines strikt gefassten Einheitsprinzips zu betrachten, »sondern als Ausdruck eines an sich offenen Systems, dessen Potential von den Sprechern meistens nur partiell ausgenutzt wird« (1993, S. 94). Deshalb ist es nachdrücklich zu unterstützen, wenn E. Coseriu eine radikale Änderung des linguistischen Untersuchungsansatzes vorschlägt, indem das Sprechen zum Maßstab für alle Manifestationen der Sprache gemacht wird:

Das Sprechen ist nicht von der Sprache her zu erklären, sondern umgekehrt die Sprache nur vom Sprechen. Das deswegen, weil Sprache konkret nur Sprechen, Tätigkeit ist und weil das Sprechen weiter als die Sprache reicht [...] Daher muß unserer Meinung nach Saussures bekannte Forderung umgekehrt werden: statt auf den Boden der Sprache muß man sich von Anfang an auf den des

---

2   Vgl. die treffende Einschätzung von P. Schlobinski im Vorwort seines Sammelbandes zur »Syntax des gesprochenen Deutsch« (P. Schlobinski 1997):
     »Sich mit der Syntax der gesprochenen Sprache zu beschäftigen bedeutet für einige Syntaktiker das Stochern im ›sprachlichen Müll‹, gelten ihnen doch nicht die sprachlichen Produkte als Gegenstand der Untersuchung, sondern vielmehr die ›internalisierte Sprache‹. Die Variation dessen, was wirklich gesprochen oder geschrieben wird und empirisch belegbar ist, wird vorschnell marginalisiert oder in den ›Abfalleimer‹ mit dem Etikett ›Performanz‹ geworfen. Hierbei werden Befunde, die der (welcher?) Norm widersprechen oder in das Syntaxmodell nicht passen, nicht selten als Performanzfehler aussortiert.«

Sprechens stellen und dieses zur Norm aller anderen sprachlichen Dinge nehmen (einschließlich der Sprache). (E. Coseriu 1988, S. 58)

Ausgangspunkt aller Überlegungen sollten also die Normen des realen Sprachgebrauchs sein, wie sie z.B. in Textsorten gegeben sind. Die Norm einer Textsorte
zeichnet sich dadurch aus, dass von den Möglichkeiten des Sprachsystems **regelhaft** auf eine ganz spezifische Weise **Gebrauch** gemacht wird.

Mit der Orientierung auf den Sprachgebrauch erhält die Grammatik nun eine
pragmatische Dimension. Der Terminus ›Pragmatik‹ geht zurück auf das semiotische Zeichenmodell von Morris, in dem das Verhältnis vom Zeichen zum Zeichenbenutzer thematisiert wird.

> Thema der Pragmatik ist das, was im Sprachgebrauch die Form und / oder die
> Interpretation sprachlicher Äußerungen regelhaft beeinflußt kraft der Tatsache,
> daß Sprache in einer Situation und zur Kommunikation, zum sprachlichen Han-
> deln mit anderen, gebraucht wird.
> Pragmatik hat es demgemäß immer mit dem Verhältnis sprachlicher Äußerun-
> gen zu ihrem situativen und kommunikativen Kontext zu tun. (A. Linke / M.
> Nussbaumer / P. R. Portmann 1996, S. 177)

Primärer Gegenstand der Pragmatik im engeren Sinne sind die Regularitäten des
kommunikativen Handelns, weshalb Sprechakte, Präsuppositionen, Implikaturen,
Konversationsmaximen u.ä. zentrale pragmalinguistische Kategorien sind.

Pragmatik in einem weiteren Sinne betrachtet als ihren Gegenstand über-
greifend die **Sprache im Gebrauch**. Allerdings ist eine so verstandene Pragmatik
– bedingt durch die Fixierung auf die geschriebene Sprache und damit im Zusammenhang stehende normierende Grammatikkonzeptionen – erst sehr spät als Ar-
beitsbereich der Linguistik akzeptiert worden. Dies hat sich in den letzten Jahren
im Zusammenhang mit dem verstärkten Interesse an der gesprochenen Sprache
ganz grundlegend geändert. Ein weiter Pragmatikbegriff gilt inzwischen als
Grundlage für eine an der natürlichen Sprache orientierte deskriptive Grammatik.
Mehr noch: Es scheint der Weg geebnet für eine »radikale Pragmatisierung der
Syntaxschreibung« (P. Schlobinski 1997a, S. 11).

Dieser Ansatz wurde durch die so genannte modulare Auffassung (siehe auch
Kapitel 4.1.3) maßgeblich befördert und im Rahmen des Lunder Forschungsprogramms »Sprache und Pragmatik« entwickelt (vgl. u.a. I. Rosengren 1988,
N. Fries 1988 und W. Motsch / M. Reis / I. Rosengren 1989). Die modulare Auffassung besagt, dass Grammatik und Pragmatik verschiedene Module (möglicherweise auch Mengen von Modulen) sind, wobei »die für das jeweilige Modul
(bzw. dessen Submodule) konstitutiven Prinzipien, Einheiten und Regeln [...] sich
nicht auf konstitutive Prinzipien, Einheiten und Regeln des anderen Moduls redu-
zieren lassen« (W. Motsch / M. Reis / I. Rosengren 1989, S. 2).

Betont wird also zunächst die Autonomie und Eigengesetzlichkeit der Module
Grammatik und *Pragmatik*.

Zugleich gibt es aber eine systematische Interdependenz zwischen ihnen, insofern einerseits die pragmatischen Funktionen mit Hilfe von grammatischen Strukturen realisiert, andererseits die grammatischen Strukturen nur als pragmatische Einheiten aktualisiert werden können. Pragmatik ohne Grammatik kann es also nicht geben. Die Grammatik ihrerseits muß kommunikativ verwendbar sein, d.h. die kommunikativen Erfordernisse erfüllen können. Untersuchung des Grammatik-Pragmatik-Verhältnisses heißt dann, die Gesetzmäßigkeiten dieser Interdependenz zu untersuchen [...] (W. Motsch / M. Reis / I. Rosengren 1989, S. 2).

Mit J. W. Oller kann davon ausgegangen werden, dass jede Theorie, die Sprache unabhängig von ihrem Gebrauch zu erklären versucht, zirkulär bleiben muss und dass also jede Betrachtung von Sprache als Kommunikationsmedium eine integrierte Theorie von Syntax, Semantik und Pragmatik erfordert, nicht bloß ein additives Hinzufügen einer pragmatischen Komponente, denn selbst bei einfachen Sätzen (*Der Junge schlägt gerade den Ball.*) sei ein Bezugnehmen auf die Situation unverzichtbar:

Unabhängig von der Weltkenntnis, über die der Sprecher/Hörer etwas mitteilt, existiert keine Sprachstruktur. Weder Bedeutung noch Syntax existieren in einem Vakuum, und beide zusammen existieren nicht unabhängig von Situationen. (J. W. Oller 1974, S. 132 ff.)[3]

Eine solche Auffassung geht im Grunde zurück auf K. Bühler. Dessen pragmatische Ansätze sind, obgleich sie lange Zeit weitgehend unbeachtet blieben[4], bis heute richtungweisend (vgl. auch Kapitel 6.3).

Der Vorteil einer solchen integrativen Sicht auf Grammatik, Semantik und Pragmatik ist darin zu sehen, dass somit auch die Form selbst in den Fokus gerückt und als pragmatisch determinierte Größe beschrieben werden kann. Das ist gerade in den letzten Jahren wiederholt so praktiziert worden. Exemplarisch seien hier drei Arbeiten genannt:

i) H. Ortner (vgl. 1987, S. 12) geht von einer grundsätzlichen Eingebundenheit allen Sprechens in die Situation aus und stellt mit Blick auf elliptische Strukturen fest, dass der Situationsbezug in die Form eingeht und dort seine Spuren hinterlässt.

---

3   In diesem Verständnis wäre Pragmatik als eher ganzheitliche Theorie zu begreifen, »welche die systemlinguistischen Fragestellungen einschließt und sogar das Fundament für die systemlinguistischen Theorien liefert« (A. Linke / M. Nussbaumer / P. R. Portmann 1996: 182).

4   Das mag daran liegen, dass bei Bühler der Terminus *Pragmatik* nicht auftaucht, was nichts daran ändert, dass Bühler mit seinen Thesen vom empraktischen Sprachgebrauch als Vordenker einer Reihe von Fragen gelten kann, die heute unter der Flagge der Pragmalinguistik diskutiert werden.

ii) I. Behr / H. Quintin (1996, S. 31) konstatieren: »Daß das Vorkommen, ja oft auch spezifische Formaspekte von VLS [= verblose Sätze, d. Vff.] in manchen Fällen nur aus deren situationellem und diskursivem Kontext zu erklären sind, wird jedem einleuchten, der sich schon einmal mit Strukturen dieser Art befaßt hat.«

iii) A. Peyer (1997) geht bei ihren Untersuchungen zur Satzverknüpfung davon aus, dass bestimmte Formphänomene direkt mit ihrem Verwendungskontext zusammenhängen. Anlass zu dieser Annahme ist die grundlegende Beobachtung,

> daß oft mehrere inhaltlich äquivalente Strukturen zur Verfügung stehen, so daß im konkreten Fall die Wahl einer bestimmten Struktur zu erklären bleibt. Wenn wir davon ausgehen, daß sich diese Strukturen syntaktisch beschreiben und z. T. pragmatisch erklären lassen, müssen wir überlegen, ob wir von einer ›gegebenen‹ Struktur ausgehen, die in einer bestimmten Weise verwendet wird, oder ob wir annehmen, daß die morphosyntaktische Form bei jedem Vorkommen neu durch die Verwendung geprägt wird. Ganz abwegig ist die zweite Möglichkeit nicht [...]. (A. Peyer 1997, S. 12; vgl. auch P. J. Hopper 1988, S. 121)

Zusammenfassend kann festgehalten werden:

> **Erstens** Textgrammatik muss empirisch fundiert sein. Ziel ist es, eine realistische Grammatik des Deutschen in geschrieben und gesprochen realisierten Textsorten vorzulegen, eine Grammatik, die den realen Sprecher/Hörer und Schreiber/Leser in den Mittelpunkt stellt und die Regelhaftigkeiten des Sprachgebrauchs in Texten/Textsorten herausarbeitet. Strukturelle Gegebenheiten der natürlichen gesprochenen Sprache sind dabei expliziter Bestandteil einer solchen Grammatik. In der Grammatik empirisch zu arbeiten heißt vor allem, sprachliche Phänomene auf der Basis eines gesicherten Datenmaterials zu beobachten und zu beschreiben. Eine empirisch kontrollierte Linguistik sollte sich dadurch auszeichnen, dass sie ihre Theorie und entsprechende Theoreme und Kategorien an den Daten misst, die der Wahrnehmung zugänglich sind.
> **Zweitens** Textgrammatik muss eine pragmatische Grammatik sein. Das ist keineswegs selbstverständlich. Mit Recht weist P. Schlobinski (1997a, S. 11) darauf hin, dass die Erweiterung des Blicks auf komplexe pragmatische Faktoren nicht zwangsläufig ist, »wie zum einen die Rezeption textlinguistisch fundierter Syntaxbeschreibungen zeigt und zum anderen die Grammatik von Weinrich (1993), in der zwar Verschriftungen gesprochener Sprache zitiert werden, aber letztlich nur als Belege für Analysen im Rahmen einer traditionellen Grammatikschreibung«.

Eine pragmatisch fundierte Beschreibung grammatischer Strukturen in Texten muss sich von traditionellen textgrammatischen Ansätzen unterscheiden. Es kann nicht mehr nur um eine formale Betrachtung des Textes als transphrastische Einheit gehen, nicht mehr nur darum, allgemeine oberflächenkonstituierende Merkmale von Texten zu beschreiben oder Pronominalisierungsketten als grammatisch-syntaktische Bedingung der Kohärenz von Texten aufzuzeigen.

Die pragmatische Ausrichtung der Textgrammatik wird darin erkennbar sein, dass wir die in Texten und Diskursen regelhaft verwendeten sprachlichen Strukturen zu unserem Gegenstand erheben und diese Strukturen mit Blick auf die kommunikativen Gegebenheiten der Äußerung analysieren. Darin sehen wir zugleich die neue Qualität unserer textgrammatischen Beschreibung gegenüber verschiedenen bisherigen Ansätzen: Texte werden nicht als isolierte, statische Objekte behandelt, sondern als kommunikative Entitäten. Die grammatischen Strukturen im Text sollen vor dem Hintergrund kognitiver, funktionaler und situativer Faktoren beschrieben werden. Damit legen wir der textgrammatischen Beschreibung eine kommunikativ-kognitive Textauffassung zugrunde, denn zwischen Textfunktion und Textstruktur besteht insofern ein enger Zusammenhang, als »die Textfunktion – zusammen mit gewissen situativen und medialen Gegebenheiten – die Textstruktur, d.h. die Gestaltung des Textes in grammatischer und thematischer Hinsicht, regelhaft bestimmt« (K. Brinker [3]1992, S. 121).

Es gilt also, die Relationen zwischen den verschiedenen inner- und außersprachlichen Faktoren ins Zentrum der Betrachtungen zu stellen. In diesem Zusammenhang sind insbesondere die kognitiven Grundlagen der Textproduktion und -rezeption sowie Fragen des (sprachlichen und außersprachlichen) Kontextes nicht nur einzubeziehen, sondern zentral zu berücksichtigen.

Zur Vertiefung:

E. Coseriu 1988 (Kompetenzbegriff, Norm und Sprachgebrauch)

F. Klix 1994a und b (Wissensbausteine)

P. R. Lutzeier 1995, 59-99 (Semantische Relationen, Sinnrelationen)

5 Textproduktion und Textverstehen als Organisationsprozesse komplexen Wissens

5.1 Textproduktion und Schreibstrategien

Die Relevanz der Textproduktion erreicht in Informations- und Kommunikationsgesellschaften eine neue Dimension. Unstrittig ist, dass Schreiben, Lesen und Rechnen als grundlegende Kulturtechniken weiterhin zu entwickeln sind. Jedoch führt die Ausweitung neuer Informations- und Kommunikationstechnologien zur Herausbildung neuer Techniken der Darstellung, Vermittlung, Produktion, Rezeption und Verarbeitung sowie der Recherche von Kommunikationsinhalten und Wissen. Die Art und Weise, in der Texte unter den Bedingungen moderner Kommunikationstechnologien produziert werden, ist mit dem Begriff des Schreibens allein nicht mehr zu erfassen. Textproduktion schließt ein, dass die Inhalte eines geschriebenen Textes durch zusätzliche graphische, bildliche Visualisierungen oder Diagramme ergänzt und veranschaulicht werden.[1]

Gleichzeitig zwingen ökonomische Entwicklungsprozesse beispielsweise im Dienstleistungsbereich und technische Neuerungen und Vernetzungen (Internet und computervermittelte Kommunikation) dazu, auf Bedürfnisse nach schneller und kompetenter Kommunikation zu reagieren. In vielen Berufszweigen wird der Umgang mit Texten, ihre Produktion und Rezeption, immer wichtiger, und es entstehen neue Kommunikationsberufe wie die des Texters/der Texterin, des Online-Redakteurs/der Online-Redakteurin, die professionell Texte adressatenadäquat, situationsangemessen, verständlich und justiziabel zu gestalten haben.

Aber nicht nur neue Kommunikationsberufe entstehen, angesichts der durch die Technologien der Kommunikationsmedien immens angestiegenen Menge von Kommunikationsangeboten und der Demokratisierung von Kommunikationsbeteiligung stellen sich Qualitätsprobleme ein, die durchaus kritisch zu reflektieren sind. Qualitätsprobleme zeigen sich in der Banalität und Oberflächlichkeit von Darstellungen, wenn professionell auszuführende Textsorten wie die Buchrezension von Laien produziert werden. Amazon.de veröffentlicht »Rezensionen« von Kunden für Leser, die von weiteren Lesern als hilfreich oder nicht hilfreich eingeschätzt werden können. Zu einem Roman aus dem Umfeld der Popliteratur »1979« von Christian Kracht findet sich die folgende Kundenrezension:

Hört der Hype irgendwann auf?, 6. Januar 2002
Rezensentin/Rezensent: [...] aus Deutschland

---

1 Der Begriff des ›elektronischen Schreibens‹ (electronic literacy) schließt solche Begriffe wie ›Hypertext‹, ›Informationsmanagement‹ oder auch die ›Auflösung von Schreib- und Textsortenkonventionen‹ ein (vgl. dazu G. Antos 2000; D. Knorr 1998; E.-M. Jakobs/D. Knorr/K.-H. Pogner 1999 in Bezug auf wissenschaftliches Schreiben).

Jung, erfolgreich, überschwänglich gelobt. Ohne Tiefe,
Stuckrad-Barre-like. Flop.

Interessant erscheint, dass die Textsortenbezeichnung beibehalten wird, obwohl es
sich lediglich um eine Meinungsäußerung handelt, die von Strukturmerkmalen,
inhaltlichen und sprachlich-gestalterischen Kriterien einer Rezension weit entfernt
ist. Das Internet schafft die Möglichkeit der Beteiligung an Kommunikationsprozessen, wo eigentlich Professionalität gefordert wäre. Folge solcher Erscheinungen könnte durchaus die Auflösung von Textsorten sein, selbstverständlich jedoch
auch die Entstehung neuer Textsorten.

Beachtenswert allerdings ist, dass die kurze Meinungsäußerung von der Intertextualität des Ausdrucks »Stuckrad-Barre-like« lebt. Möglicherweise bezieht sich
der Rezensent/die Rezensentin auf Kritiker-Prätexte, die mit Blick auf die mediale
Selbstinszenierung etwa von Benjamin von Stuckrad-Barre einwandten, hier würden nicht die literarischen Texte von Bedeutung sein, sondern die Autoren hätten
deshalb so großen Erfolg, weil sie sich wie Marken präsentierten, die Bedürfnisse
der Medien durch Äußerlichkeiten bedienten. Entsprechend scharf waren jeweils
die Reaktionen auf neue Texte.[2]

Die Gestaltung von Massenmedienangeboten und das Berufsbild von Schreibenden in den Bereichen der massenmedialen Kommunikation (Journalismus,
Werbung und Public Relations) problematisiert R. Dulisch (1998). Er macht ein-
sichtig, dass die Definition der Berufsbilder in den genannten Systemen massen-
medialer Kommunikation sich nicht mit Notwendigkeit auf den Prozess des Pro-
duzierens von Texten orientiert, obwohl empirische Arbeiten das Texten als primäre Tätigkeit von Journalistinnen und Journalisten belegen. Der hohe Stellenwert
der Textarbeit scheint dieser Berufsgruppe nicht unbedingt bewusst zu sein (vgl.
R. Dulisch 1998, S. 48 ff.).

Themenselektion und Recherche kann man [...] als Vorarbeiten der Textproduktion ansehen, denn ohne eine wie auch immer geartete inhaltlich-
semantische Orientierungsabsicht kann kein Text formuliert werden; umgekehrt
nutzt es der Redaktion nichts, ein aktuelles Thema ausführlich recherchiert zu
haben, wenn die vorliegenden Informationen nicht vertextet werden. (R. Dulisch 1989, S. 63)

---

2   Besonders vielfältig war das Echo im Medium Internet auf Texte von jungen Autoren. Hatte
    junge deutsche Literatur über Jahre kaum Chancen bei größeren Teilen von Lesern, weil sie als
    so »sinnlich« galt »wie der Stadtplan von Kiel«, so setzte Mitte der 90er Jahre ein Wandel ein.
    Autoren wie Christian Kracht (»Faserland«, 1995); Benjamin von Stuckrad-Barre (»Livealbum«,
    1998; »Soloalbum«, 1999); Benjamin Lebert (»Crazy«, 1999); Tanja Dücker (»Spielzone«,
    1998); Thomas Brussig (»Helden wie wir«, 1996; »Am kürzeren Ende der Sonnenallee«, 1999);
    Alexa Henning von Lange (»Relax«, 1998); Judith Hermann (»Sommerhaus später«, 1998) gal-
    ten als Belege für die neue »Lust am Erzählen«, ja sie wurden schon bald unter dem Begriff
    ›Popliteratur‹ subsummiert (vgl. dazu ausführlich C. Gansel 2001).

Dulischs Modell der **Textkompetenz** für die Massenmedien schließt neben Systemkompetenz (Kenntnis des Massenmediensystems), Zielgruppenkompetenz (Fähigkeit zum Perspektivenwechsel, soziolinguistische Sensibilität) und Reflexionskompetenz (z.B. bezüglich der Zielsetzung der Textproduktion) ausdrücklich **Sprachkompetenz** (Linguistisches Regelwissen, Textsorten-/Gattungswissen, Zielgruppenansprache, Gestaltungskreativität) ein (vgl. R. Dulisch 1998, S. 159).

Nicht nur die Linguistik also, sondern auch die Kommunikationswissenschaft reflektiert angesichts gestiegener Anforderungen an die Gestaltung und Verarbeitung von Texten Inhalte einer Textkompetenz. E. Coserius (1988) Begriff der Textkompetenz bezog sich insbesondere auf das Wissen um globale Textstrukturen. Im Folgenden wird die prozedurale Seite der Textkompetenz in den Blick genommen, das Wie der Textproduktion, die Kenntnis der Phasen der Textproduktion und die Fähigkeit zur Umsetzung von Schreibstrategien.

5.1.1 Textproduktion und Schreibstrategien als Forschungsgegenstände

Die Relevanz, die Prozessen der Textproduktion in Informations- und Kommunikationsgesellschaften auf der Grundlage gewandelter Kommunikationsbedürfnisse zukommt, spiegelt sich in der Erforschung der Textproduktion und ihrer Phasen sowie in der Erforschung der Entwicklung von Schreibprozessen in der Ontogenese und der Schreibentwicklung seit den 1970er Jahren wider. Es kann hier nicht darum gehen, die gesamte Entwicklung der Schreib- und Textproduktionsforschung nachzuvollziehen. Ausführliche Darstellungen dazu finden sich bei G. Antos (1989a, 2000), G. Antos / G. Augst (1992), H. Feilke (1993, 1996), H. Feilke / R. Schmidlin (2005). Wohl aber wird es darum gehen müssen, auf der Grundlage des aktuellen Forschungsstandes und gesicherter Erkenntnisse Aussagen zur Textkompetenz zu vertiefen, die dazu angehalten sind, den in Kapitel 4 bestimmten Begriff sprachlicher Kompetenz weiter zu präzisieren. Im Folgenden wird deshalb zunächst eine kurze Zusammenfassung der Forschungsparadigmen zum Schreiben und zur Textproduktion gegeben.

Die Textproduktionsforschung erhielt zunächst starke Impulse von der Schreibforschung, die sich mangelnden Schreib- und Lesefertigkeiten bei Schülern und Studierenden als gesellschafts- und bildungspolitischem Problem (1970er Jahre USA, 1990er Jahre deutschsprachiger Raum) zuwandte. Belange der schulischen und universitären Praxis führten zunächst zu einer primär pädagogisch und didaktisch orientierten Erforschung entwicklungsspezifischer, kognitiver und sprachlich-rhetorischer Bedingungen des Schreibens (vgl. G. Antos 2000, S. 105). Hinsichtlich der Schreibforschung arbeitet G. Antos (vgl. 2000, S. 105) drei Paradigmen heraus, die gleichfalls repräsentativ für Stadien der Textproduktionsforschung stehen:

i)   das didaktische Paradigma,

ii) das kognitive Paradigma und

iii) das sozio-kognitive Paradigma.

Schreibprodukte, also individuell produzierte Texte, erweisen sich als Ausdruck von Schreibfähigkeiten und somit als Gegenstand der Forschungen innerhalb des *didaktischen Paradigmas*, dessen Bemühungen auf eine Verbesserung des schriftlichen Ausdrucks zielten. Im Gegensatz zu G. Antos betont H. Feilke (vgl. 1996, S. 1178 f.) für eine erste Phase der Schreibforschung, dass bis weit in die 1970er Jahre die **Syntax geschriebener Texte** unter dem Einfluss einer Chomskyschen Syntaxzentriertheit im Zusammenhang mit der Schreibentwicklung untersucht wurde. Dabei galt syntaktische Komplexität als präskriptiver Parameter für Schreibfähigkeiten. Syntaktische Schreibfähigkeiten wurden als ein Phänomen betrachtet, das Reifungsprozessen unterlegen sei. Entwicklungspsychologische Gesichtspunkte waren nicht von Belang, wie auch Schreiben als Typ sprachlicher Handlungen (im Unterschied beispielsweise zur mündlichen Textproduktion) und die Rahmenbedingungen schriftlicher Kommunikation nicht in Forschungen einbezogen wurden.

Das von G. Antos (2000) benannte *kognitive Paradigma* entwickelt sich auf der Grundlage der Erkenntnis, »dass die Entfaltung des syntaktischen Schreibwissens nicht unabhängig von pragmatischen Gesichtspunkten und einer Theorie der Entwicklung von Textkompetenzen im Schreiben zu beschreiben ist« (H. Feilke 1996, S. 1179).

Schreiben wird bis zur ersten Hälfte der 1980er Jahre unter psychologischen Fragestellungen primär als kognitive und unter pädagogischen und linguistischen Fragestellungen als kommunikative Handlung aufgefasst. Eine Synthese beider Aspekte erfolgt seit der Mitte der 1980er Jahre in der Erforschung von Schreibentwicklungen. Schreiben wird als **kognitives Problemlösen** begriffen, das sich in sozial-kommunikative Handlungen einbettet. Texte werden unter kognitiven und entwicklungspsychologischen Gesichtspunkten untersucht. Die Perspektive wird auf einzelne Phasen des Schreibprozesses gelegt. Dabei stehen **Schreibstrategien** im Mittelpunkt, wie sie sich in der Ontogenese herausbilden und bei der Lösung kommunikativer Aufgaben weiterentwickelt werden. Inhaltlich-semantische Strukturen, ihre Beziehung zum Weltwissen und ihre syntaktische Umsetzung sind dabei genauso von Interesse wie die Kohärenz von Texten (vgl. H. Feilke 1996).

Das *sozio-kognitive Paradigma* sieht G. Antos (vgl. 2000, S. 105) seit 1990 dominant. Das Produzieren von Texten wird dabei verstanden als »sprachliches, kommunikatives und soziokulturelles Handeln im Kontext von Diskursgemeinschaften. [...] Hier stehen fachsprachliche, institutionsspezifische und interkulturell-fremdsprachliche Fragestellungen im Vordergrund der Diskussion« (G. Antos 2000, S. 105).

In diesen Rahmen lassen sich zahlreiche Ausarbeitungen zu verschiedenen Bereichen der institutionellen Kommunikation einordnen wie die Unternehmenskommunikation (G. Brünner 2000; St. Heller 1998; A. Thomas 2000), Arzt-Patienten-Kommunikation (Th. Bliesener / K. Köhle 1986; K. Ehlich et al. 1990), universitäre Kommunikation (A. Koerfer 1994), Unterrichtskommunikation (M. Becker-Mrotzek / R. Vogt 2001) oder juristische Kommunikation (L. Hoffmann 1989).

5.1.2 Schreibentwicklung und Schreibkompetenz

Der in Kapitel 4 auf der Grundlage E. Coserius (1988) beschriebene Begriff der kulturellen Sprachkompetenz sowie seine Bezogenheit auf Kategorien des Weltwissens kann durch empirisch gesicherte Erkenntnisse zur Schreibentwicklung in der Ontogenese mit einer Klärung des Begriffs ›Schreibkompetenz‹ erweitert werden. Die folgenden Ergänzungen zu allgemeinen Aspekten der Schreibkompetenz, syntaktischen Schreibfähigkeiten und textbezogener Schreibkompetenz lassen sich wiederum in die Dimensionen der allgemein-sprachlichen, einzelsprachlichen und der Textkompetenz einordnen.

Der Begriff der **Schreibkompetenz** erfährt allgemein eine Erklärung als Prozess zur Lösung von Kommunikationsaufgaben:»Die Entwicklung einer Schreibkompetenz wird als Abfolge von Problemlöseschritten und als Aufbau einer durch das Medium geprägten kommunikativen Problemlösefähigkeit verstanden« (H. Feilke 1996, S. 1180).

Dabei ist die Schreibentwicklung nicht losgelöst vom Spracherwerb generell zu betrachten, sondern sie baut auf bereits erworbener sprachlicher und kommunikativer Kompetenz auf. Bereits vorhandenes sprachlich-kommunikatives Wissen erfährt in der Schreibentwicklung eine »Reorganisation, Restrukturierung und Erweiterung« (H. Feilke 1996, S. 1180). Zum natürlichen Erstspracherwerb gehört gleichfalls die Entwicklung nonverbaler Ausdrucksmittel (Mimik, Gestik, Körperhaltung usw.) (vgl. G. Klann-Delius 1999, S. 31 ff.), die einen entscheidenden Anteil an der face-to-face-Kommunikation haben und sie entlasten. Nonverbale Ausdrucksmittel können das Gesagte ergänzen, bekräftigen oder auch ersetzen. In der Schreibentwicklung werden Fortschritte dahingehend erreicht, dass gelernt wird, nonverbale Ausdrucksmittel durch verbalsprachliche Symbolik zu ersetzen. Zur Entwicklung des Schreibens gehört also die Herausbildung folgender Fähigkeiten (vgl. H. Feilke 1996):

i) Das Ausdrucksverhalten muss weitgehend symbolisch durchstrukturiert werden. Dies wird erreicht durch eine komplexere Syntax und eine ausdifferenzierte Lexik, deren Entwicklung wiederum durch Textproduktion im schriftlichen Bereich gestützt wird.

ii) Der Kontext räumlicher und zeitlicher Nähe mündlicher Kommunikation muss im Aufbau einer Textwelt kontextualisiert werden.

iii) Ein im Schreibprozess fehlendes Feed-back erfordert eine ständige kritische, adressatenspezifische und zieladäquate Reflexion und Anpassung des Produkts, d.h. es ist ständige Textplanung erforderlich.

Die Herausbildung dieser allgemeinen Schreibfähigkeiten ist durch eine Reihe von Faktoren bedingt. H. Feilke (vgl. 1996, S. 1181) bezieht sich auf stützende Routinehandlungen, auf die Abhängigkeit der Schreibfähigkeiten vom Schreibalter oder Bedingungen der Ontogenese der Schreibenden in einer literalen Kultur.

Die Schreibentwicklungsforschung ist inzwischen zu der Erkenntnis gelangt, dass **syntaktische Fähigkeiten** nicht allein als Parameter für entwickelte Schreibfähigkeiten gelten können. Vielmehr geht es um einen Lernprozess, »der zunächst in die Syntax hinein, dann aber auch aus der Syntax heraus und über die Syntax hinaus zu Text-Strukturen führt, die im Verein mit antizipierten Schemata des Weltwissens Kontextualisierungsfunktionen mit übernehmen können.« (H. Feilke 1996, S. 1182)

H. Feilke stellt fest, dass sich die Fähigkeit zur Bildung komplexer syntaktischer Strukturen mit und durch die Entwicklung der Textkompetenz ausprägt (vgl. 1996, S. 1182). Syntax, Weltwissen und Textkompetenz stehen in einem engen Zusammenhang. Die Beobachtung, dass der Gebrauch satzverknüpfender Konjunktionen zur Herstellung kohäsiver Strukturen etwa ab dem 12. Lebensjahr rückläufig ist, lässt vermuten, dass andere kohäsive Mittel die Konstruktion von Kohärenz durch den Leser realisieren (s. Kapitel 6). H. Feilke nimmt Bezug auf sogenannte »lexical ties«, d.h. lexikalische Ankerstellen, die ein Assoziieren von Begriffen und ihren Verknüpfungen über zwischenbegriffliche Relationen oder solche höherer Ordnung (vgl. auch Kapitel 4) ermöglichen. Die logische Verknüpfung und Anordnung der Inhalte auf der Grundlage unterschiedlicher Repräsentationsformen des Welt- und Textsortenwissens führen zu kohärenten Textstrukturen.

Damit wird neben dem Weltwissen [...] der SchreiberInnen ihr Textstrukturwissen offenbar zu einem Schlüsselfaktor in der Entfaltung von Schreibfähigkeit. Die syntaktische Konversion geht in ihrer Bedeutung zurück, und an ihre Stelle treten in der Entwicklung zunehmend syntaktische Integration einerseits und eine von Textstrukturen und ihrer Darstellungslogik geleitete Erzeugung von Kohärenz andererseits. (H. Feilke 1996, S. 1184)

Zusammenfassend lässt sich in Bezug auf die syntaktische Schreibfähigkeit feststellen, dass sie zunehmend unter Berücksichtigung pragmatischer Bedingungen angewandt wird, Frames als Repräsentationen des Weltwissens durch den Text aktiviert werden, die Entwicklung von der **syntaktischen Konnexion** und Kohäsion zu semantischer und **pragmatischer Kohärenz** voranschreitet.

Untersuchungen **textbezogener Schreibkompetenz** widmen sich nun gerade der Ausprägung von lokaler und globaler Kohärenz, orientiert am Textsortenbegriff und der kommunikativen Funktion der Texte. Die Fähigkeit, Texte in ihrer lokalen und globalen Struktur kohärent zu gestalten, erweist sich als wesentlicher Bestandteil von Schreib- und Textkompetenz. Dabei geht es um die Kompetenz, situativ-pragmatische Rahmenbedingungen der Kommunikation zu berücksichtigen und den Text auf einen spezifischen Adressaten hin und mit spezifischer Funktion zu strukturieren.

Verschiedene Studien (vgl. H. Feilke 1996, S. 1185) weisen darauf hin, dass die Herausbildung textbezogener Schreibfähigkeiten in Verbindung mit entwicklungspsychologischen Parametern gesehen wird. Strategien der Schreibenden zur Erzeugung von Textkohärenz und der entwicklungspsychologische Zusammenhang bilden die Grundlage für »globale textorientierte Modelle der Entwicklung von Schreibkompetenz« (H. Feilke 1996, S. 1185).

Ausgehend von einer Interpretation des Bühlerschen Organon-Modells leitet H. Feilke (1988) Ausdrucks-, Inhalts-, Überzeugungs- und Gestaltungsprobleme im Schreibprozess Jugendlicher ab. Mit dem Begriff des Textordnungsmusters schafft er eine »empirisch fundierte theoretische Kategorie« (H. Feilke 1988, S. 72), die es ermöglicht, Texte aufgrund bestimmter Strukturmerkmale zusammenzufassen. Offensichtlich wird dabei, dass die Textordnungsmuster von entwicklungspsychologischen Faktoren beeinflusst sind, was sich in unterschiedlichen Perspektiven der Schreibenden auf ihre Darstellungsgegenstände zeigt. H. Feilke (1996) spricht von einer Dezentralisierung der Perspektiven in den folgenden entwicklungspsychologisch begründbaren Stufen:

Stufe 1: Perspektive aus der subjektiven Erlebniswelt des Ich.
Stufe 2. Perspektive auf die objektive Welt der Dinge, wie sie sich für das Ich darstellen.
Stufe 3: Perspektive auf die Sprache und den Text als Medium.
Stufe 4: Perspektive auf den anderen und Wechselseitigkeit der Perspektiven.
(H. Feilke 1996, S. 1186; vgl. auch 1988, S. 79)

Aus diesen Stufen werden Kohärenzprinzipien abgeleitet, mit denen kompetente Schreibende bei der Produktion von Texten arbeiten und Textmuster realisieren:

Stufe 1: Prinzip szenischer Kontiguität
Stufe 2: Prinzip sachlogischer Ordnung
Stufe 3: Prinzip formaler Ordnung
Stufe 4: Prinzip dialogischer Ordnung
(H. Feilke 1996, S. 1186)

Stufe 1 bezieht sich auf ein frühes Schreibalter, in dem persönliche Erlebnisse assoziativ zu Papier gebracht werden. Dieses Textstrukturmodell, das Kohärenz nicht unbedingt sichert, wird auch als chronologisch bezeichnet. Schreibende der Stufe 2 orientieren sich an Frames, die sie für die sachlogische Ordnung des Tex-

tes nutzen. Stufe 3 setzt voraus, dass Schreibende formale Kriterien der Textstruktur beachten (Textsorten), losgelöst von der sachlogischen Struktur. Stufe 4 beinhaltet, dass fortgeschrittene Schreiber ihre Texte auf den Adressaten orientiert
kohärent gestalten. Signale an den Empfänger sichern die soziale Kohärenz, die
mit dem Text erreicht werden soll. Die Kompetenz der Schreibenden besteht darin, alle Prinzipien für die Lösung kommunikativer Aufgaben anwenden zu können
(vgl. dazu ausführlicher H. Feilke 1996, S. 1186 ff., 1988, S. 73 ff.).

5.1.3 Phasen der Textproduktion

Empirische Untersuchungen im Rahmen des kognitiven Paradigmas der Textpro-
duktions- und Schreibforschung haben in den vergangenen zwanzig Jahren relativ
gesicherte Erkenntnisse dazu gewonnen, worin das Wesen von Textproduktion
und Schreiben als Prozess besteht und welche Phasen der Textproduktion anzunehmen sind (vgl. dazu ausführlich G. Antos 1982, 1989, 2000a; S. Molitor-
Lübbert 1989, 1996; T. Herrmann / S. Hoppe-Graff 1989; A. Wrobel 1995, 2000).
Dabei werden die Begriffe Textproduktion und Schreiben oftmals synonym gebraucht, Schreiben wird aber auch enger auf die motorische Schreibfähigkeit bezogen (vgl. auch S. Molitor-Lübbert 1996). Einigkeit besteht in der Erkenntnis,
dass Textproduktion einen komplexen Prozess, komplexe aufeinander bezogene
Handlungen der ziel- und adressatenadäquaten Textgestaltung beschreibt, dass
Schreiben als Problemlösungsstrategie und Problemlösungsprozess modelliert
wird. Der Begriff des Textproduzierens umfasst einen Komplex von Handlungen
in der Art,»daß nicht nur der Vorgang des Niederschreibens gemeint ist, sondern
sämtliche Arbeitsschritte, die beim Verfassen eines Textes von der Vorbereitung
bis zum Druck anfallen und ihre spezifischen Probleme haben« (S. Molitor-
Lübbert 1989, S. 280).

A. Wrobel bestimmt Textproduktion oder auch Schreiben als »komplexe(n)
Handlungsprozess, der eine Vielzahl kognitiver, sprachlicher und sozial-kommu-
nikativer Anforderungen stellt« (2000, S. 458).

Modellierungen der Phasen der Textproduktion basieren auf dem prominenten
kognitiven Schreibmodell von J. Hayes und L. Flower (1980), das die grundlegenden Komponenten Planung (PLANNING), Übersetzung [Formulieren d. Vff.]
(TRANSLATING) und Überprüfung (REVIEWING) unterscheidet. Das Zusammenwirken dieser Komponenten wird durch den Monitor gesteuert (vgl. dazu
ausführlich S. Molitor-Lübbert 1996; A. Wrobel 1995, 2000). Grundlage für die
Modellierung der Textproduktion bilden weiterhin psychologische Sprachproduk-
tionsmodelle (vgl. T. Herrmann / S. Hoppe-Graff 1989; T. Herrmann / J. Grabowski 1994).

Über die im Folgenden kurz darzustellenden Phasen der Textproduktion besteht
in der Forschungsliteratur Einigkeit. Sie bilden insgesamt das Handlungsfeld, in
dem Strategiemuster als Resultat von Auswahl- und Entscheidungsoperationen für

die optimale globale und lokale Strukturierung des Textes zur Durchsetzung kommunikativer Ziele entwickelt werden. W. Heinemann und D. Viehweger bestimmen den Strategiebegriff als »Gesamtheit der zielgerichteten, bewusst ab-laufenden Verarbeitungsoperationen bei der Textproduktion und -rezeption« (1991, S. 214).

Aus der Analyse der kommunikativen Aufgabe werden in der **Planungsphase** Ziele abgeleitet und wesentliche Wissenstypen generiert und zusammengestellt, so dass eine Planhierarchie entsteht, mit der einzelne Teilziele des Textes, die inhalt-liche Struktur und notwendige Handlungen festgelegt werden. Der Plan ist damit »Konzept zur optimalen Realisierung einer Kommunikationsabsicht« (W. Schmidt et al. 1981, S. 22 ff.).

T. Herrmann und S. Hoppe-Graff (1989, S. 148, 151) fassen in ihrem Modell aus kognitionspsychologischer Sicht diese Phase auch als Fokus, Wissensaktuali-sierung und Fokussierung, wobei Wissensbestände ziel- und partnerbezogen aus-gewählt werden. A. Wrobel bezeichnet Planen als »eine Form der Lösung kom-plexer Handlungsprobleme durch Vorausstrukturierung« in einem »Diskursplan« (2000, S. 460). Ziele, Inhalte und mögliche Formen des Schreibens liegen dann zum Beginn des Formulierungsprozesses vor und können währenddessen in Ab-hängigkeit von der zu realisierenden Schreibaufgabe modifiziert werden. Dabei bezieht sich die Planung als Aktualisierung und Organisation unterschiedlicher stationärer und prozeduraler Wissensstrukturen, wie sie in Kapitel 4.1.1.2 und 4.1.2 beschrieben wurden, auf die globale Struktur des Gesamttextes wie auch auf lokale Verknüpfungen von Elementen der Textstruktur.

Für den Formulierungsprozess sind letztlich nicht alle fokussierten Informatio-nen von Relevanz, sie werden linearisiert, selektiert (vgl. T. Herrmann / S. Hoppe-Graff 1989, S. 155) und segmentiert. T. Herrmann und S. Hoppe-Graff sprechen auch von »Input-Selektion« (Komponenten aus dem Fokus werden se-lektiert und einzelsprachlich enkodiert) und »Input-Linearisierung« (Komponen-ten von Ereignissen werden inhaltlich geordnet oder Ereignisse zu Ereignisfolgen zeitlich oder kausal miteinander verknüpft und sprachlich enkodiert). D.h., im Enkodierungsprozess realisieren Textproduzenten ihre Perspektiven auf die darzu-stellenden Sachverhalte in Abhängigkeit von der Funktion des Textes, seiner Ad-ressaten, sozialen, räumlichen und zeitlichen Rahmenbedingungen und vom Me-dium. Enzyklopädisches Wissen muss in diesem Sinne selektiert und linearisiert und unter dem Aspekt der perspektivierten Verbalisierbarkeit organisiert werden.

Möglichkeiten, Wissen für die Textproduktion zu strukturieren und zu ordnen, werden auch durch Textmuster vorgegeben. Sie spielen somit bei der Planung gleichfalls eine wesentliche Rolle, indem sie »Handlungsmittel in Form von In-formationen über konventionelle hierarchische oder sequentielle Ordnungen oder sprachliche Realisierungsmuster« (A. Wrobel 2000, S. 462) bereitstellen.

A. Wrobel (2000) betont, dass der Prozess des **Formulierens** als zentrale Akti-vität der Textproduktion noch recht unerforscht ist. Sprachpsychologische Model-le allerdings widmen sich eingehend einzelnen Prozessen des Enkodierens. Während im kognitiven Schreibmodell von J. Hayes und L. Flower (1980) der Prozess des Formulierens lediglich als Übersetzung gefasst wird, d.h. als Transformation des vorstrukturierten Wissens in eine schriftsprachliche Äußerung, wenden sich T. Herrmann und S. Hoppe-Graff (1989) sowie T. Herrmann und J. Grabowski (1994) in ihrem Sprachproduktionsmodell Enkodiermechanismen sehr ausführlich und tiefgreifend zu. In der Kognitionspsychologie wird das Formulieren als verbales Enkodieren gefasst, das syntaktisches, lexikalisches und prosodisches (mündliche Textproduktion) Enkodieren einschließt. Gemeint ist hier die Herstellung der sprachlichen Oberflächenstruktur (vgl. T. Herrmann / S. Hoppe-Graff 1989, S. 159 ff.), die Versprachlichung kognitiver Inhalte. Solche Enkodiermechanismen wie die Wort- und Wortfolgegenerierung oder die Erzeugung grammatischer Schemata werden von T. Herrmann und J. Grabowski (1994, S. 389 ff.) ausführlich besprochen.

Die zweite Phase der Textproduktion hat in der linguistischen Forschung zu formulierungstheoretischen Ansätzen geführt (vgl. G. Antos 1982), die sich von kognitionspsychologischen durch weitere Differenziertheit abheben. G. Antos sieht den Formulierungsprozess in Abhängigkeit von der Überwindung typischer »Barrieren« (Begrenzungen in verschiedenen Wissensbereichen, kommunikative Rahmenbedingungen, Erfüllung von Kommunikationsmaximen oder persönlichen Bedingungen) beim Schreiben, die für eine verständigungsorientierte Kommunikation zu überwinden sind.

Formulieren wird als problemlösendes, sprachlich weitgehend manifestes Handeln betrachtet, d.h. es ist gleichermaßen handlungs- wie kognitionswissenschaftlich beschreibbar und schließlich wird das Formulieren als ein wiederholtes (zyklisches) Umformulieren von Zwischenlösungen (z.B. Vorfassungen) modelliert. (G. Antos 1989, S. 30)

In diesem Sinne ist das Formulieren sicher als Komponente innerhalb des gesamten Textproduktionsprozesses aufzufassen und nicht mehr nur bezogen auf Formulierungsleistungen in Fällen problematischer Verständigung (vgl. dazu G. Antos 1982; A. Wrobel 1995, S. 84). Bestandteil des Prozesses des Formulierens ist also die Versprachlichung kognitiver Inhalte und die Bearbeitung vorläufiger Formulierungsvorschläge durch Umformulierungen. Dabei gilt es:

i)   inhaltliche und kommunikative Ziele sprachlich zu realisieren,

ii) Text- und Formulierungsmuster zu berücksichtigen,

iii) Textkohärenz, Textkohäsion und Themenentfaltung als Prinzipien des Textualisierens (vgl. A. Rothkegel 1993; G. Antos 1989a) zu sichern.

Veränderungen und Umformulierungen eines erzeugten Prätextes erfolgen so lange, bis »eine akzeptable Formulierung erzeugt worden ist« (A. Wrobel 2000, S.

464). Umformulierungen machen die ständige Rezeption und Kontrolle der Schreibprodukte (Prätexte) erforderlich.

Abgesetzt von den eigentlichen sprachlich-kognitiven Formulierungshandlungen postuliert A. Wrobel (1995, 2000) das **Inskribieren**, den eigentlichen Schreibprozess in seinem realen Zeitverlauf auf der Grundlage motorischer Schreibfähigkeiten. Auch diese Phase der Textproduktion ist in der Textproduktionsforschung eher gering erforscht. Vergleichende Untersuchungen beziehen sich beispielsweise auf den Realzeitverlauf von Sprechen und Schreiben in Abhängigkeit von der produzierten Textsorte. Ähnlichkeiten in der Struktur von Pausen bei mündlich und schriftlich produzierten Wegbeschreibungen hat G. Keseling (1995) festgestellt. A. Wrobel (1995, 2000) gelangt zu der Erkenntnis, dass kurze Pausen andere Gedächtniskapazitäten erfordern als lange. Kurze Pausen entstehen beispielsweise bei der Produktion beschreibender Texte mit Rückgriff auf das episodische Wissen. Längere Schreibpausen entstehen bei der Produktion generalisierender Texte, wenn Wissen aus dem enzyklopädischen oder semantischen Gedächtnis abgerufen werden muss, beispielsweise beim Schreiben von Zusammenfassungen.

Als wichtigstes Merkmal zur Differenzierung von Sprechen und Schreiben wird die Möglichkeit der Korrektur und ständigen Überprüfung formulierter und inskribierter Texte angesehen. Das **Revidieren** gestaltet sich somit als eine entscheidende Phase der Textproduktion. Zunächst ist davon auszugehen, dass das Revidieren Bestandteil des gesamten Textproduktionsprozesses ist und die Bearbeitungsebene des Textes global und lokal konstituiert. Entscheidend für die Phase des Revidierens ist »die Möglichkeit der Distanzierung des Schreibers von seinem Text, auf deren Grundlage Dissonanzen zwischen produzierten Textäußerungen und mentalen Repräsentationen verschiedener Ebenen (Orthographie, Grammatik, Stil, Ziele usw.) festgestellt werden können« (A. Wrobel 2000, S. 466).

Derartige Dissonanzen müssen entdeckt, zielorientiert identifiziert und mit geeigneten Mitteln korrigiert werden. Revisionsprozesse beziehen sich jedoch nicht nur auf die Oberfläche des Textes, auf formale und bedeutungserhaltende Veränderungen, sondern auch auf lokale und globale Veränderungen der Textbasis, d.h. der Tiefenstruktur des Textes (vgl. A. Wrobel 2000, S. 466). Zur Revision werden solche Verfahren genutzt wie Ergänzung, Tilgung, Ersatz, Umstellung oder die zusätzliche Integration von lexikalischen, syntaktischen oder semantischen Textelementen.

S. Molitor-Lübbert (1989, 1996) hat im Zusammenhang mit der Revision von Texten das Schema eines reflexiven Schreibprozesses mit epistemischer Funktion entwickelt.

Der Text gewinnt für den weiteren Verlauf des Schreibprozesses zunehmend an Bedeutung, wenn er fortlaufend unter inhaltlichen und formalen Gesichtspunkten bewertet und das Ergebnis dieser Bewertung als Grundlage für die weitere inhaltliche Entwicklung des Textes genutzt wird. Diese Situation tritt meistens beim Revidieren eines Textes auf sowie bei einer Schreibstrategie, die bewusst zur gedanklichen Klärung eingesetzt wird. (S. Molitor-Lübbert 1996, S. 122)

Revision bedeutet also eine ständige Evaluation der Repräsentation des intendierten Textes durch die Textproduzenten, die sich nicht nur auf die Oberfläche des Textes bezieht. Textintention und Realisation werden ständig verglichen und angeglichen. Leseprozesse sind dabei entscheidende Evaluationsprozesse, die zum Aufbau von Repräsentationen bezüglich des Verständnisses von Texten oder bestimmter Dissonanzen und der Art und Weise des Abbaus derselben führen.

5.1.4 Strategien der Textproduktion und komplexe Vertextungsmuster

Mit den Phasen der Textproduktion kann gleichfalls eine allgemeine Textkompetenz beschrieben werden – die Fähigkeit, den Prozess der Textproduktion als bewusste kognitiv-sprachliche Handlungsfolge der Textherstellung und -bearbeitung auf globaler und lokaler Ebene zu gestalten. Die Lösung kommunikativer Aufgaben erfordert, eingebettet in die Phasen der Textproduktion und auf einer niedrigeren Hierarchiestufe, Entscheidungen über **globale Textmuster** und ihnen adäquate **Vertextungsmuster**. Vertextungsmuster können Teilkomponenten umfassender Strategien sein.

> Als strategische Varianten auf niederer hierarchischer Ebene, der Ebene der **lokalen Textstrukturierung** [Hervorhebung d. Vff.] bilden sie die Grundlage für Prozesse der Sequenzierung von illokutiven und propositionalen Einheiten und deren Strukturierung zu Teiltexten/Teiltexteinheiten, immer verknüpft mit Formulierungs- und Verbalisierungsprozessen. (W. Heinemann 2000d, S. 357 ff.)

K. Brinker fasst Vertextungsstrategien mit dem Begriff der thematischen Entfaltung und als schreibstrategische Grundformen, die sich in der Sprachgemeinschaft herausgebildet haben.

> Solche komplexen Strategiemuster können als Ergebnis von Erfahrungswerten vieler Generationen angesehen werden. Die Fähigkeit zur Aktivierung entsprechender Muster in bestimmten kommunikativen Situationen stellt daher eine wesentliche Voraussetzung für erfolgreiches Kommunizieren dar. (W. Heinemann / D. Viehweger 1991, S. 237)

Vertextungsmuster können auf der Grundlage der differenzierten Bestimmung der Begriffe ›(Kommunikations)**gegenstand**‹ und ›**Thema**‹ erklärt werden. Als **Gegenstand** eines Textes soll hier nicht die vorgefundene außersprachliche Wirklichkeit aufgefasst werden, sondern die subjektive Selektion von Elementen des Denotats als Wirklichkeitskonstruktion (vgl. auch W. Fleischer / G. Michel 1975, S. 304; W. Schmidt u.a. 1981, S. 19.). Damit beruht der Gegenstand auf einer

fokussierten Stoffauswahl, die für die Lösung einer kommunikativen Aufgabe
bereitgestellt werden muss (s. Planungsphase). Kommunikationsgegenstand ist
das, »worüber sich der Autor eines Textes äußert« (W. Schmidt u.a. 1981, S. 228),
mit dem **Thema** wird erfasst, was im Sinne einer zentralen Idee, einer bestimmten
kommunikativ-pragmatischen Perspektive über den Gegenstand ausgesagt wird
und die gesamte Äußerung determiniert. Nach E. Agricola enthält das Thema die
»wesentlichen inhalts- und strukturbestimmenden Informationen des Gesamttextes
in konzentrierter, abstrakter Form« (1983, S. 221).

Die »thematische Entfaltung« als »gedankliche Ausführung des Themas«
(K. Brinker [4]1997, S. 60) ist zu präzisieren. Sie bedeutet die Transformation subjektiv fokussierter Inhalte unter dem Aspekt der gedanklichen und sprachhand-
lungsspezifischen Perspektive in Abhängigkeit von den kommunikativ-situativen
Rahmenbedingungen. Vertextungsmuster bilden damit Grundentscheidungen für
eine pragmatisch-adressatenspezifisch bezogene Ausformung von Kommunikati-
onsgegenständen in einem Text.

Die Vertextungsmuster bzw. –typen **Deskription, Narration, Explikation** und
Argumentation erweisen sich als solche, die für die alltagssprachliche Kommunikation sowie die Produktion und Rezeption von Gebrauchstextsorten besonders
relevant sind. Sie sollen im Folgenden erläutert werden. Dabei kann generell auf
die Modellierungen in K. Brinker ([4]1997, [6]2006) und zum Teil in W. Heinemann
und D. Viehweger (1991) zurückgegriffen werden.

5.1.4.1 Narrative Vertextungsmuster

Obwohl das Vertextungsmuster der Narration nicht eindeutig auf Gebrauchstexte
beziehbar erscheint (vgl. auch K. Brinker [4]1997), sollen an dieser Stelle einige
Anmerkungen erfolgen. W. Heinemann und D. Viehweger fassen unter
NARRATION Vertextungsmuster zusammen, die als »chronologische Aufgliede-
rung von Ketten illokutiver Handlungen« zusammen ein Ereignis im Sinne einer
zeitlichen Abfolge repräsentieren (1991, S. 237).

Das strategische Grundverfahren der Narration bezieht sich also auf eine zeitlich geordnete Abfolge von Handlungen in Natur und Gesellschaft, die sich zu
einem komplexen einmaligen Ereignis verknüpfen. Diese Ereignisse verbinden
sich in ihrer logischen, kausalen, zeitlichen Aufeinanderfolge zu Ereignisketten.
Sie bilden einen PLOT. Die Perspektive der Textproduzenten auf ein und dieselbe
Ereigniskette ist in Abhängigkeit von den kommunikativen Rahmenbedingungen
sehr unterschiedlich, so dass auch die Darstellung der Ereigniskette mit unterschiedlichen Vertextungsmustern erfolgen kann. Im Zeugenstand wird über den
Hergang einer beobachteten Tat referiert bzw. berichtet, um den Tathergang in
seinen Einzelheiten zu rekonstruieren. Unmittelbar nach Erleben kann im Rahmen
der Alltagskommunikation einer befreundeten Person von einer Begebenheit mit
mehr oder weniger starker emotionaler Beteiligung erzählt werden. W. Heinemann und D. Viehweger differenzieren mit Bezug auf B. Sandig (1986, S. 184)

ein eher **ergebnisorientiertes Vertextungsmuster NARR I** (Referieren) von einem eher **ereignisorientierten Vertextungsmuster NARR II** (Erzählen). Diese Sichtweise soll beibehalten werden. Erzählstrukturen gelten in besonderer Weise als Gegenstand der Literaturwissenschaft, trotzdem haben sich auch linguistische Untersuchungen unterschiedlichen Aspekten von Erzählstrukturen in literarischen Texten zugewandt (vgl. E. Gülich / H. Hausendorf 2000).

Das referierende Vertextungsmuster ist durch eine sachlich-registrierende, objektive Darstellung gekennzeichnet, die ohne »explizit subjektive Bewertungselemente« (W. Heinemann / D. Viehweger 1991, S. 240) auskommen muss. Es wird jedoch auch völlig zutreffend darauf verwiesen, dass die Wahl und Anordnung der Fakten durchaus eine Wertung einbringen kann. In der Regel folgt die Darstellung den Phasen der Ereigniskette – auf a folgt b, dann c, dann d usw. Durch einen Rahmen wird die kommunikative Einbettung des Referierten gesichert, das zu einem bestimmten Zweck, einer Konsequenz (CONS) führt (beispielsweise Festlegungen eines Sitzungsprotokolls, die aus den einzelnen Sequenzen des Ereignisses resultieren).

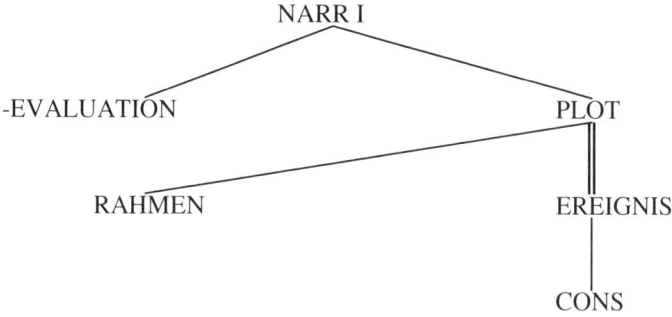

Abbildung 9: Narration I (W. Heinemann / D. Viehweger 1991, S. 239, Fig. 35)

Das mit NARR I beschriebene komplexe Vertextungsmuster gilt in der kommunikativen Praxis als eine Schreibstrategie, die durchaus mit Professionalität für die Produktion von solchen Textsorten wie *Praktikumsberichte*, *Verlaufsprotokolle*, *Kommissionsberichte*[3] u.a. beherrscht werden muss.

Protokoll der 10. Sitzung des erweiterten Fakultätsrats vom 25. März 2003 der Legislatur 3, 14.00-16.00Uhr

Anwesend:

x, y, z

Professoren anderer Fakultäten: u, v, w

---

3   Anzumerken ist, dass die Textsortennomination »Bericht« nicht immer das referierende Vertextungsmuster NARR I trifft. Nachrichtentexte wie der Bericht und die Meldung basieren auf einem deskriptiven Vertextungsmuster (vgl. 5.1.4.2).

Sowie die Mitarbeiter: a, b, c sowie 23 Studierende (lt. Anwesenheitsliste)

Leitung des Verfahrens: Dekan

Tagesordnung

1. Kolloquium im Habilitationsverfahren von d

2. Beschluss im Habilitationsverfahren von d

TOP 1 Kolloquium im Habilitationsverfahren von d

Nach einem kurzen Bericht über den bisherigen Verlauf des Habilitationsverfahrens von d durch den Dekan hielt d einen Vortrag zum Thema »xxx«

Danach beantwortete d Fragen zum Vortrag.

Nach Schluss der Diskussion beriet die Habilitationskommission über den Verlauf des Kolloquiums und gab dem Fakultätsrat die Empfehlung, d aufgrund seiner Leistungen im ordentlichen Habilitationsverfahren für das Gebiet xxx zu habilitieren und die Lehrbefähigung zu erteilen.[...]

Unterschrift   bestätigt: Unterschrift

Protokollant   Dekan

Ein solches Sitzungsprotokoll enthält folgende Angaben: Art der Sitzung, Zeit, Anwesende, Tagesordnungspunkte (TOP), chronologischer Verlauf der Ereignisse und Ergebnisse. Unterschriften der Protokollierenden und Bestätigung des Verantwortlichen für die Sitzung dürfen nicht fehlen. Konzentration auf das Wesentliche, kurze prägnante Sätze und das Präteritum erweisen sich als konstituierende Vertextungsmittel.

Die folgende Wettervorhersage in einer Regionalzeitung referiert chronologisch die zu erwartende Wetterlage (*heute, morgen, ab Donnerstag*):

Heute gibt es bei uns dichte Wolkenfelder, und es fällt immer wieder Regen, der zum Teil sehr ergiebig sein kann. Die Luft erwärmt sich auf 8 bis 11 Grad, und es weht ein schwacher bis mäßiger Nordostwind. In der Nacht kühlt es sich bis 6 Grad ab. Morgen bleibt es stark bewölkt und regnerisch. Die Temperaturen steigen tagsüber auf Werte um 10 Grad. Ab Donnerstag wechseln sich einzelne Schauer, Wolken und etwas Sonnenschein ab. Die Werte erreichen tagsüber 10 bis 12 Grad, am Wochenende gibt es nur noch selten Schauer. (Nordkurier vom 16.4.2002, S. 10)

Sie folgt bestimmten, für die Textsorte typischen Konventionen der sprachlichen Formulierung. Häufige Kollokationen wie *dichte Wolkenfelder*, *schwacher bis mäßiger Wind* oder *stark bewölkt* erlauben daher kaum einen kreativen Umgang mit der Textsorte. Es handelt sich also um Texte, die nach einem eng beschränkten Muster produziert werden.

Das Vertextungsmuster **NARR II** basiert auf dem Schema von NARR I, weist jedoch einige Besonderheiten auf. Es bietet dem Textproduzenten die Möglichkeit, ein Ereignis aus der Erlebnisperspektive mit einem Spannungsbogen subjektiv zu charakterisieren (+ Evaluation). Das Vertextungsmuster NARR II erweist sich grundsätzlich als prototypisches Modell für die Produktion und Rezeption ästhetisch wirkender literarischer Texte, jedoch auch für die mündliche Alltagskommunikation, was in diesem Rahmen jedoch nicht weiter vertieft werden kann.

5.1.4.2 Deskriptive Vertextungsmuster

Deskriptive Vertextungsmuster (vgl. auch W. Heinemann / D. Viehweger 1991, K. Brinker [4]1997 oder W. Heinemann 2000d) konstituieren informative beschreibende Texte oder Textteile. Beim Beschreiben handelt es sich um eine »sachbetonte [d.h. ohne Evaluation – d. Vff.] adäquate Darstellung eines Lebewesens, unbelebten Dings, eines Vorgangs oder Zustands, der als Element einer Klasse von Prozessen mit übereinstimmenden invarianten Merkmalen erfaßt wird« (W. Schmidt u.a. 1981, S. 91).

Das deskriptive Vertextungsmuster bezieht sich auf Objekte oder regelhafte Vorgänge als Kommunikationsgegenstände von Texten, die in ihrer raumzeitlichen Ordnung thematisiert werden. Damit werden in klassischer Weise die Gegenstands- und die Vorgangsbeschreibung in den Blick genommen. Das Vertextungsmuster **DESKR I** modelliert die Beschreibung von Gegenständen (Objekten = O), »deren Merkmale (= M) systematisch und detailliert erfasst und aus einer [...] übergeordneten Perspektive sprachlich dargestellt werden (M (O))« (W. Heinemann / D. Viehweger 1991, S. 244 f.).

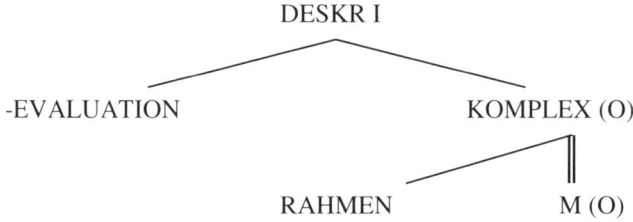

Abbildung 10: Deskription I (W. Heinemann / D. Viehweger 1991, S. 244, Fig. 37)

Die Beschreibung zielt auf eine logisch-systematische Darstellung zu Form, Beschaffenheit und Funktion des Gegenstandes, sie beruht auf exakter Benennung von Größen-, Form- und Lagebeziehungen der einzelnen Bestandteile des Gegenstandes in der Art, dass der Rezipient eine genaue Vorstellung von der beschriebenen Sache erhält. Das Herangehen an die Beschreibung kann methodisch variieren – entweder wird von relevanten Merkmalen des gesamten Objekts ausgegangen, um dann die Einzelteile zu beschreiben, oder man gelangt von der Beschreibung einzelner Teile und Merkmale zum Gesamtobjekt.

In der kommunikativen Praxis begegnen Texte, die dominant nach dem Modell DESKR I gestaltet wurden, nicht so sehr häufig, aber doch beispielsweise in der

Praxis von Lexikoneinträgen oder Nachschlagewerken, wie in dem folgenden Beispieltext:

> Grünling
>
> Tricholoma flavovirens
>
> Der unregelmäßig gebogene, oben meist gebuckelte, bis zu 9 cm breite Hut fällt durch seine chromgelbe bis grüngelbe Farbe auf. Die etwas schmierige Oberfläche lässt sich gut abziehen.
>
> Die schwefelgelben Lamellen erniedrigen sich kurz vor dem Stiel und bilden den für Ritterlinge charakteristischen »Burggraben«. Der Grünling ist ein typischer Vertreter dieser Gattung und wird oft auch Echter oder Edel-Ritterling genannt.
>
> Der wie die Hutoberseite gefärbte Stiel ist walzlich, zuweilen auch unten zu leicht verdickt.
>
> Das weiße, feste Fleisch riecht und schmeckt leicht nach Gurken oder Mehl.
>
> Der Grünling erscheint spät im Jahr (ab September). Er ist in den sandigen, sauren Kiefernwäldern Norddeutschlands Massenpilz. Oft findet man ihn noch im Dezember unter dem Schnee. Bei Fichten ist er seltener, den Laubwald meidet er. Er ist ein vorzüglicher Speisepilz und vielseitig verwendbar. (Pflanzen und Tiere Europas 1983, S. 243)

Der Beispieltext beginnt methodisch mit der Darstellung von Merkmalen der Einzelbestandteile einer Pilzsorte und gelangt dann zu Aussagen in Bezug auf dessen Verbreitung und Funktion. Am Beispiel des Textes werden typische Formulierungsmuster der Gegenstandsbeschreibung sichtbar. Die dominanten Wortarten Adjektiv (auch aus Partizipien hervorgegangene) und Substantiv konstituieren nominale Wortgruppen mit einer starken hypotaktischen Gliederung der Attribuierungen (*der unregelmäßig gebogene [...] bis zu 9 cm breite Hut*). Als typisch erweisen sich ebenfalls treffende bildliche Vergleiche (*walzlich, schwefelgelb, schmeckt leicht nach Gurken oder Mehl*). Es dominieren einfache Sätze und parataktische Verbindungen von Satzgliedern sowie das Präsens in genereller Bedeutung.

Das Vertextungsmuster **DESKR II** bezieht sich auf die Beschreibung eines Vorganges, eines Prozesses, der sich generell durch Wiederholbarkeit auszeichnet. W. Heinemann und D. Viehweger setzen dabei das Merkmal »ITERATION« an. Es geht um die Darstellung typischerweise aufeinander folgender Handlungen, wie in Bedienungsanleitungen oder Kochrezepten (s. Abb. 11).

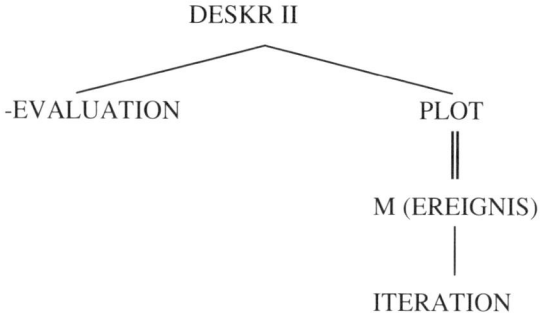

Abbildung 11: Deskription II (W. Heinemann / D. Viehweger 1991, S. 247, Fig. 38)

Der folgende Textausschnitt ist einer Bedienungsanleitung für ein Radio entnommen, er repräsentiert eine eher persönliche, zum Adressaten Kontakt (*Sie* + Imperativ) herstellende Formulierungsvariante.

> Abrufen eines gespeicherten Senders
> Schalten Sie das Radio durch Drücken von **RADIO ON/OFF/TIMER OFF** ein.
> Drücken Sie **BAND** zur Wahl des gewünschten Wellenbereichs.
> Drücken Sie die gewünschte Stationstaste. Zunächst erscheinen Wellenbereich, Frequenz, Einschalt-Anzeige und Stationsnummer im Display. Fünf Sekunden später erscheint die aktuelle Uhrzeit, die Stationsnummer bleibt jedoch weiter angezeigt.
>
> Zum Ausschalten des Radios drücken Sie **RADIO ON/OFF/TIMER OFF**.
> Um zu überprüfen, welcher Sender momentan empfangen wird, tippen Sie die Stationstaste leicht an. Wellenbereich und Frequenz erscheinen dann fünf Sekunden lang im Display.

Der Gesamtvorgang »Abrufen eines gespeicherten Senders« wird in seine Teilvorgänge gegliedert, die durch Nummerierung hervorgehoben werden. Es dominieren Handlungsverben in flektierter Form.

Der folgende kurze Ausschnitt aus einer Bedienungsanleitung für einen Eierkocher präferiert für die aufeinander folgenden Handlungen des Benutzers des Gerätes Infinitivkonstruktionen (Messbecher ... entnehmen), die mit finiten Konstruktionen kombiniert werden (Der Garvorgang beginnt.). Diese dokumentieren die mit der entsprechenden Handlung am Gerät ausgelösten Vorgänge.

> [...]
> Messbecher/Eipick
> Messbecher aus dem Gerät entnehmen. Der Eipick wird sichtbar. Eier anpicken, damit sie beim Garen nicht zerspringen.
> [...]

Eier kochen
Drehknopf auf Symbol (3) stellen. Kontrollampe leuchtet auf. Der Garvorgang beginnt. [...]

Zu erwarten sind in DESKR II-Texten allerdings auch Verben im Vorgangspassiv (Programmplätze [...] können [...] *angewählt werden*; alle Funktionen [...] können [...] *gesteuert werden* – in einer Bedienungsanleitung für einen Fernseher).

In einer dritten Möglichkeit der deskriptiven Vertextungsmuster (DESKR III) bezieht sich K. Brinker auf einen »einmaligen Vorgang, ein historisches Ereignis« (41997, S. 63) als Kommunikationsgegenstand. Das Muster DESKR III trägt narrativ-deskriptive Züge, indem die Logik, die kausal-zeitliche Verknüpfung von Ereignissen zu Ereignisverkettungen beibehalten (narrativ) und die Anordnung der Ereignismerkmale mit einem entsprechenden Schwerpunkt beschrieben wird (deskriptiv). Ein solches Muster erweist sich bei informierenden Texten der massenmedialen Kommunikation, z.B. bei Nachrichtentexten (Berichte, Meldungen) als prototypisch. Nicht Merkmale von Gegenständen werden nach diesem Muster räumlich-zeitlich eingeordnet, sondern Ereignisse mit ihren Komponenten, wie sie in ihrer Struktur in Kapitel 4 erläutert wurden. Nachrichtentexte beantworten die so genannten W-Fragen (Wer hat was getan? Wem ist was widerfahren? Wann? Wo? Wie? Warum) (vgl. W. Schneider / P.-J. Raue 1996, S. 64). Es geht also um Handlungen, Handlungsträger, Handlungsgegenstände, ihre zeitliche, räumliche, motivationale und finale oder kausale Einordnung.

Von dem Vertextungsmuster NARR I unterscheidet sich das dritte deskriptive Muster dadurch, dass der Text zwar grundsätzlich der Chronologie und Logik von Ereignissen folgt, jedoch der erste Satz des Textes den Leitsatz, die Neuigkeit an sich herausstellt. Dies kann der »krönende Abschluß eines Vertrages«, eine »aufregende Passage in einer Rede« oder auch das »Dramatische« an dem Ereignis sein (W. Schneider / P.-J. Raue 1996, S. 66). Dann werden weitere Einzelheiten, Hintergrundinformationen je nach ihrer Gewichtung durch die Textproduzenten beleuchtet, wie dies der folgende Beispieltext zeigt:

NIEDERLANDE
Holländische Ärzte dürfen ab sofort Sterbehilfe leisten
Ab sofort dürfen Ärzte in den Niederlanden unter bestimmten Voraussetzungen aktive Sterbehilfe leisten. Mit dem Inkrafttreten eines neuen Gesetzes sind die Niederlande das weltweit erste Land, in dem der Patientenwunsch nach einem gnädigen Tod erfüllt werden kann, wenn bei unerträglichen Leiden keine Aussicht auf Heilung besteht. Das Gesetz bestätigt damit seit 1993 geltende Richtlinien.   AP
(DIE WELT vom 2.4.2002, S. 7)

5.1.4.3 Das explikative Vertextungsmuster

Das explikative Vertextungsmuster strukturiert generell Texte, die dem Wissenstransfer, also der Vermittlung von Wissen, dienen (vgl. auch S. Jahr 2000), beispielsweise in Lehrbüchern, Enzyklopädien, wissenschaftlichen und populärwissenschaftlichen Texten. Explikationen spielen in der Alltagskommunikation, in der fachlichen und wissenschaftlichen Kommunikation eine Rolle, wenn es um die »Aufdeckung des Wesens von Objekten und Fakten sowie ihr theoretisches Durchdringen« (N. I. Kondakow 1983, S. 149) geht. Erläuterungen des explikativen Vertextungsmusters nehmen auf das Modell von C. G. Hempel und P. Oppenheim (vgl. K. Brinker [4]1997, S. 68 f.; S. Jahr 2000, S. 386) Bezug, nach dem ein »Sachverhalt, das Explanandum, aus anderen Sachverhalten, dem Explanans, logisch abgeleitet wird, d.h. das Explanandum als das zu Erklärende wird durch das Explanans, das Erklärende, charakterisiert« (S. Jahr 2000, S. 386). Das **Explanans**, das Erklärende, besteht aus singulären und Gesetzesaussagen. Singuläre Aussagen geben Anfangs- oder Randbedingungen an, Gesetzesaussagen bestimmen die allgemeinen Gesetzmäßigkeiten, unter denen ein Sachverhalt gilt oder zustande kommt.

Ein Erklärungstext liegt immer dann vor, wenn das Explanandum das Thema des Textes repräsentiert und eine Differenzierung von Explanandum und Explanans erkennbar bzw. rekonstruierbar ist (vgl. K. Brinker [4]1997, S. 69). Ziel von Erklärungstexten ist es, ausgeführte oder beabsichtigte Handlungen zu rechtfertigen, Wissensbehauptungen zu begründen oder zu widerlegen.

Die folgenden Beispieltexte sind der Zeitschrift medizin heute vom April 2002 entnommen und als explikative Texte aufeinander beziehbar zu verstehen. Unter der Rubrik THEMEN befasst sich ein Beitrag mit der Wirkungslosigkeit von Antibiotika, ergänzende Hintergrundinformationen werden neben dem Hauptbeitrag in einem »Kasten« (Zusatztext) gegeben.

(Themenbeitrag)

Wirkungslose Antibiotika

Tot gehustet?

Vor drei Jahren passierte es zum ersten Mal. Ein Patient von Prof. Hartmut Lode starb an einem Infekt, den kein Antibiotikum ausmerzen konnte.

Ein- bis zweimal im Monat, schätzt der Pulmonologie-Chefarzt der Klinik Berlin-Zehlendorf Lode, sterben Patienten auf seiner Intensivstation, weil alle Antibiotika versagen. Statistiken dazu gibt es keine. Lode betont, dass die Verstorbenen alle schwer krank waren und an ihrer Grunderkrankung ohnehin gestorben wären. Patienten auf der Intensivstation werden oft künstlich beatmet, was Lungenentzündungen hervorrufen kann. Die Ärzte geben ihnen Antibiotika, die wiederum Resistenzen produzieren können – ein Teufelskreis. Intensivstationen brüten resistente Keime aus. Resistent – so nennen Fachleute die Bakterien, denen eine oder mehrere Antibiotika-Klassen nichts mehr anhaben können (siehe dazu auch Kasten auf Seite 17) [...] (K. Petrat. In medizin heute 4/2002, S.14)

Die einführende explikative Textpassage leitet musterhaft das Explanandum aus dem Explanans her. Das Explanans wird zunächst durch singuläre Aussagen beschrieben, die die Anfangsbedingungen kennzeichnen (A_1 bis A_3), diese führen zu einer Gesetzesaussage G:

Explanans:

A_1: Ein Patient starb an einem Infekt, der durch kein Antibiotikum erfolgreich behandelt werden konnte.

A_2: Durch Krankheit geschwächte Patienten versterben, weil Antibiotika versagen.

A_3: Künstliche Beatmung Schwerkranker auf Intensivstationen kann Lungenentzündung hervorrufen. Antibiotika dagegen produzieren Resistenzen.

G: Intensivstationen brüten resistente Keime aus.

Explanandum:

E: Resistent bedeutet, dass Antibiotika-Klassen Bakterien nichts mehr anhaben können.

Der Zusatztext erklärt in einem Absatz, wie Resistenzen entstehen. Da es sich dabei um Hintergrundinformationen handelt, treten singuläre Aussagen zur Beschreibung des Explanans zurück, um die Entstehung resistenter Keime in ihrer Gesetzmäßigkeit zu zeigen, d.h. über gesicherte Erkenntnisse.

> [...]
>
> (1) Wie entstehen nun Resistenzen? (2) Häufig überleben einzelne Bakterien den Antibiotika-Angriff. (3) In den meisten Fällen sind sie mutiert, was bedeutet, dass sich ihr Erbgut geändert hat. (4) Im Erbgut liegt der Plan, wie Stoffwechselprozesse ablaufen. (5) Der Stoffwechsel dieser mutierten Bakterien hat sich also geändert und zwar genau an der Stelle, an der das Antibiotikum eingreift. (6) Es ist nun resistent gegen ein Antibiotikum geworden. (7) Für Bakterien heißt das Ausbilden von Resistenzen, den Überlebenskampf zu gewinnen. (8) Bei dem helfen sich Bakterien auch untereinander: (9) Sie tauschen Teile ihres Erbgutes aus und übertragen so Resistenzen untereinander. (10) Resistenzen bilden sich unweigerlich, aber einige Faktoren beschleunigen deren Ausbreitung. (11) Dazu zählen auch falsche Antibiotika-Therapien, die zu kurz oder niedrig dosiert werden. (medizin heute 4/2002, S. 17)

Die Sätze (1) bis (9) erklären den gesetzmäßigen Prozess der Herausbildung von Resistenzen bei Bakterien (G_1, G_2 ...G_9). Daraus folgt in Satz (10) die Ableitung des Explanandums (E), dass Resistenzen von Bakterien unweigerlich entstehen. Satz (11) ist dem Explanans zuzuordnen, denn es wird in einer abschließenden singulären Aussage (A) auf Faktoren verwiesen, die die Resistenzausbreitung möglicherweise beschleunigen.

Die an den beiden Textausschnitten makrostrukturell gezeigte Ableitung des Explanandums aus dem Explanans wird natürlich auch mikrostrukturell unterstützt. Dies soll kurz an der thematischen Progression (Thema=Th, Rhema=Rh) (vgl. Kapitel 2.2.2) und dem verwendeten Wortschatz gezeigt werden.

In der einleitenden Textpassage wird mit der Progression mit einem durchlaufenden Thema gearbeitet, was aus der Explikation durch singuläre Aussagen resultiert:

Wirkungslose Antibiotika (Th 1)

Tot gehustet?

Vor drei Jahren passierte es zum ersten Mal (Rh 1). Ein Patient von Prof. Hartmut Lode starb an einem Infekt, den kein Antibiotikum ausmerzen konnte (Th 1).

Ein- bis zweimal im Monat (Rh 2), schätzt der Pulmonologie-Chefarzt der Klinik Berlin-Zehlendorf Lode, sterben Patienten auf seiner Intensivstation, weil alle Antibiotika versagen (Th 1). [...]

Der Hintergrund-Text arbeitet auch mit der einfachen linearen Progression des Themas, indem eingeführte Fachwörter, die die Prozesse des Resistent-Werdens von Bakterien beleuchten, als Teile dieses Prozesses erklärt werden:

[...] In den meisten Fällen (Th 1) sind sie mutiert (Rh 1), was bedeutet (Th 2), dass sich ihr Erbgut (Rh 2) geändert hat. Im Erbgut (Th 3= R 2) liegt der Plan, wie Stoffwechselprozesse ablaufen (Rh 3). Der Stoffwechsel (Th 4= Rh 3) dieser mutierten Bakterien hat sich also geändert [...]

Das Explanandum findet »seinen sprachlichen Ausdruck gewöhnlich in Form von Fachwörtern bzw. Fachtermini, die das semantische Konzentrat eines mehr oder weniger umfangreichen Wissensbereichs darstellen« (H. Kalverkämper 1987, S. 655). Das mit dem Fachwort *resistent* abgeleitete Explanandum wird im vorausgegangenen Text durch andere sprachliche Mittel in seine semantischen Komponenten zerlegt, im thematisch einführenden Text verdeutlichen dies die Verben *nicht ausmerzen können, versagen*. S. Jahr (2000, S. 392) fasst diesen Prozess folgendermaßen zusammen:

Bei der Vertextung dieser sprachlichen Ausdrücke sind die verdichteten Merkmalskombinationen aufzulösen und in anderen Lexemen mit einem weniger hohen Verdichtungsgrad an Information wieder zu versprachlichen. Durch diese Auflösungen werden die internen Strukturbeziehungen der semantischen Komponentenbündel aufgedeckt sowie der Zusammenhang zwischen Referenzobjekten verdeutlicht.

5.1.4.4 Das argumentative Vertextungsmuster

Argumentative Vertextungsmuster spielen in der mündlichen und schriftlichen kommunikativen Praxis überall dort eine wichtige Rolle, wo Behauptungen, also Thesen, Motive oder Interessen, begründet werden sollen (in der Alltagskommunikation, in Gesprächen und Diskussionen, in wissenschaftlichen und juristischen Texten, in Meinungstexten, in Werbetexten usw.).

In der kommunikativen Praxis geht es nun nicht immer um Beweise im logischen Sinne, wie dies auch W. Heinemann und D. Viehweger betonen, »sondern um das pragmatische Einsichtigmachen von Wahrscheinlichkeiten, um das ›Überzeugen‹ des Partners bei der Suche nach angemessenen Problemlösungen, meistens in einer sehr verkürzten Form« (1991, S. 249).

Als eine solche kurze Form behauptet sich in der rhetorischen Praxis seit etwa 35 Jahren die von K. Geißner (1968) eingeführte Fünfsatz-Argumentation. Fünfsatz-techniken etablieren sich zunächst für die Argumentation in mündlichen Gesprächs- oder Diskussionssituationen.

Inzwischen zeigt sich in der Praxis, dass der Fünfsatz aber auch in schriftlichen Statements – wie etwa Pressemitteilungen – Anwendung findet. Auch wird von Vertretern der ganzheitlichen Rhetorik in Seminaren für Wirtschaft und Politik wie auch in der Lehre an Universitäten und Hochschulen der Fünfsatz nicht mehr nur als Argumentationsstruktur für kürzere Sprechsequenzen in mündlichen Situationen, sondern auch mit weitgehender Anwendungsmöglichkeit gelehrt und trainiert. (K.-J. Grothe 2002, S. 1)[4]

Fünfsatztechniken eignen sich:

i)   als kleine Argumentationsstruktur zur schnellen Beweisführung mit kurzfristiger Wirkung auf den Kommunikationspartner,

ii) um den inhaltlichen Verlauf von Gesprächen strategisch-taktisch zu beeinflussen,

iii) um Gesprächs- und Diskussionsverläufe moderierend zu steuern,

iv) als Gesamtstruktur auch für schriftliche Texte, die mündliche Situationen begleiten und unterstützen (vgl. K.-J. Grothe 2002, S. 1 und Fußnote).

Die Fünfsatztechnik bietet mit einer Reihe von Strukturmustern vielfältige Anwendungsmöglichkeiten für überzeugendes, zielgerichtetes und zeitsparendes Argumentieren in der mündlichen und schriftlichen Kommunikation. Die Beschränkung auf fünf Sätze fordert allerdings eine rigide Anordnung, die vorwiegend sachlich-rational geprägt ist und dadurch eher kurzfristige Wirkungen erzielen kann.

Im Allgemeinen geht es darum, in einem ersten Denkschritt den situativen Bezug auf bereits Gesagtes herzustellen und die eigene Meinung darzulegen oder den eigenen Redebeitrag einzuordnen. Der Mittelteil ist dreifach gegliedert, um in der eigentlichen Beweisführung drei triftige Argumente, Vor- und Nachteile, Pro- und Kontra-Argumente zu formulieren. Der Kerngedanke, wovon der Gesprächspartner überzeugt werden soll, bildet den Schluss in einem Ziel- oder Zwecksatz.

A. Thiele (1998, S. 84 ff.) unterscheidet als Fünfsatztechniken die Standpunktformel, den dialektischen Fünfsatz, die Kompromissformel sowie die Problemlö-

---

4   Der Zitatnachweis bezieht sich auf eine E-Mail von Klaus-Jürgen Grothe vom 16. Mai 2002, in der er sich dankenswerterweise zur Fünfsatztechnik äußert. Klaus-Jürgen Grothe vertritt eine ganzheitliche Rhetorik und lehrt an der Ernst-Moritz-Arndt Universität Greifswald.

sungsformel, R. W. Wagner (1996, S. 115 f.) führt die Modelle Kommentierung, Kompromiss, Wertung und Vergleich auf. Aus der Arbeit eines Studenten, der Fünfsatztechniken mit Hilfe von Fünfsatztechniken erklärt, sollen zwei Techniken als Beispiele aufgeführt werden:

Dialektik

Die Hauptaufgabe eines Statements ist die Präsentation des eigenen Standpunktes.

Einige setzen dabei primär auf Lebendigkeit und Eindringlichkeit der Sprache.

Andere legen ihr Hauptaugenmerk auf das formale Gerüst ihres Vortrags.

Der 5-Satz kann nun die Forderung nach klarer eigener Sprache genauso erfüllen, wie die nach struktureller Präzision.

Deshalb ist der 5-Satz für den Verfechter beider Positionen erste Wahl.

Kompromiss

Einige Menschen sagen nun, der 5-Satz mache die Rede langweilig, hölzern und technisch.

Andere führen an, ohne eine solche Struktur wird sie leicht unverständlich und ausschweifend.

Die Wahrheit liegt, wie häufig, zwischen diesen Extrempositionen.

Deshalb der Vorschlag, den 5-Satz nach Bedarf mit Einschüben und Übergängen zu versehen.

Das wahrt die Struktur, sorgt aber trotzdem für Flexibilität und Unterhaltsamkeit des Textes.

(Dirk Schümann, Seminararbeit)

Für eine langfristige Wirkung auf Kommunikationspartner eignet sich die Argumentation nach dem Modell des englischen Philosophen St. Toulmin (1958, 1975), auf den sich auch K. Brinker ([4]1997) in seiner Darstellung der argumentativen Themenentfaltung stützt. St. Toulmin hat ein Argumentationsmodell für den Bereich des praktischen Argumentierens entwickelt, das auf einer Kritik des klassischen aristotelischen Schlussverfahrens in der Form des Syllogismus basiert. Der Logik der Argumente stellt er ihre soziale Bedingtheit entgegen. Dies soll am folgenden Beispiel erläutert werden.

Männer verhalten sich in gemischtgeschlechtlichen Gesprächen meist dominant. (Prämisse 1)

Paul ist ein Mann. (Prämisse 2)

Paul verhält sich in gemischtgeschlechtlichen Gesprächen dominant. (Konklusion)

Der »harte« Schluss des Syllogismus kann individuelle Besonderheiten der sozialisierten Person Paul nicht berücksichtigen. Wahrscheinliche oder mögliche Individualmerkmale von Paul – seine Sensibilität, Höflichkeit mögen es ihm verbieten, Frauen im Gespräch als untergeordnet zu betrachten – bleiben unberücksichtigt. Der Syllogismus ist also eher untypisch für Alltagssituationen und für Texte im nicht-wissenschaftlichen Bereich. Aus diesem Grunde entwickelt St. Toulmin von der Logik abweichende Geltungswahrscheinlichkeiten für Argumente. Die Abb. 12 soll dies verdeutlichen:

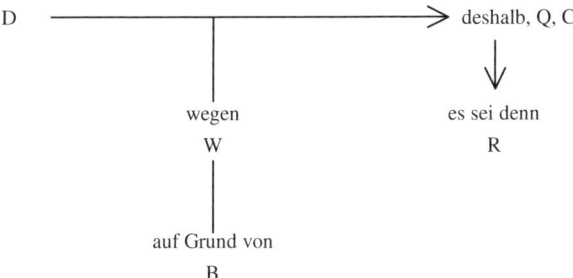

Abbildung 12: Argumentationsschema nach Toulmin (K. Brinker [6]2006, S. 81)

Argumente bauen auf Daten auf (D=*data*), die sich aus Beobachtung, statistischen Angaben oder anderen Informationen ableiten lassen. Aus den angeführten Daten kann ein Schluss gezogen werden, eine Behauptung (C=*conclusion*), zu deren Stützung Argumente gebraucht werden. Aus den Daten wird auf die Behauptung nach einer Schlussregel (W=*warrant*) geschlossen. Der Schluss ist nicht immer sicher, wahrscheinlich oder möglich, also wäre es günstig, ihn zu qualifizieren (Q=*qualifier*). Es können Modaloperatoren die Gültigkeit der Schlussregel unter bestimmten Umständen einschränken (vgl. K. Brinker [4]1997, S. 73). Das Beispiel des Individuums Paul zeigte bereits die Möglichkeit, den über den Syllogismus suggerierten Schluss zurückzuweisen. Dazu könnte z.B. ein so genannter *rebuttal* (R) führen: »Es sei denn, Paul verhält sich wirklich nicht so dominant, weil er sensibel und höflich ist.« Die Basis (B=*backing*) der Schlussregel (Es gilt vermutlich C, falls nicht R.) kann auch stillschweigend vorausgesetzt werden.

Über St. Toulmin hinausgehend finden sich bei C. Ottmers (1996, S. 86-117) ausführlich dargestellte alltagslogische und konventionalisierte Schlussverfahren. Die bei C. Ottmers (1996) aufgeführten Schlussverfahren werden häufig in appellativen, argumentativen Werbetexten verwendet (vgl. N. Janich[2]2001, S. 87 ff.). Wie in der Alltagskommunikation geht es auch in der Werbung weniger um wahre Erkenntnisse als vielmehr um Wahrscheinlichkeiten, die dazu beitragen sollen, Einstellungen herauszubilden. Für dieses Ziel werden Enthymem- und Beispielargumentation als Argumentationsverfahren genutzt. Bei der Enthymemargumentation geht es darum, dass in einem dreigliedrigen Argumentationsschritt eine strittige Aussage durch Argumente gestützt wird, so dass die strittige Aussage in eine unstrittige umgewandelt werden kann. (Vgl. N. Janich [2]2001, S. 89.)

Ein Beispiel für eine Enthymemargumentation bietet der folgende Text. Eine These, d.h. eine strittige Aussage, ist mit Argumenten zu belegen, um über das pragmatische ALSO zu einer Schlussfolgerung zu gelangen. Annahme/These und Konklusion müssen also durch unstrittige Aussagen (Argumente) aufeinander bezogen werden. Deutlich wird das Schema am folgenden Werbetext, bei dem es sich um eine High-Involvement-Anzeige handelt (vgl. auch N. Janich [2]2001):

(1) Andere versprechen die Zukunft.

(2) Wir arbeiten daran.

(3) Mit Biomasse-Kraftwerken von Babcock
Borsig Power schalten Energieversorger die
Zukunft ein: (4) Strom aus Holz. (5) CO_2-neutral.
(6) Dezentral. (7) Und dank staatlicher Förderung in
vielen Ländern mit rasanten Wachstumsraten.
(8) Einfach optimal für alle, die wissen, dass es für
die Energiefrage nicht eine Antwort, sondern
viele Lösungen gibt.
(9) New Basics for Life!!

(10) BABCOCK BORSIG POWER
(In Ausgaben des *Spiegel* 2001)

Den Rahmen für die eigentliche Argumentation bilden in diesem argumentativen Werbetext die Schlagzeilen (1) und (2), das enthaltene »wir« und seine Auflösung mit dem Firmennamen am Ende des Textes (10). Satz (3) repräsentiert die Annahme, eine strittige Aussage, die durch Argumente (4), (5), (6), (7), also unstrittige Aussagen, gestützt und belegt wird. Satz (8) wandelt die strittige Aussage auf kognitiver, d.h. auf der Wissensebene, in die Konklusion um.

Kommentare als Meinungstexte basieren gleichfalls auf dem argumentativen Vertextungsmuster, das jedoch nicht immer vollständig ausgeführt sein muss (vgl. dazu Kapitel 3.4.2.1, W. Schneider / P.-J. Raue 1996). Dennoch kann eine Verallgemeinerung hinsichtlich der Komposition von Argumentationstexten in Werbung und Journalismus formuliert werden: Die eigentliche Argumentation wird durch eine Einordnung oder Ableitung des zu behandelnden Problems eingerahmt. Es folgt die Formulierung der strittigen These/Annahme, die durch treffende Argumente – häufig drei Argumente oder Argumentkomplexe – gestützt wird. Annahme und Argumentation werden in der Konklusion in Relation zueinander gebracht, so dass der Rezipient aus dem formulierten Schluss Handlungsmotivationen oder Erkenntnisse ableiten kann.

5.2 Textverstehen

Textverstehen und Textproduktion lassen sich nicht einfach als Umkehrprozesse voneinander darstellen. Auch das Textverstehen unterliegt eigenen Gesetzmäßigkeiten und Prozeduren. Es ist zwar nicht von einer einheitlichen Theorie des Textverstehens auszugehen, wohl aber stellen psycholinguistische, kognitionspsychologische und linguistische Ansätze und Modelle Erkenntnisse bereit, den Prozess des Textverstehens in seinen Grundsätzen zu beschreiben.

> Mit D. Busse kann »Textverstehen als Fähigkeit des In-Beziehung-Setzens von Ausdruckselementen zu Wissenselementen« (1992, S. 162) verstanden werden. Er stellt derartige verstehensrelevante Wissenselemente zusammen (vgl. 1992, S. 131 ff.).

Das bedeutet, dass die in Kapitel 4 diskutierten unterschiedlichen Wissensarten gleichfalls für das Verstehen von Texten relevant werden, weshalb auf diese im Folgenden Bezug genommen wird. Das Interesse an Sprachverstehensprozessen entwickelte sich in der kognitiven Psychologie und in der Psycholinguistik der vergangenen vier Jahrzehnte stärker als in der Linguistik, so dass auf Erkenntnisse dieser Wissenschaftsdisziplinen ausdrücklich zurückgegriffen werden muss. Das erfolgt auch deshalb, weil Erkenntnisse der kognitiven Psychologie in Korrelation zu den in Kapitel 6 entwickelten und beschriebenen Strukturen einer Textgrammatik stehen.

5.2.1 Textverstehen und Performanz

Die Aussparung des Verstehens als Forschungsgegenstand in der Linguistik sieht E. O. Gerke als »systematische Konsequenz der normativen Orientierungen in der linguistischen Theoriebildung der vergangenen Jahrzehnte« (1995, S. 17). Zentrale Fragen nach strukturellen Eigenschaften sprachlicher Ausdrücke oder nach der Grammatikalität von Sätzen haben dazu geführt, Verstehen und Sprachverstehen als Performanzerscheinungen, also als Erscheinungen des Sprachgebrauchs, der Sprachpsychologie zu überlassen (vgl. E. O. Gerke 1995, S. 18). Der Psycholinguist H. Hörmann hat diese Einsicht in seinen Werken *Meinen und Verstehen* (1978) und *Der Vorgang des Verstehens* (1980) vertieft. Verstehen bedeutet für ihn nicht einfach das zu dekodieren, was der Kommunikator mit Hilfe sprachlicher Zeichen enkodiert hat, sondern in einem kommunikativen Akt Sinn zu schaffen. Voraussetzung für diese Sichtweise ist die Erkenntnis, »daß bottom-up-Prozesse, also das, was als Input von draußen reinkommt, in Interaktion treten mit top-down-Prozessen, also dem, was aus unserem Wissen und Können und unseren Erwartungen dem Einlaufenden formend, aufnehmend oder auch ablehnend entgegentritt« (H. Hörmann 1980, S. 18).

Bottom-up bedeutet, dass der Rezipient Schritt für Schritt Phoneme/Grapheme, Morpheme, Wörter, Sätze und schließlich den ganzen Text in einem Wahrnehmungsprozess verarbeitet. **Top-down** meint, dass verarbeitete Strukturen und Inhalte zu eigenem Wissen, Erfahrungen, Emotionen oder Fähigkeiten in Bezug gesetzt werden. Auf dieser Grundlage gehe es beim Verstehen nicht um das »Erreichen der linguistischen Struktur des Satzes«, sondern Verstehen bedeute »das »Erreichen des vom Sprecher Gemeinten« (H. Hörmann 1980, S. 21). Dazu geht der Rezipient über die sprachliche Struktur hinaus und berücksichtigt gleichsam die kommunikative Situation und die sich aus ihr ergebende Intention des Sprechers oder Schreibers. Entscheidend für das Verstehen sei aber auch die prinzipielle Intention des Rezipienten, »die ihn umgebende Welt zu durchschauen, sie intelligibel zu machen« (H. Hörmann [2]1987, S. 135).

H. Hörmann begreift den Prozess des Verstehens als einen »konstruktiven Vorgang« (1978, S. 27), in dem erfasste Informationen durch neu geschaffene ergänzt werden. In der Verbindung dieser beiden Arten von Informationen kann einer sprachlichen Äußerung Sinn zugeordnet werden. Der Mensch ist darauf aus, »Äußerungen als sinnvoll zu erfassen«, was H. Hörmann als »Sinnkonstanz« ([2]1987, S. 137) bezeichnet.

Das Erreichen der Sinnkonstanz beschreibt H. Hörmann als einen gestuften Prozess, wobei er das »Gefühl des Verstandenhabens« (1980, S. 208) und Verstehen als Ergebnis einer Überprüfung der Übereinstimmung der Annahmen des Rezipienten mit der Intention des Sprechers unterscheidet. Eine solche Überprüfung, ob die autonome Sinnzuschreibung des Rezipienten dem vom Sprecher intendierten Gemeinten entspricht, ist erforderlich, weil die Interpretation des Textes immer eine vorläufig stabile darstellt und in der Interaktion von Datenstruktur des Textes und Rezipientenwissen verändert werden kann (s. W. Heinemann / D. Viehweger 1991, S. 114 ff.).

Linguistik und kognitive Psychologie haben Modellierungen entwickelt, die die Datenstruktur des Textes und die Wissensstruktur des Rezipienten in unterschiedlicher Komplexität einbeziehen. Um eine Auswahl dazu soll es im Folgenden gehen, wobei die Verarbeitung sprachlicher Strukturen den Ausgangspunkt bildet, um dann andere Wissensarten einzubeziehen.

5.2.2 Parsing und Konstituentenstruktur

Der Kognitionspsychologe J. R. Anderson ([2]1996) gliedert den Prozess des Sprachverstehens in drei Stufen: Wahrnehmung, **Parsing** und Verarbeitung. Durch wahrnehmungsbezogene Prozesse werden gesprochene und geschriebene Äußerungen zunächst enkodiert, d.h. Phoneme, Morpheme, Wörter, Phrasen, Sätze werden als solche identifiziert. Der Begriff ›Parsing‹ beschreibt den Prozess, »durch den die Wörter einer Mitteilung in eine mentale Repräsentation überführt werden, die die zusammengesetzte Bedeutung der Wörter darstellt« ([2]1996, S. 375). Die Stufe der Verwendung impliziert, dass Hörer oder Leser dann von der »mentalen Repräsentation der Satzbedeutung« ([2]1996, S. 375) Gebrauch machen, indem sie eine Information im Gedächtnis speichern, auf Fragen antworten, einer Anweisung folgen oder Ungesagtes, aber Mitgemeintes inferieren (schlussfolgern).

Wahrnehmung und Verwendung als Stufen des Sprachverstehens sollen in diesem Kapitel nicht weiter erörtert werden, denn Wahrnehmungsprozesse werden für das Verstehen von Texten schlicht vorausgesetzt, Mitzuverstehendes wird im Kapitel 5.2.5 thematisiert.

Generell ist das Parsing als Interaktion einer syntaktischen und semantischen Analyse auf allen Ebenen der Verarbeitung eines Satzes oder Textes zu verstehen. Syntaktische Hinweise wie die Serialisierung, also die Wortreihenfolge oder die Satzgliedfolge, sowie die Markierung der morphologischen Form von Wörtern durch die Flexion unterstützen die Interpretation eines Satzes (vgl. J. R. Anderson [2]1996, S. 383). Lexikalische Mehrdeutigkeiten werden verarbeitet, propositionale Repräsentationen aufgebaut (vgl. Kapitel 5.2.3).

Interessant ist nun für uns die Erkenntnis, dass wir nicht für jedes mögliche Satzmuster Regeln lernen, sondern die Fähigkeit erwerben, Teilmuster von Sätzen, »sogenannte Phrasen, zu interpretieren und die Interpretationen dieser Teilmuster zu kombinieren beziehungsweise zu verketten« (J. R. Anderson [2]1996, S. 376). Die Teilmuster, von denen hier die Rede ist, beziehen sich auf grundlegende Einheiten in der Struktur eines Satzes, auf **Konstituenten**. Von den Konstituenten nimmt J. R. Anderson an, dass sie beim Sprachverstehen über psychische Realität verfügen. So konnten Probanden Konstituenten der Form A besser verstehen als die der Form B:

Form A	Form B
Im zweiten Weltkrieg	Im Zweiten
verfolgten die Nationen	Weltkrieg verfolgten die
sogar skurrile Pläne	Nationen sogar skurrile
wenn sie nur hoffen ließen	Pläne wenn sie nur hoffen
dass der Krieg bald endet.	ließen dass der Krieg bald endet.
(J. R. Anderson [2]1996, S. 377)	

Die Identifikation von Konstituenten erweist sich damit als besonders wichtig für die syntaktische und semantische Analyse eines Satzes, denn bei den Konstituenten handelt es sich um »natürliche Bedeutungseinheiten« (J. R. Anderson [2]1996, S. 378).

Wenn nun also Verstehensleistungen nicht auf ganze, komplexe Sätze orientiert sind, sondern auf Konstituenten mit dem Status einer natürlichen Bedeutungseinheit, kann Folgendes abgeleitet werden: In der mündlichen und schriftlichen Kommunikation sind nicht immer vollständige Standardsätze zu erwarten, sondern Textproduktion und Textverstehen funktionieren auch auf der Grundlage unvollständiger Einheiten, die den beschriebenen Konstituenten entsprechen.

Wenn derartige Konstituenten den Status natürlicher Bedeutungseinheiten haben, wie dies die kognitive Psychologie belegt, wird ein linguistisches Beschreibungsinstrumentarium für diese Konstituenten erforderlich, das sich von der Beschreibung der Struktur von Standardsätzen abhebt.

Denn es geht bei diesen Konstituenten nicht um defizitäre Strukturen, die vor dem Hintergrund einer vollständigen Satzstruktur zu klären wären (vgl. Kapitel 4.2), sondern um Einheiten, die in der Kommunikation verstanden werden. Kapitel 6 widmet sich solchen Konstituenten umfassend.

5.2.3 Textverstehen und Proposition

Mit dem Parsing wird darauf Bezug genommen, dass in einer interaktiven Anwendung semantischen und syntaktischen Wissens scmantische Unbestimmtheiten aufgehellt werden. Auf dieser Grundlage gelangen Rezipienten zu Repräsentationen von Propositionen und ihren Beziehungen zueinander. Grundlage der Strategietheorie des Textverstehens (vgl. W. Kintsch / T. van Dijk 1983) ist die Auffassung, dass Texte aus einer Menge geordneter Propositionen bestehen. Textbedeutungen werden also über Propositionen und ihre Beziehungen zueinander ermittelt. Propositionen bilden dabei die unterste semantische Repräsentation, die einen Sachverhalt abbildet. Ein Sachverhalt ist die Verbindung aus einem Individuum (Gegenstand, Person, Institution) und einem Merkmal (Relation, Eigenschaft). Eine Proposition stellt einen Sachverhalt in einer Prädikat-Argumentstruktur dar. Durch Konnektoren (Konjunktionen, Konjunktionaladverbien) werden Beziehungen zwischen den Propositionen hergestellt.

Es entsteht Konnexion, die ein wichtiges Mittel zur Realisierung kohäsiver und kohärenter Texte ist.

Paula hat sich hingelegt. Sie fühlt sich krank.

Kohärenz ist für dieses Beispiel leicht herstellbar. Die Konnexion zwischen den beiden Propositionen der einfachen Sätze ist kausaler Natur.

Ein Mehrebenen-Modell des Textverstehens, das dem Aufbau des Textes aus hierarchisch geordneten Propositionen folgt, ist das von W. Kintsch und T. van Dijk (1983) (vgl. auch Kap. 2.2.4). Sie gehen von den folgenden Prämissen aus:

i) **Atomare Propositionen** bilden die Grundeinheiten eines Textes (Mikrostruktur), die sich über Konnektoren zu komplexen Propositionen verbinden.

ii) Es entstehen **lokale Kohärenzen**, die sich auf mindestens zwei aufeinander folgende Sätze beziehen lassen.

iii) Aus den Mikrostrukturen werden größere Texteinheiten zusammengefügt, so dass **Makrostrukturen**, also globale Textstrukturen entstehen, aus denen das

Thema des Textes abgeleitet werden kann (vgl. auch W. Heinemann / D. Viehweger 1991, S. 44 ff.).

iv) Insgesamt bildet ein aus Propositionen aufgebauter Text eine **Superstruktur**, aus der die konventionalisierte Form einer bestimmten Textsorte abgeleitet werden kann.

Semantische Relationen zwischen den Propositionen eines Textes können durch Konnektoren angezeigt werden (**Syndese**) oder auch nicht (**Asyndese**), dann sind die Beziehungen vom Rezipienten zu inferieren. Bei der Novelle scheint es sich beispielsweise um ein literarisches Genre (Textsorte) zu handeln, für das die Syndese als Strukturprinzip gilt. Um die für die Novelle typische unerhörte Begebenheit zu konstruieren, bedarf es der Darstellung durch verschiedene Umstände miteinander verketteter Ereignisse. Dies erfolgt explizit, indem semantische Relationen höherer Ordnung (vgl. Kapitel 4.1.1.2) zwischen den einzelnen Propositionen als Ausdruck eines Sachverhaltes durch Konnektoren mit kausaler, temporaler und modaler Bedeutung indiziert werden. Einige Sätze aus Giovanni Boccaccios Falkennovelle (Neunte Novelle des fünften Tages aus dem Decamerone) sollen dies belegen, wobei kausale Beziehungen zwischen den einzelnen Propositionen dominieren:

Satz 1

(1) Da nun Federigo über seine Kräfte verschwendete und nichts einnahm, (2) schwand natürlicherweise sein Reichtum, (3) und er wurde ganz arm, (4) so daß ihm nichts mehr blieb als ein kleines Gütchen, (5) von welchem er notdürftig lebte, (6) und außerdem hatte er noch einen sehr guten Falken.

Satz 2

(1) Obwohl er nun immer noch von der nämlichen Liebe entzündet war, (2) sah er doch ein, (2a) dass er in der Stadt nicht mehr so leben könne, (3) wie er gerne wollte, (4) und zog daher aufs Land, (5) ließ sich auf seinem Gütchen nieder, (6) vergnügte sich hier mit Vogelstellen, (7) indem er so, niemandes bedürfend, seine Armut geduldig ertrug.

(Boccaccio, Giovanni: Decamerone. Erster Band. Deutsch von G. Diezel, Paola Calvino. Zürich: Manesse, S. 643–653)

Grund-Folge-Beziehungen zwischen den Propositionen (1) und (2) sowie (3) des ersten Satzes realisieren die Subjunktionen *da* (Grund) und die Konjunktion *und* (Folge), *so dass* leitet (4) als Folge von (3) ein. Additiv zu den Propositionen (4) und (5) stellt die Konjunktion *und* die Proposition (6), die damit gleichfalls in eine exponierte Position gebracht wird, weil sie für die Schilderung der unerhörten Begebenheit relevant ist.

Im zweiten Satz wird zwischen den Propositionen (2), (2a) und (1) eine konzessive Beziehung durch die Subjunktion *obwohl* realisiert, zwischen (2a) und (3) eine modale Beziehung durch das Interrogativadverb *wie*. Eine kausale Beziehung wird zwischen den Teilsätzen (3) (Grund) und (4) (Folge) durch die koordinierende Konjunktion *daher* aufgebaut, additiv asyndetisch werden dazu weiterhin die Propositionen (5) und (6) koordiniert. Die Proposition (7) fügt sich modal an die vorausgegangene Proposition durch eine Subjunktion an.

Während in der zitierten Novelle semantisch-syntaktische Beziehungen zwischen den Propositionen syndetisch explizit sichtbar gemacht werden, sind im folgenden Text eine Reihe semantischer Beziehungen zwischen den Propositionen zu inferieren. Die asyndetische Verknüpfung dominiert den Text.

> Der neue Golf-Variant. Golf mit Happy End.
> (1) Da, (1a) wo der neue Golf Variant ist, spielt die Musik. (2) Denn wer mit Pauken, Trompeten und großer Baßbegleitung durch die Lande reist, (3) wird die Nehmerqualitäten dieser neuen Kombilimousine sicher in den allerhöchsten Tönen loben. (4) Zum einen ist dieser sportlich-elegante Golf Variant um 32 cm länger als ein Golf. (5) Zum anderen läßt sich der Gepäckraum durch Umlegen der 1/3 zu 2/3 umklappbaren Rücksitzbank und -lehne in allen Ausstattungsversionen von 466 Liter auf bis zu 1425 Liter (nach VDA-Messung) erweitern. (6) Zum Praktischen kommt das Golf-Vergnügen. (7) Von vorn bis hinten bietet der neue Golf Variant all das, (8) was den Golf zum Meistgekauften in Europa macht: vorbildliche Sicherheit, weltbekannte Golf-Qualität und Fahrspaß. (9) Das alles kennt man nur vom Golf. (10) Und Stichwort Umwelt: (11) Auch beim neuen Golf Variant werden bei der Produktion fast nur wiederverwertbare Materialien verwendet. (12) Kleiner Trommelwirbel zum Schluß: (13) Den Golf Variant gibt es in vier Ausstattungsversionen, mit neun Lackierungen und sechs Motoren. (14) Sie haben die Wahl.
> Wie gesagt, Golf mit Happy End. (In: *Brigitte* der Jahre 1998 und 1999)

Der Beispieltext ist unschwer als argumentativer Werbetext (Enthymemargumentation) erkennbar. Die eigentliche Argumentation wird eingerahmt: *Der neue Golf-Variant. Golf mit Happy End [...] Wie gesagt, Golf mit Happy End.*

Die strittige Aussage (Annahme) findet sich im ersten Satz mit den Propositionen 1 und 1a. Diese soll durch unstrittige Aussagen belegt, also begründet werden. Die kausale Beziehung, die für diesen Text konstitutiv erscheint, wird nur einmal explizit durch die kausale koordinierende Konjunktion *denn* indiziert. Weitere die Qualität des Fahrzeugs begründende Argumente in den Propositionen (4) bis (14) (Praktisches, Vergnügen, Umwelt) werden nicht durch kausale verknüpfende Mittel angefügt, sondern durch reihende: *zum einen, zum anderen, zum Praktischen*, und *Stichwort*. Die kausale Relation muss im Verstehensprozess inferiert werden.

In der Strategietheorie zum Textverstehen von W. Kintsch und T. van Dijk (1983) spielt der Aufbau mentaler Repräsentationen auf der Grundlage des Verstehens von Propositionen und ihren Beziehungen zueinander eine zentrale Rolle. Es werden jedoch weitere Kenntnisse strategisch instrumentalisiert (vgl. auch W. Heinemann / D. Viehweger 1991, S. 117 f.):

i) Die Ordnung der Propositionen wird durch weiteres Wissen im Verstehensprozess ergänzt (vgl. top-down).

ii) Sachverhalte werden als typisierte, klassifizierte Sachverhalte verstanden und
auf bestimmte Kommunikationssituationen und Interaktionen bezogen.

iii) Wie auch bei H. Hörmann (1979, 1980) (vgl. Kapitel 5.2.1) wird angenommen, dass ein schrittweises Verstehen erfolgt und das Verstehensergebnis
(Sinnkonstanz) modifiziert werden kann. Rezipienten bilden Verstehenshypo-
thesen, subjektive Theorien, in die auch individuelle Erfahrungen eingehen.

iv) Der Verstehensprozess ist durch subjektive Bewertungen, Einstellungen und
Überzeugungen determiniert.

v) Im Verstehensprozess wird die Absicht des Kommunizierenden rekonstruiert,
der Text wird in seinen sozialen Kontext in Interaktion mit seinen Zielen, Mo-
tiven und Normen und damit in seine Funktionalität eingeordnet.

5.2.4 Framebasiertes Verstehen

Im vorangegangenen Kapitel ist darauf Bezug genommen worden, dass Texte eine
hierarchisch geordnete Struktur von Propositionen bilden und durch kausale und
logische Strukturen zusammengehalten werden. Die kognitive Psychologie hat
dies vor allem an Erzählungen als Darstellungen einer Folge von Ereignissen
erklärt, wobei ein Ereignis das nächste verursacht (vgl. J. R. Anderson [2]1996, S.
403). Ereignisfolgebegriffe als Wissensstrukturen enthalten solche kausalen Beziehungen, die Ereignisse miteinander verketten (vgl. Kapitel 4.1.1.2). Am Beispiel der Falkennovelle (Kapitel 5.2.3) war eine explizite Verkettung von Ereignissen durch die Verwendung von Konnektoren erkennbar. Oft müssen jedoch
kausale Beziehungen auch erschlossen, d.h. inferiert werden. Es werden »Über-
brückungsschlüsse« (vgl. J. R. Anderson [2]1996, S. 405) erforderlich, die das Verstehen von Texten auch erschweren können.

> Eine Frau ist mit ihrem PKW an einen Baum gefahren. Sie war von ihrer Schlange gebis-
> sen worden.

Der Objektbegriff *Schlange* will nicht recht zum Ereignisfolgebegriff *einen Unfall
haben* passen, der durch die Wortkombination *mit dem PKW an einen Baum fahren* beim Rezipienten aktiviert wird. Wenn in den Ereignisfolgebegriff jedoch die
kausale Variable »Schlange hat die Frau während der Fahrt gebissen, weil sie aus
ihrem Aufbewahrungskorb entwichen ist« einbezogen wird, kann der Überbrü-
ckungsschluss hergestellt werden.

Auch M. G. Wessells betont, dass Schlussfolgerungen den Verstehensprozess häufig steuern. »Das Alltagswissen ist daher die Basis der Erwartungen, die zu einer konzeptuell gesteuerten Verarbeitung führen.« (^{3}1994, S. 327) Die kognitive Psychologie hat in Experimenten nachgewiesen, dass Versuchspersonen über ähnliche Frames, beispielsweise zum Essen in einem Restaurant, verfügen. Wird ein solcher Frame, z.B. ein Ereignisbegriff, durch den Text aktiviert, unterstützt das Alltagswissen von diesem Frame den Textverstehensprozess. Rezipienten können dann auch das schlussfolgern, was im Text nicht zu dem entsprechenden Frame gesagt wird.

Der folgende Textausschnitt aus Johannes R. Bechers »Um Dagny heulen wir Gespenster«, ein früher expressionistischer Text aus den Jahren 1910-1915, ist wiederholt mit Studierenden unter linguistischen und kognitionspsychologischen Aspekten des Textverstehens betrachtet worden:

> Er **saß**, mitternächtlich, an **einem der kleinen Marmortische des »Urania=Cafés«** (... da die ungarische Magnaten=Kapelle phantastische Lawinenflügel hochspannte, von *zagem* Anflug, extatisch=blendender Kulmination, sentimentalisch=jämmer-lichem Hinfall ... wiederum mit tödlichem Attack-Elan gegen dunsenes Himmelsgemäuer aufprallend ...), der junge deutsche Mann, normal gebaut, bürgerlich aussehend, die dunklen Haare geordnet – weit in die Stirn gekämmt –: Jean Bousset.
>
> Ein schmächtiger Herr, ein Vierziger, trat zu ihm, fragte höflichst, ob wohl **ein Stuhl noch frei sei**, **setzte sich umständlich ihm gegenüber und bestellte einen heißen Tee (mit Zitrone)**.
>
> Jean Bousset *achtete seiner* kaum, fuhr fort in der Betrachtung der niederschmetternden Wucht einer ferngelegenen Großstadt, jenes B., in dem Dagny weilen mußte, Dagny, seit deren geheimnisvollen Flucht von M. Jean Bousset, feminin=schänd-lich, wie er war, einen Untergang forcierte. Hatte er sich doch geradezu, im Verlauf zweier Wochen schon, ein System des Verfalls zurechtgebildet, indem er häufig Hemmungen in den allgemeinen Abrutsch einschob – so markierte er den raffinierten Dekadent, den zersetzungseitlen Genußmenschen! –, umfangreiche Verzweiflungskomplexe plötzlich willkürlich abbrach, gewisse »Kunst«=Pausen zwischenschaltete, darin er sich allen Symptomen der Verwesung restlos zu entziehen vermochte, bürgerlich=gesittet und beamtenhaft früh am blauen Morgen dahinflog, sich aber bald wieder, ein Rowdy, ausgehungert und fiebrig in den Zertrümmerungstrichter giftiger Nächte stürzte, heulend an einer niedrigen Nebelatmosphäre zerschellend (ein elendes Wrack), von elektrischen Monden *beaudelaire=trüb zerschwiert*.
>
> Da riß ihn, Jean Bousset, den Entsunkenen, ein dünner Luftzug wach. Es waren die funkelnden Augen seines Gegenüber (eines seltsamen Ungetüms, wie Jean Bousset auf einmal wahrnahm), die ihn getroffen hatten. Ein scharfer Verwesungsgeruch – wie wunderbar! [...] [Hervorhebungen – d. Vff.]

Ein erstes und zweites Lesen des Textes enthüllte zunächst den Ereignisfolgebegriff/das Skript »Besuch eines Cafés«. Eine männliche Person sitzt in einem Café, eine zweite männliche Person setzt sich an den gleichen Tisch und bestellt etwas. Der genannte Ereignisfolgebegriff ist für den Textausschnitt sofort aktivierbar, weil im Text für den Ereignisfolgebegriff hochdistinktive Handlungen erkennbar sind: am Tisch sitzen, nach einem freien Stuhl fragen, etwas bestellen. H.-J. Lerch (1991, S. 21) formuliert dazu die Erkenntnis:

> Erscheint in einem Informationsangebot eine hochdistinktive Aktion, so wird in der Wissensstruktur des Textverarbeiters das die Daten optimal erklärende dazugehörige Skript aktiviert. Es stellt damit den Interpretationsrahmen für die weiteren zu verarbeitenden Daten der Außenwelt dar.

Nach der Aktivierung des alltagsweltlichen Ereignisfolgebegriffes stockte allerdings das weitere Verstehen. Dies hängt möglicherweise mit einer anderen Erkenntnis H.-J. Lerchs zusammen. Er hat in Studien herausgearbeitet, dass **Source-Goal-Plan-Einheiten** (Quelle-Ziel-Plan-Einheiten) neben Frames eine weitere wichtige Rolle beim Textverstehen spielen.

> Oft existieren kausale Zusammenhänge zwischen zwei Aktionen, die nur dann verstanden werden können, wenn die Ziele und Pläne der in der Geschichte agierenden Personen bekannt bzw. erschlossen sind. Der kognitiven Repräsentation von Zielen und Plänen kommt daher im Rahmen des Verstehens von Geschichten eine große Bedeutung zu. (1991, S. 79)

Der zitierte Textausschnitt gibt derartige Einheiten allerdings kaum frei, lediglich wird deutlich, dass eine gewisse Dagny Jean Bousset verlassen hat, so dass das Verstehen der Textpassage auch weiterhin schwierig bleibt. Nach einigem Überlegen machten sich die Rezipienten auf die auffällige Wortwahl in dem Textausschnitt aufmerksam, und es wurde die Entscheidung getroffen, eine Isotopiekette zu Tod/Untergang zusammenzustellen: *Hinfall, tödlicher Attack-Elan, Untergang, Verfall, Abrutsch, zersetzungseitel, Verwesung, Zertrümmerungstrichter giftiger Nächte, zerschellend, elendes Wrack, Verwesungsgeruch.* Die Elemente der Isotopiekette aktivieren dann über den Text hinausgehendes Spezialwissen zu expressionistischer moderner Literatur zu Beginn des 20. Jahrhunderts. Aber erst dieser Wissensrahmen stellt den Schlüssel zum Verständnis der Textpassage dar.

5.2.5 Mitzuverstehendes

In den vorangegangenen Kapiteln ist Textverstehen als konstruktiv-analytischer Prozess gekennzeichnet worden, in dem verschiedene Wissens- oder Kenntnissysteme durch die Datenstruktur des Textes geleitet und darüber hinaus bedingt durch Kenntnisse und Erfahrungen aufeinander bezogen werden. Es wurde auf sprachspezifisches grammatisch-semantisches Wissen, auf Weltwissen (Frames) und Textmusterwissen eingegangen.

Linguistische Ansätze zum Satz- und Textverstehen verweisen auf weitere Komponenten, die für das Textverstehen relevant sind. Rezipienten machen auch Annahmen über »Mitzuverstehendes« (vgl. P. von Polenz [2]1988, S. 305). Unter dem Aspekt des **Mitzuverstehenden** soll in diesem Kapitel auf **Präsuppositionen** und die Kommunikationsprinzipien nach Grice verwiesen werden.

Logische oder semantische Präsuppositionen sind Bestandteil von semantischen Einheiten oder von Äußerungen. Sie stellen Voraussetzungswissen dar, das beim Verstehen von Äußerungen aktiviert wird und auch unter der Bedingung der Negation Gültigkeit besitzt. Zu unterscheiden sind Existenzpräsuppositionen, Faktizität und implikative Verben (vgl. dazu ausführlich A. Linke / M. Nussbaumer 1989, S. 39 f., P. A. M. Seuren 1991):

i) Bei Existenzpräsuppositionen geht es um Behauptungen dazu, dass etwas wirklich existiert.

Trägersatz: Präsupposition:
Eddas Katze räkelt sich (nicht) auf unserer Liege.   Edda hat eine Katze.
                                                     Wir haben eine Liege.

ii) Faktive Präsuppositionen entstehen durch Prädikate, die die Wahrheit eines eingebetteten Satzes präsupponieren, d.h. faktisch machen. Der faktive Satz kann ein Subjekt- oder Objektsatz sein. Verben, die zwei Komplementsätze – also Subjekt- und Objektsatz – bei sich haben, sind bezüglich des Subjektsatzes faktiv, wie im aufgeführten Beispielsatz.

Trägersatz
Dass Eddas Katze faucht und kratzt, bedeutet (nicht)/lässt (nicht) vermuten, dass sie schlecht erzogen ist.
Präsupposition
Es ist wahr, dass Eddas Katze faucht und kratzt.

Solche Verben wie *sich einbilden*, *wähnen*, *vermuten* präsupponieren die Falschheit eines eingebetteten Satzes.

Trägersatz
Edda bildet sich ein, dass ihre Katze falsch erzogen ist.
Präsupposition
Eddas Katze ist nicht falsch erzogen.

iii) »Kategorielle Präsuppositionen« (P. A. M. Seuren 1991, S. 293) entstehen aufgrund spezifischer semantischer Eigenschaften von Prädikaten (»implikative Verben« bei A. Linke / M. Nussbaumer 1989, S. 39). Es handelt sich um präsuppositionsauslösende lexikalisch-semantische Eigenschaften von Verben, die sich im Lexikon finden: *schmuggeln* präsupponiert, dass etwas Illegales transportiert werden soll, Verben mit der Verbalpartikel *zurück-* präsupponieren einen Zustand, der wiederhergestellt wird (*zurücklegen, zurückschicken, zurückbringen*), *verzeihen* setzt voraus, dass jemand beleidigt wurde, *antworten*, dass jemand gefragt hat usw.

Gerade kategorielle Präsuppositionen sind nun interessant für die Textverflechtung und damit für die Kohärenz des Textes (vgl. A. Linke / M. Nussbaumer 1989, S. 39), denn die Verben kennzeichnen ein bestimmtes Ereignis sowie ein vorausgegangenes Ereignis, sie implizieren die kausale oder temporale Verknüpfung von Ereignissen.

Mitzuverstehendes, das sich aus dem Handlungskontext ergibt, bezeichnet P. v. Polenz (1988, S. 310) als »pragmatische Präsuppositionen und stille Folgerungen«. Dabei bezieht er sich auf Kommunikationsprinzipien nach H. P. Grice, »deren oberstes Prinzip das Bemühen um Kooperation aller Beteiligten ist« (P. von Polenz 1988, S. 310). Für Mitzuverstehendes ist nun interessant, dass nicht die korrekte Befolgung der Prinzipien Mitzuverstehendes hervorruft, sondern ihre Verletzung (vgl. P. von Polenz 1988, S. 310), und dies gilt nicht nur für Gespräche, sondern auch für schriftliche Texte:

i) Quantitätsprinzip: Sei so informativ wie erforderlich!

ii) Qualitätsprinzip: Sei wahrheitsgemäß!

iii) Relevanzprinzip: Bleib beim Wesentlichen!

iv) Ausdrucksprinzip: Sei klar und deutlich, vermeide Mehrdeutigkeiten und Verhüllungen!

In seinem Roman »Ingrid Babendererde« verletzt Uwe Johnson z.B. im Beginn des Textes das Quantitätsprinzip. Ein »andererseits« präsupponiert ein »einerseits«, das den Leserinnen und Lesern zunächst unterschlagen wird. Auch das Ausdrucksprinzip wird verletzt, denn die Beziehung zwischen *Bahnhof – Koffer und Fahrgäste – amtliches Gutachten – Klaus indessen konnte mehr als nur seinen Namen schreiben* erschließt sich eigentlich erst aus der Lektüre des Gesamttextes und bildet eine Vorwegnahme des Schlusses.

ANDERERSEITS lief der Schnellzug D 16 am Sonnabend wie üblich seit Mitternacht durch die sogenannte norddeutsche Tiefebene; der Bahnhof Rostock hatte Platzkarten verkauft und in Teterow wurden die Laufgänge mit Koffern und Fahrgästen verstopft vorgefunden. Die Benutzung von Zügen nach Berlin war gestattet nur für amtliches Gutachten; Klaus indessen konnte mehr als nur seinen Namen schreiben. [...]
(Uwe Johnson: Ingrid Babendererde. Frankfurt a. M.: suhrkamp, 1987. S. 9)

Zusammenfassend halten wir zum Kapitel 5 Folgendes fest: Mündliche und schriftliche Textproduktion und -rezeption sind in starkem Maße durch pragmatische Faktoren determiniert. Dies hat zur Folge, dass Pragmatisches die Anforderungen an die Syntax entlastet. Die Textproduktion hat nicht nur grammatisch wohlgeformte und vollständige Sätze zum Ziel, sondern kann darauf bauen, dass auch Konstituenten und Sätze mit weniger kohäsiven Mitteln verstanden werden, wenn diese situativ eingebettet sind.

Zur Vertiefung

G. Antos / H. P. Krings 1989 (Textproduktion)

H. Blühdorn / E. Breindl / U. H. Waßner 2006 (Textverstehen und Grammatik, Textverstehen und Intertextualität)

K. Brinker [4]1997 (Vertextungsmuster)

H. Feilke 1996 (Schreibforschung und Modellierungen von Schreibstrategien)

H. Feilke / R. Schmidlin 2005 (Literale Textentwicklung)

P. v. Polenz 1988 (Textverstehen, Kapitel 4)

A. Wrobel 1995, 2000 (Textproduktion)

6 Textgrammatische Strukturen

Ziel dieses Kapitels ist eine textgrammatische Beschreibung, die es ermöglicht, eine realistische Grammatik des Deutschen in geschrieben und gesprochen realisierten Textsorten vorzulegen, eine Grammatik, die den realen Sprecher/Hörer und Schreiber/Leser in den Mittelpunkt stellt und die Regelhaftigkeiten des Sprachgebrauchs in Texten/Textsorten herausarbeitet. Strukturelle Gegebenheiten der natürlichen gesprochenen Sprache sind also ausdrücklich ein expliziter Bestandteil einer solchen Grammatik.

Ausgangspunkt ist dabei der integrative Text- und Textsortenbegriff, wie er in 2.4, 3.4 und 3.5 hergeleitet wurde. Dort sind Text und Textsorte jeweils definiert als durch kommunikativ-pragmatische wie durch strukturelle Faktoren gleichermaßen zu kennzeichnende Gegebenheiten, wobei die Textstruktur durch die funktionalen, situativen und medialen Gegebenheiten determiniert ist. Solcherart Determiniertheiten für die Grammatik (im Schwerpunkt für die Syntax) an verschiedenen Texten und Textsorten nachzuweisen, ist Anliegen dieses letzten Kapitels.

Allerdings mangelt es dafür noch an einer entscheidenden Voraussetzung. Gebraucht wird ein funktionierendes Beschreibungsinstrumentarium, das den grammatischen Besonderheiten des Sprachgebrauchs, vor allem aber denen der Mündlichkeit gerecht wird. Ein Vorschlag für ein solches Instrumentarium soll hier im Folgenden (vgl. 6.1 bis 6.3) entwickelt werden.

6.1 Schriftlichkeit und Mündlichkeit

Mit P. Koch / W. Oesterreicher sei zunächst auf ein begriffliches Problem hingewiesen: Die Termini ›mündlich/schriftlich‹ werden in einem doppelten Sinne verwendet. Zum einen beziehen sie sich auf das **Medium** der Realisierung sprachlicher Äußerungen (mündlich = phonisch; schriftlich = graphisch), zum anderen auf den Duktus, die Modalität der Äußerungen sowie die verwendeten Varietäten. Letzteren Aspekt fassen P. Koch / W. Oesterreicher unter dem Begriff der **konzeptionellen Mündlichkeit/Schriftlichkeit**. Sie zielen damit auf Aspekte der sprachlichen Variation, die in der Forschung häufig unscharf als »Umgangssprache/Schriftsprache«, »informell/formell«, als »Grade der Elaboriertheit« usw. erfasst werden:

> Beim Medium sind die Begriffe ›mündlich/schriftlich‹ dichotomisch zu verstehen (unbeschadet der Tatsache, daß jederzeit ein Medienwechsel, sei es beim Vorlesen, sei es beim Diktieren, stattfinden kann). Bei der Konzeption bezeichnen die Begriffe ›mündlich/schriftlich‹ demgegenüber die Endpunkte eines Kontinuums. Man vergleiche in dieser Hinsicht die Abstufungen zwischen Äu-

ßerungsformen, wie ›familiäres Gespräch‹, ›Privatbrief‹, ›Gesetzestext‹ etc. Der wissenschaftliche Vortrag ist also beispielsweise trotz seiner Realisierung im phonischen Medium konzeptionell ›schriftlich‹, während der Privatbrief trotz seiner Realisierung im graphischen Medium konzeptioneller ›Mündlichkeit‹ nähersteht. (1994, S. 587)

P. Koch / W. Oesterreicher (vgl. 1994, S. 588) versuchen das, was sie als konzeptionelle Mündlichkeit/Schriftlichkeit bezeichnen, mit Hilfe bestimmter Parameter der Kommunikationssituation zu beschreiben:

i)   raum-zeitliche *Nähe* oder *Distanz* der Kommunikationspartner,

ii) Öffentlichkeit,

iii) Vertrautheit der Kommunikationspartner,

iv) Emotionalität,

v) Situations- und Handlungseinbindung,

vi) Verhältnis des Referenzbezugs zur Sprecherorigo (vgl. K. Bühler 1934, S. 102 ff.),

vii) kommunikative Kooperation, Dialog/Monolog, Spontaneität, Themenfixierung usw.

Originäre Mündlichkeit wäre dementsprechend zu definieren als frei formuliertes, spontanes Sprechen in nicht gestellten, natürlichen Kommunikationssituationen.

Dass grammatisch-syntaktische Phänomene der Mündlichkeit in einer Grammatikbeschreibung aufgegriffen werden, ist keine Selbstverständlichkeit. Wenn dies in der Vergangenheit überhaupt geschehen ist, dann hat man die Grammatik der gesprochenen Sprache häufig in ihren Abweichungen von der geschriebenen Sprache beschrieben bzw. man hat sie gar als fehlerhaft aus der Sicht der für die Schriftsprache gültigen Normen behandelt.

Allerdings greifen einige wenige Arbeiten der jüngsten Vergangenheit diesen Missstand auf (vgl. z.B. P. R. Lutzeier 1991; J. Schwitalla 1997a sowie G. Zifonun u.a. 1997).

Auch die gesprochene Sprache, der Diskurs, hat seine Grammatik. Lange wurde das vergessen oder ignoriert; die Grammatik der gesprochenen Sprache galt als minderwertige, z.T. defektive Ausgabe der Grammatik des Geschriebenen. Mit der Einsicht, daß Mündlichkeit und Schriftlichkeit jeweils eigenständige

Existenzformen von Sprache sind, wächst nun auch das Interesse an den grammatischen Spezifika des Diskurses. (G. Zifonun 1994, S. 2)

Zwar versteht sich auch die GDS (vgl. Zifonun u.a. 1997, S. 2) durchaus nicht als ausgearbeitete Grammatik der gesprochenen Sprache, weil ein solches Ziel derzeit nicht zu realisieren sei. Sie geht aber auf eine Vielzahl von Phänomenen ein, deren Erklärung an Merkmale von Mündlichkeit und Sprechsituation gebunden ist.

Somit werden erstmals Erkenntnisse der Mündlichkeitsforschung in einer kompakten Grammatikdarstellung des Deutschen verarbeitet. Allerdings wird hier wie in allen vorausgegangenen Versuchen ein ganz entscheidendes Defizit deutlich: Es ist bislang nicht gelungen, ein Kategoriensystem zu entwickeln, das der Beschreibung der gesprochenen Sprache gerecht werden könnte.

Das folgende Transkript (TV-Sportreportage; Beispiel aus F. Jürgens 1999, S. 78 f.) mag die Tragweite dieses Problems verdeutlichen, wenn man versucht, den Text mit den herkömmlichen, in der Grammatik etablierten Kategorien zu analysieren:

Alexander Zickler - (3.5) hat probleme auf der rechten außenbahn , ↑ ist eigentlich nicht so seine position , (1.5) er sträubt sich innerlich auch ein bisschen dagegen ↓ möchte viel lieber stürmer spielen aber da hat (-) Rehhagel natürlich (-) zwei hochkarätige leute den Klinsmann (.) und den Kostadinov - (2.0) Heiko Herrlich ; (5.0) wunderschönes tor gemacht , (.) kopfballtor - (-) am mittwoch in der championsleague - (-) da: kommt der pass , (-) aber wohl: (-) im abseits obwohl auch in dieser einstellung nicht eindeutig zu erkennen - (11.0) Ricken ; (3.5) fordert den ball ; (15.0) Strunz in der liberoposition (-) außer frage ; (1.0) bei den Bayern ↑ der konflikt ist entschieden , (-) sagt Otto Rehhagel ; (-) nicht Thomas Helmer der auch gerne libero wäre - (1.5) sondern Strunz , (3.5) zweikampfstark , (-) glänzt auch durch lange pässe , (.) aber die erste ecke für Borussia Dortmund ;

Wo sind die Grenzen zwischen den »Sätzen«? Wie soll man sie festlegen? Handelt es sich überhaupt um Sätze? Soll man alles, was nicht dem traditionellen Satzbegriff entspricht, also alles Abweichende, was hier aber offenbar die Regel ist, mit dem Begriff ›Ellipse‹ erklären?

Offenkundig ist, dass man die Grammatik der natürlichen gesprochenen Sprache mit dem herkömmlichen Kategoriensystem nicht beschreiben kann, denn dieses wurde der Analyse und Beschreibung der geschriebenen Sprache angepasst. Das kann freilich nicht verwundern, wenn man bedenkt, dass Vereinheitlichungs- und Normierungsbestrebungen zur deutschen Sprache sich seit dem 17. Jahrhundert (vgl. M. Giesecke 1991) in starkem Maße auf literale Texte stützen. Gerade das Beispiel klassischer Texte hat auf unterschiedlichste Kommunikationsbereiche gewirkt (Bildung, Presse und Publizistik). Die Rahmenbedingungen, die das 19. Jahrhundert für die sprachliche Entwicklung liefert (G. Wolff [vgl. 1990, S. 182 ff.] nennt in seiner *Sprachgeschichte* Industrialisierung, Urbanisierung, Modernisierung, Demokratisierung), haben entscheidenden Einfluss auf eine Differenzierung von Kommunikationsbereichen und sich entfaltenden Textsorten. Die rasante Entwicklung technischer Medien seit dem Ende des 19. Jahrhunderts (Telefon 1872, Film 1895, Radio 1918, Fernsehen 1931, Tonband 1951 usw.) führt zu einem neuen Stellenwert mündlicher (oraler) Kommunikation in der öffentlichen und der massenmedialen Kommunikation, die sich in der Gestaltung von Texten und Textsorten in diesen neuen mündlichen Bereichen von Kommunikation niederschlägt. Daher verwundert es nicht, wenn die Sprachgeschichtsschreibung die Entwicklung des Deutschen durch den Einfluss des vielschichtigen medialen Sprachgebrauchs im 21. Jahrhundert hin zu einer Sprechsprache sieht, was wohl nichts anderes meinen kann, als dass die starr angenommenen Normierungsgrenzen zwischen schriftlichem und mündlichem Sprachgebrauch aufgehoben werden, was möglicherweise zu einer Homogenisierung sprachlicher Normen im Mündlichen und Schriftlichen führen wird.

Das lässt u.a. der folgende Auszug aus einer der TV-Sportreportage thematisch verwandten, allerdings schriftlich realisierten Textsorte, nämlich der Sportberichterstattung in der Zeitung, erwarten:

> Ein gefühlvoller Ball von Kastenmaier erreicht Dahlin im Strafraum. Gekonnte Annahme mit der Brust, kurze Drehung und unhaltbar schlägt's ein.
> (Westdeutsche Zeitung; Beispiel aus F. Jürgens 1999, S.142)

Aber auch die zeitgenössische Belletristik entspricht in ihrer Syntax keineswegs immer tradierten Normen:

> Erstens: Wen laden wir überhaupt ein? Puh, viel zu schwierig, erst mal was anderes: wie viele ungefähr. Rein mengenmäßig - ganz viele. Alle müssen kommen. Mit 30 kennt man ja so viele Leute wie niemals zuvor im Leben und auch wie nie mehr danach, denn das sortiert sich dann in die Ausschüsse.
>
> So viele? Passen die dann denn, oder sollten wir nicht? Man wird nur einmal 30, genau, das ist der Satz, also einen Raum mieten. Oder ein Haus? Mit erforderlicher Zweidrittelmehrheit wird schließlich ein Gemeindezentrum durchgewinkt. Ein Bürgerhaus. Kann man angeblich mieten, hat Sandra auch gemacht oder wollte sie mal, für die Hochzeit, genau. Mal Sandra anrufen: Aha, hast du noch die Nummer, ja, warte mal, wo hast du denn Stifte hier, Andrea, ja, da, so, ja, sag noch mal. Wie heißt der? Wie man's spricht? Klasse. Und schon ist die Liste um zwei Namen länger, denn natürlich muß Sandra jetzt auch eingeladen werden, Sandra+Mann. Ist aber nicht schlimm: In ein Bürgerzentrum passen mehrere hundert Menschen, und wenn die nicht kommen, sieht es ärmlich aus, nach Beerdigung. Dann kommen böse Gedanken. Aber es soll ein frohes Fest werden. Nun werden alle eingeladen, die man kennt. Alle, die es gibt, je gab. Alte Adreßbücher werden recycelt. Seit Jahren nichts gehört voneinander, aber dann: Herzlich eingeladen. Zum 30. Gerne auch in Begleitung. Wer den wohl inzwischen (oder sagt man: noch) begleitet?
>
> (B. Stuckrad-Barre: 30. Geburtstag. Glosse aus: Remix)

Zusammenfassend ist zu sagen, dass sich eine Textgrammatik nicht mit herkömmlichen Ansätzen der Grammatikbeschreibung erfassen lässt, weil vor allem »für zentrale, regelhafte Phänomene der gesprochenen Sprache überhaupt keine Kategorien existieren, auf die zurückgegriffen werden könnte« (R. Fiehler 1995, S. 39) und weil mit einem traditionellen Kategoriensystem strukturelle Besonderheiten der Mündlichkeit, z.T. aber auch der Schriftlichkeit bestenfalls als defizitäre Abweichungen von der präskriptiven Norm in den Blick geraten.

Die Konsequenz aus diesem Befund kann nur darin bestehen, sich von traditionellen Ansätzen zu lösen und eine Grammatik zu schreiben, die den **Normen des Sprachgebrauchs** gerecht wird. In den nachfolgenden Kapiteln soll der Versuch unternommen werden, die dafür zunächst einmal notwendigen Voraussetzungen zu schaffen – nämlich ein Kategoriensystem, das es ermöglicht, grammatische Strukturen unabhängig von ihrer medialen Verfasstheit zu analysieren.

6.2 Syntaktische Segmentierung in der geschriebenen und gesprochenen Sprache

In der geschriebenen Sprache ist das Problem der Segmentierung mit Hilfe der Interpunktion relativ einfach aufzulösen, denn die Interpunktionszeichen können in der Regel eindeutig als vom Schreiber markierte Segmentgrenzen identifiziert werden:

So ungefähr läuft es. Obwohl die Lehrer auch nicht viel besser dran sind. Höchstens vielleicht, daß sie den Laden kennen. Sie sind nicht so ahnungslos wie vielleicht Obermüller. Deshalb verbrennen sie sich auch nicht den Mund. Aber manchmal kommen sogar Lehrer unter die Räder. Herr Koppe zum Beispiel. Unser ehemaliger Geographielehrer. Er gab auch Deutsch, aber nicht in unserer Klasse.

(T. Brussig: Wasserfarben [Roman])

Wesentlich komplizierter ist es, die **gesprochene** Rede syntaktisch zu segmentieren. Als Ausweg aus dem noch nachzuzeichnenden Dilemma wurde in der Vergangenheit häufig eine Segmentierung auf der Basis kommunikativer bzw. pragmatischer Einheiten angeboten. Exemplarisch dafür stehen die »Äußerungseinheiten« bei R. Rath (1979, S. 72 f.) oder J. Schwitalla (1997a, S. 50 ff.) bzw. die »Kommunikativen Minimaleinheiten« in der GDS (G. Zifonun u.a. 1997, S. 91). Letztere sind definiert als »die kleinsten sprachlichen Einheiten, mit denen sprachliche Handlungen vollzogen werden können. Sie verfügen über ein illokutives Potential und einen propositionalen Gehalt«.

Generell scheint es (insbesondere für eine Grammatik) nicht unproblematisch, kommunikativ determinierte Gliederungseinheiten als Ersatz für eine syntaktische Kategorisierung zu verwenden (vgl. M. Schreiber 1995, S. 82), da deren Status ein völlig anderer ist.

Die grammatische Gliederung – mit der obersten Einheit ›Satz‹ – betrifft im wesentlichen die interne Organisation der sprachlichen Zeichen. Die kommunikative Gliederung bezieht sich auf die externe, damit meine ich hier die partner- und wirkungsbezogene Organisation der Zeichen. Es ist nun möglich (und kommt in der Praxis auch sehr häufig vor), daß Satz und Äußerungseinheit in ihren Grenzen übereinstimmen. Andererseits kann die Äußerungseinheit kleiner sein als ein Satz oder mehrere Sätze umfassen. (R. Rath 1979, S. 73)

Zudem besteht die Gefahr, dass bei einer primär kommunikativ ausgerichteten Definition von Kategorien »die Möglichkeit verloren geht, die uns allen intuitiv bekannten formbezogenen Organisationsprinzipien [...] als eigenständiges, kommunikativ relevantes Signalisierungssystem [...] zu untersuchen [...]« (M. Selting 1995, S. 300) Deshalb sollte die Ebene der Syntax nicht vorschnell aufgegeben werden. Es stellt sich allerdings die Frage, auf welcher Grundlage die gesprochene Rede syntaktisch segmentiert werden kann. Der traditionelle Satzbegriff ist dabei offenbar wenig hilfreich (vgl. die Beispiele unter 6.1).

> Praktikabler und einer Textgrammatik angemessener scheint der Begriff der ›syntaktischen Basiseinheit‹ (vgl. F. Jürgens 1999, S. 82). **Syntaktische Basiseinheiten** sind in der Redekette relativ selbstständig auftretende Konstruktionen, deren Grenzen mit formal-syntaktischen Mitteln feststellbar sind. Zu denken ist in diesem Zusammenhang insbesondere an

i) die Intonation/Prosodie (für die gesprochene Sprache) bzw. die Interpunktion (für die geschriebene Sprache) sowie

ii) die morphologische Markierung (vgl. H. Paul 1919, S. 4 ff. sowie einige modernere syntaktische Arbeiten, die in dieser Tradition stehen, z.B. H. Altmann 1981, S. 10; P. Eisenberg 1989, S. 46 oder J. E. Schmidt 1993, S. 29).

Im Folgenden soll an einigen ausgewählten Beispielen nachgewiesen werden, wie die Einheitenbildung durch das Zusammenwirken der oben aufgeführten syntaktischen Mittel gesteuert wird und welche Probleme es dabei gibt.

Dass die **Prosodie** eine unmittelbare Funktion bei der Strukturierung komplexer Ausdrücke zu erfüllen hat, ist ohne weiteres nachvollziehbar, wenn man die folgenden schriftsprachlich wiedergegebenen Äußerungen ins Gesprochene überträgt:

Ich glaube, du spinnst.

Ich glaube. Du spinnst.

Mit Hilfe der **Intonation** (wie eben im Geschriebenen mit Hilfe der **Interpunktion**) kann der Unterschied zwischen der hypotaktischen Verbindung zwischen Haupt- und Nebensatz und der parataktischen Verknüpfung zweier selbstständiger Sätze realisiert werden (vgl. M. Schreiber 1995, S. 80).

Typischerweise wird das Ende einer syntaktischen Einheit prosodisch durch fallende Intonation und eine anschließende kurze Pause gekennzeichnet:

Sprecher A:	radio mv (2.0) service (1.0) –
Sprecher B:	<u>mit der wettervorhersage</u> ;
	<u>(.)</u>
	wechselnd bewölkt und trocken [...]

Allerdings ist diese Annahme nicht unproblematisch (vgl. F. Jürgens 1999, S. 144 ff.): Zunächst sei auf die **Mehrdeutigkeit von Pausenzeichen** verwiesen. So gibt es Pausen, die keineswegs syntaktische Segmente konstituieren, sondern z.B. psychische Befindlichkeiten (Unkonzentriertheit, Suchen nach dem richtigen Wort o.ä.) des Sprechers reflektieren. Aber auch die Intonation markiert die syntaktische Gliederung keineswegs eindeutig (vgl. u.a. R. Rath 1979, S. 100; F. Caroli 1977, S. 147 ff.; M. Schreiber 1995, S. 78 ff. sowie B. Schönherr 1997, S. 89). So kann es durchaus vorkommen, dass der Sprecher eine Einheit mit fallender Intonation (und ggf. einer kürzeren Pause) zunächst ganz klar abschließt, dann aber, weil er noch etwas nachtragen will, dieselbe Konstruktion unmittelbar fortsetzt und das bereits markierte Einheitenende **nach hinten** verlagert (vgl. Ch. Goodwin 1979, S. 97 f.).

Strunz in der liberoposition , (-) außer <u>frage ; (1.0) bei</u> den Bayern
(TV-Sportreportage; Beispiel aus F. Jürgens 1999, S. 143)

Andererseits muss festgestellt werden, dass auch andere Intonationsmuster am Einheitenende stehen können. Das typische Intonationsmuster in der Sportreportage ist z.B. die gleichbleibende Tonhöhenbewegung, die eine Weiterführung erwarten lässt. Der Sprecher hält sich somit immer die Option offen fortzufahren, kann aber die Einheit durchaus auch mit einer schwebenden Intonation abschließen.

Neben der Prosodie ist für die Segmentierung vor allem die **morphologische Form** maßgeblich. Eine wichtige Rolle spielen dabei die in ihrer Wortklassencharakteristik als Fügewörter zu bestimmenden Konjunktionen.

Für die mündliche Rede sei hier zunächst auf die besondere Funktion der koordinierenden Konjunktionen *und* bzw. *aber* verwiesen (vgl. H. Kreye 1989, S. 47). Insbesondere die Konjunktion *und* hat als »das allgemeinste Bindewort von unbestimmtester Bedeutung« (J. Heyse 1907, S. 543) für den Sprecher ungemeine Vorzüge. *Und* dient häufig nicht in erster Linie der Verknüpfung kopulativ miteinander verbundener syntaktischer Einheiten, sondern vor allem der Abgrenzung von syntaktischen Einheiten und ist somit primär Gliederungssignal:

dann haben sie die schubladen aufgemacht
<u>und</u> was war drin ,
lauter verhütungsmittel

ich heiße Peter
und du ,

ich habe selbst nicht genug ;
(.)
und hände weg
(Beispiele aus A. Polikarpow 1997, S. 182)

Mit der Definition von *und* als Gliederungssignal rückt ein Spezifikum der Textbildung in der gesprochenen Sprache in den Blickpunkt, das P. Schlobinski (vgl.
1994 sowie 1996, S. 243) herausarbeitet, wenn er *und* als ein Mittel der Sprech-
handlungskoordination interpretiert und die pragmatische Hauptleistung von *und*
im Diskurs in der direkten und indirekten Koordination von Sprechhandlungen
sieht:

und Häßler ;
(6.0)
Minotti ,
(6.5)
und Freund bisher ganz sicher gegen Zola -
(5.5)
Pagliuca außerhalb des 16-meter-raums -
(8.0)
Casiraghi -
(1.5)
und Babbel -
(2.0)
und Zola ;
[-]
und Berti
(TV-Reportage; Beispiel aus F. Jürgens 1999, S. 147)

Hingegen hat die Konjunktion *aber* vor allem die Funktion, »Diskontinuitäten auf
etwas Vorangehendes zu markieren. Dies gilt nicht nur dann, wenn ein Kontrast
vorliegt, sondern auch dann, wenn *aber* spezifische diskursive Funktionen erfüllt.«
(P. Schlobinski 1996, S. 246 f.; vgl. auch 1992, S. 255–314 sowie K. Ehlich 1984)
P. Schlobinski (vgl. 1996, S. 247) nennt z.B. die Möglichkeit, dass *aber* als the-
maorganisierendes Element einen Bruch in der Themakontinuierung markiert.

Strunz in der liberoposition , (-) außer frage ; (1.0) bei den Bayern
↑ der konflikt ist entschieden ,
(-)

sagt Otto Rehhagel ;

(-)

nicht Thomas Helmer der auch gerne libero wäre -

(1.5)

sondern Strunz ,

(3.5)

zweikampfstark ,

(-)

glänzt auch durch lange pässe ,

(.)

aber die erste ecke für Borussia Dortmund

(TV-Sportreportage; Beispiel aus F. Jürgens 1999, S. 143)

Ein gravierendes Problem für die Analyse besteht nun darin, dass die Anwendung der einzelnen Segmentierungskriterien zum Teil zu unterschiedlichen Ergebnissen führt, etwa im folgenden Beispiel:

Ricken ;

(3.5)

fordert den ball

(TV-Sportreportage; Beispiel aus F. Jürgens 1999, S. 149))

Die morphologische Form des Finitums (*fordert*) stellt eine Verknüpfung zur vorangehenden Einheit her (Zuordnung, Kongruenz). Auch semantisch und dependentiell ist eine Beziehung ohne weiteres nachweisbar. Dass *Ricken* dennoch als eine syntaktische Einheit gelten muss, ist durch die mit 3.5 Sekunden relativ lange Pause und durch die fallende Intonation deutlich markiert. Unterstützt wird diese Annahme durch die Tatsache, dass es sich auch semantisch und funktional um eine eigenständige Einheit handelt, weil es zunächst um nichts anderes geht, als einen im Fernsehen gezeigten Spieler zu identifizieren und somit einen Referenten einzuführen, ein Thema zu setzen. Erst nachträglich und in relativ selbstständiger Form wird etwas über diesen Referenten ausgesagt.

Zusammenfassend lässt sich sagen, dass eine syntaktische Segmentierung der gesprochenen Rede nur dann operationalisierbar ist, wenn alle oben genannten formal-syntaktischen Mittel in ihrem Zusammenspiel betrachtet werden. Im Einzelfall sind auch Überlegungen zur semantischen und pragmatischen Gliederung zu berücksichtigen, wobei semantische und pragmatische Einheiten keineswegs immer mit syntaktischen Einheiten zusammenfallen.

6.3 Das textgrammatische Beschreibungsinstrumentarium: Syntaktische Formen und ihr interner Bau

Nach der Abgrenzung syntaktischer Einheiten ist ein nächstes, u.E. zentrales Problem zu fokussieren. Es gilt, die segmentierten Basiseinheiten syntaktisch zu kategorisieren, und zwar auf Grundlage der Gegebenheiten der jeweiligen Konstruktion, wie sie in der Rede konkret beobachtet werden können.

Dabei ist der Satz als eine spezifische (und dabei sicher als die idealtypische) syntaktische Form einzubeziehen, die neben anderen Formen existiert, um eine Äußerung zu tätigen.

> Die Betonung liegt dabei auf dem Grundwort -*form*, denn da der Satz in aller Regel als **syntaktische** Kategorie eingeführt wird, sollte er auch primär syntaktisch definiert werden. In diesem Sinne bestimme ich den Satz als relativ selbständige grammatisch-strukturelle Einheit, die sich durch eine wohlgeformte prädikative Struktur auszeichnet. Der deutsche Satz ist zweigliedrig, nominativisch und verbal. Er besteht also im Minimalfall aus einem Verbkomplex mit finitem Verb und einer Ergänzung im Nominativ. (F. Jürgens 1999, S. 83)

Im Folgenden soll es darum gehen, Kategorien für die syntaktischen Äußerungsformen zu finden, die im Sprachgebrauch regelmäßig vorkommen, aber nicht Sätze im Sinne oben aufgeführter Definition sind. Es handelt sich vor allem um Formen, die in der Grammatik üblicherweise als Reduktionen (des vollständigen Satzes) bzw. als Ellipsen behandelt werden.

Der Begriff ›**Ellipse**‹ (griech. *elleipein* ›mangeln‹, ›fehlen‹) bewirkt die Vorstellung von Unvollständigkeit und meint die »Aussparung von sprachlichen Elementen, die aufgrund von syntaktischen Regeln oder lexikalischen Eigenschaften notwendig sind« (H. Bußmann 1990, S. 207), die aber aus dem sprachlichen bzw. außersprachlichen Kontext regelhaft erschlossen werden können. Als Ausgangspunkt wird dabei immer eine vollständige Struktur, nämlich wiederum der wohlgeformte Satz, unterlegt.

Die GDS (vgl. G. Zifonun u.a. 1997, S. 413 ff.) geht bei der Klassifizierung der Ellipsen daher von dem aus, was fehlt, und unterscheidet insgesamt drei Arten:

Bei der **situativen Ellipse** fehlt ein Element der Sprechsituation, das aber aufgrund einer »gemeinsamen Vor-Orientierung von Sprecher und Hörer« ohne weiteres erschließbar ist. Solche Situationselemente können z.B. sein:

i) der Sprecher bzw. Hörer (Person-Ellipse),

> Bin fix und fertig.

> Kannst jetzt gehen.

> Bist gemein!

ii) im gemeinsamen Aufmerksamkeitsbereich aktuell ablaufende Ereignisse (Ereignis-Ellipse).

Könnte dir so passen!

Find ich klasse!

Hast du doch gesagt!

Die **Struktur-Ellipse** ergibt sich aus der Reduktion grammatischer Konstruktionselemente:

i) Ellipse der Präposition

Allianz Bonn/Moskau (Spiegel, 23.7.1990, Titel)

Gespräche Kohl - Gorbatschow

ii) Ellipse des Kopulaverbs

Notanschluß unvermeidlich (Spiegel, 20.8.1990, S. 16)

Alles paletti

iii) Ellipse des Vollverbs

Uwe Seeler: Ich rette den HSV (Bild, 22.8.1990, S. 1)

Rekonstruktion: Uwe Seeler sagt(e)/äußert(e)...: Ich rette den HSV

Afrika vor dem Einmarsch in Liberia (taz, 14.8.1990, S. 9)

Rekonstruktion: Afrika steht/befindet sich ... vor dem Einmarsch in Liberia

Für die so genannten **empraktischen Ellipsen** (vgl. auch K. Bühler 1934, S. 154 ff.) hingegen macht es keinen Sinn, nach den weggelassenen Teilen zu fragen.

Heiße Würstchen	Aufschrift an einer Würstchenbude
Für Hunde verboten!	Schild auf einem Spielplatz
Die Nachrichten	Ankündigung der Nachrichtensendung durch den Sprecher in Hörfunk oder Fernsehen
Zeuge Müller	Aufruf des Zeugen vor Gericht

Die empraktische Ellipse basiert auf der gemeinsamen Orientierung von Sprecher und Hörer in einem bereits aktualisierten oder unmittelbar aktualisierbaren Handlungszusammenhang. Die Orientierung setzt Musterwissen und Kenntnis der Handlungskonstellation [...] voraus. Allein aufgrund des Diktums oder umgebender Äußerungen und ohne Inferenzen ist die Ellipse nicht verstehbar. Sie erfordert stets Interpretation. (Zifonun u.a. 1997, S. 420)

Zumindest für die empraktischen Ellipsen ist es überaus fraglich, ob es sich um
Reduzierungen einer vollständigen Struktur handelt. Das machen Versuche, die
empraktischen Ellipsen zu vervollständigen, überaus deutlich, denn a) führen
diese oft zu keinem eindeutigen Ergebnis und b) sind entsprechende Ergänzungen
häufig sehr willkürlich und gezwungen.»Manchmal kommt man sich dabei wie
ein dummer Schulbub oder (vielleicht richtiger gesagt) wie ein pedantischer
Schulmeister vor, wenn man, wo die naive Praxis völlig unzweideutig ist, mit
Satzergänzungen zu theoretisieren beginnt.« (K. Bühler 1934, S. 157) Deshalb
scheint der Ellipsenbegriff insbesondere bei der Erforschung der überaus kontext-
verwobenen gesprochenen Sprache und darüber hinaus eigentlich in jeder satz-
übergreifenden Grammatikbeschreibung nicht produktiv zu sein. Eine schlüssige
Argumentation zur Stützung dieser Auffassung findet sich bereits bei K. Bühler
(1934, S. 157 f.):

> Wenn der wortkarge Kaffeehausgast ›einen schwarzen‹ bestellt, kann er dies
> tun, weil in der Kaffeehaus-Situation nur noch eine Wahl zwischen den paar
> gleich wahrscheinlichen Getränken getroffen werden (muß) und dazu genügt
> das Nennwort ›schwarz‹ oder auch die isolierte Präposition ›ohne‹ [...] Damit
> ist [...] psychologisch alles gesagt.
> Ein unbekehrbarer Anhänger der generellen Ellipsentheorie wird darauf hin-
> weisen, daß man doch in allen Fällen einen Satz um die empraktische Nennung
> herumkonstruieren *kann*. Die Antwort lautet, das sei zwar unbestreitbar, bewei-
> se aber nichts. Denn ein sprachlich geschickter Interpret kann auch zu jeder
> Phase eines völlig stummen Verkehrsaktes einen mehr oder minder treffenden
> Text liefern; der aufgehobene rechte Arm mit dem Geld des Passagiers im
> Straßenbahnwagen ›sagt‹ zum Schaffner: ›bitte, geben Sie mir einen Fahr-
> schein!‹
> Es wäre schlimm bestellt um die mimischen Gebärden und Gesten im mensch-
> lichen Verkehr, wenn alles lautsprachlich unterbaut und adäquat lautsprachlich
> übersetzbar (interpretierbar) sein müßte. Ein Elliptiker hätte den Beweis zu
> erbringen, daß die empraktisch verwendeten isolierten Nennungen ohne ein ir-
> gendwie mitgedachtes (vom Sender oder Empfänger mitgedachtes) Satzschema
> unfähig wären, als eindeutige Verkehrszeichen zu fungieren.

Auch J. Werner (1994, S. 137) ist zuzustimmen, wenn er sagt, dass in solchen
Äußerungen »nicht eigentlich syntaktisch Notwendiges weggelassen wird, sondern daß das, was nicht steht, eben auch nicht unbedingt zum Verständnis notwendig ist.«

Mit Recht spricht D. Busse (vgl. 1997, S. 23) von einem verbreiteten sprach-
und kommunikationstheoretischen Missverständnis, dass die Funktion sprachlicher Äußerungen darin bestehe, einen zu kommunizierenden Inhalt möglichst
vollständig in eine sprachliche Ausdrucksgestalt zu fassen.

Eine Definition, die von der grundsätzlichen Eingebundenheit allen Sprechens
in die Situation ausgeht, findet sich bei H. Ortner (1987, S. 2):

Ellipsen und andere Satzformen sind situations- (genauer: ko- und kontext-) geprägte Sprachverhaltensmuster, deren Situationsbezug nicht erst in einem zu-
sätzlichen (nachträglichen) Anpassungsprozeß hergestellt wird. Der Situationsbezug geht in die Form ein und hinterläßt dort seine Spuren; er wird vom Spre-
cher/Schreiber, der Ellipsen gebraucht, und vom Hörer/Leser bei der Rezeption
automatisch mitvollzogen. Ellipsen könnte man aus diesem Grund als ko- und
kontextverweisende Mittel bezeichnen. Ihr spezieller Zeichenwert liegt u.a. in
diesem Situationsbezug begründet: Sie verweisen auf Ko- und Kontexte, von
denen der Sprecher/Schreiber annimmt, daß der Kommunikationspartner über
sie in ähnlicher Weise verfügt wie er selbst.

Den hier zur Diskussion stehenden Konstruktionen wird nun von den so genannten Autonomisten der Ellipsenstatus abgesprochen. Sie werden vielmehr zunehmend als eigenständige Strukturen begriffen. Die Form sei, so wie sie im konkre
ten Sprechereignis vorliegt, souverän. Ausgangs- und Zielpunkt der Analyse sollte
deshalb immer genau die Konstruktion sein, die tatsächlich formuliert wird. Somit
wären die so genannten Ellipsen ganz reguläre, abgeschlossene und vollweitige
syntaktische Formen, die alternierend zum vollständigen Satz abgerufen werden
können und die unter bestimmten Bedingungen angemessener sind als der Satz.
Deshalb ist es nur zu unterstreichen, wenn D. Busse (1997, S. 23 f.) feststellt:
»Das, was üblicherweise mit dem Terminus ›Ellipse‹ bezeichnet wird, ist – in
einem weiteren Sinne verstanden – weniger der Ausnahmefall als vielmehr der
Standardfall sprachlicher Kommunikation.«
Ein Verwerfen des Ellipsenbegriffs wirft allerdings zwingend die Frage nach
einer Alternative auf. In der Vergangenheit sind dazu einige z.T. sehr produktive
Ansätze entwickelt worden, die sich in entsprechend alternativen Termini wider-
spiegeln, z.B. »kompakte Strukturen« (vgl. J. Werner 1994, S. 138), »satzwertige
Äußerungen« (vgl. u.a. F. Caroli 1977, G. Schank / J. Schwitalla 1980, S. 316
oder K. B. Lindgren 1987), »Satzäquivalente« (vgl. W. Wundt 1901, S. 73, P.
Schlobinski 1992, S. 120 f. oder F. Jürgens 1997, S. 215).
Insbesondere die letzteren beiden Begriffe sind geeignet zu signalisieren, dass
es sich um Strukturen handelt, die dem Satz gleichwertig sind.

Gleichwertig in dem Sinne, daß der Sprecher in bestimmten Kommunikationssituationen bzw. Redekonstellationen die Möglichkeit hat, statt eines Satzes eine äquivalente Äußerungsform zu verwenden, die in gleicher Weise geeignet
ist, die Intentionen des Sprechers zu realisieren und einen relativ abgeschlosse-
nen psychischen Inhalt sprachlich zum Ausdruck zu bringen. (F. Jürgens 1999,
S. 88 f.)

In 6.2 ist bereits der Terminus der syntaktischen Basiseinheit eingeführt worden,
der die Vollweitigkeit der entsprechenden Konstruktionen gar nicht erst in Frage
stellt und der deshalb hier als Oberbegriff beibehalten werden soll, wenn es darum
geht, die Vielfalt der möglichen Formen syntaktischer Basiseinheiten in einer

begrenzten Anzahl von Kategorien zu reflektieren. Es handelt sich – wie noch zu zeigen sein wird – keineswegs um regellose oder willkürliche Strukturen, sondern um solche, die in mündlich wie schriftlich realisierten Texten regelhaft vorkommen und die klaren syntaktischen Baumustern folgen – Baumustern, die sich allerdings von den standardisierten Normen der Schriftlichkeit sehr deutlich unterscheiden.[1]

Der hier im Folgenden explizierte Vorschlag einer Kategorisierung solcher Muster (vgl. F. Jürgens 1999, S. 155 ff.) orientiert sich vom Zugang her an dependenziellen Grammatiken. Der Vorteil eines solchen Zugangs besteht darin, dass bisher nicht beschriebene Muster nach derselben Methode beschrieben werden können wie standardisierte Muster, denn Dependenzen lassen sich in allen Syntagmen ausmachen (vgl. B. Henn-Memmesheimer 1986, S. 26).[2]

Die Strukturbeschreibung erfolgt auf der Grundlage des für die jeweilige Konstruktion anzunehmenden Zentralregens[3]. Neben dem Satz sind die folgenden Formen syntaktischer Basiseinheiten zu unterscheiden:

Nominalkonstruktionen:

Nominalkonstruktionen bestehen aus einem substantivischen Kernwort (Zentralregens) und einem oder mehreren Attributen. Sie sind also in ihrer inneren Struktur der substantivischen Wortgruppe vergleichbar, sind aber im Unterschied zu dieser nicht mittels verknüpfender Elemente als Satzglied oder Satzgliedteil in eine übergeordnete Einheit eingebunden, sondern syntaktisch selbstständig.

> Wer gegen Walkman ist, hat keine Ahnung. Zum Beispiel, wenn man am Morgen in der S-Bahn sitzt und zur Schule fährt. Nur verkniffene Gesichter. Aber wenn man dann seinen Kopfhörer aufsetzt [...]
>
> (T. Brussig: Wasserfarben [Roman])

> Immer erschütterndere Nachrichten über Judenverschickungen nach Polen. Sie müssen fast buchstäblich nackt und bloß hinaus.
>
> (V. Klemperer: Das Tagebuch 1933 -1945)

---

1   Stellvertretend für die Vielzahl an Publikationen, auf die bei der Zusammenstellung solcher Baumuster zurückgegriffen werden kann, sei hier verwiesen auf die Arbeiten von K. B. Lindgren 1985 und 1987, M. Schreiber 1995, J. Werner 1994, M. Selting 1997 und I. Behr/H. Quintin 1996 sowie auf die GDS (G. Zifonun u.a. 1997).

2   Auch U. Engel (1994, S. 28) weist darauf hin, dass Dependenzgrammatik nicht automatisch mit Satz- oder Verbgrammatik gleichzusetzen ist, denn das dependenzielle Prinzip erstreckt sich keineswegs nur auf den Verbalsatz. »Es kann ebensogut für Wortgruppen verschiedener Art wie für Texte angewandt werden. Und es eignet sich auch, wie mittlerweile gezeigt wurde, für Sprachen, in denen Sätze ohne Verb häufig sind.«

3   Das Zentralregens ist das die syntaktische Basiseinheit regierende Element, von dem alle anderen Elemente abhängig sind.

Präpositionalkonstruktionen:

Das Wesen der Wortklasse Präposition besteht in der Fähigkeit, sprachliche Elemente miteinander zu verknüpfen. Wenn aber innerhalb der gegebenen syntaktischen Einheit kein Element existiert, zu dem die Präposition eine Relation herstellt, muss dies zu der Konsequenz führen, dass es sich nicht um eine eingebettete Präpositionalgruppe handelt, sondern um eine relativ selbstständige Einheit, deren Form durch die Präposition regiert wird.[4]

Im nachfolgenden Beispiel ist die Eigenständigkeit der Präpositionalkonstruktion durch die Interpunktion hinreichend gekennzeichnet.

> Sie hatten mir übrigens ein sehr schönes Geschenk gemacht. Sie hatten mir einen Walkman geschenkt. <u>Mit Radio und Kassettenteil.</u> Diese Dinger sind einmalig.
> (T. Brussig: Wasserfarben [Roman])

Der Autor führt den Satz (Sie hatten mir einen Walkman geschenkt.) an dieser Stelle ganz bewusst nicht weiter, sondern hebt die nachfolgende Einheit durch deren Isolierung deutlich hervor.

Verbalkonstruktionen (mit Finitum):

Die Verbalkonstruktion enthält – wie der Satz – ein finites Verb, das (bei zusammengesetzten Tempora ggf. zusammen mit einem infiniten Verb) das Zentralregens der Konstruktion bildet. Allerdings wird die für einen Satz notwendige Nominativergänzung nicht realisiert. Das Vorfeld, also die Position vor dem Finitum, bleibt unbesetzt.

> August, Kurfürst von Sachsen (1553-86)
> [...],
> strenger Lutheraner;
> <u>förderte die Wirtschaft des Landes und legte den Grund für die meisten Dresdener Kunstsammlungen.</u>
> (Lexikon: Der Knaur, Bd. 1, S. 380)

> Stefan Reuter gestern (.) noch mit oberschenkelproblemen lief er nur seine einsamen runden da auf'm trainingsplatz ,
> (4.5)
> <u>hatte letzte woche übrigens noch ein sehr freudiges ereignis (.)</u>
> <u>ist vater geworden</u>
> (TV-Sportreportage; Beispiel aus F. Jürgens 1999, S. 158)

Ein besonderes Problem ist in diesem Zusammenhang der zusammengezogene Satz. Wenn koordinierte Sätze ein gemeinsames Satzglied enthalten wie hier (*Ste-*

---

4 Vgl. U. Engel (1994, S. 90 f.), bei dem in Präpositionalphrasen immer die Präposition als dependenziell oberstes Element erscheint.

fan Reuter [...] lief [...] seine einsamen runden und [er] *hatte ein freudiges ereignis)*, können sie zu einem Satz zusammengezogen werden. Die relativ lange Pause von 4,5 Sekunden steht aber ganz eindeutig für eine Einheitengrenze.

Partizipial- bzw. Infinitivkonstruktionen:
Die Partizipial- bzw. Infinitivkonstruktion unterscheidet sich von der partizipialen bzw. infinitivischen Wortgruppe – ebenso wie die Nominalkonstruktion von der Substantivgruppe – dadurch, dass sie nicht mittels verknüpfender Elemente als Satzglied oder Satzgliedteil in eine übergeordnete Einheit eingebunden, sondern syntaktisch selbstständig ist. Das Partizip bzw. der Infinitiv ist Zentralregens der gesamten Einheit.

Andamanensee,
Meeresgebiet im NO des Indischen Ozeans,
durch die Malakkastraße mit dem Südchin. Meer (Pazifik) verbunden,
bis 4.200 m tief.
(Lexikon: Der Knaur, Bd. 1, S. 218)

HONIGLIMONADE:
Zitronenschalen in feine Streifen schneiden und mit Zucker und Honig in einer
    Schüssel vermischen.
Kochendes Wasser darübergießen.
Abkühlen lassen.
Zitrone auspressen und zur Flüssigkeit dazugeben.
Alles durchsieben und in ein Glas füllen.
(Kochrezept: Leckerbissen aus der Kinderküche)

Adjektivkonstruktionen:
Zentralregens dieser Form einer syntaktischen Basiseinheit ist ein Adjektiv. Solche Konstruktionen sind z.B. in Wettervorhersagen nicht selten anzutreffen:

und nun das wetter für heute ;
(.)
überwiegend wolkig mit einzelnen aufheiterungen -
schwach windig;

Konstruktionen ohne Zentralregens:
Konstruktionen ohne Zentralregens sind kompakte Strukturen, in denen Ergänzungen bzw. Angaben zu einem implizit gegebenen, sprachlich aber nicht realisierten semantischen Prädikat direkt zueinander in Relation stehen, ohne dass diese Relation durch ein regierendes Element vermittelt wird.

<u>Das Gepäck ins Haus!</u>

Dr. Färber sofort zum Chef!
(Beispiele zitiert nach K. B. Lindgren [1987, S. 290])

<u>Die Nervenfolter immer unerträglicher.</u> Am Freitag morgen dauernde Verdunkelung befohlen. Wir sitzen eng im Keller [...]

(V. Klemperer: Das Tagebuch 1933 -1945)

Dahlin ;
(5.5)
<u>ja jetzt noch mal zurück auf Pflipsen</u>
(TV-Sportreportage; Beispiel aus F. Jürgens 1999, S. 205)

K. B. Lindgren (1987, S. 290) kommt in Bezug auf solche Konstruktionen zu folgendem Schluss:

[...] mussen wir für Konstruktionen dieser Art eine Tiefenstruktur mit finitem Prädikat annehmen, denn sie lassen sich nicht als ein Kernwort mit angeschlossenen untergeordneten Attributen analysieren: Sie können nicht als Block vor dem finiten Prädikat eines ›vollständigen‹ Satzes stehen, sondern würden ein etwa zu ergänzendes Prädikatsverb zwischen den Bestandteilen aufnehmen, und semantisch enthalten sie sowohl das Thema als auch das Rhema der Äußerung. Dagegen lassen sich diese Konstruktionen zwanglos mittels eines ausgelassenen finiten Prädikats erklären, zu dessen Valenz die vorliegenden Glieder passen und als deren etwa fehlende Aktanten im Kotext entbehrliche Prowörter angenommen werden können.

Eingliedrige Einheiten:
Der Terminus *eingliedrig* zielt darauf, dass die gesamte Struktur nur aus einem isolierten Element besteht, das sprachlich nicht zu einem anderen Element in Relation gesetzt wird.[5] In der Regel handelt es sich um Einzelwörter. Auch solche Segmente können, obwohl sie sich dem traditionellen Verständnis von Syntax als der Lehre von der Verknüpfung einzelner Wörter zu komplexeren Einheiten völlig entziehen, als syntaktische Basiseinheiten gelten, da sie formal, funktional und inhaltlich relativ abgeschlossen und eigenständig sind wie in dem folgenden Werbeslogan:

Rittersport.
Quadratisch. Praktisch. Gut.

---

5   Vgl. die »eingliedrigen Nominalsätze« bei K. B. Lindgren (1985) oder die »Einwortsätze« bzw. »one-word-sentences« bei K.-D. Bünting/H. Bergenholtz (1989, S. 30) bzw. P. R. Lutzeier (1991, S. 25 ff.) u.a.

Eingliedrige Einheiten sind auch typisch für TV-Sportreportagen (Beispiel aus F. Jürgens 1999, S. 116), in denen der Sprecher nicht selten ausschließlich die Namen der jeweils ballführenden Spieler benennt, weil der Fernsehzuschauer deren Handlungen ja ohne weiteres selbst auf seinem Bildschirm verfolgen kann:

> Reinhardt
> (2.0)
> Tretschok –
> (.)
> Herrlich
> (19.5)
> Matthias Sammer

Eine Begründung für die Existenz eingliedriger Einheiten findet sich bereits bei H. Paul (1919, S. 3 f.):

> Damit eine Mitteilung zustande kommt, muß die durch ein Wort ins Bewußtsein gerufene Vorstellung erst an eine andere geknüpft werden. Dies geschieht in der Regel dadurch, daß mindestens ein zweites Wort hinzugefügt wird [...] Allerdings kann eine Mitteilung [...] auch durch das Aussprechen eines einzelnen Wortes gemacht werden. Aber auch dann muß die Vorstellung, welche die Bedeutung des Wortes ausmacht, an eine andere unausgesprochene angeknüpft werden, die durch die Situation gegeben ist. Wenn z.B. jemand den Angst- oder Hilferuf *Diebe* ausstößt, so will er, daß der Allgemeinbegriff *Diebe* mit einer von ihm in dem Augenblick gemachten Wahrnehmung in Beziehung gesetzt werde [...] Es darf überhaupt nicht übersehen werden, daß zum Verstehen des Gesprochenen die Situation vieles beiträgt und daß daher der Sprechende, weil er mit der Ergänzung durch die Situation rechnet, vieles unausgesprochen läßt.

Neben diesen Formen syntaktischer Basiseinheiten gilt es natürlich auch in einer Textgrammatik, die in komplexere Einheiten eingebetteten abhängigen Strukturen zu kategorisieren, die jeweils als Glied bzw. Gliedteil der übergeordneten Einheit fungieren. Zu diesen syntaktisch sekundären Einheiten zählen Nebensätze und eingebettete Wortgruppen wie Substantivgruppen, präpositionale, infinitivische und partizipiale Wortgruppen, wie sie in jeder traditionellen Grammatik beschrieben werden.

Allerdings können auch vermeintliche Nebensätze syntaktisch unabhängig sein und damit den Status einer syntaktischen Basiseinheit einnehmen:

> Kohnert gratulierte. Und dann die Benjamin. <u>Daß sie sich ja so freut und ihr weiterhin alles Gute wünscht und daß sie hofft</u>, daß sie auch die kommenden Aufgaben so gut meistert wie bisher, und so weiter. Sie meinte es ernst.
> (T. Brussig: Wasserfarben [Roman])

Abschließend sei noch einmal darauf verwiesen, dass hier nur regelhaft vorkommende Strukturen einbezogen wurden, nicht aber akzidentielle, also eher zufällige Erscheinungen und Konstruktionen, die auch in der gesprochenen Sprache als Fehler angesehen werden müssen. Zum Beispiel sind Konstruktionsabbrüche bzw. -mischungen – anders als in der interaktiven Situation des Dialogs – im monologischen Diskurs in der Regel der psychischen Situation des Sprechers geschuldet und hier als gescheiterte Äußerungshandlungen und damit als defektiv anzusehen. Allerdings können sie natürlich von einem Autor als bewusste Stilmittel eingesetzt werden, wobei dann mit der Defektivität der entsprechenden Äußerungen gespielt wird:

Dann die Rede von Schneider. Irgendwas mit Nation war wieder dabei, und daß unsere Perspektive jetzt Konturen annimmt, und daß heute der wichtigste Tag unseres Lebens und all dieses Gewäsch.
(T. Brussig: Wasserfarben [Roman])

6.4 Textgrammatische Besonderheiten

Den Gegenstand dieses Kapitels bilden alle die Phänomene, die aus textgrammatischer Sicht relevant sind. Das sind vor allem jene, die die Grenze der syntaktischen Basiseinheit durchbrechen, sowie jene, die in den normativen Grammatiken nicht bzw. nur am Rande besprochen werden und die dennoch in Texten regelhaft vorkommen. Verwiesen sei in diesem Zusammenhang noch einmal auf Kapitel 4.2, wo als Ziel der textgrammatischen Beschreibung die Normen des realen Sprachgebrauchs benannt wurden.

Wenn hier weitgehend auf eine Darstellung all dessen verzichtet wird, was in normativen Grammatiken nachgelesen werden kann, heißt das selbstverständlich keineswegs, dass diese Phänomene für eine pragmatisch orientierte Textgrammatik nicht relevant wären, denn es ist ja nun nicht etwa so, dass präskriptive Grammatiken mit der Sprachwirklichkeit nichts zu tun hätten. Es geht lediglich darum, den Schwerpunkt anders zu setzen, als dies normative Grammatiken in der Regel tun.

6.4.1 Expansion des Satzes nach rechts

Am rechten Rand des Satzes sind Serialisierungsbesonderheiten in der geschriebenen Sprache in der Regel vom Autor bewusst eingesetzte Stilmittel (etwa um etwas Nachgetragenes zu akzentuieren), während sie in der gesprochenen Sprache oftmals der psychischen Situation des spontanen Sprechens geschuldet sind. »Äußerungen sind häufig nicht im voraus bis ins letzte durchgeplant, man beginnt zu reden und erkennt erst im Verlauf der Äußerungsbildung, daß ein für die Information wichtiges Element nicht mehr an der syntaktisch üblichen Stelle unterzubringen ist.« (U. Engel 1994, S. 204)

Ein solches Element kann aber gewöhnlich noch nachgetragen werden, und zwar auch nach der Schließung des Satzrahmens,

> denn wenn ein deutscher »Satz« aufhört, hört er bekanntlich noch lange nicht auf. Prinzipiell läßt sich jede abgeschlossene syntaktische Struktur retrospektiv zum Teil einer größeren machen, indem weiteres sprachliches Material angehängt wird, das wiederum zu einem syntaktischen Abschlußpunkt führt. (P. Auer 1991, S. 140)[6]

Dabei sind zu unterscheiden:

i)   Einfache Ausrahmungen bzw. Ausklammerungen, bei denen die Satzspannung weiterwirkt. Sie sind von der Vorgängerstruktur weder prosodisch (gesprochene Sprache) noch graphisch (geschriebene Sprache) abgetrennt, haben keinen eigenen Akzent und keine eigene Tonhöhenbewegung.

> Das Revolutionäre Theater war geplant <u>als eine Serie von Sonntag-Vormittag-Veranstaltungen</u> [...]
>
> (K. Mann: Mephisto [Roman])
>
> [...] weil die total unterdrückt sind <u>in China</u>
>
> kanns ja heut abend nochmal anrufen <u>zu hause</u>
>
> (Beispiele zitiert nach P. Auer 1991, S. 146)

ii) Prosodisch (eigener Akzent, eigene Tonhöhenbewegung) bzw. graphisch (Komma) von der Vorgängerstruktur deutlich abgetrennte Nachträge:

> Frau Mönkeberg hatte ihr zum Einzug zwei junge Kätzchen geschenkt, <u>eine schwarze und eine weiße [...]</u>
> (K. Mann: Mephisto [Roman])
>
> die ham gestern zu viel geschnapselt ;
> (.)
> <u>wahrscheinlich ;</u>
> (Beispiel zitiert nach P. Auer 1991, S. 148 f.),

iii) So genannte Rechtsversetzungen, in denen das fragliche Element im Satzinnern anaphorisch angekündigt und dann erst inhaltlich gefüllt wird:

---

6   Vgl. auch die Ergebnisse der traditionellen Grammatik zu Ausrahmungen und Nachträgen in der geschriebenen Sprache. Verwiesen sei hier exemplarisch auf K.-E. Sommerfeldt/G. Starke 1992, S. 249 ff.

Die Leute haben <u>ihn</u> alle geschluckt, <u>den Steuerzuschlag.</u>

(Beispiel zitiert nach U. Engel 1994, S. 205)

und <u>sie</u> schießen dann auch mal (-) <u>auf den kasten</u> (.) <u>durch Probst in diesem falle auf den kasten von Uwe Kamps</u>

(Hörfunk-Sportreportage; Beispiel aus F. Jürgens 1999, S. 220)

6.4.2 Verbspitzenstellung

Die für die deutsche Schriftsprache klar geregelte Zweitstellung des Finitums im Aussagesatz wird unter den Bedingungen verschiedener Textsorten regelmäßig aufgehoben (vgl. u.a. P. Auer 1993, S. 195) Verbspitzenstellung ist z.B. in Telegrammen bzw. SMS

Ankomme Montag gegen Mittag.

Bin gerade angekommen.

oder Witzen

Sagte der Tünnes zum Schäl ...

nichts Ungewöhnliches. Sie findet sich aber auch in der Lyrik, so bereits im »Heidenröslein« bei Goethe

Sah ein Knab ein Röslein stehn [...]

Hier bewirkt die Verbspitzenstellung eine besondere Expressivität und Emotionalität (vgl. J. Poitou 1993, S. 128). Ein weiterer Grund für die exponierte Position des Finitums kann dessen hoher Mitteilungswert sein:

darf Kohler so nicht spielen

(TV-Sportreportage; Beispiel aus F. Jürgens 1999, S. 221)

Entscheidend ist in dieser Äußerung das Modalverb zur Bewertung der Handlung. Mit der Verbspitzenstellung nimmt der Reporter eine entsprechende kommunikative Wichtung vor.

P. Auer (vgl. 1993, S. 195 ff.) unterscheidet zwischen der »eigentlichen« und der »uneigentlichen« Verbspitzenstellung. **Eigentliche Verbspitzenstellung** meint, dass in einem Satz sämtliche obligatorischen Ergänzungen vorhanden sind, aber erst nach dem finiten Verb stehen. So ist z.B. in TV-Sportreportagen das Vorfeld oft nicht besetzt, wenn der Sprecher ein Deiktikon, das in die Situation verweisen könnte, weglässt, weil die Aufmerksamkeit des Rezipienten durch das Fernsehbild bereits hinreichend gesteuert wird:

Möller ;

(-)

<<f> !SCHÖN!> -

(-)

<<dim> pfosten> ;

(4.0)

<u>hat</u> er wunderbar direkt geschossen

(Beispiel aus F. Jürgens 1999, S. 222)

Bei der **uneigentlichen Verbspitzenstellung** fehlt eine der obligatorischen Ergänzungen, die sonst die Vorfeldposition des Satzes ausfüllen könnte. Das ist immer dann möglich, wenn die Referenz hinreichend klar ist. So kann die fehlende Ergänzung

i)   im sprachlichen Kontext gegeben,

ii) durch den Situationskontext semantisch erschließbar oder

iii) durch die Kategorien der Verbform markiert sein.[7]

Unter diesen Bedingungen kann der Sprecher auf lexikalische Füllungen der entsprechenden Leerstelle verzichten und z.B. auch die syntaktisch für einen Satz obligatorische Nominativergänzung völlig weglassen.

> Schwer erträglich sind Pointen-Diskussionen am nächsten Morgen: Meiner war aber besser, da hätten mehr gelacht, ich schwör's! <u>Mag</u> sein, <u>ist</u> aber Wurscht, <u>ist</u> nicht interessant.
>
> (B. v. Stuckrad-Barre: Glosse aus: Remix)
>
> Sie packte ihre Tasche, wir legten uns aufs Bett, zogen uns aus, liebten uns. Es blieben dafür zehn Minuten. <u>Zogen</u> uns an. <u>Rannten</u> zum Bahnhof. <u>Ging</u> langsam in die Stadt zurück, <u>sah</u> den Großen Wagen am Himmel.
>
> (V. Braun, zitiert nach J. Poitou 1993, S. 120)

In den folgenden Beispielen wird die Nominativergänzung zunächst vollkommen ausgespart und aus Rücksichtnahme auf den Zuschauer bzw. den Hörer am Ende des Satzes doch noch nachgetragen:

> war vielleicht das beste was ihm passieren konnte <u>das foul von Pessotto</u>
>
> liefern sich schöne duelle (---) <u>Lenz (.) und Paulo Sergio</u>
> (TV-Sportreportage; Beispiele aus F. Jürgens 1999, S. 222)

---

7   Vgl. P. Auer 1993, S. 198: »In zahlreichen Fällen bleibt das deiktische Pronomen ich im Vorfeld weg. Die Morphologie des Deutschen ist im Singular des Präsensparadigmas noch differenziert genug, um auch ohne pronominale Markierung die Person flexivisch ausdrücken zu können.«

6.4.3 Verbletztstellung

Sätze mit Verbletztstellung

Ob der Zug wohl pünktlich ist?

Wann es wohl endlich losgeht?

Wenn es doch schon soweit wäre!

Dass du mir ja keinen Unsinn machst!

werden häufig als kontextuelle Ellipsen eingeordnet, weil sie als Nebensätze in einen zu ergänzenden übergeordneten Hauptsatz eingebettet werden könnten (vgl. G. Zifonun u.a. 1997, S. 611 f.).

Ich frage mich, ob der Zug wohl pünktlich ist.

Ich wäre froh, wenn es schon soweit wäre.

Allerdings sind die entsprechenden Hauptsätze, die keine andere Funktion hätten, als den Illokutionstyp des Satzes propositional auszudrücken, vollkommen entbehrlich, weil die Interpunktion bzw. die Intonation dies hinreichend signalisieren (vgl. W. Oppenrieder 1989, S. 174).

6.4.4 Anapher und Katapher

Die Anapher ist das einfachste sprachliche Mittel der thematischen Wiederaufnahme:

Das Ministerium für Liebe war zweifellos das beängstigendste von allen. Es hatte überhaupt keine Fenster. Winston war weder jemals im Ministerium für Liebe gewesen, noch hatte er sich ihm jemals auch nur auf einen halben Kilometer genähert.

(G. Orwell: 1984 [Roman])

Mit Blick auf textgrammatische Besonderheiten sind die folgenden Konstellationen zu bedenken:

i) Der anaphorische Bezug muss über den Wissenskontext hergestellt werden:

Mädchen lieben Pferde. Sie betreuen sie gern.

ii) Die Anapher und ihr Bezugswort sind grammatisch nicht kongruent:

Madonna hat ein neues Spielzeug – Er ist gerade 18! (Beispiel aus M. Consten 2000· Überschrift BILD vom 15.3.1996, S. 12)

Von draußen klang das Gelächter der restlichen Clique herein – sie vergnügten sich im Swimmingpool.

iii) Mit der Anapher wird ein Thema nicht fortgeführt, sondern spezifiziert bzw. gar völlig neu gesetzt:

Das Brautpaar trat aus der Kirche. Er strahlte über das ganze Gesicht.

Der Fürst heiratete wieder. Sie war eine Schauspielerin.

iv) Eine Anapher wird verwendet, weil der Gegenstand der Äußerung nicht genauer gefaßt werden soll bzw. kann oder weil bestimmte sprachliche Ausdrücke vermieden werden sollen, z.B. aus Gründen eines Tabus (vgl. G. Zifonun u. a. 1997, S. 547).

Er erlitt einen kurzen hysterischen Anfall und begann dann in hastig-schlampigem Gekrakel zu schreiben:

Sie werden mich abknallen mir ganz wurscht mit einem genickschuß werden sie mich abknallen mir ganz wurscht nieder mit dem großen bruder sie knallen einen immer mit genickschuß ab mir ganz wurscht nieder mit dem großen bruder. (G. Orwell: 1984 [Roman])

Die Gebrauchsbedingungen kataphorischer Formen unterliegen weit komplizierteren Mechanismen:

Es handelt sich um eine spezifische Verwendung, die sich auf etwas bezieht, was bis zu dieser Text- oder Diskursstelle noch nicht versprachlicht wurde, sondern erst noch einzuführen ist. Somit entsteht eine Spannung, die erst mit dem Nachtrag des fraglichen Gegenstandes oder Sachverhalts aufgelöst wird. (G. Zifonun u.a. 1997, S. 547)

Dieser Spannungseffekt wird z.B. in der Belletristik genutzt.

Er ging in sein Haus und erwartete sie dort. Gabrièle, still und allein, betrat das Zimmer.

(H. Mann: Die Vollendung des Königs Henri Quatre; zitiert nach G. Zifonun u.a. 1997, S. 547)

In der Boulevardpresse ist die Tendenz zu beobachten, einen Referenten in der Überschrift mit einem Personalpronomen einzuführen und die Referenz über ein Foto herzustellen. Im Falle solcher Text-Bild-Kombinationen ist aber nicht eindeutig zu sagen, ob ein Pronomen anaphorisch (textuell präsenter, also vorerwähnter Referent) oder eher deiktisch-kataphorisch (physisch präsenter, somit sinnlich wahrnehmbarer Referent) verwendet wird. M. Consten (2000) plädiert mit Blick auf die Text-Bild-Relation für ein integratives Modell kontextgebundener definiter Referenz:

Anaphorische und deiktische Prozesse lassen sich nicht kategorisch, sondern nur graduell unterscheiden, denn in beiden Verweisräumen können relevante Informationen sein, die in unterschiedlicher Gewichtung zum Referenzprozess beitragen [...] In einem integrativen Modell werden sprachliche und außersprachliche Bestandteile als prinzipiell gleichartig behandelt.

Damit wäre das Foto als Bestandteil des Textes zu betrachten, was für eine anaphorische Verwendung des Pronomens (er) im folgenden Beispiel (BILD vom 31.10.2001) spricht:

**Gotthard
Er ist schuld
am Tunnel-
Inferno**

In vielen Fällen steht das Foto (Beispiel aus M. Consten 2000) aber tatsächlich (wie ein mögliches Bezugswort) rechts vom Pronomen, so dass man das Pronomen eher als ein kataphorisches zu bestimmen hätte:

Diesem Fall vergleichbar wären Kataphern im Zusammenhang mit einer Rechtsversetzung des Bezugswortes (vgl. H. Altmann 1981).

Ich für meinen Teil hatte die ganze Zeit weitergegessen. Sie machten mir nichts aus, die Gespräche über zerquetschte Finger und so.
(T. Brussig: Wasserfarben [Roman])

alle drei jahre findet sie statt; (.) die internationale olympiade der schüler
(Reportage, Deutschlandfunk, 2.7.1987, zitiert nach G. Zifonun u.a. 1997, S. 548)

Der Ausdruck, auf den mit der Kataphern fokussiert wird, ist jeweils im rechten Außenfeld des Satzes angebunden. Auf diesen so genannten Thematisierungsausdruck wird die Aufmerksamkeit des Adressaten durch die Kataphern in besonderer Weise gelenkt.

Abschließend zur Kataphern sei im Folgenden ein Beispiel aus dem Bereich der TV-Sportreportage relativ ausführlich diskutiert, weil es geeignet scheint, noch

einmal die relativ komplizierten Gebrauchsbedingungen für Kataphora zu verdeutlichen (vgl. F. Jürgens 1999, S. 224 f.):

> vielleicht jetzt <u>Thomas von Heesen</u> -
> (2.5)
> ich hab das gefühl da hat er sich auch ein bisschen fallenlassen   -
> (5.0)
> ↓ also ob diese gelbe karte da (.) gerechtfertigt ist -
> (2.0)
> ↓ da setz' ich mal ((Zeitlupe)) ein ganz dickes fragezeichen hinter
> ↓ so noch mal ;
> (4.0)
> da kommt <u>der libero</u>   -
> (.)
> <u>der</u> berührt <u>ihn</u> nicht
> (.)
> <u>er</u> berührt <u>ihn</u> nicht (.) <u>den Thomas von Heesen</u> -
> (1.0)
> <u>Raickovic</u>   -
> (0.8)
> das war eine schwalbe des ex-Hamburgers   -
> (.)
> ganz deutlich zu sehen in dieser zeitlupe -
> (-)
> ungerechtfertigt diese gelbe karte gegen Raickovic

Die hier gegebene Konstellation ist unter dem Aspekt der Serialisierung besonders
interessant. Der Reporter führt die an einem Zweikampf beteiligten Spieler zunächst jeweils mit einem Nomen ein (*Thomas von Heesen* und *der Libero*). Die
offenbar strittige Zweikampfszene wird noch einmal in der Zeitlupe gezeigt. In der
entsprechenden Reporteräußerung werden beide beteiligten Akteure pronominal
wiederaufgenommen.

> <u>der</u> berührt <u>ihn</u> nicht
> (.)
> <u>er</u> berührt <u>ihn</u> nicht

Das Fernsehbild und der sprachliche Kontext erlauben nun durchaus eine korrekte
Zuordnung der Referenten. Der Reporter will aber ein Missverständnis ausschließen und präzisiert zunächst das zuletzt geäußerte Pronomen, die Akkusativergän-
zung (*ihn – den Thomas von Heesen*), die er über den bestimmten Artikel auch
eindeutig als solche markiert. Erst danach wird das erstgenannte Pronomen »gefüllt«. Da dazu die syntaktische Anschlussmöglichkeit innerhalb des Satzes verlo-
rengegangen ist, wählt der Sprecher die Form einer relativ selbstständigen eingliedrigen Einheit (*Raickovic*).

6.4.5 Parenthese

Eine Parenthese ist eine in eine Rahmen- bzw. Trägerkonstruktion eingefügte syntaktische Basiseinheit von nicht zu definierender Komplexität, die strukturell von der Rahmenkonstruktion unabhängig ist.

Parenthesen können vom Sprecher ganz gezielt eingesetzt werden, um die Aufmerksamkeit des Hörers/Lesers zu steuern. In den nachfolgenden Beispielen werden sie vor allem genutzt, um den Stellenwert der in der Rahmenkonstruktion getätigten Äußerungen zu erhöhen:

> Uns, liebe Freundinnen und Freunde, beirrt das nicht. Unser Volk - das wissen wir - wünscht den Regierungswechsel. Seit März - das weisen alle Daten aus - glauben die Menschen in Deutschland auch, daß er kommt.
>
> Wir haben - und das ist notwendig - den großen Kassensturz angekündigt. Die Regierung - das ist bereits jetzt sichtbar - hinterläßt Schulden, riesige Schattenhaushalte und eine Abgabenhöhe in nie gekanntem Ausmaß. Die öffentlichen Haushalte - das wissen die Kolleginnen und Kollegen in den Ländern, in den Gemeinden ebenso - sind kaum noch seriös zu kalkulieren.
>
> (G. Schröder: Die Kraft des Neuen. Rede auf dem außerordentlichen Parteitag der SPD am 17. April 1998 in Leipzig)

Völlig anders zu bewerten sind Parenthesen, die spontan entstehen, etwa weil der Sprecher im Verlaufe seiner Äußerung bemerkt, dass ein erläuternder Einschub kommunikativ notwendig ist, oder weil die Sprechsituation es erfordert.

> aber das geht weiter und weiter und weiter und in einem volk wie österreich ich bin österreicher sie können mir also hier wirklich glauben da sitzen die sachen drinnen
>
> (Beispiel zitiert nach B. Schönherr 1993, S. 230)

Der hochfrequente Gebrauch von Parenthesen in TV-Sportreportagen z.B. ist klar durch die Redekonstellation bei der Live-Reportage bedingt:

> bis jetzt geht das ja noch alles gut für die deutsche fußballnationalmannschaft ((Zeitlupe)) aber für meinen geschmack (-) lassen sie sich (.)
> deutliche abseitsposition
> (.)
> hier zu sehen
> (.)
> viel zu sehr nach hinten drängen
> (Beispiel aus F. Jürgens 1999, S. 226)

Der Sprecher löst sich von der unmittelbaren Live-Schilderung des Spielgeschehens, nimmt eine allgemeine Analyse des Spiels vor. Plötzlich erfordert die Bildführung (Zeitlupeneinblendung) aber eine Reaktion vom Reporter. Dieser unterbricht die begonnene Konstruktion, fügt eine entsprechende Information bzw. eine Wertung ein und setzt anschließend die Rahmenkonstruktion fort. Die Parenthese selbst weist hier keinerlei semantischen Bezug zur Rahmenkonstruktion auf. Es handelt sich um eine rein strukturelle Parenthese, die durch einen abrupten thematischen Sprung des Reporters, durch die plötzliche Bezugnahme auf das Fernsehbild, entsteht.

B. Schönherr (vgl. 1993, S. 227) verweist auf die Rolle prosodischer und nonverbaler Mittel, um die Parenthese deutlich von der Trägerkonstruktion abzugrenzen. Das gilt insbesondere, wenn die Parenthesen so komplex sind, dass die syntaktische Einheit der Rahmenkonstruktion für den Hörer nur noch mit Mühe rekonstruierbar ist.

leider gönnen uns
meine damen und herren
(1.5)
schuld (.) der frühe führungstreffer
so merkwürdig sich das anhören mag
(1.5)
die taktischen marschrouten die dann ausgegeben wurden vor allem bei den Deutschen
(.) kein spielerisch hochstehendes match
(TV-Sportreportage; Beispiel aus F. Jürgens 1999, S. 226)

6.4.6 Anakoluth

Das Anakoluth wird traditionell als »Anomalie« (H. Paul 1919), »Normwidrigkeit« (R. Rath 1979, S. 218) oder als »Stilfehler« (B. Sowinski 1978, S. 163) behandelt. Die GDS (vgl. G. Zifonun u.a. 1997, S. 444) zeigt hingegen, dass »ein großer Teil dessen, was als Anakoluth zu verstehen ist, auf Verbalisierungsverfahren beruht, die von grammatischem Wissen Gebrauch machen«.

Von einem Anakoluth sprechen wir, wenn Äußerungseinheiten Teile enthalten, die sich syntaktisch nicht einfach integrieren, sich nicht bruchlos anschließen lassen. Dies ist das Ergebnis spezifischer Prozeduren, mit denen Diskrepanzen zwischen Sprecherplan, Bedingungen für die Verwendung sprachlicher Mittel und Verbalisierung systematisch bearbeitet werden. (G. Zifonun u.a. 1997, S. 445)

Der Sprecher kann aus seinem Satzbauplan »aussteigen«, er kann ihn modifizieren oder auch in einen neuen Plan »umsteigen«, etwa weil der ursprüngliche Plan Defizite aufweist, die sich erst in der Realisierung zeigen, weil die Umsetzung in eine sprachliche Form nicht gelingt, weil die Verbalisierung einen Defekt aufweist oder weil die Einpassung in den laufenden Diskurs fehlschlägt (z.B. wegen einer Unterbrechung durch den Hörer).

Der Ausstieg erfolgt in der Regel durch einen Abbruch innerhalb einer Konstruktion:

> und die Bronshalle die war eigentlich nie voll
> (.)
> wir waren doch meistens in einem -
> wo waren wir denn man zuallererst ;
> (Beispiel aus M. Sperlbaum 1975, S. 39 [retranskribiert])

Der Abbruch ist hier mehrfach markiert: Die weiterführende Intonation steht für Nichtabgeschlossenheit ebenso wie die offenbleibende Leerstelle, die Ortsangabe, die syntaktisch allenfalls vorstrukturiert ist durch die begonnene Präpositionalphrase, die aber mit dem unbestimmten Artikel abrupt abbricht.

Eine **Modifizierung** des ursprünglichen Satzbauplans führt in der Regel zur unmittelbaren **Reparatur** der Äußerung, z.B. durch einen notwendigen Nachtrag:

> also an der unterstützung (.) der mangelnden (.) lags nicht;
> (Beispiel aus G. Zifonun u.a. 1997, S. 450 - ARD Sportschau, 24.3.1990)

Die GDS (vgl. G. Zifonun u.a. 1997, S. 449 ff.) beschäftigt sich in diesem Zusammenhang mit einem ganz speziellen Phänomen – der so genannten Retraktion, bei der bereits Geäußertes nachträglich vom Sprecher wieder außer Kraft gesetzt wird, z.B.

i) ein grammatischer Fehler, der durch die korrekte Form ersetzt wird,

> denn ich bin zur (.) anzei (.) zum ei (.) anzeichenbüro gekommen
> (Beispiel aus M. Sperlbaum 1975, S. 31 [retranskribiert])

ii) ein Prädikatsverb, das durch ein neues, der propositionalen Struktur besser entsprechendes Verb ersetzt wird

> äh diese medikamente die (.) machen (.) die verändern die atmung und das sprechen etwas;
> (Beispiel aus U. Horstmann 1986, S. 22 [retranskribiert])

Etwas komplexer zu erläutern ist das folgende Beispiel:

> mein erspartes geld war auf und dann (.) ich hatte dann die schulden beier kundenkreditbank
> (retranskribiert)

Der Beginn des Reparans ist hier dadurch gekennzeichnet, dass im zweiten Vollsatz die Position des Finitums mit dem Subjektsausdruck *ich* besetzt ist, der [...] am Anfang des Mittelfeldes zu erwarten wäre. Wird *ich* »probeweise« ins Vorfeld gezogen und *dann* gelöscht, ergibt sich die erwartbare Fortsetzung der Konstruktion. Daß *dann* zu löschen ist, bestätigt sich durch die folgende

Wiederholung.

Bruch:	... und dann **ich**
Reanalyse:	... und dann / ich
Bestätigung:	... und dann / ich hatte **dann**

(G. Zifonun u.a. 1997, S. 454)

Der Umstieg in einen neuen Satzbauplan schließlich ist ein Konstruktionswechsel, bei dem nichts von dem bereits Gesagten ausgeblendet wird. Allerdings wird die Konstruktion syntaktisch auf andere Weise fortgeführt, als dies der Beginn der Einheit erwarten ließe. Sehr gebräuchlich ist in diesem Zusammenhang die Realisierung eines Kernsatzes (Verbzweitstellung) statt eines in dieser Position zu erwartenden Stirnsatzes (Verberststellung)

> Denn wäre er's, er würde sich darum drücken.
> (K. Tucholsky: Zwischen gestern und morgen)

> Obwohl wir uns so bemüht haben, wir haben es nicht geschafft.

bzw. Spannsatzes (Verbletztstellung), insbesondere bei *weil*-Sätzen:

> ich bin zu spät gekommen weil (.) der bus ist ausgefallen

> ja (..) und dann bin ich irgendwann durchgedreht (..) weil – (.) die tür war nich verriegelt –
> (.) dann hab ich die tür aufgemacht und bin weggelaufen
> (Beispiel aus G. Zifonun u.a. 1997, S. 465 [Gericht])

6.4.7 Syntaktische Polyfunktionalität

Das finite Verb *habe* im folgenden Satz

> Ich habe den ganzen Tag gearbeitet und wirklich keine Lust mehr, dies jetzt auch noch zu erledigen.

wird vom Sprecher zunächst als Hilfsverb verwendet (*habe gearbeitet*). Im zweiten Teil des zusammengezogenen Satzes hat dasselbe Finitum die Funktion eines Vollverbs (*habe keine Lust mehr*). Aus Gründen der Sprachökonomie kann der Sprecher darauf verzichten, das formidentische Verb noch einmal aufzunehmen. Es kommt zu einem **nachträglichen syntaktischen Umfunktionieren** eines einmal eingeführten Satzbausteins.

Syntaktische Polyfunktionalität liegt demnach vor, wenn ein syntaktisches Glied zugleich mehrere verschiedene syntaktische Funktionen realisiert. Sie ist in Bezug auf ganz verschiedenartige Konstellationen nachweisbar. J. O. Askedal (vgl. 2000) z.B. hat eine umfangreiche Sammlung von Beispielen (vor allem aus dem Bereich der Fachsprache) vorgelegt, in denen ein Substantiv zugleich als Kern einer nominalen Wortgruppe und als Grundwort in einem Determinativkompositum verwendet wird:

keramische und Glasindustrie

syntaktische und Wortbildungsmittel

in politischen und Fernsehdiskussionen

sowohl Original- wie auch aus dem Russischen übersetzte Literatur

organisatorische, geographische, energiewirtschaftliche, planerische sowie Problemlösungs- und Berechnungsschemata

V. Ágel[8] weist an einem Beispiel nach, dass ein und dasselbe Wort in Bezug auf eine bestimmte morphologische Kategorie offen sein kann:

Eine Nachtklingel rief einen verkrüppelten Portier herbei, der uns einließ und die Zimmerschlüssel gab.

(Ch. Hein: Der fremde Freund [Roman])

In diesem Falle ist das Pronomen *uns* zugleich eine Akkusativ-Ergänzung zum Verb *einlassen* und eine Dativ-Ergänzung zum Verb *geben*. Diese Beobachtung veranlasst V. Ágel, **grundsätzlich offene Kategorien und dynamische Paradigmen** zu konstituieren:

Es ist die dynamische Paradigmenbildung, die nach meiner Erfahrung auch von den Sprachteilhabern selbst praktiziert wird [...] Diese Stelle des Romans zeigt, daß *uns* – zumindest für Ch. Hein – ein **Akkdat. (!!!)** (Markierung und Ausrufezeichen d. Vff.) ist, der nicht einmal durch die Valenzen von *einließ* und *gab* zur zweimaligen – und somit ›disambiguierten‹ – Setzung ›gezwungen‹ werden kann. (Koordinationsellipsen dieser Art sind laut Duden streng verboten.)

Aus Sicht der textgrammatischen Analyse ist V. Ágels Auffassung nur zu unterstützen. Die Kategorien einer Textgrammatik sollten so offen und flexibel sein, dass sie dem Funktionieren und der Dynamik des konkreten Sprechens bzw. Schreibens gerecht werden können. Diese Forderung lässt sich auch an dem folgenden Beispiel aus einer Hörfunk-Sportreportage noch einmal untermauern:

aber jetzt (.) wie gesagt die Düsseldorfer (-) wieder stärker im bilde -

(-)

↓ mit Wolfgang Seel dem linksaußen

<<all> diesmal auf der rechten seite vorbei an Neuberger -

(.)

↓ im 16-meter-raum>

(Beispiel aus F. Jürgens 1999, S. 201).

Das Beispiel reflektiert ein Phänomen, das sich in Live-Sportreportagen (in Hörfunk und Fernsehen) regelmäßig nachweisen lässt (vgl. F. Jürgens 1999, Kapitel

---

8   Vgl. ein internes Arbeitspapier von V. Ágel, vorgelegt auf einer Tagung an der Universität Greifswald vom 25.–27.9.1997 zum Thema »Grammatik und Empirie«.

3.3.1.3 und 3.4): Die Situation der Live-Schilderung ist dadurch gekennzeichnet, dass der Sprecher seine Aussage weder inhaltlich noch formal vorausplanen kann. Das führt dazu, dass Aussagegehalte häufig in **einheitenübergreifender Form**, also über die Grenzen syntaktischer Basiseinheiten hinweg, konstituiert werden. Das Aufeinander-Beziehen der syntaktischen Basiseinheiten erfolgt spontan, ist sprecherseitig keineswegs geplant. Vielmehr ist dafür der Situationskontext grundlegend, was auch ganz besondere Formaspekte nach sich zieht. Der Reporter spricht die Konstruktion ohne Zentralregens

> aber jetzt (.) wie gesagt die Düsseldorfer (-) wieder stärker im bilde -
> (-)

mit einer weiterführenden Intonation, weil er abwarten will, was die nächste Aktion bringt. Im Moment der Äußerung startet Düsseldorf – wie zur Bestätigung der gerade gegebenen Einschätzung – einen neuen Angriff. Der Reporter kann gleich zwei Elemente der eben geäußerten Konstruktion für die nächstfolgende mitnutzen:

> aber jetzt [[...]]die Düsseldorfer [[...]] mit Wolfgang Seel

Der Name des nun agierenden Spielers (*Wolfgang Seel*) steht in der Präpositionalphrase zwar im Dativ. Weil dieser Name aber kein Kasusmorphem enthält, sich formal nicht vom Nominativ unterscheidet, kann der Sprecher in den folgenden syntaktischen Basiseinheiten

> [[...]] Wolfgang Seel [[...]]
> <<all> diesmal auf der rechten seite vorbei an Neuberger -
> (.)
> ↓ im 16-meter-raum>

ohne weiteres darauf verzichten, den Spieler im Nominativ noch einmal aufzunehmen. Er behandelt die zunächst als Dativ eingeführte Phrase in den Folgekonstruktionen ganz selbstverständlich wie einen Nominativ.

6.4.8 Linksversetzung und Freies Thema

Die **Linksversetzung** (LV) (in der GDS auch: »linksangebundener Thematisierungsausdruck«) lässt sich wie folgt charakterisieren:

> Ein satzgliedwertiger Ausdruck, nach geltender Meinung eine NP oder PP, steht vor einem Satz mit Verb-Zweit (inklusive entsprechender lnperativsätze). Im darauffolgenden Satz steht vor dem finiten Verb ein Demonstrativpronomen oder eine sonstige, mit der links herausgestellten NP oder PP korreferente Proform, die als unmarkiertes Demonstrativum gewertet werden kann. Sie folgt also obligatorisch unmittelbar nach dem LV-Ausdruck im Vorfeld.

Morphologische Markierung: LV-NP und korreferente Proform müssen im Kasus übereinstinmen, bei PPn auch in der Präposition [...] Ebenso gilt Genus- und Numeruskongruenz, abgesehen von prädikativen Elementen.
Intonatorische Eigenschaften:
Zwischen LV-Ausdruck und folgendem Satz darf keine Satzpause entstehen; es kann sogar jede Art von Pause unterbleiben.
Der LV-Ausdruck endet mit progredienter Intonation, wählt also kein selbständiges Intonationsmuster. Der darauffolgende Satz wählt sein Tonmuster frei.
(H. Altmann 1981, S. 48)

LV-Strukturen dienen primär der Thematisierung. »Linksversetzung plus Wiederaufnahme erscheinen wie eine doppelte Vorfeldbesetzung.« (M. Selting 1993, S. 196)

die Brigitte - die kann ich schon gar nicht leiden;
(Beispiel aus H. Altmann 1981, S. 48 [retranskribiert])

aber der von meinem verlobten – der hat einige hundert gekostet;
(Beispiel aus G. Zifonun u.a. 1997, S. 518 [retranskribiert])

Allerdings gibt es auch die Möglichkeit, eine Linksversetzung mit einer Ergänzungsfrage zu kombinieren, in der die Wiederaufnahmeform dann auch weiter rechts realisiert sein kann:

und äh die mutter – (.) wie alt ist die,
(Beispiel aus G. Zifonun u.a. 1997, S. 520 [retranskribiert])

Das **Freie Thema** ist im Unterschied zur Linksversetzung intonatorisch und syntaktisch von der folgenden Einheit unabhängig. H. Altmann (1981, S. 49 f.) definiert Freies Thema als einen Typ der Herausstellung nach links mit folgenden Eigenschaften:

Ein satzgliedwertiger Ausdruck, üblicherweise eine NP, steht vor einem einfachen oder komplexen Satz, dessen Anfangs-Teilsatz beliebige Verbstellung aufweisen kann. Das Freie Thema wird i.d.R. im folgenden Satz in irgendeiner Weise wieder aufgenommen [...] Die Wiederaufnahme kann [...] durch ein koreferentes Pronomen beliebiger Art (unter Beachtung der üblichen Pronominalisierungsregeln), durch ein Hyponym oder Hyperonym zum Freien Thema, oder durch ein zum Freien Thema bloß assoziiertes Element, aber auch durch reine thematische Assoziationen erfolgen.
Das Freie Thema kann isoliert stehen, es kann aber auch mit sogenannten Einleitungsfloskeln versehen sein [...]
Morphologische Markierung: Das Freie Thema muß i.d.R. im Nominativ stehen.
Intonatorische Eigenschaften: Zwischen Freiem Thema und folgendem Satz ist immer eine deutliche Satzpause eingeschoben [...] Das Freie Thema erhält ei-

nen Satzakzent [...] Das Freie Thema kann, gegebenenfalls gesteuert durch die Einleitungsfloskel, fallendes oder steigendes Tonmuster wählen.

die schlanke blondine da drüben; (.) ich glaube - ich habe dieses gesicht schon einmal gesehen;

apropos pferde; (.) hast du Peters neue stallungen schon gesehen,

die Brigitte, (.) die kann ich schon gar nicht leiden;

(Beispiele aus H. Altmann 1981, S. 49 [retranskribiert])

in Mannheim; (.) haben Sie da lange gewohnt,

gestern; (.) hast du da ferngesehen,

(Beispiele aus G. Zifonun u.a. 1997, S. 521 – Hörbelege)

Mit der Funktion des Freien Themas beschäftigt sich M. Selting (1993, S. 310), die den in Rede stehenden Gegenstand aus einer konversationsanalytischen Perspektive analysiert:

Das Freie Thema setzt entweder einen Neubeginn nach einer »Flaute« oder Störung eines Gesprächs oder es fokussiert einen neuen Themenaspekt innerhalb eines übergeordneten Gesprächsthemas. »Damit ist allen Beispielen zum Freien Thema gemeinsam, daß das Freie Thema einen innerhalb eines übergeordneten Gesprächsthemas neuen oder einen bereits zuvor thematisierten Sachverhalt erneut fokussiert, und damit dem Gespräch einen neuen Ausgangspunkt, eine neue Initiative, den vorgreifenden Start zu einer neuen thematischen Sequenz gibt [...] Das Freie Thema erzeugt eine vorgreifende Aufmerksamkeitsfokussierung auf den neuen Themenaspekt.

Zu der Definition von H. Altmann muss angemerkt werden, dass das Freie Thema nicht von vornherein satzgliedwertig ist, sondern bestenfalls satzgliedfähig. Es handelt sich zunächst um eine syntaktisch abgeschlossene Einheit, die erst durch das Äußern der anschließenden Konstruktion wie ein Satzglied behandelt wird. Dies ist aufgrund der morphologischen Form (Nominativ) möglich.[9]

Zudem greift H. Altmanns Interpretation des Freien Themas als Herausstellung nach links nicht selten völlig ins Leere. Eine solche Interpretation geht davon aus, dass ein Element einer vollständigen Satzstruktur nach links bewegt wird, um es in besonderer Weise herauszustellen. Dies würde voraussetzen, dass eine solche vollständige Satzstruktur vom Sprecher konzeptionell bereits vorausgeplant wäre,

---

9 Vgl. in diesem Zusammenhang auch A. Cardinaletti (1987), die darauf verweist, dass ein Freies Thema nicht als Schwesterknoten des nachfolgenden Satzes, sondern als selbstständiger Ausdruck generiert wird, da es nicht in syntaktischer, sondern nur in semantischer Beziehung zum Folgesatz steht.

um sie dann bewusst aufzulösen. Diesen Ansatz kritisiert P. Auer (1991, S. 139 f.) völlig zu Recht:

> Es läßt sich kein realistisches Sprachproduktions- oder -verständnismodell denken, in dem ›Herausstellungen‹ auf diese Weise entstehen. Der Grund dafür ist zugleich ein wesentliches, wenn nicht das entscheidende Konstituens ihrer Existenz, nämlich die Zeitlichkeit von Sprache: ›Herausstellungen nach links‹ stehen nicht links vom Bezugssyntagma [...]; vielmehr werden sie in der Zeit vor dem Bezugssyntagma produziert und rezipiert [...] Eine ›Herausstellung nach links‹ erfolgt oft, ohne daß die Planung des folgenden Bezugssyntagmas schon abgeschlossen, ihre Rezeption, ohne daß das Bezugssyntagma schon projizierbar wäre.

Zum Teil muss sogar in Frage gestellt werden, ob der Sprecher überhaupt eine Folgekonstruktion geplant hatte. In den folgenden Beispielen aus der TV-Sportreportage

a)   und <u>Jürgen Kohler</u> ;
      (1.5)
      <u>der</u> wird sich heute an Klinsmann festbeißen

b)   <u>Ricken</u> ;
      (3.5)
      fordert den ball
      (Beispiele aus F. Jürgens 1999, S. 143 und 149)

wird lediglich auf den agierenden bzw. auf den durch das Fernsehbild fokussierten Spieler referiert. Damit ist ein potenzielles Thema gesetzt, auf das der Sprecher im Folgenden zurückgreifen kann. Im Beispiel a) tut er dies mit einer pronominalen Wiederaufnahme des gesetzten Themas in einem nachfolgenden Satz. Im Beispiel b) ist hingegen eine Konstellation anzutreffen, die der H. Altmannschen Definition des Freien Themas nicht entspricht und die daher grundsätzlich anders bewertet werden muss: Das Freie Thema ist Gegenstand einer Aussage, ohne dass es in der nachfolgenden syntaktischen Basiseinheit noch einmal wieder aufgenommen würde. Die Folgekonstruktion enthält damit keine vollständige Prädikation. Deren Aussagegehalt muss über die Einbeziehung der vorangehenden eingliedrigen Einheit vervollständigt werden. Die Prädikation wird also wiederum in einheitenübergreifender Form realisiert.

Das Beispiel b) ist also keineswegs ein Satz. Der Sprecher nutzt lediglich ein adäquates syntaktisches Muster, denn die beiden syntaktischen Basiseinheiten (eingliedrige Einheit im Nominativ + Verbalkonstruktion mit Finitum) sind – wie eine Nominalphrase und eine Verbalphrase bei einem Satz – einander zugeordnet und kongruent.

Linksversetzung und Freies Thema wurden in der Vergangenheit ausschließlich als Phänomene der Mündlichkeit behandelt. M. Sturm (1998, S. 24 ff.) weist am

Beispiel von Zeitungskommentaren nach, dass sie inzwischen längst auch im
Schriftlichen etabliert sind. Dabei gilt hier als Kriterium für die Unterscheidung
der beiden Erscheinungen die Interpunktion (Linksversetzung durch Komma
abgetrennt, Freies Thema durch Punkt):

> Viele Israelis fühlen sich getäuscht und eingelullt. Frieden und Sicherheit sind untrennbar
> verbunden, aber <u>der Friede</u>, den Israel erlebt, für den es mit vielen Soldatenleben erober-
> ten Boden aufgibt, <u>er</u> bringt keine Sicherheit und hat für immer mehr Menschen folglich
> keinen Wert.
> (Beispiel zitiert nach M. Sturm 1998, S. 27)

> <u>Die blonde Inge, Ingeborg Holm, Doktor Holms Tochter</u>, der am Markte wohnte, dort, wo
> hoch, spitzig und vielfach der gotische Brunnen stand, <u>sie</u> war's, die Tonio Kröger liebte,
> als er sechzehn Jahre alt war.
> (Beispiel aus G. Zifonun u.a. 1997, S. 522 – T. Mann: Erzählungen)

> <u>Madonna, der Popstar.</u> <u>Keine andere Frau</u> hat sich auf der Bühne so schamlos gezeigt
> wie sie.
> (Beispiel zitiert nach M. Sturm 1998, S. 28)

6.4.9 Besonderheiten der Thema-Rhema-Struktur

Als ein (Freies) Thema, das für den gesamten Text gesetzt wird, häufig ohne auch
nur ein einziges Mal wieder aufgenommen zu werden, ist das Lemma im Lexikoneintrag zu betrachten:

> **Loest, Erich,**
> Schriftsteller,
> *24.2.1916 Mittweida (Sachsen);
> Kritik am ‚Realsozialismus' der DDR,
> 1957 verhaftet;
> Gefängniserfahrung verarbeitet in dem Roman ‚Schattenboxen' (73);
> 81 in die BR Dtld.,
> seit Herbst 1990 auch in Leipzig. –
> WW:
> Durch die Erde ein Riß (1981);
> Völkerschlachtdenkmal (84);
> Fallhöhe (89);
> Der Zorn des Schafes (90).

Mit dem Lemma – in der Regel eine eingliedrige Einheit – ist das Thema des
Textes (Loest, Erich) benannt. Dieses Thema wird dann zum Gegenstand verschiedenster Prädikationen. Dabei wird es nur in der unmittelbar nachfolgenden
syntaktischen Basiseinheit (Loest, Erich → Schriftsteller) noch einmal wiederauf-

genommen. Es handelt sich um eine referenzidentische Setzung, die als Alternative für den Gleichsetzungsnominativ in einem entsprechenden Satz (T.: Erich
Loest ist ein Schriftsteller.) angesehen werden kann. Der Aussagegehalt aller
weiteren syntaktischen Basiseinheiten muss dann durch Rückgriff auf das einmal
gesetzte und damit beim Lesen immer präsente Thema vervollständigt werden,
z.B.:

Loest, Erich ← 81 in die BR Dtld.

Damit ist es möglich,

> Äußerungen auch dann als thematisch zu verstehen, wenn kein Thema der vor-
> hergehenden Äußerungen explizit wieder aufgenommen wird; als inhaltlich ko-
> härent kann der Zusammenhang dann nur aufgrund von Interpretationen bzw.
> Schlüssen verstanden werden. (G. Zifonun u.a. 1997, S. 540)

Entsprechende Erscheinungen der Auslassung von im Kotext bereits verbalisierten
Satzbestandteilen hat schon F. Blatz (1896) unter dem Begriff ›Analepse‹ disku-
tiert. Mit der Analepse »erfolgt ein thematischer Anschluß an positionsspezifische
Verbalisierungen des Vorgängersatzes bzw. -konjunkts, die an der fraglichen
Stelle noch präsent und nicht defokussiert sind« (G. Zifonun u.a. 1997, S. 571).
    Bevorzugtes Anwendungsfeld der Analepse ist das Gespräch. In Texten findet
sie sich vor allem in koordinierten Strukturen und Satzfolgen:

Ein junges Mädchen, schön, lebhaft, ehrgeizig, scheinbar begabt, floh das elterliche Haus.
Zündete an, was brennen wollte, oben und unten zugleich. Suchte das Wunderbare, hielt
vor allem sich selbst dafür. Wurde Schauspielerin auf einer kleinen Bühne. Hielt lange [...]
die auftrumpfende Illusion ihres Ruhms aufrecht. Kam aber schließlich, von Schmiere zu
Schmiere getrieben, nirgends mehr unter.
(Beispiel aus G. Zifonun u.a. 1997, S. 569 – E. Bloch: Spuren)

Matthias Sammer -
(4.0)
er heute wieder mit einer vorbildlichen leistung -
(1.5)
noch nicht so der ganz große strahlemann wie wir ihn kennen aus der letzten saison ↓
aber in der abwehr (.) aufopferungsvoll -
(0.5)
und wenn's drauf ankam auch mit der nötigen konsequenz -
↓ und immer wieder auch am aufbau (1.0) des Dortmunder offensivspiels beteiligt ;
(1.5)
so wie jetzt ;
(2.0)
gegen Hamann
(TV-Sportreportage; Beispiel aus F. Jürgens 1999, S. 172)

Die Beispiele belegen, dass die Bedeutung der (expliziten wie der impliziten) Wiederaufnahme als grammatische Bedingung der Textkohärenz (vgl. 2.1.2) eindeutig zu relativieren ist (vgl. auch W. Heinemann / D. Viehweger 1991, S. 30). Zwar ist es sicher der Standardfall, dass ein einmal gesetztes Thema in den nachfolgenden syntaktischen Einheiten immer wieder aufgenommen wird, um es mit neuen Rhema-Strukturen zu verknüpfen:

> Ich glaube, dann war <u>Nadja</u> dran. <u>Sie</u> hatte sich für Jura beworben und wußte längst, daß <u>sie</u> zugelassen war. <u>Sie</u> hatte es schon vor Wochen telefonisch erfahren, und <u>sie</u> hatte mittlerweile auch einen Förderungsvertrag mit Patenschaft und so unterschrieben. <u>Sie</u> kriegte dann aber irgendwie Kontakt mit einer frustrierten Richterin, die den Laden von innen kannte. Von da an wollte <u>Nadja</u> nicht mehr.
> (T. Brussig: Wasserfarben [Roman])

Th_1 (Nadja)
Th_1 (sie)   - - - -> Rh_1
Th_1 (sie)   - - - -> Rh_2
Th_1 (sie)   - - - -> Rh_3
Th_1 (sie)   - - - -> Rh_4
Th_1 (sie)   - - - -> Rh_5
Th_1 (Nadja)   - - - -> Rh_6

Daneben wäre für die thematische Progression mit einem durchlaufenden Thema (vgl. Kapitel 2.2.2) aber das Muster ohne Wiederaufnahme zu ergänzen:

> Aber <u>der kleine Tiger</u> hörte ihn nicht, weil <u>er</u> hinter dem Haus lag. Hatte keine Zwiebeln geschält und keine Kartoffeln gekocht. Hatte die Stube nicht gefegt und auch die Blumen nicht gegossen. Hatte zu nichts Lust gehabt, weil <u>er</u> wieder so einsam war.
> (Janosch: Post für den Tiger [Kinderbuch])

Th_1 (der kleine Tiger)   - - - -> Rh_1
Th_1 (er)   - - - -> Rh_2
                           - - - -> Rh_3
                           - - - -> Rh_4
                           - - - -> Rh_5
                           - - - ->Rh_6
                           - - - -> Rh_7
Th_1 (er)   - - - -> Rh_8

6.4.10 Doppelpunkt und Bindestrich als Gliederungssignale

Neben den klassischen Interpunktionszeichen Punkt und Komma werden in zeitgenössischen Texten zunehmend auch Doppelpunkt und Bindestrich zur syntaktischen Gliederung genutzt. Das ist auffallend häufig in der Boulevardpresse

> Traditioneller »Reemtsma«-Medientreff im Café »Schöne Aussichten«. Mit dabei: Zwar nicht Top-, aber immerhin Model Tasha de Vasconcelos [...]
>
> Gestern trat Berti Vogts sein Amt als Nationaltrainer an – erstes Training mit den Kuwait-Kickern. Ernst wird's für ihn Ende Oktober – Turnier bei den Westasiatischen Spielen. (BILD vom 5.9.2001)

und in jugendsprachlichen Texten der Fall, also z.b. in Jugendzeitschriften und Szene-Magazinen:

> Operation geglückt: Das Berliner SO 36, das seit massiver Mieterhöhung ständig mit dem Überleben zu kämpfen hat, wurde durch drei Benefizkonzerte der Ärzte vor dem Aus gerettet.
>
> Endlich Wind! Du packst dein Zeug, glühst zum Strand, springst aus dem Auto und – Mist, kein Wasser. Typischer Nordsee-Anfänger-Fehler.

Doppelpunkt und Bindestrich werden regelmäßig dann eingesetzt, wenn nichtsatzförmige syntaktische Basiseinheiten voneinander abgegrenzt werden sollen. Dabei ersetzt der Doppelpunkt häufig ein Kopulaverb und steht nach einer Ankündigung bzw. einer vorweggenommenen Zusammenfassung der Folgeäußerung.

> Sein Erfolgsrezept: Klasse Songs und coole Posen.
>
> Unschön: Marcin Stypulkowski brach sich am dritten Tag seines Austin-Aufenthaltes den Kiefer beim Überspringen eines Bordsteins. Auch blöd: Stefan Redinius brach sich bei einem Blumenbeet-Gap den Mittelfinger. Wo wir gerade dabei sind: Alexis Desolneux knickte beim Street-Fahren um und musste fünf Wochen pausieren.

Nicht selten ist auch die Setzung von nebenordnenden Konjunktionen vor einem Doppelpunkt.

> In der Nacht der Nächte vergaßen die obersten Drahtzieher ein paar Sekt-selige Stunden lang, dass ihre Traumfabrik keinen Grund zum Träumen hat. Denn: Die Produktionskosten [...] steigen kontinuierlich, die Gagen der Topstars haben die 20-Millionen-Marke überschritten. Außerdem floppten zu viele hochgehandelte Streifen am Markt. Und: Unter den ersten Trophäen-Gewinnern befand sich keine Produktion der sieben in Hollywood ansässigen Major-Studios.
> (Beispiel zitiert nach M. Sturm 1998, S. 20)

Mit diesem »Absolutsetzen des Junktivs« wird das Nachfolgende in besonderer Weise akzentuiert (vgl. M. Sturm 1998, S. 20).

6.4.11 Formen des Verbs in Text und Diskurs

Tempus:

Das Konzept der ›dynamischen Tempusinterpretation‹ (vgl. G. Zifonun u.a. 1997, S. 1713 ff.) beschäftigt sich mit Fällen des Übergangs zu einem neuen zeitlichen Interpretationskontext innerhalb eines Textsegments:

> Gestern <u>war</u> der zweite Spieltag der Eishockey-Bundesliga.
> Mannheim <u>verliert</u> in München 2:4.

Mit dem Präsens wird eine neue Betrachtzeit gewählt. Der besondere kommunikative Effekt, der damit erreicht wird, besteht in einer »Vergegenwärtigung« des Geschehens. Die alte Betrachtzeit (Präteritum) bleibt als Orientierungsgröße im Hintergrund präsent, sodass die Interpretation des Geschehens als »vergangen« gewährleistet bleibt.

> 1889 <u>wird</u> Wittgenstein in Wien <u>geboren</u>.
> 1918 <u>wird</u> er den »Tractatus« <u>veröffentlichen</u>.
> (Beispiel zitiert nach G. Zifonun u.a. 1997, S. 1717)

> So <u>fuhr</u> ich also mit dem Wagen nach der Stadt. Auf halbem Wege <u>kommt</u> mir ´n anderer Wagen entgegen, und natürlich <u>sitzt</u> kein andrer als Tom Samyer drin. Ich <u>hielt an</u> und <u>wartete</u>, bis er <u>rankam</u>. Dann <u>ruf</u> ich: Stillgestanden! Da <u>hält</u> er auch an und <u>sperrt</u> das Maul wie ´n Scheunentor auf ...
> (M. Twain: Huckleberry Finn [Roman]; zitiert nach G. Zifonun u.a. 1997, S. 1719)

J. Schwitalla (vgl. 1997a, S. 103) verweist darauf, dass Tempusunterschiede in Texten nicht allein für zeitliche Situierungen ausgenützt werden, sondern auch für Statusunterschiede von Textteilen.

Genus:

Ein ebenso interessantes Phänomen des Sprachgebrauchs ist der gelegentliche Genuswechsel in Texten. J. Schwitalla (vgl. 1997a, S. 106 f.) zeigt an einer längeren Schilderung eines Polizeibeamten vor Gericht, wie dieser aktivisch beginnt, dann aber zum Passiv wechselt, das es ihm erlaubt, wegen der Aussparungsmöglichkeit des Agens die Referenz auf den jeweils Handelnden im Dunkeln zu lassen.

> ich hab daraufhin gebremst ausjestiegen und habe den mann festgenommen und habe gesacht einsteigen in den Streifenwagen sie sind vorläufig festgenommen [...] die person wehrte sich also sehr erheblich [...] so daß Unterstützung <u>angefordert wurde</u> [...] ich muß bemerken daß weder der der schlachstock sondern nur einfache körperliche gewalt <u>angewendet wurde</u> [...] plötzlich saß seine gattin im Streifenwagen und da es laut dienstvorschrift nicht erlaubt is zwo personen * äh im Streifenwagen zur wache zu bringen <u>wurde</u> äh der herr A. <u>aufgefordert</u> den Streifenwagen zu verlassen [...] und es <u>wurde</u> ihr (der Frau des Mannes) auch <u>zugesagt</u> von dem einsatzleiter kommissar S. daß sie ordnungsgemäß

auch zum Polizeipräsidium nach I. gebracht würde [...] wir wurden ferner während der gesamten zeit von dem auch jetzt geladenen zeugen [...] beleidigt [...] nachher als wieder
gewalt angewendet wurde klappte es dann

J. Schwitalla erklärt den Genuswechsel allerdings keineswegs mit einer Täterver-
schweigung durch den Beamten, denn dieser erklärt in einer der Auslassungen
durchaus sehr klar, dass er ihm auf die Finger geschlagen habe. Vielmehr klinge
das Passiv distanzierter, amtsmäßiger und lasse die Assoziation zu: »gemäß den
Vorschriften vorgehen«.

Progressiv (Verlaufsform):
Auch wenn die Kategorie **Aspekt** in der deutschen Grammatik als nicht belegt
gilt, treten im Sprachgebrauch die so genannten Verlaufsformen zunehmend in
Erscheinung.

Ich bin grad am Telefonieren.

Wir sind grad noch beim Essen.

Auch die öffentlich-rechtlichen Banken sind eifrig dabei, durch Zusammenschlüsse ihre
Stellung zu stärken.

Windräder sind im Kommen.

Warste wieder telefonieren? (Absentiv)

(Beispiele zitiert nach O. Krause o. J.)

Diese zeigen Parallelen zur englischen »progressive form«, die jedoch wesentlich
klarer grammatikalisiert ist.

Im Deutschen wird der Progressiv in der Regel mit einer Präposition gebildet,
wobei insgesamt die Konstruktion mit am in Bezug auf den Grad ihrer Grammatikalisierung am weitesten fortgeschritten ist.

Nach O. Krause (o. J.) besteht die Basisfunktion von progressiven Formen darin, eine als einheitlich wahrgenommene Situation als unabgeschlossen (von innen
heraus) darzustellen. Dabei lassen sich prinzipiell zwei Funktionstypen unterscheiden:

Der fokussierende Typ dient dazu, das Verbalgeschehen in einem bestimmten
Moment festzuhalten und zu fokussieren:

sinds am kochen? (.) machens ruhig weiter
(junge Frau bei Besuch bei einer Bekannten; ARD, »Lindenstraße«: 25.01.98; Korpus
O. Krause o. J.)

Mit dem durativen Typ referiert der Sprecher hingegen auf einen längeren Zeitraum, der in der Regel durch entsprechende Adverbialbestimmungen definiert
wird:

er war die ganze zeit am schreien
(Mutter über Besuch mit Sohn beim Arzt; Korpus O.»Krause o.«J.)

6.4.12 Satzverknüpfung

In Bezug auf die Verknüpfung von Sätzen und Teilsätzen sind einige Tendenzen des Sprachgebrauchs in der Gegenwart besonders augenfällig. Dies gilt insbesondere für die Hypotaxe im Bereich der Mündlichkeit.
Zu nennen wäre da zunächst die Neigung vieler Sprecher, abhängige Teilsätze asyndetisch anzuschließen.

ich meine das ist natürlich nur ein symbol
(Beispiel aus J. Schwitalla 1997a, S. 97)

ich weiß / der will nicht
es ist besser / wir machen für heute schluss
(Beispiele aus A. Polikarpow 1996, S. 158)

Solche Sätze gelten in einer traditionellen Betrachtung als »uneingeleitete Nebensätze«, werden aber z.T. auch als »abhängige Hauptsätze« (R. Müller 1971) bezeichnet. A. Polikarpow (vgl. 1996, S. 154 f.) verweist auf die Möglichkeit, die Asyndese als eine spezielle Verknüpfungsart anzusehen, in der eine Gegenüberstellung zwischen Koordination und Subordination durch das Nichtvorhandensein einer Konjunktion oder eines »Relativwortes« keinen Sinn mache. Auch P. Auer (vgl. 1998) sieht solche Sätze »zwischen Parataxe und Hypotaxe«.
M. Sturm (vgl. 1998) weist nach, dass es »abhängige Hauptsätze« ausdrücklich auch in der geschriebenen Sprache gibt:

Kürzlich rüttelte ein Erdbeben an den Hochhäusern in Taipeh. Die Insel-Chinesen nahmen es gelassen. Sie wissen, ihrem Staat drohen Erschütterungen ganz anderer Art ...
(Rheinzeitung: Im Zeichen der Krise; 8.3.1996, S. 2)

Diese Diskussion fehlt bislang in Bonn. Der Eindruck drängt sich auf, die Wehrpflicht – die im Kalten Krieg ohne Alternative war – ist zur heiligen Kuh geworden.
(Frankfurter Rundschau: Dumme Franzosen?; 2.3.1996, S.3)

Hier werden sie häufig auch mit einem Doppelpunkt vom übergeordneten Satz abgetrennt:

Jeder Medizinstudent lernt: Nur lückenlose Daten können die möglichen Ursachen einer Krankheit erhellen.
(Bild: Ärzte schlampig?; 29.3.1996, S. 2)

Ein weiteres Phänomen im Grenzbereich zwischen Parataxe und Hypotaxe sind die immer gebräuchlicher werdenden *weil-* bzw. *obwohl-*Sätze mit Verbzweitstellung:

die muss ja praktisch ihren ganzen haushalt auflösen? nich? (.) <u>weil der gute knabe der</u>
<u>hat ja alles</u>

man schätzt sie sehr wohlhabend ein? <u>obwohl? ich hab da gekuckt</u> - sie hat da so eh eh
so'ne schwarze perlenkette angehabt - die kostet zwei mark bei Woolworth;

(Beispiele aus J. Schwitalla 1997a, S. 108 f.)

J. Schwitalla spricht von »hauptsatzeinleitendem *weil*«, das zwei unabhängige
Sätze miteinander verbindet, was durch die prosodische Trennung des *weil*- bzw.
des *obwohl*-Satzes (ansteigende Intonation; Pause) markiert ist.

Außerdem wird in den genannten Fällen das Begründungsverhältnis oft anders
gestaltet als bei der subordinierenden Konjunktion *weil*.

Begründet wird nicht (immer) ein Kausalzusammenhang in der Wirklichkeit,
sondern es wird eine Tatsache bzw. ein Ereignis angegeben, aufgrund dessen
der Sprecher zu der Folgerung kommt, die im Satz mit der logischen Folge behauptet wird (es hat gehagelt weil mein auto hat dellen) oder weshalb er/sie einen Sprechakt vollzieht (könntest du mir deine brille leihen weil ich habe meine verlegt – weil als Subjunktion ist in beiden Fällen nicht möglich).
Gesprochensprachliches weil mit Verbzweitstellung hat dann dieselbe Funktion
wie geschriebensprachliches denn/nämlich und steht für selbständige Sprechakte, ohne dass ein Hauptsatz, der die Wirkung/Folge enthält, vorangehen oder
folgen müsste (A spricht über einen Roman):
A: mit dem mann hat se im wald gepennt;
B: weil wir lesen ziemlich häufig über liebe im schnee? liebe im wald;
Der weil-Satz hat keine Begründungsfunktion für den vorhergehenden Satz,
sondern nimmt den Einzelbeleg als Hinweis, dass viele Romane gelesen wurden, in denen Liebesszenen in der Natur geschildert wurden. (J. Schwitalla
1997a, S. 109)

Ch. Gohl / S. Günthner (1999, S. 40 ff.) machen ähnliche Beobachtungen:

Während syntaktische Integration (Endstellung des finiten Verbs) eine enge
Anbindung zwischen den beiden Teilsätzen markiert und primär für faktische
Kausalrelationen (des is besser, weil ´s schneller is) verwendet wird, markiert
syntaktische Nicht-Integration (Verbzweitstellung) eine lose Anbindung zwischen den beiden Teilsätzen und kontextualisiert zugleich den *weil*-Satz als eigenständige Assertion.

Daraus leiten sie die Schlussfolgerung ab, weil nicht länger als eine Konjunktion
bzw. Subjunktion im traditionellen Sinne zu betrachten, sondern als diskursorga-
nisierendes Element (**Diskursmarker**) mit verschiedenen Funktionen, z.B.:

i)   Einleitung von Zusatzinformationen:

und grad vor mir, (--) überhole sich zwei auto – <u>weil desch ja da zweispurig bei uns vor der</u>
<u>tür</u>

ii) Einleitung einer narrativen Sequenz bzw. eines thematischen Wechsels:

naja aber nur i mein mich belastet des (halt) die frau mich jetzt damit. (-)
ha?
(0.5)
<u>weil i mein ich hätte sicherlich manches anders gemacht,</u>
(1.0)
aber (-) da musste ja wohl erst (-) meine mutter sterben [...]

Dieses Phänomen scheint bislang wirklich ausschließlich der Mündlichkeit vorbe-
halten zu sein, denn M. Sturm (vgl. 1998, S. 19), der schriftliche Texte intensiv
nach aus der Mündlichkeit bekannten Mustern durchsucht hat, konnte keinen
einzigen Fall nachweisen, der zu diesem mündlich ja sehr verbreiteten Muster
passen würde.

6.5 Zum Zusammenhang zwischen den kommunikativen Gegebenheiten und der syntaktischen Form des Textes, veranschaulicht an ausgewählten gesprochen und geschrieben realisierten Textsorten

Entsprechend der in 3.5 erfolgten integrativen Definition von Textsorten (als prototypischen, auf Konventionen der Sprachteilhaber beruhenden sprachlichen Mustern mit charakteristischen funktionalen, situativen und thematischen Merkmalen
sowie einer diesen Merkmalen entsprechenden formalen Struktur) sollen im Folgenden die Zusammenhänge zwischen den kommunikativ-pragmatischen Faktoren
auf der einen Seite und den prototypischen Formulierungsmustern im Bereich der
Grammatik auf der anderen Seite an einer kleineren Textsortenauswahl veranschaulicht werden. Es wird zu zeigen sein, dass der Situationsbezug in die Form
eingeht und dort seine Spuren hinterlässt, dass spezifische Formaspekte in bestimmten Fällen nur aus deren situationellem und diskursivem Kontext zu erklären
sind, dass bestimmte Formphänomene direkt mit ihrem Verwendungskontext
zusammenhängen.

6.5.1 Zur Rolle des Kontextes am Beispiel der TV-Sportreportage

Das folgende Beispiel verdeutlicht eine extreme Reduktion der sprachlichen Form,
wie sie in Sportreportagen des Fernsehens durchaus typisch ist.

[...] und Häßler ;
(6.0)
Minotti ,
(6.5)
und Freund bisher ganz sicher gegen Zola -
(5.5)
Pagliuca außerhalb des 16-meter-raums -
(8.0)
Casiraghi -
(1.5)
und Babbel -
(2.0)
und Zola ;
(-)
und Berti
(Beispiel aus F. Jürgens 1999, S. 200)

Die Möglichkeit zu dieser Reduktion ergibt sich aus der Präsenz des Mediums *Bild*, das als primäre Informationsquelle für den Fernsehzuschauer gelten kann. Der Sprecher beschränkt sich in seiner Reportage weitgehend darauf, mit eingliedrigen Einheiten auf den durch das Fernsehbild jeweils fokussierten Spieler zu referieren. Über diese Einheiten muss nichts ausgesagt werden, sie müssen nicht in Relation zu anderen Sprachzeichen gebracht werden, weil der Fernsehzuschauer sich alle notwendigen Informationen über das Bild erschließen kann.

Auch bei der Analyse des nächsten Beispiels ist die Rolle des Fernsehbildes zu bedenken:

Stefan Kuntz ;
(1.5)
hätten wir ihm doch alle gegönnt (-) kurz vor'm abschied (-) in die Türkei
(Beispiel aus F. Jürgens 1999, S. 223)

Das Bild zeigt in Großaufnahme den Spieler *Stefan Kuntz*, worauf der Reporter mit einer eingliedrigen Einheit zu dessen Identifizierung reagiert. Der nachfolgende Satz bezieht sich auf eine unmittelbar vorausgegangene Spielsituation, in der Stefan Kuntz eine große Torchance ausgelassen, also kein Tor erzielt hat. Diese Aktion ist Gegenstand (Thema) der Satzäußerung. Der Sprecher kann aber darauf verzichten, das Thema zu benennen, denn der Fernsehzuschauer ist über das Bild hinreichend gesteuert. Der Reporter lässt also das Vorfeld, das für ein entsprechendes thematisches Element prädestiniert wäre, unbesetzt und beginnt mit dem Finitum *hätten*.

Aus solcherart Beobachtungen ergibt sich folgende für eine Textgrammatik sehr grundsätzliche Konsequenz (vgl. F. Jürgens 1999, S. 208 ff.): Es ist davon auszugehen, dass Sprachzeichen nur in dem Maße durch formale Mittel explizit

aufeinander bezogen werden, wie es für die Kommunikation erforderlich ist. Zentrale Forderung an eine pragmatisch orientierte Textgrammatik muss es daher sein,
Fragen des (sprachlichen und außersprachlichen) Kontextes ganz maßgeblich zu
berücksichtigen, denn Kontextgegebenheit ist eine entscheidende Voraussetzung
für die Reduktion der sprachlichen Form. »Generell gilt, daß je mehr Kontextwis-
sen vorausgesetzt ist, desto weniger an Strukturierung notwendig ist.« (Ch. Busler
/ P. Schlobinski 1997, S. 103)

6.5.2 Kognitive Grundlagen der Textproduktion und -rezeption am Beispiel der Hörfunk-Sportreportage

Grundsätzlich anders als im Medium Fernsehen stellen sich die kommunikativen
Bedingungen in der Hörfunkreportage dar. In dieser Textsorte ist der Reportage-
text für den Hörer die einzige Informationsquelle. Dennoch kommt es auch hier zu
einer z.T. extremen Reduktion der sprachlichen Form (vgl. F. Jürgens 1999, S.
216 ff.):

> Italien (.) über links ;
>
> (.)
>
> ball am strafraumrand ;
>
> (.)
>
> weggeköpft von Babbel (.) der zum fünften mal hintereinander (.) berufen wurde (.) der
> lange vorstopper (.) vom FC Bayern München ;
>
> (.)
>
> noch einmal Italien (.) über die rechte seite mit Benarrivo ;
>
> (.)
>
> Benarrivo der beste mann (.) der schützlinge von Arrigo Sacchi in Lausanne heute (.) bis-
> her noch nicht so auffällig ;
>
> (.)
>
> Nicola Berti ;
>
> (.)
>
> Nicola Berti zu Albertini

Kompakte Strukturen in der Hörfunkreportage sind vor allem durch den Zwang zu
einer äußerst ökonomischen Ausdrucksweise bedingt. Dabei kann die Kommunikation nur reibungslos funktionieren, wenn Sprecher und Hörer auf ein **gemeinsames Wissenspotenzial** zum thematisierten Ereignis *Fußballspiel* verfügen. Es
ist davon auszugehen, dass **im Hintergrund spezifische kognitive Muster**
(Schemata; Geschehenstypen) ständig präsent gehalten werden. Der Sprecher
kann auf diese Muster im Text anspielen und der Hörer kann unter deren Zuhilfenahme die Bedeutung der Äußerung erst erschließen. Die in der Äußerung realisierten Sprachzeichen sind Anhalts- und Markierungspunkte, »die es einem Rezi-

pienten erlauben, unter Bezugnahme auf sein gesamtes, für das Verstehen dieser kommunikativen Äußerung relevantes Wissen die Bedeutung dieser Äußerung zu (re-)konstruieren« (D. Busse 1997, S. 23).

In welchem Maße kognitive Muster die Kommunikation steuern, wird deutlich, wenn man sich die entsprechenden Formen aus oben aufgeführtem Beispiel

Italien (.) über links

Nicola Berti zu Albertini

einmal in einer vollkommen kontextfreien Verwendung vorstellt.

> Daraus folgt, dass eine pragmatisch orientierte Textgrammatik die kognitiven Grundlagen der Textproduktion und -rezeption ganz zentral zu bedenken hat. Ein entscheidender Faktor ist dabei das Alltagswissen, das in Bezug auf die jeweilige kommunikative Situation zu aktualisieren ist. Das Alltags- bzw. Weltwissen ist ein so wichtiges Fundament für die sprachliche Kommunikation, weil

das sprachliche Umsetzen von Äußerungsabsichten immer nur als ein teilweises Ausdrücken von Sachverhalten geschieht, in dem die Relation zwischen Ausgedrücktem und (als Teil des gemeinsamen Wissens vorausgesetztem) Unausgedrücktem Rückschlüsse auf die kommunikative Intention des Textproduzenten erlaubt. (D. Busse 1992, S. 79)

6.5.3 Unpersönliche Ausdrucksweise in Kochrezepten

Kochrezepte gehören, was ihre funktionale Charakteristik anbelangt, zu den handlungsanweisenden Texten.

Biskuitplätzchen
Eigelb, Zucker, Salz und geriebene Zitronenschale mit dem Schneeschläger schaumig rühren, bis die Masse kremartig wird. Den steifen Eischnee auf die Eigelbmasse geben, das Mehl darübersieben und alles untereinanderheben. Das gefettete Backblech mit Mehl bestäuben. Mit 2 Teelöffeln die Masse bei mindestens 3 cm Abstand auf das Blech geben und die Plätzchen goldgelb backen.

Für diesen Funktionstyp ist eine agensabgewandte Darstellung charakteristisch, wozu verschiedene syntaktische Mittel beitragen können, z.B. Passiv- (*Das gefettete Backblech wird mit Mehl bestäubt.*) oder Imperativsätze (*Bestäuben Sie das gefettete Backblech mit Mehl!*). Die in der Gegenwart gebräuchlichste syntaktische Form zur Realisierung der unpersönlichen Ausdrucksweise in Kochrezepten sind aber Infinitivkonstruktionen wie im gegebenen Beispiel.

6.5.4 Imitierte Mündlichkeit im Kinderbuch

Das Kinderbuch »Oh wie schön ist Panama« (Janosch) richtet sich vor allem an Kinder im Vorschulalter:

> Der kleine Bär nahm noch seinen schwarzen Hut, und dann gingen sie los. Dem Wegweiser nach. Am Fluß entlang in die eine Richtung ...
> He, kleiner Bär und kleiner Tiger! Seht ihr nicht die Flaschenpost auf dem Fluß? Auf dem Zettel könnte eine geheime Botschaft über einen Seeräuberschatz stehen ... zu spät. Ist schon vorbeigeschwommen.

Die Geschichten werden also häufig **vor**gelesen. Der Autor berücksichtigt diese Rezeptionsbedingungen. Er **imitiert Mündlichkeit**, zwingt die Vorlesenden mit der entsprechenden Interpunktion zu einer adäquaten Prosodie und verhilft seinen kleinen Textrezipienten mit den kompakten und überschaubaren syntaktischen Formen zu einem wirklichen **Hör**erlebnis. Dieser medial schriftlich realisierte Text ist konzeptionell offenbar eher mündlich als schriftlich (zum Begriff der konzeptionellen Mündlichkeit/Schriftlichkeit nach P. Koch / W. Oesterreicher; vgl. auch Kapitel 6.1).

Zur Vertiefung:

I. Behr / H. Quintin 1996 (zu syntaktischen Formen sogenannter »verbloser Sätze«)

G. Zifonun u.a. (GDS) 1997; Bd. III/F (zu syntaktischen Formen in der Mündlichkeit)

B. Henn-Memmesheimer 1986, S. 1-30 (zu Fragen von Norm und Standard und zu sogenannten »Nonstandardmustern«)

F. Jürgens 1999: Kapitel 3.3.1 (zu Segmentierung und Kategorisierung in der Mündlichkeit)

P. Koch / W. Oesterreicher 1994 (zu Mündlichkeit und Schriftlichkeit)

K. B. Lindgren 1987 (zu syntaktischen Formen in der Mündlichkeit)

H. Ortner (zur Ellipse)

P. Schlobinski 1997a (zur Analyse syntaktischer Strukturen in der gesprochenen Sprache)

M. Schreiber 1995 (zu syntaktischen Formen in der Mündlichkeit)

J. Schwitalla 1997a: Kapitel 6 (zu syntaktischen Formen in der Mündlichkeit)

7 Wiederholungsfragen

Am Ende jeder Frage findet sich ein Hinweis auf die entsprechenden Seiten im Buch, die zur Beantwortung noch einmal vertieft werden sollten.

Fragen zu Kapitel 1

1. Untersuchen Sie analoge und digitale Texte daraufhin, wie sich das Medium auf die Kommunikationsform (Mündlichkeit, Schriftlichkeit) und die sprachliche Gestaltung von Texten auswirkt.
(Kap. 1.1: 13–17; Kap. 6.5: 218–222)

2. Untersuchen Sie die Text-Bild-Interaktion in Werbeanzeigen oder in Bild-Texten von Günter Grass.
(Kap. 1.2: 17–22; Kap. 6.4.4: 197–200)

3. Überprüfen Sie, ob der folgende Text über Kohäsion und Kohärenz verfügt.
(Kap. 1.3: 23–26)

> *Günter Grass*
> **Vergleichsweise**
> Eine Katze liegt in der Wiese.
> Die Wiese ist hundertzehn
> mal neunzig Meter groß;
> die Katze dagegen ist noch sehr jung.

4. Schätzen Sie die Gedichte »lichtung« und »loch« von Ernst Jandl in Bezug auf ihre Informativität und ihre Akzeptabilität ein.
(Kap. 1.3: 27–30)
Berücksichtigen Sie bei Ihren Überlegungen das folgende Zitat von Jandl über das Spiel mit Sprache:

> Ich verstehe unter dem Spiel mit Sprache eine Voraussetzung für Poesie überhaupt, jede Art Poesie und zu jeder Zeit. Die Sprache wird dabei ihrer nützlichen Funktion, die sie im Alltag besitzt, mehr oder minder enthoben. Mit ihren Bestandteilen, den Figuren dieses Spiels, sind bestimmte, im Alltag nicht übliche Züge und Kombinationen obligat oder gestattet, und zwar auf Grund von poetischen Spielregeln. Das Spiel ist auf ein Ziel gerichtet; das unterscheidet es in jedem Fall von Spielerei. Das Gedicht, als Ergebnis eines solchen Spiels, bleibt als ganzes mehr oder minder befreit von der nützlichen Funktion der Gegenstände des täglichen Gebrauchs. Es wird Anzeichen des Spiels offen oder versteckt, aber jedenfalls auffindbar, weiterhin an sich tragen. Der wiederkeh-

rende Rhythmus von Zeilen und der Reim, um von älteren Konventionen zu reden, sind ein spielerisches Moment und enthalten etwas an Lust. Wir alle kennen die Erfahrung, uns sprechend oder zuhörend der Melodie eines Gedichtes zu überlassen, um uns plötzlich dabei zu ertappen, wie uns der sogenannte Sinn entglitten ist; wobei in dem, was ich leichthin Melodie nannte, nicht weniger der Sinn eines Gedichtes liegt als in den Bedeutungen und Bedeutungsverknüpfungen seiner Wörter. [...] (Aus »Anmerkungen zur Dichtkunst«, 1979)

lichtung

manche meinen
lechts und rinks
kann man nicht
velwechsern.
werch ein illtum!

(Ernst Jandl)

loch

loch

loch doch

  so loch doch

  so loch doch schon

  so loch doch

loch doch

loch

  üch loch müch kronk

(Ernst Jandl)

Fragen zu Kapitel 2

5. Untersuchen Sie an Anfängen literarischer Texte die Pronominalisierung. Welche Verfahren zur Herstellung von Referenzidentität sind dabei auszumachen. (Kap. 2.1.2: 37–39)

6. Weisen Sie am folgenden Text Referenzidentität und partielle Koreferenz nach. Bestimmen Sie die Formen der Wiederaufnahme. (Kap. 2.1.2: 37–39)

[...]

Alle zittern vorm Siebenschläfer, warum?

»Das Wetter am Siebenschläfertag sieben Wochen so bleiben mag.« Am 27. Juni kommt
diese Bauernregel auf allen Sendern. Für schönes Sommerwetter braucht man in Europa
stabiles Hochdruckwetter. Das Hoch über den Azoren sollte sich so weit ausgedehnt haben, dass die Fronten von durchziehenden Zyklonen nicht mehr nach Mitteleuropa ein-
schwenken, wie bei einer Westlage üblich [...]. Zum Teil kann dies auch gar nicht eintreten, sieben Wochen sind durchaus möglich. Scheint aber in der Zeit um Siebenschläfer
bereits die Sonne bei klarer, trockener Luft vom Himmel, dann handelt es sich möglicherweise um eine besonders günstige sommerliche Ostlage. An einem recht stabilen Hoch
über dem nördlichen Europa weht kontinentale Luft von Osten. [...]

(Andreas Block (2000): Klima und Wetter. Berlin: Cornelsen Scriptor, S.113)

7. Untersuchen Sie an deskriptiven, narrativen, explikativen und argumentativen
Texten den Zusammenhang von Themafortführung und Themenentwicklung.
Nutzen Sie die Modelle von F. Daneš (1970) und L. Hoffmann (2000). Vertiefen
Sie dazu gleichfalls Kapitel 5.1.4 (Vertextungsmuster). Überprüfen Sie, ob sich
Präferenzen für bestimmte Typen der thematischen Progression bei bestimmten
Vertextungsmustern ableiten lassen.
(Kap. 2.2.2: 41–44; Kap. 5.1.4: 148–162)

8. Ermitteln Sie am Beispiel des folgenden Textes Isotopieketten und wie diese
mit einander verflochten sind.
(Kap. 2.2.1: 40–41)

Es war einmal im Lande Alifbay eine traurige Stadt, die traurigste von allen Städten, so
todtraurig, daß sie sogar ihren Namen vergessen hatte. Sie stand an einem freudlosen
Meer voller Wehmutfischen, die so elend schmeckten, daß die Menschen nach ihrem Ge-
nuß vor lauter Trübsinn Magenschmerzen bekamen, auch wenn der Himmel strahlend
blau war.
Im Norden der Traurigen Stadt standen mächtige Fabriken, in denen die Traurigkeit (wie
man mir sagte) produziert, verpackt und in alle Welt verschickt wurde, wo man niemals
genug davon zu bekommen schien. Aus den Schornsteinen dieser mächtigen Fabriken
quoll dicker schwarzer Rauch und lastete schwer wie eine Trauerbotschaft auf der Stadt.
Mitten in der Traurigen Stadt, hinter einer Reihe von Ruinen, die wie gebrochene Herzen
aussahen, wohnte ein fröhlicher kleiner Junge namens Harun, das einzige Kind des Ge-
schichtenerzählers Raschid Khalifa, dessen Heiterkeit überall in dieser unglücklichen Met-
ropole berühmt war und dessen niemals versiegender Strom langer, kurzer und ver-
schlungener Erzählungen ihm nicht einen, sondern gleich zwei Spitznamen eingetragen
hatte. Für seine Bewunderer war Raschid das Genie der Phantasie, so reich an heiteren
und unterhaltsamen Geschichten wie das Meer an Wehmutsfischen; seine eifersüchtigen
Rivalen dagegen nannten ihn den Schah von Bla. Seiner Frau Soraya war Raschid viele

Jahre lang ein so liebevoller Ehemann, wie man ihn sich nur wünschen kann, und Harun wuchs während dieser Jahre in einem Zuhause auf, das statt von Strafen und drohenden Mienen von dem unbeschwerten Lachen des Vaters und der süßen Stimme der Mutter erfüllt war, die glücklich ihre Liebe sang.

Dann ging irgend etwas schief. (Vielleicht hatte sich die Traurigkeit der Stadt schließlich doch noch zu den Fenstern hereingestohlen.)

An diesem Tag hörte Soraya auf zu singen – mitten in der Strophe, als hätte jemand einen Schalthebel umgelegt –, und Harun vermutete, daß ihnen etwas Schlimmes bevorstand. Doch niemand hätte geahnt, wie schlimm.

(Salman Rushdie (1993): Harun und das Meer der Geschichten. München: Knaur, S. 9 f.)

Fragen zu Kapitel 3

9. Entscheiden Sie sich für eines der in 3.5.2 entworfenen Modelle zur Beschreibung von Textsorten auf der Grundlage mehrerer Dimensionen und beschreiben Sie die folgenden Texte danach. (Kap. 3.5.2: 86–89)

Text 1:

und hier ist das wetter für den ganzen norden (-) ein tief über der Nordsee bringt uns frische meeresluft; (-) zunächst ist es teils aufgelockert teils stärker bewölkt dazu einzelne schauer mit kräftigen böen (-) nachts lassen die schauer im binnenland nach (.) tiefstwerte um 9 grad (-) morgen gibt es im nordwesten stärkere Bewölkung im südosten ist es heiter bis wolkig (-) von der Nordsee her kommen wieder schauer auf (.) tagestemperaturen zwischen 15 grad an der Nordsee (-) und 19 grad im südosten; (-) am freitag und sonnabend ist es wieder durchwachsen (.) und die temperaturen ändern sich wenig; (-) die aktuellen winddaten bis morgen abend für die Deutsche Bucht, (.) südwest bis west sieben (.) abnehmend sechs (.) morgen west abnehmend fünf (-) schauerböen (-) westliche Ostsee (-) südwest um sechs morgen abnehmend vier bis fünf (.) schauerböen (-) und südliche Ostsee südwest sechs abnehmend vier (-) morgen süddrehend

(NDR 2, 9.6.1999, 21.05 Uhr)

Text 2:

Rau: Einheit gemeinsam gestalten

Berlin (dpa) Zum 40. Jahrestag des Mauerbaus hat Bundespräsident Johannes Rau gemahnt, die innere Einheit Deutschlands gemeinsam zu verwirklichen. Alle Bürger hätten eine »doppelte Verpflichtung«: Das Leid der Opfer und das Unrecht der Teilung dürften nicht vergessen, das »Geschenk der Einheit« müsse im Interesse aller gestaltet werden, sagte Rau in seiner Fernsehansprache zum 13. August, die heute Abend von ARD und ZDF ausgestrahlt wird.

(Schweriner Volkszeitung vom 13.8.2001)

Text 3:

Hass und Hoffnung auf beiden Seiten

Wie die Grenze das Schicksal einer Pfarrerstochter und eines Polizisten über Jahrzehnte
bestimmte

Von dpa-Korrespondentin Katja Bauer

Berlin. Es war ein Sommersonntag im August, als das Unvorstellbare passierte. Die Sonne schien, und das Berliner Arbeiterviertel Wedding wachte langsam auf. Vögel zwitscher-
ten. Ein Tag zum Faulenzen, zum Baden, ruhig, warm, träge. Der junge; Schutzpolizist
Achim Lazai war noch zu Hause und freute sich auf seinen freien Tag.

Zur gleichen Zeit spielte die siebenjährige Annette Hildebrandt in ihrem »Paradies« - das
lag direkt im Ostteil der Stadt an der Sektorengrenze und war der Pfarrgarten der Versöh-
nungskirche an der Bernauer Straße. Dass für den Polizisten aus dem Westen und die
Pfarrerstochter aus dem Osten die Berliner Mauer wie für Millionen andere lebensbestim-
mend werden sollte, ahnten sie damals nicht.

Obwohl »schon seit Wochen etwas in der Luft lag«, wie Lazai sich heute erinnert. Auch
Annette bemerkte immer mehr Polizisten in ihrem Garten. »Aber dass jemand eine Mauer
bauen würde, das war einfach unvorstellbar«, meint Lazai. Und dieser historische 13. August 1961 war längst nicht der »Tag des Mauerbaus«, er war der Tag, an dem die Katast-
rophe begann. An eine wirkliche Mauer, an einen kahlen, tödlichen Grenzstreifen, noch
dazu an ein für Jahrzehnte eingemauertes Volk dachte niemand.

Es war so zwischen zehn und elf Uhr, da kam der Anruf. Lazai wurde »unverzüglich« auf
die Dienststelle kommandiert. Der 26-Jährige sollte Posten beziehen. Bernauer/Ecke
Schwedter Straße. Menschenmassen sahen fassungslos zu, wie Ost-Berliner Grenzposten Stacheldraht entrollt hatten und dahinter, kriegsmäßig ausgestattet, mit Gewehren
samt Bajonett und Helm harrten.

Schlüssel-Erlebnis

Wenn Achim Lazai heute zurückdenkt, dann werden die freundlichen blauen Augen des
kleinen Mannes hart und kalt. »Das war mein Schlüsselerlebnis, da habe ich den Ernst
der Lage verstanden.« Eine Frau ging auf drei DDR-Posten zu und wollte über die Grenze
treten. Einer hielt sie fest am Arm zurück. »Ich bin Krankenschwester, und meine Patienten auf der Intensivstation warten auf mich«, sagte die Frau und versuchte weiterzugehen.
»Da schlug der Grenzposten der Frau ins Gesicht.« Heute noch ballt Ruheständler Lazai
beim Gedanken an die k.o. gegangene Krankenschwester die Fäuste.

Die kleine Annette Hildebrandt durfte nicht mehr aus dem Haus. Die folgenden Tage ver-
brachte sie eher mit Spannung als mit den Sorgen, die in die Gesichter der Erwachsenen
geschrieben waren. »Für mich war das Abenteuer«, erinnert sich die heute 47-Jährige.

Sie beobachtete, wie riesige Betonquader zur Mauer aufgetürmt wurden, wie die »Kampf-
gruppen« Glasscherben obenauf zementierten. »Dass die Scherben für uns bestimmt waren, habe ich nicht kapiert.«

(Nordkurier vom 13.8.2001)

Text 4:

Ethischer Dammbruch

Von ANGELA GROSSE

Ungeborenes Leben wurde im britischen Unterhaus zum Versuchsmaterial degradiert.
Embryonen dürfen gezeugt werden, um Ersatzteile zu liefern. Egal, ob man einen fünf o-
der sechs Tage alten Embryo als schützenswertes menschliches Leben betrachtet oder
nicht: Faktisch wird er seiner genetischen Einmaligkeit beraubt. Eine Allianz aus Schwer-
kranken und Forschern, die in Goldgräberstimmung sind, haben die Politiker zu diesem
ethischen Dammbruch bewogen. Und das, obwohl es Alternativen gibt. Sie scheinen sogar besser geeignet, das Leid der Kranken schneller zu lindern. Zudem werden keine e-
thischen und moralischen Grenzen überschritten. Doch wieder einmal wird jedes ethische
Argument dagegen hinfällig, jede ethische Diskussion als »verstaubter Skrupel« diffamiert,
zeichnet sich auch nur die Möglichkeit ab, dass Menschen geheilt werden könnten. Was
dabei an Werten auf der Strecke bleibt, wird gar nicht bilanziert. Doch der Zweck heiligt
nicht die Mittel. Die Entscheidung im britischen Unterhaus über Embryonen und im nieder-
ländischen Parlament über aktive Sterbehilfe bedeuten in der Quintessenz, dass das Leben zur Disposition steht. Aktiv greifen Menschen in den Anfang des Lebens, manifestiert
in einem Haufen von Zellen, und das Ende, den Tod, ein. Die Ehrfurcht vor dem Leben
bleibt auf der Strecke.
Doch das ist nicht alles. Mit dem britischen Beschluss ist die Tür zum Klonen von Menschen geöffnet worden. Der Mensch nach Maß ist nicht mehr nur eine Fiktion auf Kino-
leinwänden. Denn die Technik, mit der einzelne Organe oder komplette Menschen ge-
züchtet werden können, ist dieselbe. Wer Klonen in »heilendes« und »gefährliches« unterscheidet, vernebelt den klaren Blick auf diese Zukunft. Deshalb darf am deutschen
Embryonenschutzgesetz, das seit 1990 jeden Versuch an Embryonen untersagt, weiterhin
nicht gerüttelt werden. Notwendig ist es aber, sich in der medizinischen Forschung verstärkt auf die vorhandenen Alternativen zu konzentrieren. Sie müssen schnell erforscht
werden, damit Schwerkranke geheilt werden können.

(Hamburger Abendblatt vom 8. August 2000)

10. Die nachfolgenden Texte stammen von derselben Journalistin. Beide sind im
Nordkurier vom 12.5.2000 publiziert. Worauf beruhen die offenkundigen Unter-
schiede in der sprachlichen Gestaltung der Texte?
(Kap. 3.5.2: 86–89; Kap. 6.5: 218–222)

Streit ums Geld lässt Munitionsbergung ruhen

Neubrandenburg/Löcknitz (EB/K. Polier). Streit ums Geld verhindert seit mehreren Monaten die endgültige Munitionsberäumung auf dem Gelände der ehemaligen Heeresmunitionsanstalt der Wehrmacht (Muna) Löcknitz im Uecker-Randow-Kreis. Laut Nordkurier-Recherchen legt das Bundesvermögensamt Neubrandenburg das landeseigene Polizei- und Ordnungsgesetz jetzt so aus, dass es für die Gefahren-Erforschung, also die Munitionssuche, das Land in der Pflicht sieht. Der Bund will auf den Flächen, die ihm gehören, nur noch die Beräumung selbst bezahlen. Robert Mollitor, Leiter des Munitionsbergungsdienstes in Bad Kleinen (Nordwest-Mecklenburg), ist anderer Auffassung. Wie auf der bisher beräumten Fläche müsse der Bund auch die Suche zahlen. Dem schließt sich auch das Innenministerium an. Auslöser des Streits war, dass Mollitor den Vertrag mit der bisher auf dem Gelände tätigen Firma stoppte, weil deren finanzielle Forderungen aus seiner Sicht zu hoch wurden. »Der Bund sollte nicht mehr bezahlen als nötig«, sagte er. Als »Dankeschön« krame das Bundesvermögensamt jetzt »Taschenspielertricks« hervor.

Nach Meinung des Munitionsbergers lagern mindestens noch 50 Tonnen Sprengmittel auf der bundeseigenen Fläche, von der 24 Hektar überhaupt noch nicht beräumt sind. Teils lägen die Granaten dort sogar offen auf der Erde, bestätigt Mollitor. Selbst ernannte »Schatzsucher« nutzen die Situation indes ungehemmt und plündern nach Auffassung des Landesamtes für Katastrophenschutz auf der eingezäunten Fläche die explosiven Stoffe. Erst im vergangenen Jahr war einem »Bastler« beim Experimentieren mit solchem Sprengstoff die Hand abgerissen worden.

Komplett verantwortungslos

Man muss nicht über Zäune steigen, braucht keinen Schlüssel und keinen Spaten: Die hoch explosive Munition aus dem Zweiten Weltkrieg liegt auf dem Gelände der früheren Heeresmunitionsanstalt Löcknitz im Uecker-Randow-Kreis tatsächlich für jeden Interessenten frei zugänglich herum. Nordkurier-Redakteure haben es gestern im Beisein von Munitionsbergern live getestet.

Nur wer so weit weg sitzt von dem gefährlichen Brandherd wie die Verantwortlichen des Neubrandenburger Bundesvermögensamtes, kann behaupten, dass hier »nichts mehr offen herumliegt«. Nur wer komplett verantwortungslos und unfassbar ignorant ist, kann die Entscheidung fällen, hier in Sachen Sicherheit zu sparen. Und kann wie ein Pfennigfuchser Gesetzlichkeiten durchforsten, um möglicherweise Steuergeld zu sparen.

Es ist geradezu schizophren: Denn die Leute vom Munitionsbergungsdienst selbst waren es zuvor, die festgestellt hatten: Wir sollten die Firma wechseln, die uns bei der Munitionsberäumung durch ihre Nachforderungen zu viele Steuergelder schluckt. Genau das war dem Bundesvermögensamt offensichtlich entgangen.

Doch als nun die Munitionsberger eine aus ihrer Sicht preiswertere Firma präsentierten, die parallel den zweiten Teil der Fläche zu aller Zufriedenheit beräumt hatte – genau in dem Moment will das Bundesvermögensamt gleich richtig sparen und legt fest, dass die

Munitionssuche ab sofort vom Land zu zahlen ist. Man sehe sich als Eigentümer der Fläche nur noch verpflichtet, die gefundenen Stücke zu räumen.

Bereits vor Jahren vom Land bezahlte Voruntersuchungen hatten ergeben, dass auf der
mit Munitionstrichtern übersäten Fläche noch mindestens 50 Tonnen Granaten vermutet
werden müssen. An denen der Zahn der Zeit fleißig nagt und die dadurch von Tag zu Tag
explosiver werden. Dies sollte den Bundesbeamten bekannt sein. Schatzsucher jedenfalls
wissen es genau.

Kerstin Polier

11. Suchen Sie nach weiteren Exemplaren dieser Textsorten. Versuchen Sie, je-
weils den Prototyp der Textsorte zu beschreiben, und weisen Sie, ausgehend vom
Prototyp, Textmuster nach. Auf welche kommunikativen Gegebenheiten sind die
Variationen zurückzuführen?
(Kap. 3.5.2: 86–89; Kap. 3.6: 91–109)

12. Stellen Sie Korpora digitaler Texte (Chat, E-Mail, Private Homepages im
World Wide Web) zusammen. Ermitteln Sie Merkmale der neuen Kommunikati-
onsformen und Textsorten. Vergleichen Sie mit ähnlichen analogen Textsorten
(z.B. persönlicher Brief und E-Mail oder Lebenslauf und private Homepage).
Welche Arten von Intertextualität zeigen sich in den digitalen Texten.
(Kap. 3.5.3: 89–91; Kap. 3.7: 109–112; Kap. 1.3: 31–33)

13. Beschreiben Sie die Art spezieller Intertextualität im folgenden Text.
(Kap. 3.7: 109–112; Kap. 1.3: 31–33)

Drei K sind out. www ist in.

Kinder, Küche, Kirche sind für Frauen nicht mehr das Ein und Alles. Heute warten im
world wide web riesige Zukunftschancen auf Frauenpower. Die Bundesregierung schafft
den Zugang zum »Internet für alle«. Zum Beispiel durch die Aktion »Frauen ans Netz«, mit
der bisher schon mehr als 40.000 Einsteigerinnen geschult wurden. Das Aktionsprogramm
der Bundesregierung »Innovation und Arbeitsplätze« treibt die Nutzung der neuen Infor-
mationstechnologie voran. Damit sichert Deutschland seinen wirtschaftlichen Spitzenplatz
in Europa.

(Werbeanzeige der Bundesregierung. In: Vivien. Oktober 2000)

14. Stellen Sie Textkorpora zu verschiedenen funktional ausdifferenzierten gesellschaftlichen Systemen oder Organisationen/Institutionen (Kommunikationsbereichen) zusammen. Nehmen Sie eine Klassifikation der Texte auf unterschiedlichen
Hierarchiestufen vor (Textklasse, Textsorte, Textsortenvariante).
(Kap. 3.4: 64–80)

15. Überprüfen Sie, ob die Benennung ›Kritik‹ noch als Textsortenbezeichnung fungieren kann. Ziehen Sie für eine Analyse die Ausdifferenzierung von Kritiken beispielsweise in Musikkritiken und Literaturkritiken heran.

16. Beschreiben Sie Textsorten verschiedener funktional ausdifferenzierter sozialer Systeme und Organisationen (z.B. Wissenschaft, Politik, Werbung; Universität, Schule, Stadtverwaltung, Amtsgericht) nach ihren Leistungen (Kerntextsorten, Textsorten der konventionalisierten, institutionalisierten Anschlusskommunikation, Textsorten der strukturellen Kopplung).
(Kap. 3.4.2.2: 73–80)

17. Ermitteln Sie für den folgenden Text den Funktionstyp und den Vertextungstyp. Beachten Sie dabei, dass der Text aus einer Ratgeberzeitschrift entnommen wurde, die wissenschaftliche Erkenntnisse für junge Eltern populärwissenschaftlich aufbereitet.
(Kap. 3.4.2.1: 67–73)

Erstes Jahr

Erstaunlich: Da ist ja noch ein Baby! Und es macht das Gleiche wie ich! Für kleine Kinder ist der Spiegel ein interessantes Spielzeug. [Neben diesem Text ein Foto von einem Baby, das interessiert in einen Spiegel schaut.]

Spieglein, Spieglein ...

Fasziniert vom Gegenüber: Warum das Spiegelbild auf Kleinkinder eine so große Wirkung ausübt

Huch, wer ist denn das, der mir da gegenübersitzt? »Ga«, macht Nils verwundert und patscht mit seiner kleinen Hand gegen den großen Spiegel im Flur. Auch der kleine Kerl auf der anderen Seite patscht mit der Hand. Nils ist begeistert und robbt so nah an den Spiegel, dass seine Stubsnase die Scheibe berührt. Aber warum ist das eigene Spiegelbild eigentlich so spannend für kleine Kinder?

Bewegungen und bunte Lichtreflexe

»Für Babys ist das Spiel mit dem Spiegel eine sehr aufregende Erfahrung«, sagt die Diplom-Psychologin Elisabeth Dütschke. »Es bewegt sich was, zusätzlich gibt es bunte Lichtreflexe, und wenn man hinfasst, fühlt es sich anders an, als das, was man sieht.« Das Spiegelbild, das Babys als real wahrnehmen, stimmt dabei nicht mit dem überein, wie sie sonst die Welt sehen und erfühlen. Schon die Oberfläche ist glatt und kalt, und das »andere Baby« lässt sich nicht wirklich anfassen und (be)greifen. »Dass sie selbst es sind, die sich da im Spiegel bewegen, ahnen Kinder erst ab dem zweiten Lebensjahr«, sagt Elisaboth Dütcchke. Viele Kinder fangen dann an, das Gegenüber hinter dem Spiegel zu suchen.

Ein Spiel, das die Wahrnehmung schult

»Das Spiel mit dem Spiegel wird durch Babys angeborene Begeisterung am Nachahmen begünstigt. So wiederholen sie gern die immer selben Bewegungen und entdecken dabei, dass das Gegenüber genau das Gleiche macht! So, wie sie auch die Bewegungen von Mama und Papa nachahmen. Das gefällt ihnen«, so die Psychologin. Das Spiegelbild schult somit die Wahrnehmung für und die Auseinandersetzung mit der Welt und aktiviert die Gehirnzellen.

(Spieglein, Spieglein ... In: Baby & Co, 09/2006)

18. Inwiefern handelt es sich bei dem folgenden Text um eine Mischtextsorte. Geben Sie dem Text einen Textsortennamen.
(Kap. 3.1: 53–57; 3.4.2.1: 67–73)

Rauchfreies

Bordbistro

Gute Neuigkeiten für Bahnfahrer: Ab dem 1. Oktober 2006 sollen die Bordbistros der Bahn zu rauchfreien Zonen erklärt werden. Das wird nicht nur die Reisenden freuen, die gerade am Wochenende keinen Sitzplatz im überfüllten Nichtraucherabteil erwischen, sondern vor allem Familien, die mit Kind und Kegel unterwegs sind. Denn jetzt können auch sie das Bistro bedenkenlos für eine kleine Pause nutzen – und die Kleinen ihre heiße Schoko-lade endlich ohne blauen Dunst genießen. Wir finden den Plan auf jeden Fall Dufte!

(Rauchfreies Bordbistro. In: Baby & Co, 09/2006)

Fragen zu Kapitel 4

19. Machen Sie am Beispiel des folgenden Textes Aussagen zu allgemeinsprach-licher, einzelsprachlicher und Textkompetenz. Beachten Sie z.B. Metaphorik, Satzbau und die Textsorte. Berücksichtigen Sie auch den Textverstehensprozess.
(Kap. 4.1.1.1: 114–117; Kap. 5.2: 162–174)

20. Wählen Sie für den Sinn des Textes relevante Substantive aus und beschreiben Sie deren Qualia-Struktur. Welche Aspekte dieser Struktur werden im Text per-spektiviert? Untersuchen Sie dazu Substantiv-Verb-Beziehungen.
(Kap. 4.1.2: 123–127)

21. Ermitteln Sie den textkonstitutiven Ereignisbegriff für den Beispieltext. Wie wird der Ereignisbegriff in Perspektive gebracht und welche Rolle spielt er für den Sinn des Textes?
(Kap. 4.1.2: 123–127; Kap. 5.2.4: 169–171)

22. Welche naheliegende Ereignisverkettung bzw. Folge von Ereignissen ist im textkonstitutiven Ereignisbegriff angelegt? Warum wird diese vom Autor nicht umgesetzt? Berücksichtigen Sie Verben, die dem Prozess des Sagens vorausgehen bzw. nachfolgen könnten (implikative Verben).
(Kap. Kap. 4.1.1.2: 117–122; Kap. 4.1.2: 123–127; Kap. 5.2.5: 171–173)

Ein Mädchen fand einen Stein (Benno Pludra. Der Kinderbuchverlag, 1981)

Am Rande des Meeres, wo Wasser und Land einander immerfort berühren, fand ein Mädchen einen Stein, der leuchtete wie die Sonne am Abend. Er war glatt und lang, warm in der Hand, und das Mädchen lief ins Dorf zurück, um allen Leuten den Stein zu zeigen. Gleich bei den ersten Häusern stand eine Mühle, dort sah ein dicker Mann heraus. Die Mühle hatte vier mächtige Flügel, die drehten sich aber schon lange nicht mehr, und der Mann, der heraussah, war kein Maler, war kein Müller, es war der Kunstmaler Seidelbast, die Mühle war sein Malerhaus. Das Mädchen sagte: »Ich habe einen Stein gefunden« und hob die Hand, wo der Stein nun lag: rot wie die Sonne am Abend, doch der Seidelbast blickte nur wenig hin, er sagte: »Ich habe soeben ein Bild vollendet.« »Der Stein, wie er leuchtet«, sagte das Mädchen, doch der Seidelbast blickte wieder kaum hin, er sagte: »Ich habe soeben mein schönstes Bild vollendet.« Nun verbarg das Mädchen den Stein und dachte bei sich: er hat nur dauernd sein Bild im Kopf, hört und sieht nichts, so dick, wie er ist. Die Mühle müsste sich drehn. Das war so gedacht und gerade gedacht, da begann sich die Mühle zu drehn. Die mächtigen Flügel, seit Jahren stumm, ächzten und stöhnten, rauschten im Wind, und der Seidelbast flog vom Fenster hinweg, und das Mädchen flog die Straße hinab. Was war auf einmal geschehen? Im Dorf, die lange Straße hinab, fand sich kein Mensch, zu dem das Mädchen hätte reden können, dann aber, endlich, fand sich Walpurga Walpurgis. Dies war ein Mädchen gleichen Alters, lieblich im Ganzen anzusehen und täglich aufs Neue beneidet, um ihre wunderschönen schwarzen Haare. »Die Mühle, die Mühle!«, rief das Mädchen, doch Walpurga Walpurgis war in Eile, winkte nur freundlich und rief: »Ich komme morgen, schönen Gruß.« »Die Mühle dreht sich!«, rief das Mädchen, doch Walpurga Walpurgis blieb in Eile, winkte nur wieder, wieder so freundlich, und das Mädchen, nun böse, dachte bei sich: wenn sie grüne Haare hätte! Das war so gedacht und gerade gedacht, da wurden die Haare von Walpurga grün. Eben noch glänzend, wie Ebenholz schwarz, wurden sie nun wie Waldmoos grün, das verschlug dem Mädchen Atem und Sprache. Es rannte, rannte, es rannte nach Hause. Dort, in der Küche, war die Mutter. Sonnenlicht blitzte in den Töpfen und Tiegeln, die Kacheln wie Spiegel, die Fliesen ohne Staub, mitten darin die allzeit fleißige Mutter. Das Mädchen wollte reden, schnell wie ein Sturzbach los: die Mühle, die Mühle, der Stein. Der Stein, die Mühle, die grünen Haare- und immer so weiter, ungefähr, doch die Mutter war schneller, ihre Stimme zu hören, bevor das Mädchen noch die Tür schloß. »So spät, so spät. So spät«, sagte sie. »Warum denn kommst du so spät? Und siehst wieder aus, und sagst mir nichts. Sitzt da, stehst da, und sagst mir nichts. Kommst spät, siehst aus und sagst mir nichts. Sagst mir einfach nichts.« Das Mädchen blieb stumm, es sah eine Wolke: fern und leicht und weiß und still. Der Himmel war blau, die Wolke war still, und das Mädchen dachte: Sie hört mir zu - und wünschte sich fort auf die Wolke.

23. Strukturieren Sie den Ereignisbegriff SUCHEN. Ermitteln Sie Textsorten, für die der Ereignisbegriff SUCHEN textsortenkonstitutiv (z.B. verschiedene Anzeigentexte) ist. Welche Perspektivierung erfährt der Ereignisbegriff durch Selektion, Addition oder Inhibierung zwischenbegrifflicher Relationen und welche Textmuster oder auch Textsortenvarianten resultieren möglicherweise daraus?
(Kap. 4.1.1.2: 117–127; Kap. 4.1.2: 123–127; Kap. 3.6: 91–109)

Fragen zu Kapitel 5

24. Vergleichen Sie die Schreibstrategien in historischen Pressetexten regionaler Tageszeitungen mit denen von heute. Beziehen Sie sich dabei auf verschiedene Textsorten aus synchroner Sicht. Welche textsortenkonstitutiven Veränderungen stellen Sie hinsichtlich der Vertextungsmuster fest?
(Kap. 5.1.1: 139–141; Kap. 5.1.2: 141–144; Kap. 5.1.4: 148–162)
Nutzen Sie als Beispiel auch den folgenden Text aus der Rostocker Zeitung vom 1. Juli 1849.

> Dem verehrten Publico empfehle ich meine in Gehlstorf am Strande der Warnow bestehende Badeanstalt zur fleißigen Benutzung ganz gehorsamst. Es ist die Einrichtung getroffen, dass sie für die Damen des Morgens 7 bis 11 Uhr und des Nachmittags von 3 bis 6 Uhr, in der übrigen Tageszeit aber für Herren zum Zutritt geöffnet ist. Die freundliche Lage meines Gartens bietet vor und nach dem Bade angenehme Erholung und werde ich bemüht sein, allen Wünschen der mich Beehrenden mit größter Bereitwilligkeit entgegen zu kommen. Auch ganzen Familien ist, wie im vorigen Jahre, mein Garten zum geneigten Besuche geöffnet, und kann ich mit allen Arten von Milch, so wie späterhin mit Obst, aufwarten. Auch ist den verehrten Damen gerne gestattet, sich selbst Caffee oder Thee zu kochen, weshalb an alle Familien meine freundliche Einladung ergehet, mich fleißig zu besuchen.
>
> Gehlstorf, den 26. Juni 1849
>
> E. Schröder
>
> N. B. eine Tafel am Gehlstorfer Wege zeigt den Eingang zu meinem Garten an.

25. Analysieren Sie eigene Seminararbeiten nach folgenden Gesichtspunkten:

i) Vergleichen Sie Einleitungen und Schlussbemerkungen von Seminararbeiten, die Sie am Beginn und zum Ende Ihres Studiums verfasst haben. Ordnen Sie Ihre Arbeiten den Textordnungsmustern und Kohärenzprinzipien nach H. Feilke (1988, 1996) zu. Welche Entwicklungen lassen sich beobachten?

ii) Überprüfen Sie in Ihren Seminararbeiten die Entwicklung der Umsetzung des explikativen und des argumentativen Vertextungsmusters. Welche Entwicklungen sind erkennbar?

iii) Überdenken Sie gleichfalls, welche Rolle Sie dem Revidieren von Texten/Seminararbeiten zum Beginn und zum Ende des Studiums beigemessen haben. (Kap. 5.1.1: 139–141; Kap. 5.1.2: 141–144; Kap. 5.1.3: 144–148; insbesondere Kap. 5.1.4.3: 155–158)

Fragen zu Kapitel 6

26. Segmentieren Sie den mündlich realisierten Text 1 aus der Aufgabe 9 (»und hier ist das wetter ...«) in syntaktische Basiseinheiten. Begründen Sie Ihre Entscheidung. Welche Kriterien haben Sie der Segmentierung zugrunde gelegt? (Kap. 6.2: 179–183)

27. Ermitteln Sie auch für das folgende schriftlich realisierte Textbeispiel (hier abgedruckt in fast durchgängiger Kleinschreibung und ohne Satzzeichen) die syntaktischen Basiseinheiten und notieren Sie den Text mit einer korrekten Groß- und Kleinschreibung sowie einer angemessenen Interpunktion. (Kap. 6.2: 179–183)

Focus vs. Spiegel

Helmut Markwort sinkt schon nach acht spielminuten zu boden und raunt das team ist die mannschaft während Stefan vom *Spiegel* nach dem halbzeittee mit rum ins seitenaus torkelt - mit einer fahne nicht gerade in den vereinsfarben hatte man gehofft doch wie immer war das leben langweiliger als die vorstellung davon als *Spiegel* und *Focus* am Hamburger Millerntor ausnahmsweise mal nicht um marktanteile sondern einen ball kämpften waren doch beide teams schon im vorfeld darauf bedacht etwaige unstimmigkeiten als total konstruiert dastehen zu lassen statt sie immer nur selbst zu sein konnte man hier endlich mal die »doofe presse« geißeln samstag ist orkustag da geht es um sport und um mannsein um nichts sonst flanken flanken flanken und immer an das leder denken das hinspiel in München war 2:2 ausgegangen hinterher hatte man sich auf dem oktoberfest verbrüdert auch diesmal mühten sich nicht prominente redakteure - gut trainierte leserbriefseitenvolontäre schienen nominiert worden zu sein keine spur von Aust keine lache von Helmut Markwort *Focus* in blauen trikots der *Spiegel in* schwarz-rot und natürlich haha von links nach rechts beginnend 20.000 nachwuchskabarettisten hätten sich hier in jeder beziehung gratis für spätere bühnenprogramme in kulturfabriken aufwärmen können nachliegende tiefliegende wortspielzüge aus den rohstoffen halblinks rechtsaußen politisches abseits rote karte gelb-rot und Doris Köpfs eignung als manndeckerin hätten schenkelschlagen in noch so mancher generation parteiübergreifender sozialdemokraten auszulösen vermocht statt dessen aber nur die distinguiert sich sonnende Hamburger schnöselgegengerade hüben und der debil dauerskandierende *Focus-Block* drüben.

(Benjamin von Stuckrad-Barre)

28. Bestimmen Sie die syntaktische Form der in den Aufgaben 26 und 27 ermittelten Basiseinheiten.
(Kap. 6.3: 183–193)

29. Transkribieren Sie einen kürzeren spontan gesprochenen Text (z.B. eine Hörfunkmoderation, eine Sportreportage o.Ä.) und führen Sie auch an diesem Beispiel eine Segmentierung und Kategorisierung der syntaktischen Basiseinheiten durch.
(Kap. 6.2: 179–183; Kap. 6.3: 183–193; Anhang: Transkriptionskonventionen)

30. Beschreiben Sie die in den Beispielen (Aufgaben 26–29) gegebenen textgrammatischen Besonderheiten. Orientieren Sie sich dabei an den in 6.4 beschriebenen Phänomenen, weiten Sie aber auch Ihren Blick für dort nicht erfasste Erscheinungen.
(Kap. 6.4: 193–218)

Transkriptionskonventionen

Die Transkription eigener Textbelege erfolgte in Anlehnung an das sogenannte *Gesprachsanalytische Transkriptionssystem* (GAT 1998). Zitierte Textbelege wurden, wenn dies möglich war, entsprechend retranskribiert:

- Pausen:

(.)	Mikropause
(-), (--), (---)	kurze, mittlere und längere Pause von ca. 0.25 – 0.75 Sekunden Dauer
(1.0)	geschätzte Pause in Sekunden; ab Pausendauer von ca. 1 Sekunde

- ((Zeitlupe))   nonverbale Handlungen oder Ereignisse
- Tonhöhenbewegung am Einheitenende:

?	hoch steigend
,	mittel steigend
-	gleichbleibend
;	mittel fallend
.	tief fallend

- Auffällige Tonhöhensprünge am Beginn oder im Verlauf der Einheit (im Vergleich zu vorherigen Einheiten):

↑	auffälliger Tonhöhensprung nach oben
↓	auffälliger Tonhöhensprung nach unten

- Lautstärke- und Sprechgeschwindigkeitsveränderungen Kommentare

  (mit Angabe der Reichweite)

<<f>	forte, laut
<<ff>	fortissimo, sehr laut
<<all>	allegro, schnell
<<len>	lento, langsam
<<cresc>	crescendo, lauter werdend
<<dim>	diminuendo, leiser werdend
<<acc>	accelerando, schneller werdend
<<rall>	rallentando, langsamer werdend

- akZENT   Haupt- bzw. Primärakzent
- ak!ZENT!   extra starker Akzent
- ((...))   Auslassung

Literatur

Adamzik, Kirsten (1991): Forschungsstrategien im Bereich der Textsortenlinguistik. In: *Zeitschrift für Germanistik*. Neue Folge 1. 99–109.

—; (1995): *Textsorten – Texttypologie. Eine kommentierte Bibliographie*. Münster: Nodus Publikationen .

—; (1994): Zum Textsortenbegriff am Beispiel von Werbeanzeigen. In: *Satz – Text – Diskurs. Akten des 27. Linguistischen Kolloquiums, Münster, 1992*. Bd. 1 hg. von Susanne Beckmann und Sabine Frilling, Bd. 2 hg. von Peter-Paul König und Helmut Wiegers. Tübingen: Niemeyer: 173–180.

—; (Hg.) (2000): *Textsorten. Reflexionen und Analysen*. Tübingen: Stauffenburg.

; (2001): *Textlinguistik. Eine einführende Darstellung*. Tübingen: Niemeyer

Agricola, Erhard (1970): Textstruktur aus linguistischer Sicht. In: *Wissenschaftliche Zeitschrift der PH Erfurt / Mühlhausen*. GSR 2 / 1970. 85–88.

—; (1983): Textelemente und Textstrukturen. In: Fleischer u.a. (Hgg.) (1983): 220–226.

Althaus, Hans Peter / Henne, Helmut / Wiegand, Herbert Ernst (Hgg.) (1980): *Lexikon der Germanistischen Linguistik*. 2., vollst. neu bearb. Aufl. Tübingen: Niemeyer.

Altmann, Hans (1981): *Formen der »Herausstellung« im Deutschen: Rechtsversetzung, Linksversetzung, freies Thema und verwandte Konstruktionen*. Tübingen: Niemeyer.

Altmann, Hans / Batliner, Anton / Oppenrieder, Wilhelm (Hgg.) (1989): *Zur Intonation von Modus und Fokus im Deutschen*. Tübingen: Niemeyer.

Ammon, Ulrich / Dittmar, Norbert / Mattheier, Klaus J. (Hgg.) (1988): *Soziolinguistik. Ein internationales Handbuch zur Wissenschaft von Sprache und Gesellschaft*. Berlin / New York: de Gruyter (HSK 3.2).

Anderson, John R. (^{2}1996): *Kognitive Psychologie*. 2. Aufl. Heidelberg: Spektrum Akademischer Verlag.

Antos, Gerd (1982): *Grundlagen einer Theorie des Formulierens. Textherstellung in geschriebener und gesprochener Sprache*. Tübingen: Niemeyer (Reihe Germanistische Linguistik 39).

—; (1989a): Textproduktion: Ein einführender Überblick. In: Antos / Krings (Hgg.) (1989): 5–47.

—; (1995): Sprachliche Inszenierungen von »Expertenschaft« am Beispiel wissenschaftlicher Abstracts. Vorüberlegungen zu einer systemtheoretischen Textproduktionsforschung. In: Jakobs / Knorr / Molitor-Lübbert (Hgg.) (1995): 113–127.

—; Texte als Konstitutionsformen von Wissen. Thesen zu einer evolutionstheoretischen Begründung der Textlinguistik. In: Antos / Tietz (Hgg.) (1997): 43–63.

—; (2000): Ansätze zur Erforschung der Textproduktion. In: Brinker u.a. (Hgg.) (2000a): 105–112.

Antos, Gerd / Krings, Hans P. (Hgg.) (1989): *Textproduktion. Ein interdisziplinärer Forschungsüberblick*. Tübingen: Niemeyer.

Antos, Gerd / Tietz, Heike (Hgg.) (1997): *Die Zukunft der Textlinguistik. Traditionen, Transformationen, Trends*. Tübingen: Niemeyer (Reihe Germanistische Linguistik 188).

Askedal, John Ole: Zum Koordinationstyp »syntaktische und Wortbildungsmittel« – Grammatische Fahrlässigkeit und / oder Entwicklungstendenz? Vortrag, gehalten auf der Jahrestagung des DAAD am 11.10.2000 in Greifswald.

Auer, Peter (1991): Vom Ende deutscher Sätze. In: *Zeitschrift für germanistische Linguistik* 19. 139–157.

—; (1993): Zur Verbspitzenstellung im gesprochenen Deutsch. In: *Deutsche Sprache* 21. 193–222.

—; (1998): Zwischen Parataxe und Hypotaxe: ›abhängige Hauptsätze‹ im gesprochenen und geschriebenen Deutsch. In: *InLiSt* No. 2.

(http: / / ling.sprachwiss.uni-konstanz.de / anglistik / publikationen / inlist / index.htm)

Austin, John L. (1979): *Zur Theorie der Sprechakte (How to do things with words)*. Deutsche Bearbeitung von Eike von Savigny. 2. Aufl. Stuttgart: Reclam.

Barsalou, Lawrence W. (1992): Frames, Concepts, and Conceptual Fields. In: Lehrer, Adrienne / Federkittay, Eva (Hgg.) (1992): *Frame, Fields, and Contrasts. New Essays in Semantic and Lexical Organization*. Hillsdale, N. J.: Erlbaum. 21–74

Bartels, Gerhard / Pohl, Inge (Hgg.) (1993): Wortschatz – Satz – Text. Beiträge der Konferenzen in Greifswald und Neubrandenburg 1992. Frankfurt a. M.: Lang. (Sprache – System und Tätigkeit 10).

Beaugrande, Robert–A. de / Dressler, Wolfgang Ulrich (1981): *Einführung in die Textlinguistik*. Tübingen: Niemeyer

Becker-Mrotzek, Michael / Vogt, Rüdiger (2001): *Unterrichtskommunikation*. Linguistische Analysemethoden und Forschungsergebnisse. Tübingen: Niemeyer (Germanistische Arbeitshefte 38).

Behr, Irmtraud / Quintin, Hervé (1996): *Verblose Sätze im Deutschen: zur syntaktischen und semantischen Einbindung verbloser Konstruktionen in Textstrukturen*. Tübingen: Stauffenburg (Eurogermanistik 4).

Berghaus, Margot ([2]2003): *Luhmann leicht gemacht*. Köln: Böhlau.

Beyer, Reinhard / Guthke, Thomas (1990): Zur Differenzierung des Aufwandes bei der Anregung von Vorwissen in Zusammenhang mit Satz– und Textverstehensanforderungen. In: *Zeitschrift für Psychologie* 198. 9–33.

Bierwisch, Manfred (1966): Strukturalismus. Geschichte, Probleme und Methoden. In: *Kursbuch* 5. 77–152.

Bittner, Johannes (2003): *Digitalität, Sprache, Kommunikation. Eine Untersuchung zur Medialität von digitalen Kommunikationsformen und Textsorten und deren varietätenlinguistischer Modellierung*. Berlin: Erich Schmidt Verlag.

Blasius, Anke (2002): Besonderheiten des Sprachwitzes – dargestellt am DDR-Witz. Diss. Greifswald.

Bliesener, Thomas / Köhle, Karl (1986): *Die ärztliche Visite. Chance zum Gespräch*. Opladen: Westdeutscher Verlag.

Blühdorn, Hardarik / Breindl, Eva / Waßner, Ulrich H. (Hgg.) (2006): Text – Verstehen. Grammatik und darüber hinaus. Berlin: Walter de Gruyter.

Blühdorn, Hardarik (2006): Textverstehen und Intertextualität. In: Blühdorn / Breindl / Waßner (Hgg.) (2006): 277–298.

Blutner, Reinhard (1995): Prototypen und Kognitive Semantik. In: Harras, Gisela (Hgg.) (1995): *Die Ordnung der Wörter. Kognitive und lexikalische Strukturen* (IDS Jahrbuch 1993). Berlin: de Gruyter. 227–270.

Blatz, Friedrich (1896): *Neuhochdeutsche Grammatik*. 3. Aufl. Bd. 2. Karlsruhe: Olms.

Brandt, Margareta / Rosengren, Inger (1991): Handlungsstruktur und Informationsstruktur – zwei Seiten einer Münze? In: *Sprache und Pragmatik* 24. 120–139.

Brinker, Klaus / Sitta, Horst (Hgg.) (1973): *Studien zur Texttheorie und zur deutschen Grammatik*. Düsseldorf: Schwann.

—; (1973a): Zum Textbegriff in der heutigen Linguistik. In: Brinker / Sitta (Hgg.) (1973): 9–41.

—; (Hg.) (1991): *Aspekte der Textlinguistik*. Hildesheim: Olms.

—; ([3]1992): *Linguistische Textanalyse: eine Einführung in Grundbegriffe und Methoden*. 3., durchges. u. erw. Aufl. Berlin: Schmidt (Grundlagen der Germanistik 29).

—; ([4]1997): Linguistische Textanalyse. Eine Einführung in Grundbegriffe und Methoden. 4., durchges. u. erg. Aufl. Berlin: Schmidt (Grundlagen der Germanistik 29).

—; ([6]2006): *Linguistische Textanalyse. Eine Einführung in Grundbegriffe und Methoden*. 6., überarb. u. erw. Aufl. Berlin: Schmidt (Grundlagen der Germanistik 29).

Brinker, Klaus / Antos, Gerd / Heinemann, Wolfgang / Sager, Sven F. (Hgg.) (2000a): *Text– und Gesprächslinguistik. Ein internationales Handbuch zeitgenössischer Forschung*. 1. Halbbd. Berlin / New York: de Gruyter (HSK 16.1).

—; (Hgg.) (2000b): *Text– und Gesprächslinguistik. Ein internationales Handbuch zeitgenössischer Forschung*. 2. Halbbd. Berlin / New York: de Gruyter (HSK 16.2).

—; (2000c): Vorwort. In: Brinker u.a. (Hgg.) (2000a), XVII-XXVIII..

Broich, Ulrich / Pfister, Manfred (Hgg.) (1985): *Intertextualität. Formen, Funktionen, anglistische Fallstudien*. Tübingen: Niemeyer.

Brünner, Gisela (2000): *Wirtschaftskommunikation*. Tübingen: Niemeyer.

Bucher, Hans-Jürgen (1986): *Pressekommunikation. Grundstrukturen einer öffentlichen Form der Kommunikation aus linguistischer Sicht*. Tübingen: Niemeyer.

Bühler, Karl (1934): *Sprachtheorie: die Darstellungsfunktion der Sprache*. Ungekürzter Neudruck d. Ausg. Jena, Fischer. Stuttgart: Licius und Lucius ([3]1999).

Bünting, Karl-Dieter / Bergenholtz, Henning (1989): *Einführung in die Syntax. Grundbegriffe zum Lesen einer Grammatik*. 2., überarb. Aufl. Frankfurt: Athenaeum Verlag.

Burger, Harald: Textsorten in den Massenmedien. In: Brinker u.a. (Hgg.) (2000a): 614–628.

Burkart, Roland ([2]1995): *Kommunikationswissenschaft. Grundlagen und Problemfelder*. Wien: Böhlau Verlag.

Busler, Christine / Schlobinski, Peter (1997): »Was er (schon) (...) konstruieren kann – das sieht er (oft auch) als Ellipse an.« Über ›Ellipsen‹, syntaktische Formate und Wissensstrukturen. In: Schlobinski (1997): 93–116.

Busse, Dietrich (1992): *Textinterpretation. Sprachtheoretische Grundlagen einer explikativen Semantik*. Opladen: Westdeutscher Verlag.

—; (1997): Semantisches Wissen und sprachliche Information. Zur Abgrenzung und Typologie von Faktoren des Sprachverstehens. In: Pohl (1997): 13–34.

—; (2000): Textsorten des Bereichs Rechtswesen und Justiz. In: Brinker u.a. (Hgg.) (2000a). 658–675..

Bußmann, Hadumod ([2]1990): *Lexikon der Sprachwissenschaft*. 2., völlig neu bearb. Aufl. Stuttgart: Kröner.

—; (Hg.) ([3]2002). *Lexikon der Sprachwissenschaft*. 3., aktualisierte und erweiterte Auflage. Stuttgart: Kröner.

Cardinaletti, Anna (1987): Linksperiphere Phrasen in der deutschen Syntax. In: *Studium Linguistik* 22. 1–30.

Caroli, Folker (1977): *Pragmatische Aspekte syntaktischer Variation in der gesprochenen Sprache*. Göppingen: Kümmerle.

Consten, Manfred: »Bildzeitungs-Deixis«. Vortrag, gehalten auf der Jahrestagung der GAL am 29.9.2000 in Bremen.

Coseriu, Eugenio (1988): *Sprachkompetenz: Grundzüge der Theorie des Sprechens*. Bearb. u. Hgg. von Heinrich Weber. Tübingen: Francke (UTB 1481).

Coseriu, Eugeniu (1994): *Textlinguistik*. Tübingen: Francke (UTB 1808).

Dammann, Günter (2000): Textsorten und literarische Gattungen. In: Brinker u.a. (Hgg.) (2000a): 546–561.

Daneš, Frantisek (1970): Zur linguistischen Analyse der Textstruktur. In: *Folia linguistica* 4. 72–78.

Daneš, Frantisek / Viehweger, Dieter (Hgg.) (1983): *Ebenen der Textstruktur*. Berlin: A-kad. der Wiss. der DDR (Linguistische Studien 112).

Dijk, Teun A. van (1980): *Textwissenschaft. Eine interdisziplinäre Einführung*. Deutsche Übersetzung von Christoph Sauer. Tübingen: Niemeyer.

Dimter, Matthias (1981): *Textklassenkonzepte heutiger Alltagssprache. Kommunikationssituation, Textfunktion und Textinhalt als Kategorien alltagssprachlicher Textklassifikation*. Tübingen: Niemeyer.

Duden (²⁴2006): *Die deutsche Rechtschreibung*. 24., völlig neu bearbeitete und erweiterte Aufl. Band 1. Mannheim: Dudenverlag.

Dulisch, Ralf (1998): *Schreiben in Werbung, PR und Journalismus. Zum Berufsbild des Texters für Massenmedien*. Opladen / Wiesbaden: Westdeutscher Verlag.

Eckkramer, Eva Martha (2002): Brauchen wir einen neuen Textbegriff? In: *forum Angewandte Linguistik* 40(2002). 31–57.

Eco, Umberto (1990): *Im Labyrinth der Vernunft. Texte über Kunst und Zeichen*. 2. Aufl. Leipzig: Reclam.

Eggs, Ekkehard: Formen des Argumentierens in Zeitungskommentaren – Manipulation durch mehrsträngig-assoziatives Argumentieren? In: Hess-Lüttich u.a. (Hgg.) (1997): 179–209.

Ehlich, Konrad (1984): Eichendorffs *aber*. In: Peer / Renkema (1984): 145–192.

—; (1986): Die Entwicklung von Kommunikationstypologien und die Formbestimmtheit des sprachlichen Handelns. In: Kallmeyer (Hg.) (1986): 47–72.

Ehlich, Konrad / Rehbein, Jochen (1979): Sprachliche Handlungsmuster. In: Soeffner (Hg.) (1979): 243–274.

Ehlich, Konrad u.a. (Hgg.) (1990): *Medizinische und therapeutische Kommunikation. Diskursanalytische Untersuchungen*. Opladen: Westdeutscher Verlag.

Eisenberg, Peter (²1989): Grundriß der deutschen Grammatik. 2., überarb. u. erw. Aufl. Stuttgart: Metzler (³1994).

Engel, Ulrich (1994): *Syntax der deutschen Gegenwartssprache*. 3., völlig neu bearb. Aufl. Berlin: Schmidt.

Faulstich, Werner (Hg.) (³1998): *Grundwissen Medien*. München: Fink.

Feilke, Helmuth (1988): Ordnung und Unordnung in argumentativen Texten. Zur Entwicklung der Fähigkeit, Texte zu strukturieren. In: *Der Deutschunterricht* 3 / 88. 65–81.

—; (1993): Schreibentwicklungsforschung. Ein kurzer Überblick unter besonderer Berücksichtigung der Entwicklung prozeßorientierter Schreibfähigkeiten. In: *Diskussion Deutsch* 129, Februar 1993. 17–34.

—; (1996): Die Entwicklung der Schreibfähigkeiten. In: Günther / Ludwig (Hgg.) (1996): 1178–1191.

Feilke, Helmuth / Schmidlin, Regula (Hgg.) (2005): Literale Textentwicklung. Frankfurt a. M. u.a.: Peter Lang (forum Angewandte Linguistik Bd. 45).

Fiehler, Reinhard (1995): Weichenstellungen der Sprachwissenschaft und ihre Folgen oder: Zum Verhältnis von Grammatik und Pragmatik. In: Kertész (Hgg.) (1995): 19–58.

Fillmore, Charles J. (1977): Scenes-and-frames semantics. In: Zampolli, Antonio (Hg.) (1977): *Linguistics Structures Processing*. Amsterdam: North–Holland. 55–81.

Fingerhut, Monika (1991): *Fußballberichterstattung in Ost und West: eine diachronische Sprachanalyse*. Frankfurt a. M.: Lang.

Fix, Ulla (1991): Unikalität von Texten und Relativität von Stilmustern. In: Beträge zur Erforschung der deutschen Sprache. Bd. 10. Hg. von Wolfgang Fleischer / Rudolf Große / Gerhard Helbig / Gottard Lerchner. Leipzig: Bibliographisches Institut. 51–60.

—; (1997): Kanon und Auflösung des Kanons. Typologische Intertextualität – ein »postmodernes« Stilmittel? Eine thesenhafte Darstellung. In: Antos / Tietz (Hgg.) (1997): 97–108.

—; (2000): Aspekte der Intertextualität. In: Brinker u.a. (Hgg.) (2000a): 449–457.

Fleischer, Wolfgang / Michel, Georg (1975): *Stilistik der deutschen Gegenwartssprache*. Leipzig: VEB Bibliographisches Institut.

Fleischer, Wolfgang u.a. (Hgg.) (1983): *Deutsche Sprache. Kleine Enzyklopädie*. Leipzig: VEB Bibliographisches Institut.

Fleischer, Wolfgang / Michel, Georg / Starke, Günter (1993): *Stilistik der deutschen Gegenwartssprache*. Frankfurt a. M.: Lang (^{2}1996).

Foschi Albert, Marina / Hepp, Marianne / Neuland, Eva (Hgg.) (2006): *Texte in Sprachforschung und Sprachunterricht. Pisaner Fachtagung 2004 zu neuen Wegen der italienisch–deutschen Kooperation*. München: iudicium.

Franke, Wilhelm (1991): Linguistische Texttypologie. In: Brinker (Hg.) (1991): 157–182

Fries, Norbert (1988): Aspekte der Erforschung des Grammatik-Pragmatik-Verhältnisses. In: *Sprache und Pragmatik* 2. Lund. 1–23.

Furthmann, Katja (2006): Die Sterne lügen nicht. Eine linguistische Analyse der Textsorte Pressehoroskop. Göttingen: V&Runipress.

Gansel, Christina (1990): Geschehenstyp und Perspektivierung bei der Beschreibung von Verben. In: *Wirkendes Wort*. Heft 2. 285–290.

—; (1992): *Semantik deutscher Verben in kognitionspsychologischer Sicht*. Frankfurt a. M.: Lang.

—; (1997): Wechsel der Perspektive und veränderte Präferenzen in der Textsorte Stellenangebot. In: Kessler / Sommerfeldt (Hgg.) (1997): 89–110.

—; (2000): Textsorten, Textsortenmuster und ihre Geschichte. Stellenangebot und argumentativer Werbetext. In: *Deutschunterricht* 53. 217–227.

—; (2003): Valenz und Kognition. In: Vilmos Ágel / Ludwig M. Eichinger / Hans-Werner Eroms u.a. (Hgg.).: Dependenz und Valenz I. (Handbücher zur Sprach- und Kommunikationswissenschaft, Band 25.1). Berlin, New York: de Gruyter, 2003: 422–444.

—; (2006): Heirats- und Bekanntschaftsanzeigen im interkulturellen Vergleich. In: Foschi / Hepp / Neuland (Hgg.): 218–229.

Gansel, Carsten (2001): Pluralität und Grenzüberschreitung oder Von der (neuen) Lust am Erzählen in Kinder- und Jugendliteratur und Allgemeinliteratur. Anmerkungen zu Stand und Perspektiven. In: Cromme, Gabriele / Lange, Günter: Festschrift für Walter Steffens. Hohengehren. 317–329.

—; (2002): Demokratisierung der Genies oder Von der moralischen Instanz zum Popstar – Zu Fragen von Autorschaft zwischen Vormoderne und Mediengesellschaft. In: Carsten Gansel / Anna-Pia Enslin (Hgg.): Literatur – Kultur – Medien. Facetten der Informationsgesellschaft. Festschrift für Wolfgang Gast. Berlin: Weidler Buch Verlag. 243–271.

Gansel, Carsten / Gansel, Christina (1991): Zum Janusgesicht der Sprache. Aspekte von Sprachkritik in der DDR-Literatur. In: Sommerfeldt (Hg.) (1991): 243–264.

—; (2005): Textsorten und Gattungen interdisziplinär. In: *Wirkendes Wort*. Heft 2. 481–499

—; (2006): Textsorten im integrativen Deutschunterricht. In: Spiegel / Vogt (Hgg.) (2006): 51–67.

García-Berrio, Antonio (2000): Textlinguistik und Literaturwissenschaft. In: Brinker u.a. (Hgg.) (2000a): 772–783.

Geißner, Hellmut (1968): Der Fünfsatz. Ein Kapitel Redetheorie und Redepädagogik. In: *Wirkendes Wort* 18 / 1968. 258–278.

—; (1998): Texte über Nicht-Texte. Reflexionen, angeregt durch Hugo Balls »KARAWANE«. In: Pohl / Pohl (1998): 121–138.

Gerke, Ernst Otto (1995): Meinen – Verstehen – Verständigung. Zu den Verstehenskonzeptionen von H. Paul Grice, Jürgen Habermas, Hans Görmann und Friedrich D. E. Schleiermacher. In: *Deutsche Sprache*. 1–29.

Gobyn, Luc (1984): *Textsorten: ein Methodenvergleich, illustriert an einem Märchen*. Diss. 1982. Brüssel: Koninklijke Acad. voor Wetenschappen.

Goethe-Institut (Hgg.) (1971): *Forschungen zur Gesprochenen Sprache und Möglichkeiten ihrer Didaktisierung*. München: Goethe-Institut. Referat für Unterrichtstechnologie und Mediendidaktik.

Gohl, Christine / Günthner, Susanne (1999): Grammatikalisierung von weil als Diskursmarker in der gesprochenen Sprache. In: *Zeitschrift für Sprachwissenschaft* 18(1999)1. 39–75.

Greimas, Algirdas Julien (1971): *Sémantique structurale. Recherche de méthode*. Paris: Presses Univ. De France.

Grewendorf, Günther (1993): Der Sprache auf der Spur: Anmerkungen zu einer Linguistik nach Jäger Art. In: *Zeitschrift für Sprachwissenschaft* 12. 113–132.

Grobet, Anne / Filliettaz, Laurent (2000): Die Heterogenität der Texte: Einige Fragen. In: Adamzik (Hgg.) (2000). 77–90.

Große, Ernst-Ulrich (1974): *Texttypen. Linguistik gegenwärtiger Kommunikationsakte*. Stuttgart: Metzler.

Gülich, Elisabeth (1986): Textsorten in der Kommunikationspraxis. In: Kallmeyer (Hg.) (1986): 15–46.

Gülich, Elisabeth / Raible, Wolfgang (Hgg.) (1972): *Textsorten: Differenzierungskriterien aus linguistischer Sicht*. Frankfurt a. M.: Athenaeum.

—; (1972a): Textsorten als linguistisches Problem. Vorwort und Einleitung. In: Gülich / Raible (1972): 1–5.

—; (1977): *Linguistische Textmodelle*. München: Fink.

Gülich, Elisabeth / Hausendorf, Heiko (2000): Vertextungsmuster Narration. In: Brinker u.a. (2000a): 369–385.

Günther, Hartmut / Ludwig, Otto (Hgg.) (1994): *Schrift und Schriftlichkeit: ein interdiszi-plinäres Handbuch internationaler Forschung*. 1. Halbbd. Berlin / New York: de Gruyter (HSK 10.1).

Günther, Hartmut / Ludwig, Otto (Hgg.) (1996): *Schrift und Schriftlichkeit: ein interdiszi-plinäres Handbuch internationaler Forschung*. 2. Halbbd. Berlin / New York: de Gruyter (HSK 10.2).

Günthner, Susanne (1995): Gattungen in der sozialen Praxis. Die Analyse »kommunikati-ver Gattungen« als Textsorten mündlicher Kommunikation. In: *Deutsche Sprache* 23. 3. 193–218.

Hartmann, Peter (1964): Text, Texte, Klassen von Texten. In: *Bogawus* 2. 15–25.

—; (1971): Texte als linguistisches Objekt. In: Stempel (Hg.) (1971): 9–29.

Harweg, Roland (1968): *Pronomina und Textkonstitution*. München: Fink.

Hayes, John R. / Flower, Linda (1980): Identifying the organisation of writing processes. In: Gregg Lee W. / Steinberg, Erwin R. (Hgg.) (1980): *Cognitive processes in writing*. Hillsdale, N. J.: Erlbaum. 3–30.

Heinemann, Margot (1997): Graffiti und Losungen – eine intertextuelle Korrelation? Ein Beitrag zur Intertextualität von Textsorten. In: Klein / Fix (Hgg.) (1997): 373–382.

—; (2000): Textsorten des Alltags. In: Brinker u.a. (Hgg.) (2000a): 604-614.

Heinemann, Wolfgang (1989): Komponenten und Funktionen globaler Textmuster. In: Pätzold / Lindemann (Hgg.) (1989): 182–191.

—; (1997): Zur Eingrenzung der Intertextualität aus textlinguistischer Sicht. In: Klein / Fix (Hgg.) (1997): 21–38.

—; (2000a): Aspekte der Textsortendifferenzierung. In: Brinker u.a. (Hgg.) (2000a): 523–546.

—; (2000b): Textsorten. Zur Diskussion um Basisklassen des Kommunizierens. Rückschau und Ausblick. In: Adamzik (Hg.) (2000): 9–29.

—; (2000c): Textsorte – Textmuster – Texttyp. In: Brinker u.a. (Hgg.) (2000a): 507–523.

—; (2000d): Vertextungsmuster Deskription. In: Brinker u.a. (Hgg.) (2000a): 356–369.

Heinemann, Margot / Heinemann, Wolfgang (2002): *Grundlagen der Textlinguistik. Interaktion – Text – Diskurs*. Tübingen: Niemeyer.

Heinemann, Wolfgang / Viehweger, Dieter (1991): *Textlinguistik: Eine Einführung*. Tübin-gen: Niemeyer (Reihe Germanistische Linguistik 115).

Heller, Stephan (1998): *Handbuch der Unternehmenskommunikation*. München: Bruck-mann.

Henn-Memmesheimer, Beate (1986): *Nonstandardmuster: ihre Beschreibung in der Syntax und das Problem ihrer Arealität*. Tübingen: Niemeyer.

Henzler, Harald (1992): *Literatur an der Grenze zum Spiel*. Würzburg: Königshausen und Neumann.

Herrmann, Theo / Hoppe-Graff, Siegfried (1989): Textproduktion. In: Antos / Krings (Hgg.) (1989): 146–164.

Herrmann, Theo / Grabowski, Joachim (1994): *Sprechen. Psychologie der Sprachprodukti-on*. Heidelberg / Berlin / Oxford: Spektrum.

Hess-Lüttich, Ernest W. B. / Holly, Werner / Püschel, Ulrich (Hgg.) (1996): Textstrukturen im Medienwandel. Frankfurt a. M.: Lang: 1996.

Hess-Lüttich, Ernest W. B. / Siegrist, Christoph / Würfel, Stefan Bodo (Hgg.) (1996): *Fremdverstehen in Sprache, Literatur und Medien*. Frankfurt a. M.: Lang.

Hess-Lüttich, Ernest W. B. (1997): Text, Intertext, Hypertext – Zur Texttheorie der Hyper-textualität. In: Klein / Fix (Hgg.) (1997): 125–148.

Heyse, Johann Christian August (1907): *Deutsche Grammatik*. Hannover: Hahn.

Hörmann, Hans (1978): *Meinen und Verstehen. Grundzüge einer psychologischen Seman-tik*. Frankfurt a. M.: Suhrkamp.

—; (1980): Der Vorgang des Verstehens. In: Kühlwein, Wolfgang / Raasch, Albert (Hgg.) (1980): *Sprache und Verstehen. Kongreßberichte der 10. Jahrestagung der Gesellschaft für An–gewandte Linguistik* (Mainz 1979). Bd 1. Tübingen: Narr, 17–29.

Hörmann, Hans (²1987): *Einführung in die Psycholinguistik*. Darmstadt: Wissenschaftliche Buchgesellschaft.

Hoffmann, Joachim (1986): *Die Welt der Begriffe*. Berlin: VEB Deutscher Verlag der Wissenschaften.

Hoffmann, Ludger (1989): *Rechtsdiskurse. Untersuchungen zur Kommunikation in Ge-richtsverfahren*. Tübingen: Niemeyer.

—; (2000): Thema, Themenentfaltung, Makrostruktur. In: Brinker u.a. (Hgg.) (2000a): 344–356.

Holly, Werner (1997): Zur Rolle von Sprache in Medien. Semiotische und kommunikati-onsstrukturelle Grundlagen. In: *Muttersprache* 107. 64–75.

Holthuis, Susanne (1993): *Intertextualität. Aspekte einer rezipientenorientierten Konzepti-on*. Tübingen: Niemeyer.

Homberger, Dietrich (1989): *Sachwörterbuch zur deutschen Sprache und Grammatik*. Frankfurt a.M.: Diesterweg.

Hopper, Paul J. (1988): Emergent grammar and the a priori grammar postulate. In: Tannen, Deborah (Hg.) (1988): *Linguistics in context. Connecting, observation and understanding*. Norwood: Ablex Publ. Corp.. 117–134.

Horstmann, Ursula (1986): *Diskursanalytische Untersuchungen zur Kommunikation in der Arztpraxis*. Universität Münster (unveröff. Staatsexamensarbeit).

Hundt, Markus (2000): Textsorten des Bereichs Wirtschaft und Handel. In: Brinker u.a. (Hgg.) (2000a): 642–658.

Isenberg, Horst (1971): Überlegungen zur Texttheorie. In: Ihwe (Hg.) (1971): 155–172.

—; (1983): Grundfragen der Texttypologie. In: Daneš / Viehweger (Hgg.) (1983): 303–343.

Ihwe, Jens (Hgg.) (1971): *Literaturwissenschaft und Linguistik. Ergebnisse und Perspekti-ven*. Bd. 1. Frankfurt a. M.: Athenaeum.

Jacobs, Joachim / Stechow, Arnim von / Sternefeld, Wolfgang / Vennemann, Theo (Hgg.) (1993): *Syntax. Ein internationales Handbuch zeitgenössischer Forschung*. Berlin / New York: de Gruyter (HSK 9.1).

Jahr, Silke (2000): Vertextungsmuster Explikation. In: Brinker u.a. (Hgg.) (2000a): 385–397.

Jakobs, Eva-Maria / Knorr, Dagmar / Molitor-Lübbert, Sylvie (Hgg.) (1995): *Wissenschaft-liche Textproduktion mit und ohne Computer*. Frankfurt a. M.: Lang.

Janich, Nina (²2001): *Werbesprache. Ein Arbeitsbuch*. Tübingen: Narr.

Jürgens, Frank (1994): *Zur Entwicklung substantivischer Wortgruppen in wissenschaftli-chen Texten des 19. und 20. Jahrhunderts*. Frankfurt a. M.: Lang (Sprache – System und Tätigkeit 12).

—; (1996): Textsorten- und Textmustervariationen am Beispiel der Todesanzeige. In: *Muttersprache* 106. 226–242.

—; (1997): Syntaktische Variation in der Sportberichterstattung. Unter besonderer Berück-sichtigung der Hörfunk- und der Fernsehreportage. In: Schlobinski (Hg.) (1997): 209–226.

—; (1999): *Auf dem Weg zu einer pragmatischen Syntax. Eine vergleichende Fallstudie zu Präferenzen in gesprochen und geschrieben realisierten Textsorten.* Tübingen: Niemeyer (Reihe Germanistische Linguistik 207).

Kallmeyer, Werner u.a. (1980): *Lektürekolleg zur Textlinguistik. Bd. 1. Einführung.* 3. Aufl. Königstein / Ts.: Athenäum.

Kallmeyer, Werner (Hg.) (1986): *Kommunikationstypologie. Handlungsmuster, Textsorten, Situationstypen.* Düsseldorf: Schwann.

Kallmeyer, Werner / Meyer-Hermann, Reinhard (1980): Textlinguistik. In: Althaus u.a. (Hgg.) (1980). Bd. 1: 242–258.

Kalverkämper, Hartwig (1987): Vom Terminus zum Text. In: Sprissler, Manfred (Hg.) (1987): *Standpunkte der Fachsprachenforschung.* Tübingen: Narr. 39–78.

Kertész, András (Hg.) (1995): *Sprache als Kognition – Sprache als Interaktion. Studien zum Grammatik-Pragmatik-Verhältnis.* Frankfurt a. M.: Lang.

Keseling, Gisbert (1995): Pausen und Pausenorte in schriftlichen Wegbeschreibungen. In: Baurmann, Jürgen / Weingarten, Rüdiger (Hgg.) (1995): *Schreiben. Prozesse, Prozeduren und Produkte.* Opladen: Westdeutscher Verlag. 201–219.

Keßler, Christine / Sommerfeldt, Karl-Ernst (Hgg.) (1997): *Sprachsystem – Text – Stil. Festschrift für Georg Michel und Günter Starke zum 70. Geburtstag.* Frankfurt a. M.: Lang (Sprache – System und Tätigkeit 20).

Kintsch, Walter / Dijk, Teun A. van (1978): Toward a model of text comprehension and text production. In: *Psychological Review.* 363–394.

—; (1983): *Strategies of discourse comprehension.* New York: Academic Pr.

Klann–Delius, Gisela (1999): *Spracherwerb.* Stuttgart: Metzler.

Klein, Josef (1991): *Politische Textsorten.* In: Brinker (Hg.) (1991): 245–278.

Klein, Josef / Fix, Ulla (Hgg.) (1997): *Textbeziehungen. Linguistische und literaturwissen-schaftliche Beiträge zur Intertextualität.* Tübingen: Stauffenburg.

Klein, Wolfgang / Stutterheim, Christiane von (1987): Quaestio und referentielle Bewegung in Erzählungen. In: *Linguistische Berichte* 109. 163–183.

Klix, Friedhart (Hg.) (1984): *Gedächtnis, Wissen, Wissensnutzung.* Berlin: Deutscher Verlag der Wissenschaften.

—; (1984a): Über Wissensrepräsentation im menschlichen Gedächtnis. In: Klix (Hg.) (1984): 9–71.

—; (1991): Über notwendige Kriterien eines psychologisch relevanten Modells der Wissensrepräsentation. In: *Zeitschrift für Psychologie.* Suppl. 11. 175–186.

—; (1992): *Die Natur des Verstandes.* Göttingen: Hogrefe.

—; (1993): Analytische Betrachtungen über Struktur und Funktion von Inferenzen. In: *Zeitschrift für Psychologie* 201. 393–414.

—; (1994a): Begriffliches Wissen – episodisches Wissen. In: Klix / Spada (Hgg.) (1994): 167–207.

—; (1994b): Wissenselemente: Bausteine für Gedächtnis und Sprache. In: Kornadt u.a. (Hgg.) (1994): 133–160.

Klix, Friedhart / Spada, Hans (Hgg.) (1994): *Wissenspsychologie.* Göttingen: Hogrefe.

Knorr, Dagmar (1998): *Informationsmanagement für wissenschaftliche Textproduktionen.* Tübingen: Narr.

Koch, Peter / Oesterreicher, Wulf (1994): Schriftlichkeit und Sprache. In: Günther / Ludwig. (Hgg.) (1994): 587–604.

Köller, Wilhelm (1977): Der sprachtheoretische Wert des semiotischen Zeichenmodells. In: Spinner (Hg.) (1977): 7–77.

Körfer, Armin (1994): *Institutionelle Kommunikation*. Opladen: Westdeutscher Verlag.

Kondakow, Nikolai Iwanowitsch (1983): *Wörterbuch der Logik*. Leipzig: VEB Bibliographisches Institut.

Kornadt, Hans-Joachim / Grabowski, Joachim / Mangold-Allwinn, Roland (Hgg.) (1994): *Sprache und Kognition. Perspektiven moderner Sprachpsychologie*. Heidelberg / Berlin / Oxford: Spektrum Akademischer Verlag.

Krämer, Sybille (2001): *Sprache, Sprechakt, Kommunikation. Sprachtheoretische Positionen des 20. Jahrhunderts*. Frankfurt a. M.: Suhrkamp (stw 1521).

Krause, Detlef ([4]2005): *Luhmann-Lexikon*. 4., neu bearb. und erw. Aufl. Stuttgart: Lucius & Lucius.

Krause, Olaf (o. J.): *Progressiv im Deutschen. Eine empirische Untersuchung im Kontrast mit Niederländisch und Englisch*. Bislang unveröffentlichte Promotion.

Krause, Wolf-Dieter (Hg.) (2000): Textsorten. *Kommunikationslinguistische und konfrontative Aspekte*. Frankfurt a. M.: Lang.

—; (2000a): Kommunikationslinguistische Aspekte der Textsortenbestimmung. In: Krause (Hg.)(2000): 34–67.

Kreye, Horst (1989): *Satzform und Stil*. Heidelberg: Groos.

Kron, Olaf (2002): *Probleme der Texttypologie*. Frankfurt a. M.: Peter Lang.

Kummer, Werner (1972): Aspects of a Theory of Argumentation. In: Gülich / Raible (Hgg.) (1972): 25–49.

Lang, Norbert (1998): Multimedia. In: Faulstich (Hgg.) ([3]1998): 296–313.

Leonhard, Joachim–Felix / Ludwig, Hans–Werner / Schwarze, Dietrich / Straßner, Erich (Hgg.) (2001): *Medienwissenschaft. Ein Handbuch zur Entwicklung der Medien und Kommunikationsformen*. 2. Teilbd. Berlin / New York: de Gruyter.

Lerch, Hans-Jürgen (1991): *Strukturen der Wissensrepräsentation. Empirische Analysen von Informationsverarbeitungsprozessen beim Verstehen von Texten*. Regensburg: Roderer.

Lindgren, Kaj B. (1985): Prolegomena einer Gesprächsgrammatik: Ellipse und Verwandtes. In: Koller, Erwin / Moser, Hans: *Studien zur deutschen Grammatik*. Johannes Erben zum 60. Geburtstag. Innsbruck: 205–214 (Innsbrucker Beiträge zur Kulturwissenschaft. Germanistische Reihe 25).

—; (1987): Zur Grammatik des gesprochenen Deutsch: Sätze und satzwertige Konstruktionen. In: *Zeitschrift für germanistische Linguistik* 15. 282–291.

Linke, Angelika / Nussbaumer, Markus (1988): Kohärenz durch »präsuppositionen«. In: *Der Deutschunterricht* XL(1988)6. 29–64.

—; (1997): Intertextualität. Linguistische Bemerkungen zu einem literaturwissenschaftlichen Textkonzept. In: Antos / Tietz (Hgg.) (1997): 109–126.

Linke, Angelika / Nussbaumer, Markus / Portmann, Paul R. ([3]1996): *Studienbuch Linguistik*. Ergänzt um ein Kapitel »Phonetik und Phonologie« von Urs Willi. 3. Aufl. Tübingen: Niemeyer.

Lobin, Henning (Hg.) (1999): *Text in digitalen Medium. Linguistische Aspekte von Textdesign, Texttechnologie und Hypertext Engineering*. Opladen / Wiesbaden: Westdeutscher Verlag.

Lötscher, Andreas (1987): *Text und Thema: Studien zur thematischen Konstituenz von Texten*. Tübingen: Niemeyer (Reihe Germanistische Linguistik 81).

Luhmann, Niklas (1988): *Soziale Systeme. Grundriß einer allgemeinen Theorie*. Frankfurt a. M.: Suhrkamp.

—; (²1996): *Die Realität der Massenmedien*. 2., erw. Auflage. Opladen: Westdeutscher Verlag

—; (1997): *Die Gesellschaft der Gesellschaft*. Frankfurt a. M.: Suhrkamp.

Lutzeier, Peter Rolf (1991): *Major Pillars of German Syntax. An introduction to CRMS–Theory*. Tübingen: Niemeyer.

Lux, Friedemann (1981): *Text, Situation, Textsorte: Probleme der Textsortenanalyse*. Diss. 1980. Tübingen: Narr (Tübinger Beiträge zur Linguistik 172).

Mackeldey, Roger (1987): *Alltagssprachliche Dialoge*. Leipzig: Verlag Enzyklopädie.

Mader, Hans (HGG.) (1990): *Es ist echt zu bitter. Todesanzeigen gesammelt und kommentiert von Hans Mader*. Hamburg: Germa-Press.

Mangasser-Wahl, Martina (Hg.) (2000): *Prototypentheorie in der Linguistik. Anwendungsbeispiel – Methodenreflexion – Perspektiven*. Tübingen: Stauffenburg.

Marfurt, Bernhard (1977): *Textsorte Witz. Möglichkeiten einer sprachwissenschaftlichen Textsorten–bestimmung*. Tübingen: Niemeyer.

—; (1978): Textsorten und Interaktionsmuster. In: *Wirkendes Wort* 1 / 78. 19–36.

Marillier, Jean–Francois (Hg.) (1993): *Satzanfang – Satzende: syntaktische, semantische und prag–matische Untersuchungen zur Satzabgrenzung und Extraposition im Deutschen*. Tübingen: Narr.

Maas, Utz (1985): Lesen – Schreiben – Schrift. Die Demotisierung eines professionellen Arkanums im Spätmittelalter und in der frühen Neuzeit. In: *LiLi* 15(1985)59. 55–81.

Mathesius, Vilem (1929): Zur Satzperspektive im modernen Englischen. In: *Archiv für das Studium der neueren Sprachen und Literaturen* 155. 202–210.

Meiburg, Cindy (2006): *Rektoratsantrittsreden der Universität Greifswald im 20. Jahrhundert – Kommunikationsorientierte Grundlagen einer diachronen Textsortenbeschreibung*. Masterarbeit, Greifswald (unveröffentlicht).

Meincke, Irmtraud u.a. (⁹1994): *Wissensspeicher Biologie*. Berlin: Volk und Wissen

Melzwig, Susanne (1996): *Rundschreiben. Eine Analyse aus textklassifikatorischer Sicht*. Greifswald. Magisterarbeit.

Meer, Elke van der (1993): Mentale Repräsentationen von Alltagstexten. In: *Zeitschrift für Psychologie* 201. 375–391.

—; (1995): *Gedächtnis und Inferenzen*. In: Dörner, Dietrich / van der Meer, Elke (Hgg.) (1995): *Das Gedächtnis*. Göttingen: Hogrefe, 339–380.

Meer, Elke van der / Schmidt, B. (1991): Pragmatische Inferenzen: Eine kognitive Thematisierung von Vergangenheit und Zukunft. In: *Zeitschrift für Psychologie*. Suppl. 11. 165–174.

Mersch, Dieter (Hgg.) (1998): *Zeichen über Zeichen. Texte zur Semiotik von Peirce bis Eco und Derrida*. München: dtv.

Merten, Klaus / Schmidt, Siegfried. J. / Weischenberg, Siegfried (Hgg.) (1994): *Die Wirklichkeit der Medien*. Opladen: Westdeutscher Verlag.

Michaelis, Susanne / Tophinke, Doris (Hgg.) (1996): *Texte – Konstitution, Verarbeitung, Typik*. München / Unterschleißheim: lincom europa (Edition Linguistik 13).

Michel, Georg u.a. (1985): *Grundlagen der Kommunikationsbefähigung*. Leipzig: VEB Bibliographisches Institut.

Michel, Georg (1992): Textbedeutung und ihre formulative Repräsentation. In: Sommerfeldt (Hg.) (1992): 1–39.

Molitor-Lübbert, Sylvie (1996): Schreiben als mentaler und sprachlicher Prozeß. In: Günther / Ludwig (Hgg.) (1996): 1005–1027.

—; (1989): Schreiben und Kognition. In: Antos / Krings (Hgg.) (1989): 278–296.

Moser, Hans (1990): Vom Agenten zum Traber. Österreichische Stellenanzeigen 1990 und
heute. In: Besch, Wolfgang (Hg.) (1990): *Deutsche Sprachgeschichte: Grundlagen, Methoden, Perspektiven. Festschrift für Johannes Erben zum 65. Geburtstag*. Frankfurt a.
M.: Lang, 337–351.

Motsch, Wolfgang (Hg.) (1987): Satz, Text, sprachliche Handlung. Berlin: Akademie
Verlag.

—; (Hg.) (1996): *Ebenen der Textstruktur. Sprachliche und kommunikative Prinzipien.*
Tübingen: Niemeyer.

—; (1996a): Ebenen der Textstruktur. Begründung eines Forschungsprogramms. In:
Motsch (1996): 3–33.

—; (2000): Handlungsstrukturen von Texten. In: Brinker u.a. (Hgg.) (2000a): 414–422.

Motsch, Wolfgang / Pasch, Renate (1987a): Illokutive Handlungen. In: Motsch (Hg.)
(1987): 11–80.

Motsch, Wolfgang / Reis, Marga / Rosengren, Inger (1989): Zum Verhältnis von Satz und
Text. In: *Sprache und Pragmatik* 11. Lund. 1–36.

Motsch, Wolfgang / Viehweger, Dieter (1981): Sprachhandlung, Satz und Text. In: Rosengren (Hg.) (1981): 125–154.

Müller, Rolf (1971): Die Merkmale für Abhängigkeit bei uneingeleiteten Gliedsätzen in
Transkrip–tionen gesprochener Texte. In: Goethe-Institut (Hg.) (1971): 119–125.

Nöth, Winfried (1985): *Handbuch der Semiotik*. Stuttgart: Metzler.

Nussbaumer, Markus (1991): *Was Texte sind und was sie sein sollen. Ansätze zu einer
sprachwissenschaftlichen Begründung eines Kriterienrasters zur Beurteilung von
schriftlichen Schülertexten*. Tübingen: Niemeyer.

Oller, John W., Jr. (1974): Über die Beziehung zwischen Syntax, Semantik und Pragmatik.
In: Schmidt (Hg.) (1974): 132–147.

Oppenrieder, Wilhelm (1989): Selbständige Verb-Letzt-Sätze: Ihr Plan im Satzmodussys-
tem und ihre intonatorische Kennzeichnung. In: Altmann u.a. (Hgg.) (1989): 163–244.

Ortner, Hanspeter (1987): *Die Ellipse – Ein Problem der Sprachtheorie und Grammatikbeschreibung*. Tübingen: Niemeyer.

Ortner, Lorelies (1992): Textkonstitutive Merkmale von Stellenangeboten um 1900. In:
Deutsche Sprache 20. 1–31.

Ostkamp, Antje (1992): *Stellenanzeigen und Wertewandel dargestellt am Beispiel von
Stellenanzeigen der VDI-Nachrichten im Zeitraum von 1987 bis 1989*. Dissertation.
Köln.

Ottmers, Clemens (1996): *Rhetorik*. Stuttgart: Metzler.

Pätzold, Margita / Lindemann, Peter (Hgg.) (1989): Kommunikationstagung 1989. Internationale Arbeitstagung in Wulkow. 18.–24.4.1989. Berlin: Akademie-Verlag.

Paul, Hermann (1919): *Deutsche Grammatik*. Bd. III. Teil IV: Syntax. Halle / Saale: Niemeyer.

Peer, Willi van / Renkema, Jan (1984): *Pragmatics and Stylistics*. Leuven: Acco.

Peirce, Charles Sanders (1931–1958): *Collected Papers*. Hgg. von Charles Hartshorne und
Paul Weiss (Bde. 1–2[1931], 3–4[1933] und 5–6[1935]) sowie Arthur W. Burks (Bde.

7–8[1958]). Cambridge, Mass.: Harvard University Press. – Die Angaben beziehen sich auf Bände und Paragraphen.

Petöfi, Janos S. (Hg.) (1979): *Text vs. sentence. Basic questions of text linguistics.* Bd. 1. Hamburg: Buske.

Peyer, Ann (1997): *Satzverknüpfung: syntaktische und textpragmatische Aspekte.* Tübingen: Niemeyer (Reihe Germanistische Linguistik 178).

Pfister, Manfred (1985): Konzepte der Intertextualität. In: Broich / Pfister (Hgg.) (1985): 1–30.

Piaget, Jean (^{3}1992): *Psychologie der Intelligenz.* Stuttgart: Klett–Cotta.

Pohl, Inge (Hg.) (1995): *Semantik von Wort, Satz und Text.* Beiträge des Kolloquiums »Semantik von Wort, Satz und Text« in Rostock 1994. Frankfurt a. M.: Lang (Sprache – System und Tätigkeit 14).

—; (1995a): Die Fülle und Buntheit der Auffassungen (Vorwort). In: Pohl (Hg.) (1995): 5–10.

—; (Hg.) (1997): *Methodologische Aspekte der Semantikforschung.* Frankfurt: Lang (Sprache – System und Tätigkeit).

—; (1998): Textsemantisierung sprachlich undeterminierter Texte. In: Pohl / Pohl (Hgg.) (1998): 161–180.

Pohl, Inge / Pohl, Jürgen (Hgg.) (1998): *Texte über Texte – Interdisziplinäre Zugänge.* Frankfurt a. M.: Lang (Sprache – System und Tätigkeit 24).

Poitou, Jacques (1993): Zu assertiven V_1-Sätzen. In: Marillier (1993): 111–131.

Polenz, Peter von (1988): *Deutsche Satzsemantik. Grundbegriffe des Zwischen-den-Zeilen-Lesens.* 2., durchges. Aufl. Berlin / New York: de Gruyter.

Polikarpow, Alexander (1996): Zum Problem der asyndetischen Subordination in der Syntax der gesprochenen deutschen Sprache. In: *Deutsche Sprache* 24(1996)2. 154–168.

—; (1997): Parataktische Konstruktionen im gesprochenen Deutsch. In: Schlobinski (Hg.) (1997): 181–208.

Pustejovsky, James (Hg.) (1993): *Semantics and the Lexicon.* Dodrecht / Boston / London: Kluwer Academic Publishers.

—; (1993a): Type coercion and lexical selection. In: Pustejovsky (Hg.) (1993): 76–93.

Quintin, Hervé (1993): »Unorthodoxe« Satzeröffnungen. Zum Zusammenhang zwischen Vorfeldbesetzung und Enkodierungsprozeß. In: Marillier (Hg.) (1993): 93–108

Raible, Wolfgang (1996): Wie soll man Texte typisieren? In: Michaelis / Tophinke (Hg.) (1996): 59–72

Ramge, Hans / Schuster, Britt-Marie (2001): Kommunikative Funktionen des Zeitungskommentars. In: Leonhard u.a. (Hgg.) (2001): 1702–1712.

Rath, Rainer (1979): *Kommunikationspraxis: Analysen zur Textbildung und Textgliederung im gesprochenen Deutsch.* Göttingen: Vandenhoeck & Ruprecht.

Raevskij, V. Michail (1997): Die Zeitungsannonce: eine Textsorte oder ein Textsortenkonglomerat? Zum Stellenwert des lexikologischen Kriteriums bei der Lösung texttaxonomischer Probleme. In: Simmler (Hg.) (1997): 23–39

Reis, Marga (1980): *Grundbegriffe der Semantik.* Arbeitspapier Universität Köln.

Riesel, Elise / Schendels, Evgenia (1975): *Deutsche Stilistik.* Moskau: Verlag Hochschule.

Rolf, Eckard (1993a): Die Bedeutung eines Textes. In: Bartels / Pohl (Hgg.) (1993): 369–380.

—; (1993b): *Die Funktionen der Gebrauchstextsorten.* Berlin / New York: de Gruyter

Rosengren, Inger (Hg.) (1981): *Sprache und Pragmatik*. Lunder Symposium 1980. Lund: Gleerup

—; (1988): Das Forschungsprojekt »Sprache und Pragmatik«. In: *Deutsche Sprache* 16. 79–81.

Rößler, Elke (1994): Intertextualität in Zeitungstexten – ein Rezeptionsproblem. In: Sommerfeldt (Hg.) (1994): 151–160.

—; (1997): Intertextualität in Zeitungstexten – ein rezeptionsorientierter Zugang. In: Klein / Fix (Hgg.) (1997): 235–258.

Rößler, Elke (1999): *Intertextualität und Rezeption. Linguistische Untersuchungen zur Rolle von Text-Text-Kontakten im Textverstehen aktueller Zeitungstexte*. Frankfurt a. M.: Lang.

Rothkegel, Annely (1984a): Frames und Textstruktur. In: Rothkegel / Sandig (Hgg.) (1984): 238–261.

—; (1993): *Textualisieren. Theorie und Computermodell der Textproduktion*. Frankfurt a. M.: Lang.

Rothkegel, Annely / Sandig, Barbara (Hgg.) (1984): *Text – Textsorten – Semantik*. Hamburg: Buske.

Sager, Sven F. (1997): Intertextualität und die Interaktivität von Hypertexten. In: Klein / Fix (Hgg.) (1997): 109–124.

Sanders, Willy (1977): *Linguistische Stilistik. Grundzüge der Stilanalyse sprachlicher Kommunikation*. Göttingen: Vandenhoeck & Ruprecht.

Sandig, Barbara (1972): Zur Differenzierung gebrauchssprachlicher Textsorten im Deutschen. In: Gülich / Raible (Hgg.) (1972): 113–124.

—; (1977): *Stilistik. Sprachpragmatische Grundlegung der Stilbeschreibung*. Berlin / New York: de Gruyter.

—; (1984): Textsorten aus dem Bereich der Europäischen Gemeinschaft als Gegenstand von maschineller Textanalyse und Übersetzung. In: Rothkegel / Sandig (Hgg.) (1984): 197–210.

—; (1986): *Stilistik der deutschen Sprache*. Berlin / New York: de Gruyter.

—; (1987): Textwissen. Beschreibungsmöglichkeiten und Realisierungen von Textmustern am Beispiel der Richtigstellung. In: Engelkamp, Johannes / Lorenz, Kuno / Sandig, Barbara (Hgg.): *Wissensrepräsentation und Wissensaustausch*. St. Ingbert: Röhrig: 115–155

—; (1991): *Zu einer Diskursgrammatik: Syntaktische Formen und ihre Funktionen in mündlichem Erzählen*. Saarbrücken.

—; (2000): Text als prototypisches Konzept. In: Mangasser-Wahl (Hg.) (2000): 93–112.

Saussure, Ferdinand de (1967): *Grundfragen der allgemeinen Sprachwissenschaft*. Hgg. von Charles Bally und Albert Séchehaye. Unter Mitwirkung von Albert Riedlinger. Übers. v. Herman Lommel. 2. Aufl. Berlin. [Originaltitel: *Cours de linguistique générale*. Paris / Lausanne 1916].

Schank, Roger C. / Abelson, Robert P. (1977): *Scripts, Plans, Goals and Understanding*. Hillsdale, N.J.: Erlbaum.

Schank, Gerd / Schoenthal, Gisela (1976): *Gesprochene Sprache: eine Einführung in Forschungsansätze und Analysemethoden*. Tübingen: Niemeyer.

Schank, Gerd / Schwitalla, Johannes (1980): Gesprochene Sprache und Gesprächsanalyse. In: Althaus u.a. (Hgg.) (1980) Bd. 2.: 313 ff.

Schlieben–Lange, Brigitte (1975): *Linguistische Pragmatik*. Stuttgart: Kohlhammer.

Schlobinski, Peter (1992): *Funktionale Grammatik und Sprachbeschreibung: eine Untersuchung zum gesprochenen Deutsch sowie zum Chinesischen.* Opladen: Westdeutscher Verlag.

Schlobinski, Peter (1994): Über die pragmatischen Funktionen der koordinierenden Konnektoren *und* und *aber* im gesprochenen Deutsch. In: *Grazer linguistische Monographien* 11. 213–226.

—; (1996): *Empirische Sprachwissenschaft.* Opladen: Westdeutscher Verlag.

—; (Hg.) (1997): *Syntax des gesprochenen Deutsch.* Opladen: Westdeutscher Verlag.

—; (1997a): Zur Analyse syntaktischer Strukturen in der gesprochenen Sprache. In: Schlobinski (1997): 9–26.

—; (2001): knuddel – zurueckknuddel – dich ganzdollknuddel. Inflektive und Inflektivkonstruktionen im Deutschen. In: *Zeitschrift für Germanistische Linguistik* 29.2. 192–218.

—; (2002): Sportberichterstattung. Zur Inszenierung von Sportereignissen in den Massenmedien. In: *Der Deutschunterricht* LIV(2000)2. 51–61.

Schmid, Hans-Jörg (2000): Methodik der Prototypentheorie. In: Mangasser-Wahl (Hg.) (2000): 33–53.

Schmidt, Jürgen E. (1993). *Die deutsche Substantivgruppe und die Attribuierungskomplikation.* Tübingen: Niemeyer (Reihe Germanistische Linguistik 138).

Schmidt, Siegfried J. (1973): *Texttheorie. Probleme einer Linguistik der sprachlichen Kommunikation.* München: Fink.

—; (Hg.) (1974): *Pragmatik I. Interdisziplinäre Beiträge zur Erforschung der sprachlichen Kommunikation.* München: Fink.

—; (1994a): Die Wirklichkeit des Beobachters. In: Merten u.a. (Hgg.) (1994): 3–19.

Schmidt, Siegfried J. / Spieß, Brigitte (1997): *Die Kommerzialisierung der Kommunikation. Fernsehwerbung und sozialer Wandel 1956–1989.* Frankfurt a. M.: Suhrkamp.

Schmidt, Siegfried J. / Weischenberg, Siegfried (1994): Mediengattungen, Berichterstattungsmuster, Darstellungsformen. In: Merten u.a. (Hgg.) (1994): 212–236.

Schmidt, Wilhelm u.a. (1981): *Funktional–kommunikative Sprachbeschreibung. Theoretisch-methodische Grundlegung.* Leipzig: VEB Bibliographisches Institut.

Schneider, Wolf / Raue, Paul-Josef (1996): Handbuch des Journalismus. Hamburg: Rowohlt.

Schönherr, Beatrix (1993): Prosodische und nonverbale Signale für Parenthesen. In: *Deutsche Sprache* 21. 223–243.

Schönherr, Beatrix (1997): *Syntax – Prosodie – nonverbale Kommunikation: empirische Untersuchungen zur Interaktion sprachlicher und parasprachlicher Ausdrucksmittel im Gespräch.* Tübingen: Niemeyer.

Schreiber, Michael (1995): Gibt es Sätze in gesprochener Sprache? Zu Theorie und Methode der syntaktischen Analyse von Sprechsprache. In: *Papiere zur Linguistik* 52. 75–93

Schwarz, Monika ([2]1992a): *Einführung in die kognitive Linguistik.* 2., überarb. u. aktualis. Aufl. Tübingen: Francke (UTB 1636).

—; (1992b): *Kognitive Semantiktheorie und neuropsychologische Realität.* Tübingen: Niemeyer.

Schwarz, Monika / Chur, Jeanette (1993): *Semantik. Ein Arbeitsbuch.* Tübingen: Narr ([2]1996).

Schwitalla, Johannes (1997a): *Gesprochenes Deutsch: eine Einführung.* Berlin: Schmidt.

—; (1997b): Zum Textsortenfeld narrativer mündlicher Texte. In: Simmler (Hg.) (1997): 41–62.

Searle, John R. (1969): *Speech Acts. An Essay in the Philosophy of Language*. Cambridge: Cambridge University Press.

Selting, Margret (1993): Voranstellungen vor den Satz. Zur grammatischen Form und interaktiven Funktion von Linksversetzungen und Freiem Thema im Deutschen. In: *Zeitschrift für germanistische Linguistik* 21. 291–319.

—; (1995): Der ›mögliche Satz‹ als interaktiv relevante syntaktische Kategorie. In: *Linguistische Berichte* 158. 298–325.

—; (1997): Sogenannte ›Ellipsen‹ als interaktiv relevante Konstruktionen? Ein neuer Versuch über die Reichweite und Grenzen des Ellipsenbegriffs für die Analyse gesprochener Sprache in der konversationellen Interaktion. In: Schlobinski (Hg.) (1997): 117–156.

Selting, Margret / Auer, Peter / Barden, Birgit / Bergmann, Jörg / Couper–Kuhlen, Elisabeth / Günthner, Susanne / Meier, Christoph / Quasthoff, Uta / Schlobinski, Peter / Uhmann, Susanne (1998): Gesprächsanalytisches Transkriptionssystem (GAT). In: *Linguistische Berichte* 173. 91–122.

Simmler, Franz (Hg.) (1993): *Probleme der funktionalen Grammatik*. Bern: Lang.

—; (1993a): Zeitungssprachliche Textsorten und ihre Varianten. Untersuchungen anhand von regionalen und überregionalen Tageszeitungen zum Kommunikationsbereich des Sports. In: Simmler (Hg.) (1993): 133–282.

—; (Hg.) (1997): *Textsorten und Textsortentraditionen*. Berlin / New York: Lang.

Sitta, Horst (1973): Kritische Überlegungen zur Textsortenlehre. In: Brinker / Sitta (Hgg.) (1973): 63–72.

Soeffner, Hans Georg (Hg.) (1979): *Interpretative Verfahren in den Sozial– und Textwissenschaften*. Stuttgart: Metzler.

Sommerfeldt, Karl-Ernst (Hg.) (1991): *Sprachwissenschaft und Sprachkultur*. Frankfurt a. M.: Lang.

—; (Hg.) (1992): *Vom Satz zum Text*. Frankfurt a. M.: Lang (Sprache – System und Tätigkeit 7).

—; (1994): *Sprache im Alltag: Beobachtungen zur Sprachkultur*. Frankfurt a. M.: Lang

—; (1997): *Gestern so und heute anders. Sprachliche Felder und Textsorten in der Presse*. München: Indicium.

—; (1998): *Textsorten in der Regionalsprache*. Frankfurt a. M.: Lang (Sprache – System und Tätigkeit 25).

Sommerfeldt, Karl-Ernst / Schreiber, Herbert (Hgg.) (2001): *Textsorten des Alltags und ihre typischen sprachlichen Mittel*. Frankfurt a. M. u.a.: Lang (Sprache – System und Tätigkeit 39).

Sommerfeldt, Karl-Ernst / Starke, Günter (1988): *Einführung in die Grammatik der deutschen Gegenwartssprache*. Leipzig: VEB Bibliographisches Institut.

—; (^{2}1992): *Einführung in die Grammatik der deutschen Gegenwartssprache*. 2., neu bearb. Aufl. Tübingen: Niemeyer.

Sowinski, Bernhard (1978): *Deutsche Stilistik*. Frankfurt a. M.: Fischer.

—; (1983): *Textlinguistik: eine Einführung*. Stuttgart: Kohlhammer.

Sperlbaum, Margret (1975): Proben deutscher Umgangssprache. Tübingen: Niemeyer.

Spiegel, Carmen / Vogt, Rüdiger (Hgg.) (2006): *Vom Nutzen der Textlinguistik für den Unterricht*. Hohengehren: Schneider.

Spinner, Kaspar H. (Hg.) (1977): *Zeichen, Text, Sinn – Zur Semiotik des literarischen Verstehens*. Göttingen: Vandenhoeck & Ruprecht.

Stempel, Wolf-Dieter (Hg.) (1971): *Beiträge zur Textlinguistik*. München: Fink.

Steyer, Kathrin (1997): Irgendwie hängt alles mit allem zusammen – Grenzen und Möglichkeiten einer linguistischen Kategorie ›Intertextualität‹. In: Klein / Fix (Hgg.) (1997): 83–108.

Sturm, Peter (1998): Mündliche Syntax im schriftlichen Text – ein Vorbild?. In: *InLiSt* No. 7 (http: / / ling.sprachwiss.uni-konstanz.de / anglistik / publikationen / inlist / index.htm).

Suchsland, Peter (1984): Germanistische Grammatikforschung in der DDR – Versuch eines historischen Überblicks. In: *DaF* 21, H. 1–8.

Tegtmeyer, Henning (1997): Der Begriff der Intertextualität und seine Fassungen – Eine Kritik der Intertextualitätskonzepte Julia Kristevas und Susanne Holthuis'. In: Klein / Fix (Hgg.) (1997): 49–82.

Teuber, Oliver (1998): »fasel beschreib erwähn – Der Inflektiv als Wortform des Deutschen«. In: *Linguistische Berichte* 141–142. 6–26.

Thiele, Albert (1997): *Rhetorik. Sicher auftreten – überzeugend argumentieren*. Niedernhausen / Ts.: Falken.

Thomas, Alexander (2000): *Die Entwicklung der globalen Unternehmenskommunikation*. Bayreuth: Inst. für Int. Kommunikation.

Toulmin, Stephen (²1996): *Der Gebrauch von Argumenten*. Weinheim: Beltz.

Vater, Heinz (1992): *Einführung in die Textlinguistik. Struktur, Thema und Referenz in Texten*. München: Fink (²1994).

Viehweger, Dieter (1983): Textlinguistik. In: Fleischer u.a. (Hgg.) (1983): 211–237.

Virtanen, Tuija (1990): On the Definitions of Text and Discourse. In: *Folia linguistica* 24. 447–455.

Wagner, Roland R. (⁷1996): *Grundlagen der mündlichen Kommunikation*. Regensburg: bvs.

Weinrich, Harald (1972): Thesen zur Textsortenlinguistik. In: Gülich / Raible (Hgg.) (1972): 161–169.

Weinrich, Harald (1993): *Textgrammatik der deutschen Sprache*. Mannheim: Dudenverlag.

Weise, Günter (1997): Zur Spezifik der Intertextualität in literarischen Texten. In: Klein / Fix (Hgg.) (1997): 39–48.

Welke, Klaus (²1993): *Funktionale Satzperspektive. Ansätze und Probleme der funktionalen Grammatik*. Münster: Nodus Publikationen.

—; (1994): Thematische Relationen. In: *Deutsche Sprache* 22. 1–18.

Werner, Jürgen (1994): *Emphatische Syntax: zur Funktionalität oraler Syntagmen; eine komparative Studie am Beispiel des Bairischen und des Iraq–Arabischen mit einer einführenden Diskussion der relevanten Termini*. Tübingen: Narr.

Wessels, Michael G. (³1994): *Kognitive Psychologie*. 3. verb. Aufl. München: Reinhardt.

Wolff, Gerhart (²1990): *Deutsche Sprachgeschichte*. 2., durchgesehene und aktualisierte Aufl. Tübingen: Francke.

Wrobel, Arne (1995): *Schreiben als Handlung: Überlegungen und Untersuchungen zur Theorie der Textproduktion*. Tübingen: Niemeyer.

Wrobel, Arne (2000): Phasen und Verfahren der Produktion schriftlicher Texte. In: Brinker u.a. (Hgg.) (2000a): 458–472.

Wundt, Wilhelm (1901): *Sprachgeschichte und Sprachpsychologie*. Leipzig: Engelmann.

Zifonun, Gisela (1994): Die »Grammatik des heutigen Deutsch«. Erkundungen zu einem verkannten Wissensgebiet. In: *Sprachreport.* 1–3.

Zifonun, Gisela u.a. (1997): *Grammatik der deutschen Sprache* (GDS). 3 Bände. Berlin / New York: de Gruyter.

Glossar

Adjunktor: → Konjunktor, der eine Phrase oder einen (Vergleichs)Satz zu einem Adjunkt macht (durch *als* und *wie*). Bezugsausdruck und Adjunkt stimmen im Kasusmerkmal überein.

Analog: bezeichnet zunächst die Verwendung realer Zeichen in der nonverbalen Kommunikation, Ähnlichkeit zwischen Kommunikationsinhalten und nonverbalen Ausdrucksformen, z.B. Bestätigung einer Aussage durch Kopfnicken. Wird hier verwendet für Texte, die durch traditionelle Medien vermittelt werden (Sprache, Schrift) → analoger Text.

Analoger Text: gesprochener, geschriebener und → visueller Text.

Anschlussfähigkeit: Begriff der Systemtheorie, Ereignisse in Systemen jeder Art müssen sich aufeinander beziehen lassen, so auch kommunikative Ereignisse.

Bedeutung: Mentale Wissenseinheit, die an sprachliche Ausdrücke geknüpft ist und konzeptuelle Informationen repräsentiert. (Vgl. Schwarz / Chur 1993, S. 218.)

Bezeichnung: Funktion von Zeichen, sich auf bestimmte Gegenstände, Klassen, Eigenschaften oder Relationen zu beziehen.

Bilaterales Zeichenmodell: Zeichenmodell von F. de Saussure, wonach ein Zeichen aus einer Einheit mit zwei Seiten besteht, einer Zeichenform/einem Zeichenausdruck und einem Zeicheninhalt/einer Bedeutung, wobei die beiden Seiten unlösbar miteinander verbunden sind. Es besteht eine reziproke Evokation zwischen Inhalt und Ausdruck eines Zeichens, ein gegenseitiges Einanderins-Gedächtnis-Rufen.

Biologisches System: Begriff der Systemtheorie, System mit der Operationsform Leben (z.B. menschlicher oder tierischer Körper).

Deiktika (deiktische Ausdrücke): Ausdrücke, die auf die Person-, Raum- und Zeitstruktur von Äußerungen Bezug nehmen. Sie sind abhängig vom Sprech- bzw. Handlungskontext (z.B. Personalpronomen – *ich*, *du*, Adverbialausdrücke – *hier*, *jetzt*).

Digital: bezeichnet zunächst die Verwendung konventioneller Zeichen in der verbalen Kommunikation. Wird hier verwendet für Texte, die durch digitale Medien (www/Internet) erzeugt werden.

Digitaler Text: in der computervermittelten Kommunikation erzeugte Texte (E-Mail, Private Home-Page).

Diskurs: Diejenige mündliche Form sprachlicher Kommunikation, die an das Hier und Jetzt der aktuellen Sprechsituation, an Ko-Präsenz und Handlungskoordination von Sprecher(n) und Hörer(n) gebunden ist. (G. Zifonun u.a. 1997, S. 161)

Emisch: Sozialwissenschaftlicher Begriff, um unterschiedliche Daten und Herangehensweisen zu beschreiben. Beschreibung eines Systems von innen her. In Bezug auf den Text kompetenzorientiert → Kompetenz (wissensorientiert) verwendet (R. Harweg 1968), Wissen eines/r kompetenten Sprechers/in bzw. Schreibers/in zur Generierung von Texten.

Etisch: Sozialwissenschaftlicher Begriff, um unterschiedliche Daten und Herangehensweisen zu beschreiben. Beobachten von außen. In Bezug auf den Text performanzorientiert → Performanz (gebrauchsorientiert) verwendet (R. Harweg 1968), Anknüpfen an das Wissen eines Beobachters.

Enthymemargumentation: Eine These, d.h. eine strittige Aussage, ist mit Argumenten zu belegen, um über das pragmatische ALSO zu einer Schlussfolgerung zu gelangen. Annahme/These und Konklusion müssen also durch unstrittige Aussagen (Argumente) aufeinander bezogen werden. Häufig in Werbetexten vorkommend.

Enzyklopädisches Wissen: Sachwissen, Weltwissen. Unser gesamtes, im Langzeitgedächtnis gespeichertes Wissen über die Welt.

Frame: Fundamentale abstrakte Organisationsform menschlichen Wissens in der Kognition, mit der wahrgenommene oder vorgestellte Objekte, Ereignisse oder Ereignisverkettungen repräsentiert werden. Frames lassen sich durch Slots aufschließen, die durch Slot-Einträge (Filler) gefüllt werden, z.B. Familie > Atmosphäre > freundlich.

Funktional ausdifferenzierte Teilsysteme: Begriff der Systemthoerie, übernehmen in der Gesellschaft spezifische Funktionen. Sie unterscheiden sich hinsichtlich der Art der Verwaltung von Kommunikation (Erziehung, Kunst, Massenmedien, Politik, Recht, Religion, Wirtschaft, Wissenschaft).

Geschehenstyp: Abstrahierte Darstellung eines Ereignisbegriffs mit Hilfe → zwischenbegrifflicher semantischer Relationen.
Geschehenstypen sind klassifizierte Ereignisse, die im Einzelnen immer wieder anders sind, die aber doch ihre durchgehende Gemeinsamkeit darin haben, dass Dinge und Personen mit ganz bestimmten Rollen und Funktionen in ihnen vorkommen. (Klix 1984, 20)

Gesellschaft: Begriff der Systemtheorie, schließt von ihr unterschiedene soziale Systeme → funktional ausdifferenzierte Teilsysteme → Organisationssysteme → Interaktionssysteme ein.

Globales Textmuster: Muster zur ganzheitlichen Gestaltung (formal-strukturell, inhaltlich, funktional) eines Textexemplars, so dass die Zuordnung zu einer Textsorte deutlich wird.

Ikon: Nach Ch. S. Pierce Klasse von Zeichen, die in unmittelbar wahrnehmbarer Beziehung zur bezeichneten Sache stehen, indem sie Aspekte des realen, bezeichneten Objekts imitieren bzw. Ähnlichkeiten zum realen Objekt aufweisen. (Vgl. H. Bußmann [3]2002, S. 291.)

Illokution: Im Sinne der Sprechakttheorie (Austin/Searle) das, was man tut, indem man spricht. Die Illokution betrifft die sprachliche Handlung, die mit einer Äußerung intendiert ist (Behaupten, Versprechen, Drohen, Loben etc.).

Implikative Verben: Klasse von Verben mit Infinitivkonstruktion, bei denen folgende Beziehung zwischen dem Gesamtsatz *M* (= Matrixsatz) und dem Komplementsatz *K* (= Konstituentensatz) besteht: *M* impliziert *K* und *Nicht-M* impliziert *Nicht-K*. Beispiel: *Max macht sich die Mühe, sein altes Auto zu reparieren* impliziert *Max repariert sein altes Auto; Max macht sich nicht die Mühe, sein altes Auto zu reparieren* impliziert *Max repariert sein altes Auto nicht.* (H. Bußmann [3]2002, S. 295)

Index: Nach Ch. S. Pierce Klasse von Zeichen, bei denen die Beziehung zwischen Zeichen und Bezeichnetem eine direkte reale (kausale) Beziehung zwischen einem Anzeichen und einem tatsächlich vorhandenen, singulären Objekt ist, z.B. Rauch als Zeichen für Feuer. (Vgl. H. Bußmann [3]2002, S. 296 f.)

Innerbegriffliche Relationen: Merkmalsbestimmte oder innerbegriffliche Relationen resultieren aus einem Vergleich relevanter Merkmalsproportionen der Begriffe. Solche sind: Unter- und Oberbegriffe (*Tanne – Nadelbaum*), Nebenordnungen (*Linde – Birke*), Synonyme (*Tresen – Theke*), Antonyme (*Freund – Feind*), komparative (*warm – heiß*) oder sinnleere Beziehungen (*Kiesel – Pudding*). In der Gegenüberstellung der Merkmale zweier Objektbegriffe werden die inhaltlichen Relationen sichtbar.

Interaktionssysteme: Begriff der Systemtheorie, einfache soziale Systeme überall in der Gesellschaft. Räumliche Anwesenheit mindestens zweier → psychischer Systeme (z.B. Liebe, Familie, wissenschaftliches Kolloquium).

Intertextualität: Bezug eines Textes auf andere, vorher produzierte Texte.

Irritation: Begriff der Systemtheorie, »Rauschen« in der Umwelt, Störung, Überraschung in Systembeziehungen, die zur Bearbeitung erkannter Probleme führt.

Junktor: Junktoren sind Ausdrücke mit operativer Funktion, sie schließen Einheiten an Bezugsausdrücke an → Adjunktor → Konjunktor → Subjunktor.

Kommunikation (systemtheoretisch): Einheit der Selektivität von Information (Selektion eines Ereignisses), Mitteilung (kommunikative Handlung) und Verstehen (Unterscheidung des Informationswerts eines mitgeteilten Inhalts durch einen Beobachter).

Kompetenz/Performanz: In der generativen Grammatik von N. Chomsky begründete Dichotomie zwischen einer allgemeinen Sprachfähigkeit (Kompetenz) und der individuellen Sprachverwendung (Performanz).

Konjunktor: → Konnektoren, die kommunikative Minimaleinheiten, Sätze, Phrasen oder Wörter koordinierend verbinden und das semantische Verhältnis zwischen den Einheiten verdeutlichen (z.B. additiv – *und*, adversativ – *doch*, kausal – *denn* u.a.).

Konnektoren: Sprachliche Einheiten, die Texte und Sätze in sich konnex machen → Verweisformen → Junktoren.

Konnexion: Verknüpfung von → Propositionen oder → Illokutionen durch kausale, temporale u.a. Beziehungen.

Konstituenten: Ein Satz bildet ein Konstitut, das in seine Konstituenten (→ Phrasen und Wörter) zerlegt werden kann.

Konstruktivismus: Theorie, die sich mit dem Zusammenhang von Wahrnehmen, Erkennen und Wirklichkeit befasst → Wirklichkeitskonstruktion.

Kontext: Alle Elemente einer Kommunikationssituation, die das Verständnis einer Äußerung bestimmen (u.a. sprachlicher, nonverbaler, situativer, sozialer Kontext).

Konzepte: (auch: Begriffe) Grundbausteine unseres Wissens als kognitive Zusammenfassungen von Objekten und/oder Erscheinungen und ihren Merkmalen (vgl. auch J. Hoffmann 1986, S. 11). Bei den Konzepten handelt es sich um mentale Einheiten, die auf Erfahrungen, die wir im Umgang mit der Welt machen, basieren (vgl. M. Schwarz / J. Chur 1993, S. 24).

langue/parole: Auf F. de Saussure zurückgehende Dichotomie zur Unterscheidung zwischen ›Sprache‹ (frz. Langue) als abstraktem System von Zeichen und Regeln und ›Sprechen‹ (frz. Parole) als der konkreten Realisierung der langue im Gebrauch.

Norm: (auch: Konvention, Regel) Sprachliche Vorgänge werden durch Normen reguliert und stabilisiert. Alles, was überindividuell fixiert ist, kann als Norm gelten.
Die Normen vermitteln zwischen dem Sprachsystem (→ langue) und dem aktuellen Sprachgebrauch (→ parole). Sie beziehen sich auf alle Beschreibungsebenen (phonologische, syntaktische, semantische und pragmatische Normen), sind relativ stabil, unterliegen aber auch zeitlichem Wandel. (D. Homberger 1989, S. 86 f.)

Organisationssysteme: Operieren in den Grenzen → funktional ausdifferenzierter Teilsysteme (z.B. Gericht, Schule, Universität) oder auch quer dazu (z.B. ADAC).

Organonmodell: Geht nach K. Bühler davon aus, dass Sprache ein »Werkzeug« (gr. organon) sei. Es verbindet drei wesentliche Sprachfunktionen mit dem sprachlichen Zeichen: 1) die Ausdrucksfunktion (ein Sprecher drückt Ideen, Gedanken, Gefühle aus), 2) die Appellfunktion (ein Hörer wird angeredet, aufgefordert) und 3) die Darstellungsfunktion (ein Sprecher referiert auf Gegenstände oder Sachverhalte in der Welt). (D. Homberger 1989, S. 90)

Perlokution: Im Sinne der Sprechakttheorie (Austin/Searle) Teilaspekt einer Sprechhandlung, die sich auf die vom Sprecher intendierte Wirkung seiner Äußerung bezieht (jemanden überreden, überzeugen, erschrecken usw.). Perlokutionen sind in einem engen Zusammenhang mit der → Illokution zu sehen.

Perspektivierung: Betrachtung eines Objekts, eines Ereignisses, eines Geschehens aus einem bestimmten

Blickwinkel, der mit sprachlichen Zeichen geäußert wird.

Phrase: Funktional selbständige Wörter oder Wortgruppen, die über einen lexikalischen Kopf verfügen und im Satz erststellenfähig sind (z.B. Nominalphrase – *das gelesene Buch*, Adjektivphrase – *schöne neue* Welt)

Pragmatische Dimension der Semiose: Der Begriff geht auf Ch. W. Morris zurück und meint die Beziehung zwischen dem Zeichenträger und den Interpreten. Die Untersuchung dieser Dimension erfolgt in der Pragmatik.

Pronominalisierung: Pronominalisierung im Sinne R. Harwegs zeigt sich im Prinzip der Wiederaufnahme. R. Harweg definiert Text als »ein durch ununterbrochene pronominale Verkettung konstituiertes Nacheinander sprachlicher Einheiten« (1968, S. 148), als ein Zusammenwirken von zu ersetzenden Elementen (Substituenda) und ersetzenden Elemente (Substituentia), wobei er nicht nur die eigentlichen Pronomen, sondern alle ersetzenden Elemente als Pronominalisierungen definiert, also z.B. auch Synonyme, Hyperonyme, Metaphern, Metonymien und andere Ersetzungen.

Proposition: Grundlegende satzsemantische Kategorie, mit deren Hilfe der Kern der Satzbedeutung erfasst wird. Der Begriff der Proposition entstammt der Sprechakttheorie von Austin und Searle (vgl. u.a. 1969). Mit dem propositionalen Akt bezieht sich der Sprecher auf Dinge in der Welt (Referenz), über die er etwas aussagt (Prädikation). Prädikate eröffnen Leerstellen, in die bei der Bildung von Propositionen die entspre-

chenden Argumente eingehen, denn »immer wenn man eine Prädikation/Aussage macht, muss es etwas geben, worüber man das Prädikat aussagt« (P. von Polenz 1988, S 116). Es handelt sich bei der Proposition um den »bezüglich des Illokutionstyps neutralen gemeinsamen Nenner der Bedeutung von Sätzen« (H. Bußmann [3]2002, S. 542).

Prototyp: Mentale Repräsentation für einen besonders typischen Vertreter einer bestimmten Kategorie.

Psychisches System: Begriff der Systemtheorie, ein operativ geschlossenes und kognitiv offen arbeitendes System mit der Operationsform Denken. Psychische Systeme sind selbstreflexiv, sie beobachten sich und andere Systeme. Als geschlossenes System kann das psychische System nur mit Gedanken umgehen. Als kognitiv offenes System lässt es sich von seiner Umwelt irritieren → Irritation, d.h. es kann neuartige Gedanken abwehren oder sich von ihnen anregen lassen.

Referenz: Bezugnehmen auf Gegebenheiten in der realen Welt mit sprachlichen und nichtsprachlichen Mitteln (s. auch → Proposition).

Reflexivität: Begriff der Systemtheorie, prozessuale Selbstreferenz, die Unterscheidung von vorher und nachher ist grundlegend (z.B. Lernfähigkeit – Lernen des Lernens).

Semantische Referenz: sprachliche Operationen, mit denen Kommunizierende ihre Sichtweisen auf die Welt unter Bezug auf ein eigenes Wirklichkeitsmodell verdeutlichen → Perspektivierung.

Semantische Dimension der Semiose:
Der Begriff geht auf Ch. W. Morris
zurück und meint die Beziehung zwischen dem Zeichenträger und dem,
was designiert oder denotiert wird.
Die Untersuchung dieser Dimension
obliegt der Semantik.

Semiose: Nach Peirce die Interpretation
eines Zeichens, dessen Wirkung auf
einen Interpreten. Die von Ch. W.
Morris beschriebene → semantische,
syntaktische und pragmatische Dimension der Semiose, des Zeichenprozesses, ist nicht nur für einfache
Zeichen relevant, sondern gleichfalls
für den Text.

Serialisierung: Wort- und Satzgliedstel-
lung.

Sinnsystem: Begriff der Systemtheorie,
Systeme, die mit Gedanken (psychische Systeme) oder Kommunikation
(soziale Systeme) als Elementen operieren.

Soziale Systeme: Begriff der Systemtheorie, Kommunikations- und Hand-
lungssysteme mit der Operationsform
Kommunikation → Gesellschaft →
funktional ausdifferenzierte soziale
Systeme → Organisationssysteme →
Interaktionssysteme.

Sprechakttheorie: Von J. L. Austin und
J. R. Searle entwickelte Theorie, wonach ein Sprechakt immer aus mehreren, simultan ablaufenden Teilakten
besteht: dem Äußerungsakt, dem
propositionalen Akt, dem illokutiven
und dem perlokutiven Akt.

Standardnorm: Normen der Standardsprache. Diese → Normen stellen eine Abstraktion bzw. Idealisierung einer »üblichen« oder »normalen« Rea-

lisierung dar. Sie sind weitgehend
habitualisiert und konventionalisiert
und können daher als Grundlage für
den breiten öffentlichen Sprachverkehr betrachtet werden.

Strukturelle Kopplung: Begriff der
Systemtheorie, Beziehung autopoieti-
scher (selbstreferenzieller) Systeme
zu ihrer Umwelt, z.B. Kopplung psychischer Systeme in Form von Personen und sozialem System durch
Sprache.

Subjunktoren: →   Konnektoren, die
Einheiten unterordnend an Bezugsausdrücke anschließen (kausal –
da, *weil*, temporal – *bevor*, *als* u.a.).
Sie leiten Nebensätze ein.

Symbol: Nach Ch. S. Pierce Klasse von
Zeichen, bei denen die Beziehung
zwischen Zeichen und Bezeichnetem
im Unterschied zum → Index und →
Ikon ausschließlich auf Konventionen
beruht. (Vgl. H. Bußmann [3]2002, S.
670.)

Syntaktische Dimension der Semiose:
Der Begriff geht auf Ch. W. Morris
zurück und meint die Beziehung eines Zeichenträgers zu anderen Zeichenträgern. Beziehungen zwischen
Zeichenträgern werden in der Syntax
untersucht.

System: Begriff der Systemtheorie, der
die Differenz von Innen (Spezifik des
Systems) und Außen (Umwelt eines
Systems) meint. Einheit der Differenz
von System und Umwelt.

Systemtheorie: Universelle Theorie zur
Analyse und Beschreibung in der Realität existierender → Systeme →
biologische Systeme → psychische
Systeme → soziale Systeme.

Textfunktion: Die im Text mit bestimmten, konventionell geltenden, d.h. in der Kommunikationsgemeinschaft verbindlich festgelegten Mitteln ausgedrückte Kommunikationsabsicht des Emittenten (K. Brinker [4]1997, 93). Die Textfunktion ist eine Ziel-Mittel-Relation, sie kann durch sprachliche Indikatoren gestützt sein.

Thema/Rhema: Dem Prager Strukturalismus entstammendes Konzept der Funktionalen Satzperspektive, dessen Inhalt die Wiederaufnahme eines einmal gesetzten Referenten im Text bildet. Stark vereinfacht gesagt, steht normalerweise ein thematisches Element (Thema = das Bekannte; das aus dem Kontext, aus dem Weltwissen des Rezipienten oder aus der Situation Gegebene/Erschließbare; das, worüber etwas ausgesagt wird) aufgrund seines geringen Mitteilungswertes am Anfang des Satzes, während das Rhema des Satzes (das Unbekannte; das Neue; das, was über das Thema ausgesagt wird; der Mitteilungskern) weiter rechts steht. Das entspricht dem Prinzip des steigenden Mitteilungswertes.

Type/Token: In der Kognitionspsychologie bezeichnen Type-Konzepte Abstraktionen über einer Klasse von Objekten oder Ereignissen. Token-Konzepte sind individuelle Konzepte, die sich auf Einzelgegenstände oder -ereignisse aus dem individuellen Erfahrungsbereich beziehen. In der Linguistik dient die Type-Token-Relation der Unterscheidung zwischen einzelnen sprachlichen Äußerungen (tokens) und der Klasse der diesen Äußerungen zugrundeliegenden abtrakten Einheiten (types). (H. Bußmann [3]2002, S. 717)

Vagheit: Mehrdeutigkeit im Sinne pragmatischer Unbestimmtheit. Ein Ausdruck ist z.B. pragmatisch vage bezüglich bestimmter semantischer Merkmale, die er unspezifiziert lässt. So ist *Person* nicht spezifiziert bezüglich der Merkmale [WEIBLICH] vs. [MÄNNLICH], [ALT] vs. [JUNG]. (Vgl. H. Bußmann [3]2002, S. 727).

Valenz: Fähigkeit eines Lexems, seine syntaktische Umgebung vorzustrukturieren.

Varietäten: Verschiedene in sich mehr oder weniger geschlossene, konventionelle und sozial verbindliche Typen der Sprachverwendung innerhalb einer Sprachgemeinschaft. Auch: Erscheinungsformen der Sprache (Soziolekte, Dialekte etc.).

Verweisformen: → Konnektoren, die Referenzbezüge in Texten herstellen (Pronomen, Pronominaladverbien, Adverbien). Sie dienen zur Satz- und Textverflechtung.

Visueller Text: Einheit von Äußerung und Bild, Sinn des Textes entsteht durch Verarbeitung der Text-Bild-Interaktion.

Wirklichkeitskonstruktion: Menschen bilden die Wirklichkeit in der Wahrnehmung nicht ab, sondern entwerfen Modelle der Wirklichkeit, deren Wahrheit nicht direkt überprüfbar ist. Durch Wahrnehmen, Denken, Handeln, Kommunizieren konstruieren Menschen eine Erfahrungswirklichkeit, die sie auf ihre Lebbarkeit hin überprüfen. Wirklichkeitskonstruktionen unterliegen biologischen, kognitiven, sozialen, kulturellen und medialen Bedingungen.

Zwischenbegriffliche Relationen:

Markieren Verbindungen zwischen Begriffen, d.h. sie bilden Relationen, die die eigentlichen Vernetzungen zwischen Wissensinhalten herstellen. Sie werden genutzt, um Ereignisbegriffe zu erklären. Konstitutiv für Ereignisbegriffe ist die Wechselwirkung zwischen Dingen und Personen in jeweils verschiedenen Rollen und Funktionen. F. Klix bestimmt die Struktur eines Ereignisbegriffs auf der Grundlage eines semantischen Kerns (meist ein Verb) und einer wohlbestimmten Menge zwischenbegrifflicher semantischer Relationen, die die Rolle der durch den semantischen Kern gebundenen Objektbegriffe kennzeichnen (vgl. F. Klix 1992, S. 241; 1993, S. 397).

Sachwortregister

Linguistik fürs Examen

Herausgegeben von Hans Altmann und Suzan Hahnemann

V&R

Band 1: Hans Altmann /
Suzan Hahnemann
Syntax fürs Examen
Studien- und Arbeitsbuch

2., überarbeitete und erweiterte Aufl. 2005.
226 Seiten mit zahlreichen Tab., kartoniert
ISBN 978-3-525-26500-0

Mit Übungsaufgaben, Lösungsvor-
schlägen, Hinweisen auf weiter-
führende Literatur sowie Tipps und
Warnungen bezüglich eventueller
Prüfungsaufgaben richtet sich dieses
Buch direkt an Examenskandidaten.

Band 2: Hans Altmann /
Silke Kemmerling-Schöps
Wortbildung fürs Examen
2., überarbeitete Auflage 2005. 203 Seiten,
kartoniert
ISBN 978-3-525-26501-7

Hans Altmann und Silke Kemmerling-Schöps bereiten Studierende mit
diesem Arbeitsbuch auf schriftliche
und mündliche Examina im Bereich
der Germanistischen Linguistik
vor. Es richtet sich an Anfänger mit
Grundkenntnissen (vor der Zwischen-
prüfung) ebenso wie an Fortgeschrittene, die vor der Magisterprüfung
bzw. einem Staatsexamen stehen.

Band 3: Hans Altmann /
Ute Ziegenhain
Phonetik, Phonologie und Graphemik fürs Examen
2., überarbeitete und ergänzte Auflage 2007.
Ca. 174 Seiten mit 1 Abb. und zahlreichen
Tab., kartoniert. ISBN 978-3-525-26545-1

Gründlich überarbeitet: das unent-
behrliche Wissen für die Vorbereitung auf das germanistisch-linguis-
tische Examen.

Band 4: Hans Altmann /
Ute Hofmann
Topologie fürs Examen
Verbstellung, Klammerstruktur, Stellungsfelder,
Satzglied- und Wortstellung

2004. 215 Seiten, kartoniert
ISBN 978-3-525-26503-1

Das Arbeitsbuch ist geeignet für
Fortgeschrittene mit guten Syntax-
Grundkenntnissen und deckt eines
der wichtigsten Teilgebiete der Syntax ab.

Band 5: Heiko Hausendorf /
Wolfgang Kesselheim
Textlinguistik fürs Examen
2007. Ca. 220 Seiten mit zahlreichen Abb.,
kartoniert. ISBN 978-3-525-26543-7

So macht Examensvorbereitung Sinn:
Keine reine Paukhilfe, sondern Ver-
mittlung praktischer Kompetenz im
Umgang mit Texten.

Vandenhoeck & Ruprecht